JN440911

사람과 길

사람과 길

초판 1쇄 발행 2026년 2월 5일

지은이 김두연
펴낸이 정선모
디자인 가보경 이소윤

펴낸곳 도서출판 SUN
출판등록 제25100-2016-000022호. 2016년 3월 15일
주 소 서울시 노원구 덕릉로 94길 21. 205-102
전 화 010 5213 0476
이메일 44jsm@hanmail.net

값 20,000원
ISBN 979-11-24344-00-2(03810)

Printed in KOREA
· 잘못된 책은 바꿔드립니다.

*이 책에는 'G마켓산스체'가 적용되어 있습니다.

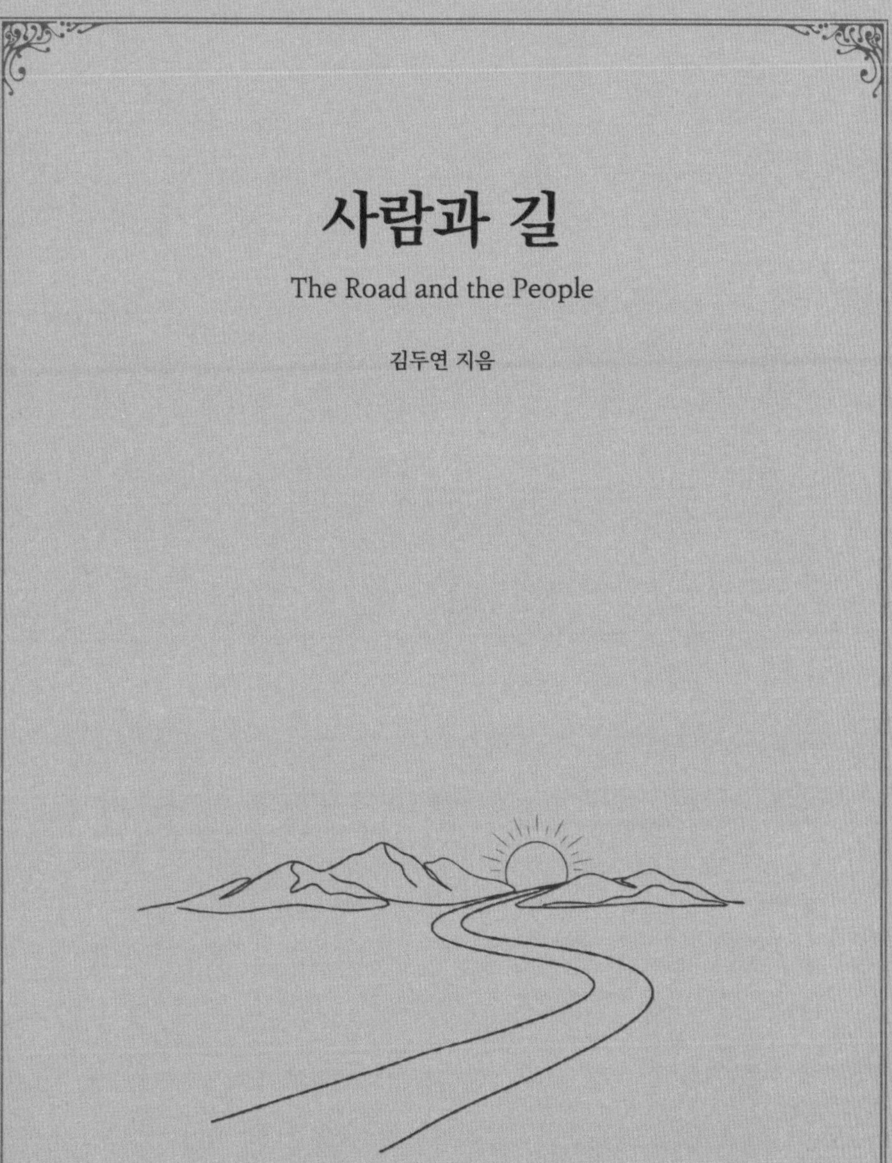

사람과 길

The Road and the People

김두연 지음

SUN

결국, 사람이 길이다

나는 한 번도 고향을 떠난 적이 없었다.

몸은 도시나 전국의 치안현장에서, 때로는 기업의 회의실에서 머물렀지만 마음만큼은 언제나 봉화를 잊지 않았다. 깊은 산골의 흙내음과 새벽을 깨우던 안개, 어린 시절 곁을 지켜주던 이웃의 따뜻한 손길은, 긴 세월 동안 내 삶의 중심을 붙잡아준 두렁이었다.

봉화에서 태어난 산골 소년은 검정고무신을 신고 좁은 골목길을 뛰어다니며 세상을 배웠다. 가난했지만 따뜻한 대가족의 품 안에서 나는 사람의 온기와 공동체의 힘을 먼저 배웠고, 그 배움은 훗날 내 인생의 모든 선택을 이끄는 힘이 되었다. 도시에서 공부해야 한다는 부모님의 결단으로 부산과 서울을 거치며 한층 더 성장하는 계기가 되었다. 책에서 길을 찾고, 사람에게서 방향을 배웠던 시절이었다.

28년의 공직생활은 그 꿈의 또 다른 장이었다. 정보·보안·수사·경비 등 치안의 최전선에서 매 순간 무거운 책임을 감당해야 했고, 한 줄의 보고서와 한 번의 결정이 공동체의 안전을 좌우하는 긴장의 연속이었다. 청계천 복원 갈등의 현장, 화천 산천어 축제의 안전 관리, 강원 산악지대의 사고 대응, 주민의 생명을 살려낸 응급 출동까지. 그 모든 순간이 나에게 '사람이 곧 길이다'라는 사실을 되새기게 해주었다.

길은 혼자 만드는 것이 아니었다. 그 길에는 언제나 동료가 있었고, 주민이 있었고, 이름조차 모르는 누군가의 손길이 함께 있었다.

퇴임 후, 나는 또 한 번 낯선 길 앞에 섰다. 기업은 공직과는 전혀 다른 세상이었다. 그러나 책임의 본질은 같았다. 가습기 살균제 사태의 후폭풍, 중대재해처벌법 시행이라는 전례 없는 위기, 조직문화 혁신과 안전 관리 체계 구축…. 눈에 보이지 않는 리스크와 사람의 생명을 지키기 위해서는 더 깊이 듣고, 더 넓게 보아야 한다는 사실을 다시 배웠다. 위기는 언제나 그 위기를 넘어서는 배움을 준다.

공직 28년, 기업 10년, 그리고 사회적 책임의 자리에서 흘러온 또 다른 10년. 세월은 내게 말해주었다. "사람이 만든 길이, 결국 사람을 다시 만든다"고.

이제 나는 그 길의 처음이자 끝인 봉화로 시선을 돌린다. 선택의 순간이나 흔들리는 마음을 잡아주는 건 늘 고향인 봉화였다. 봉화는 나를 잃지 않기 위한 내면의 귀로歸路이자, 다시 처음으로 돌아가 새로운 길을 열게 해주는 힘이었다.

이 책은 한 인간이 걸어온 길에서 건져 올린 감사와 배움, 그리고 나눔의 기록이다. 청년에게는 시작할 용기를, 직장인에게는 성실의 의미를, 은퇴를 앞둔 이들에게는 치열하게 살아온 나만의 경험을 전하고 싶다. 그리고 봉화의 모든 이웃에게는 함께 살아가는 기쁨을 나누고 싶다.

나는 이제 인생 두 번째 길목에서 지나온 삶을 뒤돌아본다. 사람이 만든 길, 길이 품은 사람, 그리고 모든 길이 다시 이어지는 곳, 그 이름이 내겐 바로 봉화다.

처음 꿈을 꾸었던 그 땅에서, 다시 한번 봉사와 희망의 길을 차분히 그려가고자 한다. 그 길의 이름은 변함없이 '사람과 길'이다.

2026년 2월

김두연

축사

《사람과 길》 출간을 축하하며

김종희(상명대학교 총장)

길은 사람을 만들고, 사람은 다시 길을 넓혀갑니다. 그 길 위에 찍힌 발자국들은 시련을 넘어선 용기이자, 삶을 지탱해 온 결단의 기록입니다.

김두연 저자의 저서 《사람과 길》은 한 인간이 걸어온 치열한 삶의 과정과 그 끝에서 길어 올린 깊은 사색을 담아낸 책입니다. 경북 봉화의 깊은 산골에서 흙내음을 맡으며 자란 소년은 28년간 치안 현장을 지키는 경찰 제복을 입었고, 이후 기업 경영의 일선에서 혁신을 주도하며 쉼 없이 달려왔습니다. 이제 그는 다시 고향 봉화로 시선을 돌려, 그곳에 새로운 미래를 열어가려 합니다.

저는 2016년, 저자의 경무관 명예퇴임식에 참석하여 그가 걸어온 공직의 무게와 헌신을 가까이서 지켜보았습니다. 그는 언제나 원칙 앞에서는 강직했으나 사람들 앞에서는 따뜻한 리더였습니다. 같은 김녕김씨 일가이자 봉화라는 뿌리를 공유하는 선배로서, 저자가 보여준 성실함과 진정성은 저에게도 늘 큰 자랑이자 감동이었습니다.

이 책에는 저자가 오랜 시간 가슴에 품어온 '사람'과 '고향'에 대한 사랑이 절절히 배어 있습니다. 특히 저자가 제시하는 '패러다이스 농촌도시'의 비전은 봉화가 나아가야 할 내일의 이정표입니다. 스마트 농업과 첨단 기술, 그리고 따뜻한 공동체가 어우러진 그의 구상은 막연한 꿈이 아닙니다. 치열한 현장 경험과 행정, 경영을 아우르는 혜안이 빚어낸 실천적 청사진입니다.

저는 교육자로서 '사람을 세우는 일'이 얼마나 중요한지 익히 알고 있습니다. 그런 의미에서 김두연 저자의 삶은 지금 이 시대를 살아가는 청년들에게 훌륭한 교본이 될 것입니다. 결핍을 성장의 동력으로 삼은 태도, 낯선 분야에 끊임없이 도전하는 학습 의지, 그리고 성공의 끝에서 다시 공동체를 돌아보는 '노블레스 오블리주'의 정신은 우리 사회에 꼭 필요한 덕목입니다.

이 책은 한 개인의 역사를 기록한 회고록이자, 우리 모두에게 "어떻게 살 것인가"를 묻는 삶의 지침서입니다. 이 책이 고향 봉화의 군민들에게는 자부심을, 미래를 고민하는 젊은이들에게는 도전의 용기를 전하는 귀한 길잡이가 되기를 소망합니다.

평생을 올곧게 걸어온 저자의 길 위에, 그리고 그가 새롭게 열어갈 봉화의 미래 위에 건강과 축복이 늘 함께하기를 기원합니다. 출간을 진심으로 축하드립니다.

목차

책을 내며 결국, 사람이 길이다 · 5

축사 《사람과 길》 출간을 축하하며 김종희(상명대학교 총장) · 8

제1장 공직에서 기업으로, 새로운 도전

1. 새로운 무대, 기업의 문을 열다

북한산 정상에서 다짐한 또 다른 출발 · 19
첫 출근에서 만난 문화의 충격 · 22
가족의 응원과 믿음 · 24
리더십의 전환, 새로운 현장에서 찾은 답 · 26

2. 위기의 파도 속에서 혁신을 찾다

가습기 살균제 사태와 위기관리의 교훈 · 28
조직문화 변화를 이끈 이야기 · 31

3. 기업의 리더십, 지역과의 상생

애경타워와 지역 상생 프로젝트 · 33
서울대 AMP 과정에서 배운 글로벌 경영 · 36
사명에서 비전으로, 리더십의 확장 · 39

4. 안전과 신뢰, 기업의 생존전략

주식회사 이도로의 두 번째 도전 · 42
중대재해처벌법, 혼란 속의 선택과 도전 · 45
전문가 과정을 통해 다진 새로운 역량 · 47
예방보다 중요한 것, '안전문화' · 50
감사 시스템 혁신, 신뢰를 쌓는 인프라 · 53
기업의 생존전략, 가치와 생존의 방정식 · 55

제2장 산골소년의 꿈을 향한 도약

1. 산골마을에서 움튼 작은 씨앗

검정 고무신의 첫 기억 · 61
가난했지만 따뜻했던 대가족 · 63
공부의 의미를 알게 되다 · 65
결핍이 키운 꿈 · 67

2. 도시에서 맞은 새로운 세상

부산 대연동, 낯선 첫날 · 69
공부로 인정받다 · 71
교회 공동체의 품 안에서 · 73
꿈이 자라는 계단 · 75

3. 학업과 리더십의 성장

독서 동아리에서 배운 시선 · 77
멘토와의 운명 같은 만남 · 79
교회에서 배우는 섬김의 리더십 · 81
더 넓은 세상을 향하여 · 82

4. 경찰대학에서 품은 새로운 비전

가입학 첫날, 인내의 시험대 · 85
지리산 종단에서 다진 결의 · 87
학보사 기자, 글로 세상을 배우다 · 90
정의란 무엇인가, 사명으로의 선언 · 93

제3장 국가와 국민을 위한 무한봉사, 공직자의 길

1. 첫 걸음, 사명으로 서다

영광의 임관, 국가 앞의 선서 · 99
기동대 소대장, 현장에서 배우다 · 102
총각 파출소장, 주민과 함께 호흡하다 · 105
운명 같은 만남, 새로운 가정의 출발 · 108

2. 수도 서울, 치안의 최전선에서

사회반장의 밤낮없는 하루 · 111
기동대장과 선거사범 전담의 경험 · 114
주경야독, 석사 학위의 결실 · 116
동유럽 견학, 세계를 바라보다 · 119
서울청 정보분실장, 총경의 꽃을 달다 · 122

3. 현장 중심, 공직자의 리더십

강원 경비교통과장, 관광과 안전의 균형 · 126
화천경찰서장, 축제의 안전을 책임지다 · 131
대통령과의 만남, 가슴에 새긴 격려 · 134
거창경찰서장, 위기를 기회로 · 136

4. 명예로운 퇴임, 또 다른 시작

경찰청 정보3과장, 국가적 현안을 맡다 · 140
영등포경찰서장, 전국 1위의 성과 · 145
국가보안법 수사, 헌법 질서를 지키다 · 151
퇴임의 순간, 28년 공직의 길을 마무리하며 · 155

제4장 사회적 책임과 새로운 도전

1. 자치경찰위원, 시민의 안전을 위해

경기북부에서의 시작 · 161
사회적 책임과 나눔을 실천하다 · 164
서울특별시 자치경찰위원으로 동분서주 · 166
치안산업진흥협의회 위원으로 봉사 · 170

2. 노블레스 오블리주, 동문을 위한 헌신

감사의 마음, 봉사로 보답하다 · 174
경찰대학 총동문회장, 책임을 다하다 · 177
경찰대학 제도 개혁 논쟁의 한가운데서 · 182
후배들에게 건넨 축사 · 185

3. 나눔과 섬김, 구호가 아닌 실천

교육진흥재단 이사장, 장학사업으로 후배를 돕다 · 189
역사와 미래 재단, 국가의 내일을 설계하다 · 192
아, 나의 아버지 · 195
새로운 가치를 향한 또 한 번의 도약 · 198

4. AI와의 만남, 새로운 세상을 열다

손정의 회장의 연설에서 얻은 깨달음 · 201
AI와 함께한 자문의 길 · 204
AI 혁명의 현장에서 본 미래 · 207
OpenAI와 함께 그리는 '패러다이스 농촌도시' · 210

제5장 패러다이스 농촌도시, 봉화의 내일을 그리며

1. 땅과 기술이 만나는 새로운 농업

기후위기 시대, 농업을 다시 묻다 · 217
정밀농업, 기술과 사람의 만남 · 220
친환경 인증, 세계로 가는 브랜드 · 223

2. 건강을 잇는 다리, 디지털 헬스케어

고립된 노후, 기술로 연결하다 · 225
집 안에서 시작되는 스마트 진료 · 228
몸과 마음을 돌보는 노년의 건강 · 230

3. 디지털로 열리는 관광의 미래

자연과 문화, 새롭게 태어나다 · 233
손안에서 만나는 농촌 여행 · 236
주민과 함께 만드는 체류형 관광 · 239

4. 사람을 먼저 생각하는 교통

고립에서 연결로, 농촌의 길 · 242
전기차와 복지셔틀, 이동의 품격 · 245
교통약자를 위한 도시 · 248

5. 모두가 지켜내는 안전의 힘

재난 대응, 기술로 앞서다 · 251
모두가 전문가가 되는 안전교육 · 254
손안의 안전망, 디지털 안전센터 · 257

6. 청년이 돌아오는 창의농촌
스마트팜, 농업도 스타트업이다 · 261
청년이 머무는 집과 문화 · 264
로컬이 콘텐츠가 되는 시대 · 267

7. 귀농·귀촌, 행복마을의 꿈
따뜻한 공동체로 뿌리내리다 · 270
정착을 돕는 맞춤형 인프라 · 272
인생 2막, 평생학습의 장 · 275

8. 마을의 심장, 복합 플랫폼
경로당과 회관, 새롭게 태어나다 · 278
세대가 함께하는 복합 프로그램 · 281
복지·의료·교육·돌봄을 잇는 플랫폼 · 283

9. 세계로 여는 봉화의 창
역사와 미래를 잇는 K-베트남 밸리 · 288
봉화 양수발전소, 미래 50년의 초석 · 291
국립백두대간수목원, 세계의 자산으로 · 293
국제협력과 미래세대, 함께 여는 내일 · 296

후기 다시, 길 위에 서다 · 298

제1장

공직에서 기업으로, 새로운 도전

1. 새로운 무대, 기업의 문을 열다

북한산 정상에서 다짐한 또 다른 출발

2016년 1월 1일.

영하의 새벽 공기가 폐부를 찌르던 그날, 나는 묵직한 배낭을 메고 구파발 북한산 국립공원 입구에 섰다. 하늘은 시리도록 맑았고, 땅에는 살얼음이 끼어 있었다. 안내도 앞에서 백운대까지 이어지는 능선을 눈으로 그리며 깊게 숨을 들이켰다. 대서문까지 4.2km, 그리고 가파른 2.6km를 더 오르면 해발 836m 정상. 흐트러짐 없이 곧게 뻗은 그 길은 마치 '지금부터는 흔들림 없이 걸어가라'고 말하는 듯했다.

피라미드처럼 솟은 백운대 코스는 숨을 몰아쉬게 했다. 목까지 차오르는 호흡, 얼어붙은 뺨을 타고 흐르는 땀방울 속에서 28년의 공직 기억들이 주마등처럼 스쳐갔다. 특히 2012년, 세종문화회관에서 전국 치안성과 우수 경찰관서 1위로 대통령 단체표창을 받던 순간이 유난히 또렷하게 떠올랐다. '열심히 살아왔다.' 그 마음뿐이었다.

백운대 암문을 지나 마지막 바위턱을 딛는 순간, 겨울 하늘 아래 펼쳐진 서울 도심이 한눈에 내려다보였다. 숨을 골라내던 그때 머릿속을 번개처럼 스치는 결심이 있었다. "공직자의 자리에서 내려와 이제는 다른 방식으로 나라를 돕겠다."

나는 도산 안창호 선생의 무실역행務實力行 정신과 미국이 과학기술로 개척한 끝없는 개척자 엔들리스 프런티어Endless Frontier의 기상을 떠올리며 천천히 하산했다. 내려가는 발걸음마다 새로운 길이 나를 기다리고 있다는 예감이 들었다.

그해 4월 29일, 서울경찰청 15층 대청마루에서 열린 경무관 명예퇴임식을 가졌다. 송사 중 울먹이는 동료의 목소리는 거울처럼 내 지난 시간을 비춰 주었다. '공직 28년의 삶, 헛되지 않았다.' 나는 속으로 그렇게 되뇌며 마지막 경례를 올렸다. 그리고 또 한 번 다짐했다. '민간기업에서 새로운 방식으로 나라에 보탬이 되겠다.'

퇴임 후 새벽마다 교회 예배당에 무릎을 꿇었다.

"일어나라, 빛을 발하라. 이는 네 빛이 이르렀고 여호와의 영광이 네 위에 임하였음이니라."

이사야 60장 1절을 되새기며, 나를 통해 세상에 선한 영향력이 흘러가기를 간절히 기도했다. 새벽 공기처럼 투명한 말씀이 가슴을 다시 세워주었다.

얼마 지나지 않아 애경그룹 AK홀딩스 경영개선팀장상무이사 최종 합격 소식을 전해 들었다. 마음속 묶여 있던 매듭이 풀리듯 열흘간의 미국 여행을 떠날 수 있었다.

공직생활 28년을 마무리하고 떠난 첫 해외여행은 서부 로스앤젤레스에서 시작했다. 요세미티 국립공원의 장엄한 자연을 만났고, 라스베이거스의 화려한 야경을 지나 동부로 향했다. 뉴욕 맨해튼의 빽빽한 스카이라인은 끝없는 도전과 성장의 상징처럼 다가왔다. 월스

2016년 1월 1일
북한산 백운대 정상에서
휘날리는 태극기를 바라보며

트리트의 생생한 기운은 자본의 흐름과 세계 경제의 중심을 온몸으로 느끼게 했다. 자유의 여신상 앞에서는 처음 이 땅에 건너온 이민자들의 꿈과 도전을 떠올렸고, 자본주의의 진정한 의미와 경제 시스템의 작동 원리를 생생히 체감했다.

워싱턴 D.C.에서는 백악관과 국회의사당을 둘러보며 세계 정책의 심장부를 직접 느꼈고, 나이아가라 폭포에서는 초당 8만 5천 톤의 물줄기가 만들어내는 압도적인 힘 앞에서 한동안 말을 잃었다.

그 모든 경험은 새로운 자극과 배움이 되었다. 기업문화와 세계 경제를 이해하는 길 위에서 나는 또 다른 출발선에 서 있음을 분명히 느낄 수 있었다.

첫 출근에서 만난 문화의 충격

7월 1일.

서울 구로구 애경백화점 주차장 건물에 자리한 AK홀딩스 사무실로 첫 출근을 했다. 공직생활을 마치고 대기업 임원이 된다는 사실은 낯설면서도 흥미로운 일이었다. 특히 본사가 '백화점 주차장 건물'에 있다는 점은 장영신 회장의 검소한 경영 철학을 상징하는 듯했다.

남편의 갑작스러운 타계 이후 단 두 개의 계열사를 13개로 키워낸 장 회장의 삶은, 한국 여성 경영인의 가능성을 보여주는 강한 메시지였다.

첫 임원 회의는 그야말로 문화적 충격이었다. 경찰 조직 회의의 기본 원칙이던 '5W1H누가, 언제, 어디서, 무엇을, 왜, 어떻게'와는 전혀 다른 기업의 언어가 회의실을 가득 채웠다. 매출, 이익, 원가율 같은 실적 중심의 용어와 함께 ROI투자수익률, KPI핵심성과지표 등 기업 경영의 핵심 지표들이 자연스럽게 오갔다. 낯선 용어의 향연 속에서 나는 곧바로 깨달았다. 신속한 업무 파악과 더불어 부서원들과의 진정성 있는 소통이야말로 새로운 자리에서 반드시 지켜야 할 원칙이라는 것을.

사무실로 들어와 직원들과 첫 미팅을 가졌다. 경영개선팀은 막 신설된 부서로 홍보·법무·경영개선 담당 직원이 각 한 명씩뿐이었다. 나는 긴장과 설렘이 교차하는 마음으로 간단한 자기소개를 부탁하고, 겸허한 마음으로 각자의 이야기에 귀를 기울였다. 홍보담당 직원은 브랜드 이미지를 높이는 전략에 몰두하고 있었고, 법무 담당 직원은 최근 발생한 법적 리스크 관리에 신경을 곤두세우고 있었다. 경영개선 담당 직원은 개선 프로젝트의 성과 관리가 가장 큰 과제라고 했다.

직원들의 의견을 하나하나 메모하며 그들이 직면한 어려움과 내가 지원할 수 있는 방법을 진지하게 물었다. 나의 질문과 경청하는 태도에 직원들은 서서히 마음을 열었고, 마침내 솔직한 생각과 고민을 나누기 시작했다. 짧았지만 깊이 있는 이 첫 회의는, 앞으로의 협력과 신뢰를 구축하는 데 있어 소중한 출발점이 되었다.

가족의 응원과 믿음

퇴직 소식을 처음 가족에게 전했을 때, 나는 내심 긴장하고 있었다. 오랫동안 몸담았던 공직생활을 마무리하고 민간기업으로 옮겨간다는 결정이 과연 올바른 선택인지, 가족들은 어떻게 받아들일지 걱정이 앞섰다.

아내는 잠시 말이 없더니, 곧 밝은 미소를 지으며 말했다.

"당신, 정말 28년 동안 쉼 없이 달려왔어요. 하나님께서 이제 당신을 위한 새로운 무대를 준비하고 계실 거예요. 그러니 너무 걱정하지 말고, 충분히 쉬면서 다음을 준비하세요. 나는 언제나 당신을 믿고 응원할게요."

아내의 따뜻한 말 한마디는 마음속 불안과 긴장을 말끔히 씻어내는 듯했다.

두 아이 역시 아버지의 결정을 전적으로 지지해 주었다.

"아빠, 그동안 밤낮없이 일하시느라 정말 고생 많으셨어요. 이제는 조금이라도 쉬세요. 아빠가 어떤 길을 선택하시든 우리는 언제나 아빠를 믿고 응원할게요."

아이들은 내 경무관 퇴임식 날 찍은 경찰 정복 차림의 가족사진을 SNS에 올리며, 자랑스러운 아버지를 세상에 알렸다. 그 모습을 바라보는 순간 나도 모르게 눈시울이 붉어졌다.

가족의 따뜻한 지지와 격려 덕분에 새로운 도전을 향한 불안과 두려움은 조금씩 사라졌고, 내 선택에 대한 확신은 점점 커져갔다. 공직에서 민간기업으로 옮겨가는 과정은 변화와 불확실성으로 가득했지만, 가족들의 성원은 나에게 가장 든든한 버팀목이 되었다.

집 거실 한쪽 벽에는 지난 공직생활 동안 받은 훈장과 각종 표창장이 여전히 걸려 있다. 그런데 언제부턴가 그 옆에 새로 발급받은 회사 ID카드가 나란히 자리하게 되었다. 과거의 자랑스러운 경찰관의 삶과 앞으로 도전해야 할 새로운 여정이 함께 놓인 것이다. 그것이 바로 가족이 보내준 응원의 방식이었다.

리더십의 전환, 새로운 현장에서 찾은 답

민간 기업에서의 첫 세 달은 말 그대로 관찰과 학습의 시간이었다. 보고 라인, 의사결정 구조, 빠른 업무 속도, 숫자로 표현되는 성과 기준…. 공직과는 다른 이 모든 것들을 나는 온몸으로 흡수하며 배워 갔다.

공직에서 몸에 밴 '현장 중심 DNA'를 살려 매주 계열사 공장을 찾아다녔다. 현장의 대표와 안전 담당자들의 목소리를 직접 들었고, 그들이 겪는 어려움과 건의사항을 경청했다. 중대재해 사고 예방을 위한 안전보건 관리 감독자 교육을 강화하고, 안전수칙 준수를 독려하며, 필요한 예산은 즉각 반영했다. 그 결과 조직 안에 '안전보건 중심의 문화'가 조금씩 뿌리내리기 시작했다.

기업으로 옮기기 전, 멘토인 정형근 전 국회의원은 내게 이렇게 조언했다.

"기업 오너와의 신뢰는 정직에서 시작된다. 기업의 목적은 결국 이익 창출이다. 그러나 친정인 경찰 조직과의 신뢰 관계도 결코 소홀히 해서는 안 된다."

그 말은 새 환경에서 방향을 잃지 않게 해주는 나침반이 되었다.

공직에서 배운 '철저한 현장성'과 '법령 준수 감수성'은 기업 리스크 관리에서도 똑같이 중요한 가치였다. 다만 여기에 '속도'와 '효율' 그리고 '이익'이라는 기업 특유의 기준이 더해졌다.

나는 다이어리에 이렇게 적었다.

"공직생활은 나의 뿌리였고, 기업 생활은 가지를 뻗어 나가는 것이다. 결국 열매는 사람의 신뢰에서 맺힌다."

1990년 2월, 제29기 최고위전 마지막 대국. 열다섯 살 이창호 4단은 조훈현 9단을 상대로 흑 반 집 승리를 거두며 다음 세대의 문을 열었다. 대국을 마친 뒤, 조훈현 9단은 잠시 바둑판 위의 돌을 바라보다가 제자에게 미소를 건넸다.

"네 수를 보며 나도 다시 배운다. 스승도 언제든 넘어질 수 있다는 걸, 네가 오늘 내게 가르쳐 주는구나."

그 말처럼 나 역시 언제든 배우고 성장할 준비가 되어 있다. 패배를 인정하고 그로부터 교훈을 얻을 수 있는 자세야말로 민간 기업에서 새로운 도전을 성공으로 이끄는 진정한 힘이 될 것이라 믿었다.

2. 위기의 파도 속에서 혁신을 찾다

가습기 살균제 사태와 위기관리의 교훈

2016년 7월 말, 애경그룹에 입사한 지 불과 한 달 만에 회사 전체를 뒤흔드는 거대한 파도가 몰려왔다. 가습기 살균제 피해자 모임이 SK케미칼과 애경산업을 표시광고법 위반 혐의로 신고하면서, 사태는 전국적인 불매운동과 책임 촉구 시위로 번져갔다.

전국 곳곳에서 피해자 가족들이 거리로 나와 눈물로 호소했다. 언론은 연일 비판적인 보도를 쏟아냈고, 국회는 청문회와 법안 논의로 들끓었다. 매서운 새벽 공기 속, 애경그룹 본사의 대회의실은 숨조차 쉬기 어려운 긴장감으로 가득했다. 대형 모니터 화면에서는 실시간으로 부정 여론이 붉은 곡선을 그리며 가파르게 치솟고 있었다.

그러나 그 모든 수치보다 더 가슴을 무겁게 짓누른 것은 피해 부모들의 울먹이는 목소리였다.

"우리 아이가 숨을 쉬지 못해요."

그 절규는 숫자로 환산될 수 없는 고통이자, 어떤 보고서로도 설명할 수 없는 진실이었다.

나는 입사한 지 한 달 남짓한 신참이었지만, 그 순간 머뭇거릴 수

2017년 8월 8일, 문재인 대통령이 청와대에서 가습기 살균제 피해 공식 사과
출처: 대한민국 정책뉴스

없었다.

"사태가 더 이상 왜곡된 정보가 확산되지 않도록 정확한 사실을 신속히 전달해야 합니다. 무엇보다 피해자 가족과의 진심 어린 소통과 지원만이 이 위기를 극복하는 길입니다."

나는 결연한 목소리로 임원진 앞에서 제안했고, 즉시 애경산업 TFT태스크포스팀 구성을 이끌어냈다.

그날 이후 매주 회의 진행 상황을 점검하고, 피해 현황과 언론 보도를 면밀히 분석하며 대응책을 마련했다. 피해자 단체와의 소통에는 진정성을 담으려 노력했고, 언론의 질문에는 투명하게 답했다. 위기는 숨기거나 피하는 것이 아니라, 정면에서 맞서 진심으로 풀어가야 한다는 신념으로 하루하루를 버텼다.

3년이 지난 2019년, 국회 청문회에서 SK케미칼과 애경산업 대표들이 피해자와 가족들에게 공식 사과를 표명했다. 그러나 사과만으로 끝날 수는 없었다. 검찰은 안전성 검증도 거치지 않은 채 독성 화학물질이 포함된 가습기 살균제를 판매하여 98명의 사상자를 낸 혐의로 양사 대표이사들을 기소했다. 법정 다툼은 길고 험난했으며, 2024년 12월 26일 대법원은 금고 4년을 선고한 원심을 파기 환송했다. 사건은 현재 서울고법에서 재심리 중이다.

돌이켜보면, 이 위기의 본질은 경찰 재직 시절 현장에서 맞닥뜨렸던 수많은 사건·사고의 본질과 다르지 않았다. 결국 모든 위기의 핵심은 '사람의 생명'과 '신뢰'에 있었다. 기업이 위기를 어떻게 관리하느냐가 곧 생존과 직결된다는 사실을 그때 뼈저리게 깨달았다.

"모든 위기의 본질은 생명과 신뢰에 있다."

조직문화 변화를 이끈 이야기

가습기 살균제 사태 이후, 애경그룹은 더 이상 과거의 방식으로는 살아남을 수 없다는 뼈아픈 자각 속에서 근본적인 변화를 모색했다. 경영개선팀은 '임직원 준법서약서'를 제정하여 모든 임직원이 자필로 서명하도록 했다. 이는 단순히 법적 의무를 지키자는 선언만은 아니었다. 각자가 스스로 준법의 의미를 되새기고, 일상의 작은 선택 속에서도 책임 있는 태도를 실천하자는 다짐이었다.

나는 이 과정에서 무엇보다 소통을 중시했다. 강요나 지시는 오래가지 못한다는 것을 알고 있었기에, 임직원 한 사람 한 사람의 목소리에 귀 기울이며 공감대를 형성하고자 했다. 법과 규정을 외부의 강제력이 아닌, 자신의 신념으로 받아들이는 '자율 준법 문화'가 조직 깊숙이 뿌리내리기를 바랐다.

6개월쯤 지난 어느 날, 한 젊은 MZ 세대 직원이 사내 온라인 게시판에 올린 글이 모두의 마음을 울렸다.

"사태는 지나갔지만 문화는 남았다."

짧은 한 문장이었지만 수많은 직원의 공감과 댓글이 이어졌다. 그것은 위기 극복을 통한 변화가 실제로 삶 속에 스며들었음을 보여주는 증거였다. 나는 그 글을 보며 깨달았다. 진정한 위기 극복은 과거의 잘못을 사과하는 데서 끝나지 않는다. 그 잘못에서 교훈을 얻어 다시는 같은 실수를 반복하지 않도록 새로운 문화를 만들어가는 데 있다.

나는 그때 작성한 보고서의 마지막 페이지에 이렇게 적었다.

"준법경영은 비용이 아니라, 기업 생존을 위한 전략적 필수 요소다. 우리가 지켜야 할 진정한 가치는 '신뢰'이며, 이 가치를 지켜내는 일이 곧 기업의 장기적 성장과 지속가능성으로 이어질 것이다."

위기의 파도 속에서 움튼 변화는 그렇게 조직의 뿌리로 스며들어, 우리를 한층 더 성숙한 공동체로 이끌고 있었다.

3. 기업의 리더십, 지역과의 상생

애경타워와 지역 상생 프로젝트

2018년 8월, 마포구 홍대 앞에 애경타워가 새로운 랜드마크로 우뚝 섰다. 지상 17층, 연면적 16,320평 규모의 복합시설에는 쇼핑몰과 업무시설, 그리고 홀리데이 인 익스프레스 호텔이 자리했다. 이 건물이 진정으로 담아내고자 한 의미는 크기나 화려한 외관보다 지역사회와 어떻게 어울리고, 어떻게 상생할 수 있는가에 있었다.

나는 홍대 앞 지역 상권 활성화와 야간 보행자 안전 문제 해결을 최우선 과제로 삼았다. 마포구청 및 홍대상인연합회와 협력해 '안전+상생 협약'을 체결했고, 그 결과 서울경찰청의 협조로 홍대 애경타워 앞에 횡단보도가 설치되었다. 시민들의 발걸음을 지켜주는 단순한 시설 하나가 지역사회에 주는 안도감은 결코 작지 않았다. 이어서 주말마다 플리마켓을 기획하고, 가을이면 음악회를 열어 지역 문화에 활력을 불어넣었다.

지역 주민들과의 첫 만남은 지금도 기억에 선명하다. 상인연합회 회장이 회의 자리에서 간절하게 말했다.

"우리 동네를 살리는 일이 우리 모두에게 얼마나 절실한지 아십니까?"

2018년 8월, 홍대입구역에 위치한 쇼핑몰, 업무시설, 호텔을 포함한 홍대 애경타워 그랜드 오픈. 출처: AK홀딩스

그의 절박한 눈빛은 내 마음을 깊이 흔들었다. 그 순간 나는 사업적 성과뿐 아니라 지역과 함께 살아가는 기업의 사명을 더욱 굳게 다짐했다.

2019년 9월, 무신사와의 협력을 통해 홍대 애경타워 17층에 약 800평 규모의 복합문화공간 '무신사 테라스 홍대'를 유치할 수 있었다. 이곳은 창의와 문화가 살아 숨 쉬는 특별한 공간이었다. 최신 음향·영상 시스템을 갖춘 224평 규모의 라운지에서는 패션 브랜드의 쇼케이스와 전시가 끊이지 않았고, 전문 바리스타와 셰프가 운영하는 키친은 지역 주민과 외국인 관광객 모두에게 잊을 수 없는 다이닝 경험을 선사했다.

숍에서는 무신사의 큐레이션으로 선정된 한정판 상품, 유명 브랜드와의 협업 아이템, 그리고 온라인에서는 구할 수 없는 독점 제품들이 전시되어 많은 이들의 발길을 끌었다. 옥상정원으로 꾸며진 파크에서는 연남 센트럴파크와 서울 도심을 360도로 조망할 수 있었고, 문화 공연·디자인 전시·체험형 워크숍·포토존 등 풍성한 콘텐츠가 이어지며 홍대 거리에 새로운 문화의 숨결을 불어넣었다.

어느 날 저녁, 나는 홍대 인근의 한 건물 옥상에 올라 달라진 거리를 내려다보았다. 형형색색의 조명 속에 사람들의 웃음소리가 거리를 가득 메우고 있었다. 그 모습을 보니 마음속에서 뭉클한 감정이 치밀어 올랐다.

"빛은 전기를 먹고 자라지만, 빛을 켜는 것은 사람의 의지다."

결국 사람의 의지가 지역을 밝히고, 변화를 만들어낸다는 사실을 새삼 깨닫는 순간이었다. 그때 느낀 보람은 지금도 내 마음에 따스한 빛으로 남아 있다.

서울대 AMP 과정에서 배운 글로벌 경영

2016년 9월, 나는 서울대학교 경영대학원 최고경영자과정AMP 82기에 입학했다. 국내 최고 수준의 경영자 교육과정으로 명성이 자자한 AMP는 경영학 지식만을 다루지 않았다. 경제와 인문, 사회와 문화, 그리고 과학까지 아우르는 융합적 접근을 통해 경영자로서의 시야와 사고의 폭을 한층 더 넓혀주었다.

매주 이어진 야간 수업은 늘 깊은 생각을 하게 했다. 강의를 듣고 토론을 마치고 돌아오는 길, 내 마음속에 하나의 질문이 메아리처럼 울렸다.

'기업의 존재 이유는 무엇인가?'

처음에는 막연하고 추상적인 물음에 불과했으나, 시간이 지날수록 그 답이 조금씩 선명해졌다. 기업의 본질은 이익을 추구하면서도 이익과 사회적 가치가 충돌하지 않고 조화를 이루는 지점에 있다는 깨달음이었다.

강의실에서 얻은 지식 못지않게 수업이 끝난 뒤 동기들과의 대화와 교류에서 많은 것을 배웠다. 서로 다른 산업과 배경을 가진 동료

2018년 12월, 서울대 경영대학원 최고위과정 82기 송년의 밤

들과의 토론은 교과서보다 더 생생한 현실의 교훈을 안겨주었다.

특히 내 기억에 오래 남은 순간은, 한 강연에서 언급된 영화 〈대부〉의 유명한 대사였다.

"나는 그에게 거절할 수 없는 제안을 하겠다."

처음에는 영화적 과장이려니 했지만, 곱씹을수록 그것은 비즈니스의 본질을 꿰뚫는 말이었다. 진정한 제안은 상대가 거절할 수 없을 만큼 매력적이어야 하고, 그 매력의 핵심은 조건이나 숫자가 아니라 사람과 신뢰의 연결에 있다는 사실을 절감했다.

많은 이들이 고위 임원과의 만남을 가볍게 여기지만, 실제로 그러한 만남이 성사되기까지는 긴 시간과 진득한 노력이 필요하다. 한 번의 소개, 한 차례의 대화가 쌓이고 쌓여 결국 무형의 자산인 신뢰가 형성된다. 《하버드 비즈니스 리뷰》 등 다수의 연구에 따르면, B2B 거래의 상당수가 지인의 추천에서 시작된다고 한다. 이 수치는 신뢰라는 보이지 않는 자산이 얼마나 막강한 힘을 지니는가를 잘 보여준다.

서울대 AMP 과정에서의 경험은 내게 지식과 함께 경영에 대한 철학을 심어주었다. 기업의 성장은 숫자의 크기보다 신뢰의 두께에 달려 있으며, 글로벌 경영의 핵심 또한 문화와 시장을 뛰어넘어 사람과 사람 사이의 신뢰를 어떻게 구축하느냐에 달려 있다는 깨달음이었다.

사명에서 비전으로, 리더십의 확장

2019년 3월, 가족과 함께 열흘간 영국과 프랑스를 여행했다. 공직에 있을 때는 업무에 묶여 해외에 나설 여유조차 없었지만, 기업인이 된 후에는 세계 곳곳을 돌아보며 시야를 넓히고 통찰력을 키우는 일이 중요한 과제가 되었다.

런던에서 버킹엄 궁전과 런던아이, 웨스트민스터 사원과 국회의사당 등 오랜 역사를 지닌 장소들을 보면서 영국이 급하게 바뀌지 않고 천천히, 그리고 확실하게 발전하며 안정된 나라가 되었다는 점을 깊이 느꼈다.

이어 고속철도 유로스타를 타고 도착한 파리에서는 또 다른 감동을 받았다. 자유·평등·박애의 깃발 아래 시민의 힘으로 혁명을 일구어낸 도시. 루브르 박물관과 베르사유 궁전을 거닐며 나는 문화유산이 한 나라의 정체성과 자긍심을 얼마나 숭고하게 드러내는지를 온몸으로 실감했다.

특히 바스티유 감옥터와 혁명광장을 걸을 때, 시대를 바꾼 시민들의 용기와 그들이 흘린 땀과 피를 떠올렸다. 그것은 오늘을 사는 나

2019년 3월, 프랑스 베르사유 궁전 방문 시 정원 모습

에게 '변화를 두려워하지 말라'는 강렬한 메시지로 다가왔다. 이 여행은 기업인으로서 그리고 한 인간으로서 앞으로 어떤 철학과 비전을 세워야 할지 생각하게 하는 귀중한 시간이었다.

기업의 사명은 경제적 이익을 추구하는 것을 넘어선다. 사람과 사회, 그리고 공동체 전체가 함께 성장하는 것에 기업의 존재 가치가 있다. 이러한 깨달음을 마음 깊이 새기며, '지역과 기업, 그리고 국가를 잇는 다리 같은 리더가 되겠다'는 다짐을 굳게 했다.

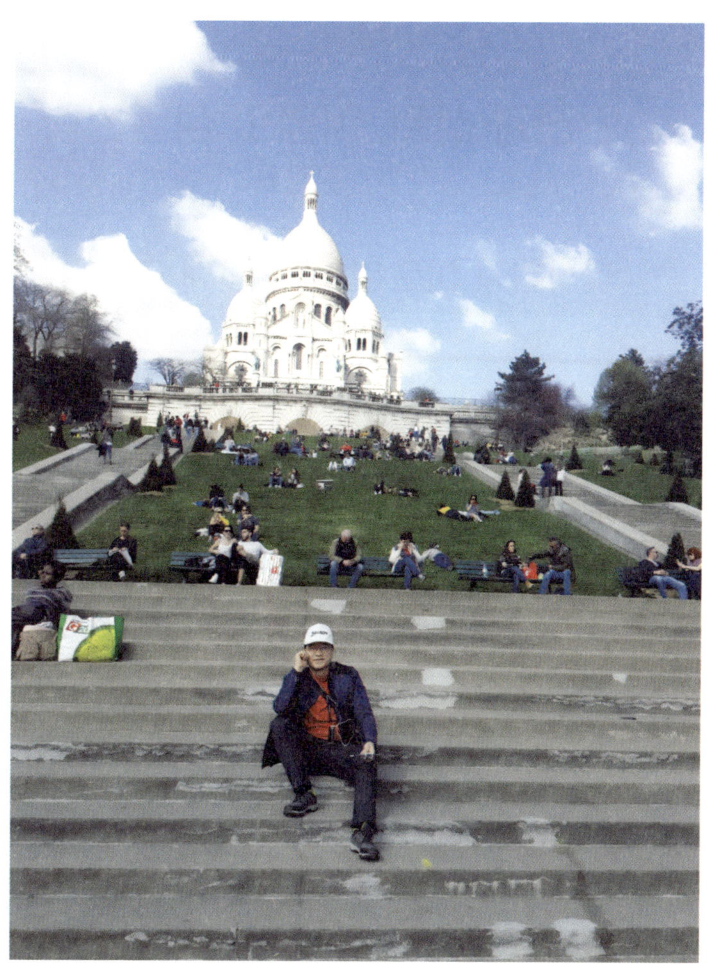

2019년 3월, 파리 몽마르뜨 언덕에서

4. 안전과 신뢰, 기업의 생존전략

주식회사 이도로의 두 번째 도전

2019년, AK플라자는 의미 있는 영업이익과 당기순이익을 기록하며 일정한 성과를 거두었다. 하지만 그 성과는 오래가지 못했다. 2020년 초, 전 세계를 휩쓴 코로나 팬데믹이 모든 것을 바꿔놓았다. 고객의 발길은 급격히 끊겼고, 전략적으로 추진했던 '지역 근린형 백화점' 모델은 시장의 기대와 달리 제대로 된 성과를 내지 못했다. 적자는 눈덩이처럼 불어났고, 부채 비율은 걷잡을 수 없이 치솟았다.

위기를 극복하기 위해 AK플라자 대표는 대규모 구조조정을 단행했다. 그 과정에서 내가 맡고 있던 홍대 애경타워 대표이사직까지 직접 겸임하겠다는 발표가 나왔다. 임기가 끝나가던 나는 아쉬움을 뒤로하고 새로운 길을 모색해야 했다.

그렇게 찾아온 새로운 기회는 주식회사 이도 상무이사 자리였다. 애경그룹에서 보낸 4년은 열정과 성실의 결실이자, 기업인으로서 단

2024년 1월, (주)이도 사옥 앞

단히 뿌리내린 시간이었다. 그 시간을 마무리하며 나는 잠시 가족과 의미 있는 시간을 보내기로 했다. 새 직장 출근을 앞둔 2020년 2월, 열흘 일정으로 스페인과 모로코, 포르투갈을 함께 여행했다.

스페인 마드리드는 역사와 예술이 숨 쉬는 도시였다. 마드리드 왕궁과 프라도 미술관, 국립고고학박물관을 거닐며 인간의 창의성과 역사의 깊이를 온몸으로 느꼈다. 이어 찾은 바르셀로나는 활기찬 거리와 예술적 영감으로 가득했다. 안토니 가우디의 구엘공원과 바르셀로나 대성당, 그리고 람블라 거리를 걸을 때마다 내 안에는 새로운 도전과 창의적 비전에 대한 열망이 차올랐다.

모로코 카사블랑카에서 마주한 하산 2세 모스크와 메디나 시장의 풍경은 동서양 문명의 독창적 융합을 보여주었다. 포르투갈 리스본에서는 벨렘탑과 제로니무스 수도원, 신트라의 페나 궁전을 통해 대항해 시대의 위대한 역사와 도전 정신을 되새겼다. 따뜻한 기후와 친절한 사람들, 풍성한 과일은 새로운 삶에 대한 기대와 에너지를 충전해 주었다.

그러나 그 아름다운 도시가 1755년 규모 8.5의 대지진으로 무너져 내렸던 역사를 떠올리며, 나는 다시 한번 재해와 안전 관리의 무게를 마음 깊이 새겼다.

주식회사 이도는 2014년 설립된 통합관리 전문 운영 및 프로젝트 매니지먼트 플랫폼 기업이었다. 폐기물·수처리·신재생 등 환경 사업 부문, 고속도로·터널·교량 등 인프라 운영 관리 부문, 클럽디 골프 사업 부문, 그리고 오피스·리테일·기숙사 등 부동산 관리 부문까지, 1,500억 원의 매출을 기록하며 빠르게 성장하고 있었다.

이도는 4차 산업혁명 시대에 발맞춰 ICT 기반 자산 운영 관리 솔루션을 자체 개발하여 운영 효율성과 고객 편의를 높였고, 친환경과 ESG 경영을 강화하며 전국 사업장에 걸쳐 환경 사업의 풀 밸류체인을 구축해 나가고 있었다.

나는 이곳에서 경영지원팀 상무이사로 합류했다. 맡은 역할은 전국 사업장의 안전 관리, 경영 효율화 지원, 그리고 대내외 리스크 매니지먼트였다. 새로운 도전의 현장은 곧 나의 다음 배움터가 되었다.

2025년 주식회사 이도는 괄목할 만한 매출 성장을 이루며, 태양광·풍력·바이오가스 발전 인프라 구축 및 운영을 통한 안정적인 전력 공급과 함께, 배터리 에너지 저장장치BESS와 데이터센터를 결합한 AI 인프라 육성을 가속화하고 있다. AI 인프라는 데이터센터의 전력 효율을 극대화하고 탄소중립을 실현할 수 있는 미래 핵심 분야로 꼽힌다. 또 폐기물 자원화와 AI 인프라 사업을 양대 축으로 하는 통합형 클린테크 플랫폼 기업으로 입지도 강화하고 있다.

중대재해처벌법, 혼란 속의 선택과 도전

2022년 1월 27일, 한국 경영계는 한 번도 경험하지 못한 거대한 변화와 맞닥뜨렸다. 중대재해처벌법의 시행은 기업의 책임과 리스크를 이전과는 비교할 수 없을 만큼 무겁게 만들었다. 법은 명확하게 선언했다. 중대재해가 발생하면 현장의 관리 책임자뿐 아니라 기업의 최고경영자까지 형사처벌의 대상이 된다고.

"사고가 나면 대표이사가 직접 형사처벌을 받을 수 있다."

이 문장은 더 이상 경고가 아니라 현실이 되었다. 그 순간부터 많은 경영진은 극도의 압박감과 두려움에 휩싸였다. 주요 언론들 또한 연일 우려의 목소리를 높였다. 기업 경쟁력의 약화, 과중한 책임, 위축된 경영활동 등 법의 취지에는 공감하지만 과도한 처벌이 오히려 기업을 움츠러들게 할 수 있다는 비판이 쏟아졌다.

나 역시 법 시행과 동시에 주식회사 이도의 안전보건관리실장이라는 중책을 맡게 되었다. 회사의 지속 가능한 성장과 직원들의 생명과 안전을 동시에 지켜야 하는 무거운 책임이 내 어깨에 고스란히 얹혀졌다. 법 시행 초기부터 철저한 준비와 대응 방안을 마련하기 위해 모든 힘을 쏟아부었다.

현장 점검을 강화하고 예방 체계를 정밀하게 구축했다. 책임자들과의 정기적인 교육과 회의를 통해 '중대재해는 예방할 수 있다'는 인식을 끊임없이 공유했다. 회사는 안전수칙 준수를 생활화할 수 있도록 직원 교육을 제도화하고, 외부 컨설팅을 병행하며 현장 운영을 체계화했다. 다행히 이러한 노력은 시행 초기의 혼란을 최소화하는 데 큰 도움이 되었다.

이 과정을 통해 내가 얻은 교훈은 분명했다. 진정한 준법경영은 단순히 처벌을 피하기 위한 방편이 아니다. 그것은 기업과 직원, 나아가 사회 전체를 향한 책임 있는 선택이다. 어려움과 혼란 속에서도 책임과 원칙을 지키며 올바른 길을 걸어가는 것, 그것이 바로 리더의 길임을 다시 한 번 깊이 깨달았다.

전문가 과정을 통해 다진 새로운 역량

2023년 7월, 나는 인생의 또 하나의 전환점을 맞이했다. 애경그룹과 주식회사 이도에서 쌓은 실무 경험만으로는 한계가 있다고 느끼던 때, 대표이사께서 연세대학교 법무대학원 중대재해처벌법 전문가 과정 입학을 제안해 주셨다.

처음에는 망설였다. 50대 후반, 바쁜 경영지원 실무 속에서 다시 학업에 도전한다는 것이 결코 쉽지 않으리라 여겼기 때문이다. 그러나 곧 마음을 다잡았다. 기업의 안전은 단순한 규정이나 절차가 아니라 곧 생명 그 자체였다. 그 생명을 지키기 위해서라면 어떠한 노력도 아깝지 않았다. 나는 원서를 제출했고 마침내 합격 소식을 받았다.

매주 수요일 저녁 7시, 연세대학교 법무대학원 강의실은 열정과 긴장감으로 가득했다. 판례 중심의 강의, 산업안전보건법상 사업주의 법적 의무, 형사책임의 구조, 실제 처벌사례 분석까지 이 모든 과정은 현장에서 피로 쓴 교훈이자 매우 중요한 지침이었다. 특히 '동국제강 사고', '현대제철 크레인 추락사고' 등 실제 기업의 중대재해 사례는 현장 리더로서의 사명감을 더욱 절실하게 일깨워 주었다.

2023년 7월, 연세대학교 법무대학원 중대재해처벌법 전문가과정 입교

강의는 법률 지식 전달에 그치지 않았다. 변호사, 검사, 노동부 고위 관계자, 기업의 HSE 총괄 임원 등 대한민국 최고의 전문가들이 직접 강단에 섰다. 그들의 강의 속에는 법조문 이상의 현장 경험과 생생한 목소리가 담겨 있었다.

나는 이론과 실무를 동시에 익히며 한층 더 넓은 시야를 확보할 수 있었다. 수강생들 또한 건설, 제조, 물류, 에너지 분야의 최고 관리자들이었고, 그들과의 토론과 교류를 통해 업종 간 안전관리의 공통점과 차이점을 비교하며 배움의 폭을 넓혀 나갔다.

6개월 동안 총 100시간의 과정을 수료하는 동안 내 마음속에 가장 깊이 새겨진 문장은 단 하나였다.

“안전보건관리체계의 고도화, 전사적 안전문화 정착 없이는 중대산업재해 제로Zero는 허상이다.”

나는 이 문장을 주식회사 이도의 ‘전사 안전 매뉴얼’의 기본 프레임으로 삼았다. 이제 우리 회사의 안전방침은 단순한 규정이나 매뉴얼이 아닌, 내가 현장에서 땀 흘리고 책임지면서 몸으로 익힌 지혜 그 자체가 되었다. 그것은 더 이상 나만의 성취에 머물지 않았다. 조직 전체가 공유해야 할 의식이자, 모든 생명을 지키기 위한 숭고한 사명으로 확산되어야 할 가치였다.

예방보다 중요한 것, '안전문화'

2024년 1월, 양평 블룸비스타 연수원에서 주식회사 이도의 경영 전략 워크숍이 열렸다. 여러 발표자 가운데 첫 번째로 마이크를 잡았다. 발표 주제는 '안전보건관리체계 고도화와 안전문화 정착'이었다. 목소리는 단호했지만, 가슴속에는 절실한 사명감이 자리하고 있었다.

발표의 서두에서 나는 한 가지 사례를 소개했다.

2022년 10월, 경기도 성남 판교 SK C&C 데이터센터 지하 3층 전기실에서 화재가 발생했다. 무정전전원장치UPS가 폭발했고, 그 여파로 국내 대표 포털인 카카오의 모든 서비스가 몇 시간 동안 중단되었다. 단순한 화재가 아니었다. 디지털 인프라의 근간이 무너져 내린 사건이었다. 나는 이 사례를 통해 리튬이온 배터리의 잠재적 위험성과 데이터센터 백업 시스템의 구조적 중요성을 강조하며 이렇게 말했다.

"하드웨어는 복구할 수 있지만, 신뢰는 단 한 번의 사고로 무너집니다."

이어서 우리 회사에서 발생한 뼈아픈 사고도 언급했다.

같은 해 1월, 부동산사업부가 관리하던 과천의 한 빌딩에서 근무하던 미화팀장이 탑승식 바닥청소 장비를 운행하다가 경사로 구간에서 조작 미숙으로 추락해 목숨을 잃은 것이다. 상대적으로 안전관리가 소홀하기 쉬운 미화직군에서 발생한 이 중대재해는 단지 한 개인의 실수가 아니라, 시스템 전반의 빈틈이 빚어낸 비극이었다. 나는 그 사건 앞에서 뼈아픈 반성과 깊은 각성을 할 수밖에 없었다.

그날 이후, 나는 곧바로 다음과 같은 전략을 실행에 옮겼다.

- 안전보건관리체계 고도화: 사업장별 현황을 진단하고 'Safe D' 스마트 안전관리 시스템 도입·확대
- 현장관리자 집중 교육: 형식적으로 운영되던 TBMToolbox Meeting을 '실질 참여형'으로 전환
- 근로자 위험성 평가 내재화: 하청·도급 사업장을 포함하여 매일 작업 전 위험요소를 재점검하는 절차 강화
- 적격 수급업체 선정제 강화: 단가보다 '안전 이력'을 우선시하는 발주 전략 수립

또한 각 사업장에는 다음 문구를 담은 슬로건 스티커를 부착하도록 했다.

"사람은 실수하고, 기계는 고장난다.

그렇기에 우리는 매일, 확인하고 또 확인해야 한다."

상·하반기별 안전활동 이행평가를 도입해 최우수 사업장에는 인증패와 인센티브를 수여했다. 반대로 하위 평가를 받은 사업장은 간부진 승진 심사에서 감점을 적용했다. 이는 현장의 '인식 전환'을 유도

2024년 7월, 양평 블룸비스타에서 ㈜이도 경영전략 워크숍

하기 위한 실질적 장치였다.

내가 바라는 것은 '규칙을 지키기 위한 안전'이 아니라, '생명을 지키기 위한 안전문화'였다. 그 변화야말로 예방보다 앞선 우리의 중요한 약속이었다.

감사 시스템 혁신, 신뢰를 쌓는 인프라

2022년 1월, 회사의 경영 방향에도 새로운 전기가 마련되었다. 대표이사께서는 '청렴경영실' 신설을 직접 지시하며, 이제는 단순한 성과가 아닌 '정도를 지키는 경영'을 실현해야 할 시점임을 강조하셨다. 그때부터 나는 청렴경영실장이라는 중대한 임무를 겸직하게 되었다.

나는 이 직책을 기업문화의 대전환을 이끄는 사명으로 받아들였다. 경찰청에서 28년간 근무하며 몸에 밴 원칙과 규율, 법과 정의에 대한 감각이 바로 이 순간을 위해 존재했던 것은 아닐까 하는 생각도 들었다.

우선 각 부문에서 신뢰받는 인재들을 선발했다. 재무회계, 원가·외주, 경영지원, 법무, 안전보건, 그리고 IT사업팀까지. 그들은 '감사'를 두려움이나 불편의 대상으로 여기지 않았다. 오히려 회사를 지키고 동료를 보호하는 가장 근본적인 활동으로 받아들이기 시작했다.

분기마다 전국 사업장 중 한 곳을 선정해 현장 감사를 시행했다. 부서장과 실무진들을 면담하고, 장부를 열람하며, 안전관리 현장을 직접 발로 뛰며 점검했다. 어떤 날은 강풍이 몰아치는 도로 현장에서 반나절을 보내기도 했고, 어떤 날은 숙소의 희미한 조명 아래서 늦은 밤까지 조사보고서를 작성하기도 했다.

"현장의 문제는 곧 회사의 문제이고, 나의 문제다."

이 생각을 바탕으로 감사 결과는 지체없이 조치되었고, 개선 사례는 회사 전체에 공유되어 유사 사례 예방 교육에 반영되었다. 문제를 발견하는 데서 끝나는 것이 아니라, 회복하고 재발을 방지하는 체계를 만드는 것이 핵심이었다.

또한 내부고발제도를 활성화하고, 신고자 보호 원칙을 철저히 지켰다. 나는 지금도 한 직원이 보낸 장문의 고충 서한을 잊지 못한다. 익명의 그 편지 한 장은 한 사람의 용기와 신뢰가 회사의 윤리경영을 바로 세우는 출발점이 될 수 있음을 보여주었다.

매년 초, 전 임직원이 자필로 작성한 준법서약서는 한 사람, 한 사람이 자기 양심 앞에서 다짐하는 고백이었고, 동시에 기업정신에 대한 공동의 서약이었다.

나는 믿는다. 감사란 '잡아내기 위한 장치'가 아니다. 그것은 함께 성장하고, 바르게 서기 위한 신뢰의 시스템이다. 이 문화가 뿌리내린 조직은 쉽게 무너지지 않는다. 그것이 내가 주식회사 이도에서 쌓아 올린 투명경영의 인프라였다.

기업의 생존전략, 가치와 생존의 방정식

2016년 가을 서울대학교 경영대학원 AMP 과정에서의 어느 날 밤 수십 명의 경영자가 강의에 깊이 몰두하고 있었다. 바로 그날 이유재 교수님께서 소개한 '생존 부등식'은 내 마음에 깊은 흔적을 남겼다.

"기업이 살아남기 위해서는 단순한 수익이 아니라, 원가 < 가격 < 고객이 체감하는 가치라는 부등식이 성립해야 합니다."

교수님은 칠판에 그 부등식을 또박또박 적으며 강조하셨다. 그것은 기업 생존의 정수였고, 내가 기업 현장에서 평생 추구하고자 했던 방향성과도 정확히 맞닿아 있었다. 이러한 부등식을 실현하기 위한 핵심이 바로 기업의 모든 활동을 '가치'에 집중하는 것이었다. 따라서 현장에서의 생존 전략을 가치 창출의 관점에서 구체화하면 다음과 같다.

첫째, 가치 중심 경영

우리는 흔히 가격을 낮추면 고객이 만족한다고 믿는다. 그러나 가격만 낮추는 전략은 결국 기업의 수익을 잠식하고, 시장 전체를 고사시키는 제로섬Zero-sum, 어떤 시스템이나 사회 전체의 이익이 일정하여 한쪽이 득을 보면 반드시 다른 한쪽이 손해를 보는 상태 게임에 불과하다. 반대로 고객이 체감하는 가치를 높이는 순간, 기업과 고객이 함께 성장하는 포지티브섬Positive-sum, 게임이나 상황에 참여하는 모든 주체의 이득과 손실의 합이 0보다 큰(양수) 상태 게임이 가능해진다.

둘째, 고객 가치 높이기

우리는 카카오뱅크의 사례에서 많은 걸 배웠다. 계좌 개설 10분, 간편한 송금, 수수료 없는 ATM. 고객의 시간과 노력, 불편함을 줄여주는 혁신이 곧 충성도를 만들어냈다. 이처럼 '이용 비용'을 줄여주는 것이야말로 숨어 있는 가치 창출임을 확신하게 되었다.

셋째, 고객 가치 경영으로의 전환

고객 만족에서 더 나아가 '정서적 충족'에 이르는 경영. 고객이 아직 인식하지 못한 니즈를 발굴하고 제안하는 것, 그것이 진정한 혁신이자 브랜드에 대한 감성적 애착을 키우는 비결이었다.

나는 이 강의를 들으며 확신했다. 가치 경영이야말로 우리가 지향해야 할 길이라고. 단기적 수익보다 장기적 신뢰, 거래처의 만족보다 고객의 감동. 그것이 기업의 지속 가능한 생존 전략이었다.

이유재 교수님의 강의는 책상 위의 이론에 그치지 않았다.

"삶을 경영하듯, 기업을 경영하라."

그 철학은 지금도 내 경영 실천의 뿌리로 남아 있다.

제2장

산골소년의 꿈을 향한 도약

1. 산골마을에서 움튼 작은 씨앗

검정 고무신의 첫 기억

나는 1965년 7월 1일, 경북 봉화군 명호면 도천리에서 4형제 중 셋째로 태어났다. 봉화는 예부터 '산의 고장'이라 불려왔다. 청량산, 청옥산, 구룡산, 태백산 등 해발 1,200m가 넘는 수려한 산맥들이 병풍처럼 둘러서 있고, 그 사이사이로 맑은 계곡물이 사철 흘러내린다. 산세가 깊은 탓에 조선 시대 국난의 와중에 속세와 인연을 끊고자 했던 선비들이 은거하던 곳이며, 지금도 100여 개가 넘는 정자와 고택들이 고즈넉하게 그 정신을 이어가고 있다.

내 어린 시절의 첫 기억은 어머니께서 명호면 오일장에서 사다 주신 검정 고무신이다. 그것은 가난한 산골 소년에게 세상으로 나아가는 첫걸음이자 희망의 징표였다. 시인 김선남의 시 〈검정 고무신〉 한 구절은 그 시절의 내 마음을 고스란히 대변한다.

5일 장날 엄마가 사주신 검정 고무신
키가 빨리 자란다고
한 치 큰 고무신을 사 주셨다

온통 새까만 검정 고무신을

새벽이면 낙동강 상류의 차가운 안개가 골짜기를 타고 내려와 마당을 덮곤 했다. 그때마다 마당에 놓여 있던 내 고무신 앞코에는 작은 물방울들이 송알송알 맺혔다. 나는 그 물방울을 손등으로 스윽 닦아내며 신발을 신고 멀리 떨어져 있는 학교로 향하곤 했다. 흙길을 따라 10리를 걸어가야 했던 그 길은 늘 설렘과 두려움이 뒤섞여 있었다.

'이 길 끝에는 무엇이 있을까? 이 길이 내 삶을 어디로 데려가 줄까?' 하는 궁금증도 들었지만, 그 자체로 이미 꿈의 시작점이었다. 매일 걷는 길이 모험이었으며, 그 모든 순간이 내 삶의 기반을 다지는 귀한 시간이 되었다.

가난했지만 따뜻했던 대가족

내가 자란 도천리 마을은 물질적으로는 넉넉지 않았으나 사람들의 정과 온기로 가득한 산골이었다. 나는 평범한 농가의 셋째 아들로 태어나 부모님과 할머니, 삼촌, 고모, 형제들까지 모두 열세 명이 한 지붕 아래서 함께 살아가는 대가족의 품에서 자랐다.

아버지는 논두렁에 앉아 새참을 드실 때면 늘 말씀하시곤 했다.

"땅은 거짓말을 하지 않는다."

그 말은 삶에서 배어나온 지혜였다. 어린 내 마음속에 '노력은 결코 배신하지 않는다'는 믿음으로 새겨졌으며, 훗날 내 삶을 이끄는 인생의 좌표가 되어주었다.

여름밤이면 마당 한편 모닥불가에 앉아 할머니가 들려주시던 이야기가 아직도 생생하다. '뒷산에 살던 범 이야기'는 어린 내 마음 깊은 곳에 두려움을 이겨낼 용기를 심어주었다.

집에서 명호초등학교까지는 논밭과 산길을 따라 10리 길, 걸어서 한 시간이 넘는 거리였다. 친구들과 함께 걸을 때면 우리의 웃음소리가 여기저기 퍼져나갔고, 겨울에는 쌓인 눈 위로 형들이 먼저 낸 발자국을 좇아 학교에 가곤 했다. 목조 교사, 나무 책상과 의자, 분필 가루 흩날리던 칠판, 교실 한가운데 놓인 갈탄 난로까지, 그 모든 것이 지금도 내 마음속에 따스한 추억으로 남아 있다. 벽에 걸린 '국민교육헌장'은 철없던 우리에게 어딘가 무겁게 다가와, 어린 마음에 책임과 질서를 슬며시 새겨 넣으려는 듯했다.

집에서는 농사일을 거들며 소에게 먹이를 주고, 땔감을 하러 뒷산에 오르기도 했다. 학교에서 돌아오면 냇가에서 친구들과 물장구를 치며 놀거나 산과 들을 마음껏 달리며 하루를 채웠다. 물질은 부족했으나 가족이 있어 따뜻했고, 마음껏 뛰어놀 수 있어 자유로웠다. 그 소박한 행복 속에서 나는 어느새 더 큰 꿈을 품기 시작했다.

공부의 의미를 알게 되다

내가 자란 집에는 전기가 없어서 저녁이면 늘 등잔불에 의지해야 했다. 등잔에 기름을 채우고 심지를 바르게 다듬어 불빛을 살려놓아도 불빛은 언제나 희미했고 눈은 금세 피로해졌다. 그 희미한 불빛 아래에서 숙제하거나 책을 읽으며 배움이란 것이 결코 쉽지 않다는 걸 어린 마음에도 알게 되었다.

초등학교 4학년 어느 날, 수업 시간에 빵 한 개가 걸린 산수 시험이 있었다. 선생님은 정답을 모두 맞힌 내 손바닥에 붉은 스탬프를 꾹 찍어주셨다. 손바닥에 스며들던 잉크빛과 손에 쥔 빵 한 조각의 묵직한 의미가 마음 깊숙이 파문처럼 번졌다. 그 순간 배움이야말로 삶을 밝혀주는 힘이라는 것을 알았다. 그 깨달음은 오래도록 내 삶의 바탕이 되어 나를 이끌었다.

여름이면 봉화 명호면 시내를 따라 흐르는 맑은 개울가가 아이들의 놀이터였다. 물은 맑고 차가워 바닥의 조약돌과 흔들리는 물풀까지 또렷이 보였고, 피라미와 붕어, 메기 같은 토종 물고기들이 무리지어 헤엄쳤다. 형들과 함께 족대를 들고 개울로 나가 돌을 살짝 들어올리면, 놀란 물고기들이 일시에 달아나곤 했다. 그 순간을 놓치지 않고 쪽대를 휘둘러 잡아내는 일은 언제나 흥미진진했다.

잡아온 물고기를 솥에 넣고 얼큰한 매운탕을 끓여 밥을 말아먹으며 온 가족이 둘러앉아 웃음꽃을 피우던 저녁, 그것은 산골마을의 여름날이 주는 가장 큰 즐거움이자 가난 속에서도 누릴 수 있었던 풍요였다.

결핍이 키운 꿈

우리 집안은 군수나 경찰서장은커녕, 면서기나 순경도 한 명 없는 그야말로 평범한 농사꾼 가정이었다. 가방을 살 형편이 못 되어 학교에 갈 때면 교과서를 보자기에 싸서 허리에 동여매곤 했다. 그래도 학교 가는 길만큼은 언제나 설렘으로 가득했다.

밤이면 등잔불을 켜고 그 희미한 불빛 아래서 책장을 넘겼다. 형제들과 좁은 방에 둘러앉아 하루 이야기를 나누다 보면, 마음속 어딘가에서는 말로 다 설명할 수 없는 크고 환한 꿈이 천천히 자라나고 있었다. 도시처럼 풍족한 교재도, 편리한 시설도 없었으나 자연은 곧 우리의 가장 넉넉한 교과서였고, 친구들과의 우정은 무엇과도 바꿀 수 없는 자산이었다.

초등학교 저학년 시절까지만 해도 특별히 돋보이는 아이는 아니었다. 하지만 4학년 무렵부터 조금씩 달라졌다. 산수 시험을 비롯해 여러 과목 시험에서 꾸준히 상위권을 지키자 담임 선생님께서 칭찬을 아끼지 않으셨고, 그럴 때마다 괜히 어깨가 으쓱해졌다. 그즈음에야 비로소 '아, 나에게도 뭔가 특별한 재능이 있구나' 하는 생각이 싹텄다.

5학년이 되던 해, 명호 읍내에서 중식당을 하시던 외가 친척 어른 댁에 심부름을 다녀온 적이 있다. 어머니의 말씀을 전하자 외가 아저씨께서는 대견하다며 의자에 앉으라고 하고는 손수 짜장면 한 그릇을 내주셨다. 그날 먹었던 짜장면은 내 인생 첫 진수성찬이었다. 국물 한 방울까지 싹 비우고 연신 고맙다고 인사하던 내 모습이 지금도 눈에 선하다.

명호에서 보낸 초등학교 시절은 비록 가난했지만, 맑은 계곡물처럼 순수하고 티 없이 맑은 시간이었다. 그 속에서 나는 언젠가 훌륭한 사람이 되어 고향을 밝히겠다는 소망을 조금씩 키워갔다. 봉화의 산골에서 보낸 그 시절, 결핍은 오히려 나를 단단하게 키웠고, 꿈과 희망은 마음속 깊은 뿌리로 자리 잡아 내 삶을 이끄는 씨앗이 되었다.

2. 도시에서 맞은 새로운 세상

부산 대연동, 낯선 첫날

1976년 8월의 끝자락, 여름 햇살이 아직 땀을 부르던 무렵이었다. 우리 가족은 봉화 도천리 산골 마을을 떠나 낯선 도시 부산 대연동 언덕 아래 서민 주택가에 새로운 둥지를 틀었다. 아버지와 어머니는 자식들의 교육을 위해 이사를 결심하셨고, 그 결정은 우리 가족의 삶을 송두리째 바꾸는 전환점이 되었다.

새로 이사 온 집은 골목 끝에 자리한 낡은 슬레이트 집이었다. 담벼락 너머로는 연탄 굴뚝에서 희뿌연 연기가 피어오르고, 김이 오른 밥 냄새가 좁은 골목길을 타고 우리 집까지 스며들었다. 창밖에서는 옆집 아주머니의 잔기침 소리와 아이들의 울음소리가 들려왔다. 그곳은 낯설었지만 동시에 정겨운 도시의 풍경이었다. 복잡한 듯 보여도 사람들의 삶이 고스란히 느껴지는, 거리감 없는 진면목이 있었다. 도시는 그렇게 차가움과 따뜻함을 함께 지니고 있었다.

우리 네 형제는 모두 학교에 다녔고, 부모님은 하루도 쉬지 않고 맞벌이를 이어가셨다. 새벽마다 어머니는 철제 도시락통을 하나하나 챙기며 식구들의 아침을 준비하셨고, 아버지는 작업복 차림으로 연탄재를 털며 하루를 시작하셨다. 우리는 각자의 학교 가방을 메고 골목길을 나섰고, 가족은 서로의 일정에 묻혀 마치 톱니바퀴처럼 바쁘게 돌아갔다. 그 시절 우리 집에는 '한가함'이라는 말이 존재하지 않았다. 피곤한 눈빛 속에서도 웃음을 잃지 않으셨던 부모님의 얼굴은 지금도 내 마음속에 선명히 남아 있다.

그해 가을, 부산 대연동의 석포초등학교로 전학을 했다. 첫 등교날, 급우들 앞에 선 나는 머리를 빡빡 민 채 서툰 시골 말투로 인사를 건넸다.

"저, 봉화에서 온 김두연입니더."

순간 교실 안은 웃음바다가 되었고, 아이들은 책상을 치며 깔깔댔다. 그 웃음에는 악의가 없었지만 내 심장은 철렁 내려앉았다. 그날 처음으로 '다름'이라는 말의 무게를 배웠고, 내 안에는 마음의 벽이 생겼다.

그러나 도시의 삶은 차갑지만은 않았다. 어른들은 수시로 모여 서로의 살림살이를 걱정하며 연탄이나 반찬을 나누었다. 좁은 골목 안에 깃든 이웃의 온기와 나눔은 어린 내게 도시가 지닌 또 다른 얼굴을 보여주었다. 낯설고 두려움의 대상이었던 도시는 그렇게 조금씩 나를 품어주며 새로운 세상의 문을 열어주었다.

공부로 인정받다

대연동의 골목은 하루에도 수없이 많은 이야기가 오가는 작은 마을 같았다. 연탄 몇 장, 김치 한 포기도 아낌없이 나누었던 시절이었다. 어른들은 틈만 나면 모여 이웃의 형편을 염려하며 도란도란 이야기를 이어갔다. 골목은 구슬치기, 딱지치기를 하며 노는 아이들로 인해 늘 왁자지껄했다. 경제적으로는 힘겨운 시절이었지만 따뜻한 정과 공동체의 온기가 있었던 시절이었다.

그러나 교실은 달랐다. 질문할 때마다 내 사투리는 웃음거리가 되어 모르는 문제를 묻는 것조차 두려웠다. 친구들과 자연스럽게 어울리는 일도 쉽지 않았다. 외톨이처럼 느껴질 때마다 봉화의 산과 계곡, 흙냄새 가득한 교실 풍경이 그리웠다. 그러나 돌아갈 수는 없었다. 이곳이야말로 내가 발 딛고 선 현실이자 앞으로 나아가야 할 미래의 출발점이었다.

첫 중간고사가 다가왔다. 나는 굳게 다짐했다. '교실에서 모든 것을 끝내겠다.' 수업 시간은 유일한 승부처였다. 집에 돌아오면 형제들은 각자의 숙제와 집안일로 바빴고, 부모님은 피곤에 지쳐 일찍 주무시곤 했다. 나는 누가 시키지 않아도 그날 배운 내용을 되새기며 복습했고, 풀리지 않는 문제는 종이에 다시 써가며 반복했다. 스탠드 불빛 아래 펼쳐진 공책은 나만의 치열한 전쟁터였다.

시험 결과가 발표된 날, 나는 반에서 두 번째 성적을 거두었다. 선생님이 내 이름을 부르며 시험지를 높이 들어 보이자 교실이 술렁였다. 나를 보는 친구들의 시선이 달라졌고, 쉬는 시간이 되자 몇몇 아이들이 먼저 다가와 말을 걸어왔다.

"너 그 문제 어떻게 푼 거야?"

"우리 같이 공부하자."

그날 나는 깨달았다. 진심은 결국 통한다는 사실을. 사람들은 내 말투나 고향이 아니라 노력하는 모습과 실력으로 나를 보기 시작했다. '시골에서 온 아이'라는 낙인은 서서히 '함께 공부하는 친구'로 바뀌어 갔다. 그것은 누구의 도움도 아닌, 온전히 나 자신의 힘으로 얻어낸 첫 번째 인정이었다.

교회 공동체의 품 안에서

도시의 삶은 시골과 달리 치열한 경쟁으로 가득 차 있어 경제적으로도 정서적으로도 적응이 쉽지 않았다. 그런 우리 가족에게 새로운 숨통이 되어준 곳이 있었다. 바로 집에서 가까운 부산 유엔기념공원 인근에 자리한 작은 산성교회였다. 대한예수교장로회 소속의 이 교회는 우리 가족에게 신앙의 울타리이자 도시 생활의 이정표가 되어 주었다.

나는 초등부 주일학교에 다니며 처음으로 도시에서 따뜻한 공동체의 품을 느꼈다. 교회 선생님들은 시골에서 이사 온 가난한 아이에게도 차별 없이 다가와 주셨다. 따뜻한 말과 관심, 그리고 격려의 눈빛은 굳게 닫혀 있던 내 마음의 문을 서서히 열어주었다. 그 안에서 비로소 '있는 그대로의 나'로서 온전히 인정받는 느낌을 받았고, 그 순간은 내게 큰 위로가 되었다.

6학년이 되던 해, 나는 초등부 학생회의 총무를 맡게 되었다. 처음엔 공책에 이름을 적는 작은 일부터 시작했지만 그 속에서 섬김과 봉사, 책임감의 의미를 서서히 배워 갔다. 성가대 의자를 정리하는 등 작은 역할이었으나 그 경험은 내게 책임감과 봉사 정신의 뿌리를 내리게 했고, 공동체 안에서 자존감을 키워주는 소중한 토대가 되었다.

그 시절의 교회는 부모님의 품을 대신해 주는 따뜻한 울타리였고, 친구 이상의 위로를 건네는 마음의 안식처였다. 그곳에서 '가진 것이 없어도 나눌 수 있다'는 삶의 진리를 배웠다. 그 가르침은 지금도 내 삶을 지탱하는 정신적 기둥으로 남아 있다.

꿈이 자라는 계단

도시 생활 2년 차, 더 이상 사투리를 숨기지 않았다. 친구들이 내 억양을 흉내 내며 웃으면 나도 그들의 말투를 따라 하며 함께 웃었다. 처음엔 어색하고 부끄럽기만 했던 문화의 차이가 이제는 서로를 이해하고 받아들이는 다리로 바뀌어 있었다. 문화의 충돌은 이해로, 이해는 우정으로, 그리고 그 우정은 다시 자신감으로 변모했다.

산성교회 학생회 총무로서의 경험은 학교생활에도 긍정적인 힘이 되었다. 국민학교 6학년이 된 나는 수업 시간에 집중하며 집에 돌아와서는 철저히 복습을 이어갔다. 덕분에 늘 최상위 성적을 유지할 수 있었고, 반 친구들 또한 그런 나를 응원해 주었다. 공부가 힘겹기보다는 즐겁고, 성취가 곧 기쁨이 되는 순간들이 이어졌다.

그러던 어느 날 교내 수학 경시대회에서 받은 상장을 방의 벽에 붙였다. 나는 그 상장을 오래 바라보다가 종이 한 장을 꺼내 '미래 지도'를 그리기 시작했다. 그리고 그 한가운데 또박또박 이렇게 적어 넣었다.

"세상에 선한 영향력을 나누는 사람이 되고 싶다."

비록 짧고 소박한 문장이었지만, 그 글 속에는 살아 숨 쉬는 강한 의지가 담겨 있었다. 그 방 한켠에서 자라난 작은 꿈은 시간이 흐를수록 뿌리를 깊이 내렸고, 훗날 나를 이 길로 이끌어주는 확고한 나침반이 되어주었다.

1977년 4월, 초등학교 6학년 수학여행 중
경주 첨성대 앞에서

3. 학업과 리더십의 성장

독서 동아리에서 배운 시선

1978년, 부산 감만중학교에 입학했다. 도시 학생들의 세련된 말투와 멋진 옷차림 앞에서 어린 산골 소년은 한동안 주눅이 들었다. 낯선 환경은 나를 더 수줍고 내성적으로 만들었으나, 학원에 다닐 형편이 되지 않았기에 학교야말로 유일한 배움터였다. 어머니는 일하시느라 늘 늦게 귀가하셔서 혼자 저녁을 챙겨 먹으며 시간을 스스로 관리하는 법을 자연스레 익혔다.

입학 후 1년이 지나 중학교 2학년이 되던 어느 날, 도덕 선생님이 도서관에서 독서 동아리를 모집한다는 소식을 전해주셨다. 그 순간 알 수 없는 설렘으로 두근거렸다. 망설임 없이 가입한 독서 동아리는 내게 세상을 넓혀 주는 창이 되었다.

방과 후의 도서관은 특별한 분위기가 감도는 공간이었다. 선생님이 지정해주신 고전들과 탐정 소설, 역사 소설, 다양한 문학 작품을 읽으며 시골에 살면서 채우지 못했던 지적 갈증을 마음껏 해소해 나갔다. 그때마다 선생님은 늘 말씀하셨다.

"책은 여러분의 세계를 밝혀주는 등대입니다."

1980년, 부산 감만중학교 아람독서동아리 활동

우리는 책을 함께 읽고 자유롭게 토론했다. 그 과정에서 내 생각을 자신 있게 표현하는 법을 배웠고, 타인의 의견을 경청하고 존중하는 태도 또한 몸에 익혔다. 성현들의 지혜 속에서 삶의 지표를 세워나갔으며, 동아리 친구들과의 우정도 더욱 깊어졌다.

덕분에 학교생활은 한결 즐거워졌고 성적도 언제나 상위권을 지킬 수 있었다. 무엇보다 소중한 것은 그 시절 맺은 인연이었다. 지금도 매년 스승의 날이면 우리는 변함없이 선생님을 찾아뵙고 감사의 마음을 올린다. 세월이 흘렀어도 그때의 독서 동아리가 내게 심어준 배움의 기쁨과 삶의 지혜는 여전히 나를 성장하게 하는 자양분이다.

이렇게 마음을 열어가는 훈련은 곧 다가올 멘토와의 만남에서 내 운명을 결정짓는 중요한 밑거름이 되었다.

멘토와의 운명 같은 만남

1981년, 부산 해운대고등학교에 입학했다. 지금은 아름다운 관광지로 이름난 해운대이지만 그 시절에는 황량한 들판 한가운데에 학교가 자리하고 있었다. 매일 아침 졸린 눈을 비비며 시내버스를 타고 50분을 달려 해운대 종점에 내리면, 다시 30분을 걸어야 학교에 닿을 수 있었다. 하루 왕복 세 시간이 넘는 길고 고된 등하굣길은 육체적으로는 힘에 부쳤으나, 나중에 돌이켜보니 인내심을 기르는 소중한 경험이었다.

늦은 밤 도서관에서 자율학습을 이어가던 어느 날이었다. 영어 선생님께서 나를 불러 물으셨다.

"너의 꿈은 무엇이니?"

잠시의 망설임도 없이 대답했다.

"사회와 국가에 봉사하며 선한 영향력을 나눌 수 있는 길로 가고 싶습니다."

그 말씀을 들은 선생님은 따뜻한 미소를 지으며 경찰대학을 소개해 주셨다. 그리고 두 권의 참고서를 내 손에 쥐여주셨다. 그것은 내 인생에서 처음 받은 응원의 메시지였다. 무엇보다도 선생님의 진심 어린 믿음이 담긴 선물이었기에 더없이 값졌다.

그날 이후 선생님의 격려를 가슴에 새기며 더욱 매진했다. 학교생활에 충실히 임하며 학업에 한층 깊이 몰입할 수 있었다. 무엇보다도 선생님을 통해 꿈을 품고 실천하는 일이 얼마나 중요한지를 깨달았다.

그날 밤의 멘토링은 내 인생의 항로를 결정짓는 귀한 나침반이 되었다. 선생님이 건네주신 두 권의 책은 나를 경찰대학으로 이끌었고, 더 큰 소명으로 나아가게 한 삶의 전환점이 되었다.

교회에서 배우는 섬김의 리더십

고등학교 2학년 때 다니던 산성교회 중고등부의 학생회장으로 선출되었다. 약 80여 명의 학생을 이끌며 수련회, 연말 페스티벌, 음악회 등 크고 작은 행사를 기획하고 진행하는 임무를 맡게 되었다. 교회는 예배를 드리며 서로의 마음을 나누고 함께 성장하는 소중한 공동체였다.

학생회장으로서 모든 준비 과정을 총괄하며, 어떻게 하면 친구들이 신앙 안에서 즐겁고도 의미 있는 시간을 보낼 수 있을지 끊임없이 고민했다. 행사 준비 과정에서 부딪히는 의견 차이를 조율하고, 때때로 발생하는 작은 갈등을 해결하는 가운데 섬김과 배려야말로 리더십의 진정한 본질임을 체득할 수 있었다.

그 경험으로 인해 신앙은 더욱 깊어졌고 리더가 지녀야 할 마음가짐을 일깨워 주는 기회가 되었다. 이후 어떤 조직에 몸담든 언제나 타인을 먼저 배려하고 섬기려는 자세를 지니려 노력했다. 교회에서의 봉사를 통해 책임과 겸손, 그리고 사람을 품는 마음을 배웠다. 그것은 나를 한층 더 성숙한 인간으로 자라게 한 소중한 자산이 되었다.

더 넓은 세상을 향하여

1982년, 나는 해운대고등학교 2학년이 되었다. 신설학교였던 해운대고등학교는 명문대학 진학률을 높이기 위해 전교생의 성적 향상에 모든 역량을 쏟고 있었다. 매주 치러지는 주간 고사와 월말 평가로 늘 긴장감에 휩싸였고, 학생들은 저녁 10시까지 도서관에 남아 자율학습에 매진했다. 그 뜨거운 열기 속에서 나 또한 더 큰 꿈을 향한 갈망을 키워갔다.

매일 새벽 다섯 시면 잠자리에서 일어났다. 그 시간 안방에서는 어김없이 어머니의 기도 소리가 잔잔히 흘러들어왔다. 그 모습을 바라보며 가슴 깊이 다짐했다. '반드시 열심히 공부하여 훌륭한 사람이 되고 어머니의 수고를 덜어 드리리라.'

학교로 향하는 버스 안에서 종종 링컨 대통령의 어머니, 낸시 행크스 링컨의 이야기를 떠올렸다. 그녀가 남긴 마지막 유언인 "부자나 위인이 되기보다 성경 읽는 사람이 되어라"라는 말씀이 링컨의 삶을 이끌었듯, 나 또한 어머니의 기도대로 신앙과 원칙을 지키는 사람이 되리라 다짐했다.

1982년 겨울방학, 경찰대학 입시를 준비하기 위해 처음으로 부산 서면의 입시학원에 등록했다. 넉넉지 못한 살림살이에서 학원비는 큰 부담이었으나 목표는 오직 하나였다. '반드시 경찰대학에 가겠다.' 영어와 수학 특강을 집중해서 들었다. 강의실 칠판 위에 적힌 미적분 공식은 어렵기도 했지만, 새로운 세상의 문을 열어주는 암호처럼 여겨지기도 했다.

늦은 밤 수업을 마치고 버스에 올라 집으로 돌아오는 길에서 바라본 부산의 야경은 유난히 화려해 보였다. 흔들리지 않도록 버스 손잡이를 움켜쥐며 마음속으로 다짐했다. '이런 힘든 환경 속에서도 반드시 경찰대학에 합격하겠다. 어떤 어려움이 와도 최선을 다하자.'

이듬해인 1983년, 고등학교 3학년이 되었다. 학력고사와 경찰대학 입시라는 두 개의 큰 산이 내 앞에 버티고 있었다. 매일 새벽 다섯 시에 일어나 통학버스 안에서 영어 단어장과 암기과목 요약집을 붙들고 씨름했다. 한순간도 허투루 보내지 않았다. 피곤이 몰려올 때는 해운대의 차가운 바닷바람을 마시며 정신을 깨웠다.

7월 말 토요일 경찰대학 1차 시험을 치르던 날의 새벽 공기는 지금도 선명하게 느껴진다. 경쟁률은 무려 25대 1이었다. 합격자 발표날, 떨리는 손으로 확인한 '합격'이란 두 글자는 눈앞이 흐려질 만큼 벅찬 감동을 안겨주었다. 그것은 더 큰 세상으로 나아가기 위한 첫 관문이었다.

9월에는 신체·체력 검사가 이어졌는데 무사히 통과했다. 이어진 11월, 학력고사를 앞두고 암기과목 문제집을 밤낮으로 풀며 짧은 시간을 최대한 효율적으로 활용했다. 마지막 관문은 12월 용인 경찰대학에서 치른 최종 면접이었다. 인성, 적격성, 창의성, 논리력, 집단

토론과 생활 태도까지 세밀히 검증하는 엄격한 과정이었다. 마침내 1984년 1월 초, 대연동 파출소 경찰관이 집까지 직접 찾아와 최종 합격 소식을 전해주었다.

“경찰대학에 합격하셨습니다!”

그 순간의 환희는 지금도 가슴에 생생하다. 부모님은 나보다 더 기뻐하셨고, 어머니의 눈에는 웃음과 눈물이 함께 맺혀 있었다. 그 모습을 보며 다짐했다. ‘이 기쁨을 결코 잊지 않겠다. 더 넓은 세상을 향해 끊임없이 나아가겠다.’

4. 경찰대학에서 품은 새로운 비전

가입학 첫날, 인내의 시험대

1984년 2월 초, 설레고도 떨리는 마음으로 용인 경찰대학의 정문을 들어섰다. 신입생들에게는 입학 전 한 달간의 엄격한 가입학 훈련이 기다리고 있었다. 그 첫날 우리는 선배 지도관들의 날카로운 호령에 정신을 가다듬을 틈조차 없었다.

"집합! 선착순 달리기! 엎드려 뻗쳐!"

쉴 새 없이 떨어지는 구령과 구호 속에서 우리는 몸과 마음이 순식간에 뒤흔들렸다. 옷을 갈아입는 순간조차 규율이 적용되었고, 근무복과 정복에 각종 부착물을 신속하고 정확하게 달아야 했다. 처음 접하는 군대식 규율은 낯설었으나 복명복창을 반복하며 질서와 단체생활의 의미를 온몸으로 배우게 되었다.

한 달 동안의 합숙은 결코 만만치 않았다. 새벽 어스름 속에서 기상하여 차가운 바람을 가르며 운동장을 달렸고, 철저한 생활관 청소를 마친 뒤 단체로 이동해 아침 식사를 했다. 이어지는 하루의 일정은 경찰 간부로서의 소양 교육, 무도 훈련, 퍼레이드 연습, 사격 훈련으로 빼곡히 채워졌다. 밤이 깊어지면 다시 선배들의 훈육이 이어졌고, 침대에 몸을 눕히는 시간은 언제나 밤 10시를 훌쩍 넘겼다.

고된 나날 속에서도 동기들과 나눈 우정은 날로 깊어졌다. 우리는 서로의 어깨를 내어주며 버텼고, 그 속에서 경찰이라는 새로운 꿈을 더욱 단단히 다져갔다.

마침내 3월 초, 가입학을 마친 120명의 신입생이 경찰 정복을 차려입고 운동장에 도열했다. 좌우에는 선배들이 든든히 서 있었고, 정면에는 부모님과 내외빈들이 있었다. 신입생 선서, 대학장님의 축사, 학교 소개, 신입생 대표의 답사가 차례로 이어지며 입학식은 장엄하게 거행되었다.

식이 끝난 뒤 부모님을 만났을 때, 오랜 타향살이를 마치고 돌아온 듯한 마음으로 포옹하며 서로의 안부를 확인했다. 자랑과 기쁨이 묻어나는 부모님의 환한 미소를 보자 한 달 동안의 고된 훈련과 힘겨웠던 기억들은 눈 녹듯 사라졌다. 그 순간 나는 경찰이라는 길 위에 섰음을 다시금 깊이 실감했다.

1984년, 입학식을 마치고 생활관 앞에서

지리산 종단에서 다진 결의

경찰대학의 학사 일정은 치밀하고도 규칙적이었다. 경찰학, 법학, 행정학, 무도 훈련, 제2외국어 등 다양한 교과목을 통해 우리는 경찰 간부로서의 기초 역량을 차근차근 다져갔다. 기숙사 생활은 엄격한 규율과 철저한 생활지도를 요구했으며, 방학에는 현장 실습을 통해 이론과 실무를 함께 겸비해 나갔다.

1984년 8월, 첫 여름방학을 맞이한 나는 친한 동기 세 명과 함께 지리산 종주에 도전했다. 새벽 안개가 산허리를 감싸고 상쾌한 바람이 불어오던 노고단 산장에서 출발할 때, 가슴은 설렘으로 벅차올랐다. 임걸령과 피아골을 지나 연하천 대피소에 이르는 길은 숲과 계곡, 야생화가 어우러진 꽃길이었다.

이어 벽소령에서 세석 대피소까지 이어진 능선에 오르자 눈앞에 펼쳐진 광활한 전망이 우리를 압도했다. 세석 대피소에서 맞은 밤은 산의 고요함 속에 등산객들의 이야기와 웃음이 어우러져 잊지 못할 추억을 안겨주었다.

다음 날 새벽, 우리는 장터목을 지나 지리산의 최고봉인 천왕봉을

1984년 8월, 지리산 천왕봉 정상

향해 나아갔다. 가파른 오르막길에서 숨이 차고 땀이 비 오듯 쏟아졌지만, 마침내 천왕봉 정상에 섰을 때의 감격은 이루 말할 수 없었다. 끝없이 펼쳐진 하늘과 대지를 내려다보며 나는 마음 깊이 다짐했다.

'국민의 생명과 재산을 지키는 국민의 공복이 되자. 선진 경찰의 길을 개척하자.'

천왕봉 비석 앞에서 동기들과 함께 찍은 한 장의 사진은 젊은 날 우리가 함께 품었던 도전과 결의를 담은 상징이었다. 길고 긴 하산길은 여전히 고되었지만, 서로를 격려하며 한 걸음 한 걸음 내디뎠다. 마침내 중산리 탐방지원센터에 도착했을 때, 지리산 종단을 완주했다는 성취감과 함께 우리는 서로를 격려하며 경찰대학에서의 앞날을 굳게 다짐했다.

지리산 종주는 인내와 극복의 훈련장이었고, 동기들과의 우정을 깊게 한 시간이었으며, 경찰로서의 사명을 가슴에 새기는 귀한 계기였다. 그 험한 능선을 함께 넘은 경험은 어떤 어려움에도 끝까지 책임을 다하겠다는 다짐으로 이어졌다. 그때 품은 각오는 시간이 흐른 지금도 여전히 나를 지탱해 주는 보이지 않는 힘이 되었다.

학보사 기자, 글로 세상을 배우다

경찰대학은 투철한 국가관과 봉사정신을 함양한 우수한 경찰 인재 양성을 목표로, '조국, 정의, 명예'를 학훈으로 삼았다. 캠퍼스 중심부에 우뚝 선 정의탑에는 다음과 같은 굵직한 글귀가 새겨져 있었다.

"이곳을 거쳐가는 이여, 조국은 그대를 믿노라."

매일 그 문구를 마주할 때마다 가슴 속 깊은 곳에서 뜨거운 책임감과 무거운 부담감이 동시에 밀려왔다.

입학 첫해의 경찰대학 생활은 결코 녹록지 않았다. 군대식 규율, 엄격한 훈육, 정형화된 반복의 일상 속에서 자유로운 사고는 점점 억눌렸고, 창의적이고 생동감 있는 삶이 간절해졌다. 분명한 탈출구가 필요했다. 그 시기에 내 앞에 나타난 것이 바로 경찰대학 학보사였다.

1학년 2학기, 학보사 기자 모집 공고를 접하자마자 주저 없이 지원서를 냈다. 선배 기자들의 까다로운 면접을 거쳐 합격 통보를 받았을 때, 새로운 세계가 열리는 듯한 설렘을 느꼈다. 학보사 신문은 연 4회 발행되었으며, 대학 내는 물론 전국 경찰관서에까지 배포되는 중요한 소통의 창구였다.

수습기자로 시작해 정기자로 성장하면서 대학의 주요 행사 취재, 인물 인터뷰, 사회적 이슈에 대한 탐방 기사 등을 작성하며 다양한 활동을 경험했다. 기사 작성 후 편집을 마치고 수원의 《경인일보》를 찾아가 학보 제작을 의뢰하고 인쇄를 감독하는 과정은 힘들었지만, 그 성취감은 그 무엇과도 바꿀 수 없었다.

학보사를 통해 학생들의 생생한 목소리를 담아내고, 그들의 요구사항을 학교 측에 전달했으며, 학내 현안을 공론화하는 역할을 맡았다. 언론이 지닌 힘과 책임의 무게를 온몸으로 느끼며 기자로서의 소명을 체험했다.

1년간의 정기자 생활을 성실히 수행한 결과, 3학년이 되자 동료 기자들의 신임을 받아 학보사 편집장이라는 중책을 맡게 되었다. 책임은 무거웠으나, 더욱 열정과 사명감을 가지고 학생들의 목소리를 전달하고 문제 해결의 길을 모색했다. 독자의 참여를 이끌어내기 위해 참신한 기획을 거듭 시도하면서 학보사는 점차 활기를 띠었다. 편집장으로서 나는 사실관계는 반드시 이중 확인하고, 다른 시각을 최소 한 가지 이상 병치하며, 비판 뒤에는 반드시 한 줄의 대안을 제시한다는 세 가지 수칙을 철저히 지켜나갔다.

편집장 시절, 현대 경영학의 근간을 세운 피터 드러커의 《경영의 실제The Practice of Management》 이론에 감명받았다. 그는 기업의 목적이 이윤이나 관리 효율에 있지 않고, "고객이 누구인지, 어떤 가치를 제공해야 하는지"를 정의하는 데 있다고 강조했다. 학보사 운영 역시 본질적으로는 "독자가 누구인지, 그들에게 어떤 가치를 제공할 것인지"를 분명히 해야 한다는 사실을 깨달았다.

기사 작성 목표와 편집 방향을 명확히 설정하고, 그 과정에서 기자

개개인이 자기 통제를 통해 성과를 만들어내도록 격려했다. 성과에 대한 피드백과 지속적인 발전을 유도하는 과정을 통해, 학보사는 점차 활기와 체계를 갖춘 매체로 성장할 수 있었다.

나는 이 원칙을 바탕으로 동료 기자들의 개성과 강점을 존중하며 역할을 분담했고, 팀 전체가 함께 성장하는 경험을 만들어갔다. 환경 변화에 민감하게 대응하고, 항상 새로운 시각을 예측하며 조직을 성장시키는 리더의 자세가 필요하다는 그의 가르침은, 학보사 운영을 넘어 내 인생 전반의 리더십 원칙으로 자리 잡았다.

1986년 6월, 대만 경찰대학 방문 대표단에 선발되어 생애 처음으로 비행기에 몸을 실었다. 일주일간의 대만 체류 동안 공식 환영 행사, 전통문화 체험, 현지 경찰서 방문 등 다채로운 프로그램에 참여하며 시야를 넓혔다. 그 경험은 한국과 대만의 경찰 교육 및 훈련 체계를 비교하며, 국제적 안목을 갖춘 경찰로 성장하는 데 큰 자산이 되었다.

학보사 기자와 편집장으로서 보낸 시간은 내게 소통의 가치와 리더십, 긍정적 동기부여의 힘을 가르쳐 준 귀중한 경험이었다. 글을 통해 세상을 배우고, 목소리를 모아 공론을 만들며, 함께 성장하는 경험은 훗날 공직생활과 인생 전반에 걸쳐 큰 도움이 되었다.

1986년 6월, 대만 경찰대학 방문

정의란 무엇인가, 사명으로의 선언

1987년 3월, 경찰대학 선배 3기 졸업식을 이틀 앞둔 날, 우리는 예행연습을 위해 대운동장에 집결했다. 푸른 하늘 아래 장내에는 묘한 긴장과 엄숙한 분위기가 감돌았다. 학장이 졸업 축사를 낭독하기 시작했는데, 그중 "전두환 대통령 내외분께 충성을 맹세하고"라는 대목이 나오자 순간 장내에 불편한 술렁임이 일었다. 시대는 여전히 권위주의 정권의 그늘 아래 있었지만, 우리 젊은 가슴 속에는 민주주의와 정의를 향한 열망이 뜨겁게 살아 있었다.

그날 밤 우리는 생활관 대회의실에 모여 긴급 동기생 회의를 열었다. 108명의 동기생이 빽빽이 모여 앉자 공간은 숨 막힐 듯한 열기로 가득찼다. 누구도 쉽게 입을 열지 못하다가, 마침내 한 동기가 용기 내어 말했다.

"우리가 충성해야 할 대상은 특정 개인이 아니라 국가와 국민입니다."

순간, 그 말은 마치 번개처럼 우리 마음에 파고들었다. 모두가 고개를 끄덕이며 뜻을 같이했다. 졸업식 보이콧까지 논의될 만큼 분위기는 격앙되었고, 결국 총학생회장이 우리의 결연한 뜻을 학교 측에 전달했다.

학교 측 또한 곤혹스러웠다. 권위주의 정권의 서슬은 여전히 날카로웠지만, 학생들의 정당한 문제 제기를 외면하기는 어려웠다. 우리의 단호한 눈빛과 순수한 의지는 마침내 학장의 마음을 움직였고, 졸업식 축사에서 그 구절은 삭제되었다. 이 작은 승리는 훗날 6월 항쟁으로 이어지는 거대한 민주화의 흐름 속에서, 우리에게 경찰로서 정의란 무엇인지 깊이 성찰하게 한 계기가 되었다.

1988년 3월, 우리 4기 졸업을 앞두고 젊은 경찰간부로서 걸어갈 길과 사명을 진지하게 고민했고, 그 과정에서 나만의 경찰 철학을 정리하기 시작했다.

첫째, 정의는 약자의 언어로 말해야 한다.

정의란 단순히 법과 질서를 수호하는 데 그치지 않고, 사회적 약자를 배려하며 공동체의 가치를 존중하고, 개인의 권리를 보호하는 데 있다는 사실을 깨달았다. 정의는 약자의 편에서 그들의 언어로 말해야 한다는 원칙을 확립했다.

둘째, 문제의 본질을 건드리면 답이 보인다.

삼십육계三十六計 제19계 부저추신釜底抽薪, 솥 밑에서 땔감을 꺼내다처럼 어떤 사안이든 겉으로 드러난 현상에 매몰되지 않고, 근본을 꿰뚫어야 해결의 길이 열린다는 원칙이었다. 이는 경찰 업무를 수행하며 다양한 사회 갈등과 범죄 현장을 마주할 때 반드시 붙들어야 할 지혜라 여겼다.

이 두 문장—정의는 약자의 언어로 말하는 것, 문제의 본질을 꿰뚫는 부저추신의 지혜—을 내 경찰 철학의 근간으로 삼고 졸업 후 경찰의 길을 걷기로 다짐했다.

"정의란 무엇인가?"

그 물음은 평생의 화두가 되었으며, 나는 경찰 간부로서 걸어갈 긴 시간 동안 그 답을 삶으로 증명해 보이겠다고 굳게 결의했다.

1988년 4월 1일, 경찰대학 졸업식, 아버님과 교수님이 경위 계급장 부착

제3장

국가와 국민을 위한 무한봉사, 공직자의 길

1. 첫 걸음, 사명으로 서다

영광의 임관, 국가 앞의 선서

1988년 4월 1일은 내 생애 가장 빛나는 순간이었다.

봄꽃이 만개한 용인 국립경찰대학 졸업식장, 푸른 하늘 아래 노태우 대통령이 직접 참석하여 졸업장을 수여했다. 대통령은 우리에게 경찰 선진화를 이끌어갈 기수로서 국민으로부터 신뢰와 사랑을 받는 경찰관으로 성장해 달라고 당부했다. 그날 나는 경위 계급장을 어깨에 달며 가슴 벅찬 자긍심과 함께 무거운 책임감을 느꼈다. 졸업식장에 울려 퍼지던 우리의 선서는 지금도 또렷하다.

"나는 대한민국 경찰관으로서 국가와 국민을 위하여 헌신 봉사할 것을 굳게 다짐하며, 법과 질서를 수호하고 인권을 존중하며, 청렴하고 공정하게 직무를 수행할 것을 엄숙히 선서합니다."

이 다짐은 내 평생을 인도하는 등불이자 정의와 사명으로 걸어가야 할 길의 좌표였다.

선서의 문장을 실천하는 첫 관문은 논산 훈련소다. 졸업과 동시에 우리는 병역 의무를 위해 논산 육군훈련소에 입소했다. 경찰대학의 명예와 자존심을 지닌 초임 경위로서 품위를 지켜야 한다는 생각에 마음은 무거웠다. 그러나 막상 마주한 훈련소 생활은 상상보다 훨씬 혹독했다.

일반 현역병과 동일하게 4주간 기초군사훈련을 받았으며, 우리를 이끄는 중대장과 소대장들은 훈련소 최고의 정예들이었다. 그들의 지휘 아래 제식훈련, 사격, 각종 무기 사용법, 화생방 훈련, 각개전투와 야간 행군까지 숨 가쁘게 이어지는 훈련을 소화해야 했다.

가족과 헤어진 뒤 깎은 짧은 머리로 차가운 새벽 공기를 가르며 뛰어야 했던 PRI 사격 예비훈련, 지친 몸을 이끌고 이어가야 했던 행군과 각개전투는 말 그대로 한계와의 싸움이었다. 매일 아침, "백제의 옛 터전에 계백의 정기 맑고, 관창의 어린 넋이 지하에 혼연하니…" 라는 육군훈련소 군가를 힘차게 부르며 하루를 시작했다. 그 노래는 고단한 하루를 버티게 해주는 힘이었다.

훈련소의 규율은 엄격했지만 과거와 같은 무조건적인 '얼차려'는 줄었고, 효율적이고 체계적인 훈련으로 대체되었다. 그러나 긴장의 끈은 느슨해지지 않았다. 다행히 경찰대학 동기 108명이 함께여서 서로의 버팀목이 되어주었다. 일요일 오전의 종교 활동과 오후 연병장에서의 축구 경기는 짧은 휴식이자 우정을 다지는 시간이었다.

그런데 4월 두 번째 일요일 오후, 연병장에서 축구 경기가 한창이던 중 갑작스러운 소식이 들려왔다. 감기에 걸린 동기 두 명이 의무실을 방문하는 과정에서 특전사 간부와 군의무관들에게 부적절한 대응을 당했다는 소식이 전해졌다. 그 소식에 우리는 분노와 안타까움을 느꼈다.

즉시 모든 일정을 중단하고 회의실에 모여 공식 사과를 요구했다. 긴박한 공기가 감돌던 그 순간, 훈련소장이 직접 회의실로 들어와 유감을 표명하며 진심 어린 사과의 뜻을 전했다. 그제야 사태는 원만히 해결되었고, 우리는 다시 제자리로 돌아올 수 있었다.

짧지만 잊지 못할 그 사건은 우리에게 많은 것을 남겼다. 그날의 사건은 정의감과 동료애로 승화되었고, 서로를 믿고 지켜주는 하나의 공동체로 우리를 단단히 묶어주었다.

그 4주는 강인한 체력을 기르고, 인간에 대한 존중과 협력의 가치를 온몸으로 깨닫는 시기였다. 경찰관으로서의 첫걸음, 국가와 국민을 위한 봉사의 길에서 내가 어떤 자세로 살아가야 하는지를 분명히 보여준 값진 배움의 시간이었다.

기동대 소대장, 현장에서 배우다

논산 육군훈련소에서 4주간 기초군사훈련을 마친 뒤, 부평 경찰종합학교에서 다시 6주간 전술종합훈련을 받았다. 초급 간부로서 현장 실무 능력을 기르기 위한 실전적 훈련이었다. 기본 전술훈련을 비롯해 사격과 무기 사용법, 체포술과 호신술, 시위 진압 모의훈련, 범죄 현장 대응, 인질 구출 훈련까지 모든 과정이 치밀하게 준비되어 있었다. 훈련을 거듭하며 경찰관으로서 반드시 갖추어야 할 현장 대응력을 한 걸음씩 다져 나갔다.

전술훈련을 마친 1988년 7월, 부산경찰청 510전경대 인사보급관으로 첫 보직을 받았다. 서울이 아닌 부산을 지원한 것은 부모님 곁에서 잠시라도 함께 지내고 싶었기 때문이었다. 발령 소식을 들은 부모님의 얼굴에 환한 미소가 번지는 것을 보며, 내 결정이 틀리지 않았음을 확인했다. 510전경대는 방위산업체를 경비하며 외부의 침입과 파괴 행위를 막는, 국가 안보의 최전선에서 중대한 임무를 수행하는 부대였다.

그해는 서울올림픽이 열리던 해였다. 부대원들과 함께 올림픽 개막식을 시청하며 모두가 한마음으로 국가적 자부심을 느꼈다. 당시 개막식은 '화해와 평화의 올림픽'을 주제로 삼았고, 굴렁쇠 소년은 분단의 아픔을 안고 살아온 한국이 새로운 미래를 향해 굴러가는 희망의 바퀴를 상징적으로 보여준 장면이었다. 해맑은 어린아이의 달리기는 폭력이나 힘이 아닌 순수함과 조화로 세계와 만나고자 하는 한국인의 마음을 담은 메시지로 기억되고 있다.

이듬해인 1989년 7월, 부산경찰청 기동3중대 소대장으로 발령을 받았다. 부임 직전인 5월, 나의 경찰 인생에 깊은 상처를 남긴 비극이 발생했다.

1989년 5월 1일 노동절, 부산 동의대학교에서 시작된 시위는 대학 입시 부정 의혹에 대한 항의에서 비롯되었다. 당시 언론 보도에 따르면, 시위는 격화되어 화염병 투척과 사복 경찰관 납치 감금 사태로 이어졌다. 5월 3일 새벽 경찰이 구출 작전을 감행하자, 미리 설치된 시너 트랩과 화염병으로 인해 도서관에서 큰 화재가 발생했다. 그 결과 경찰관 7명이 순직하고 11명이 중화상을 입은 참혹한 참사가 벌어졌다.

이 사건은 시위 대응의 차원을 넘어 생명과 정의, 그리고 공권력의 무게에 대해 뼈아픈 교훈을 남겼다. 우리 기동3중대는 사건 직후 진압 작전에 투입될 준비에 들어갔지만, 희생된 동료들을 떠올리며 사기가 땅에 떨어진 대원들은 도저히 전투력을 발휘할 수 없는 상태였다. 결국 중대는 해산되었고, 경찰서 타격대원들로 새로운 3중대를 재편성해야 했다.

해산 전날 밤, 부대원들을 모아 마지막 회식을 열었다. 묵묵히 술잔만 기울이던 대원들의 눈빛에서 냉혹한 조직의 단면을 보았고, 동시에 말없이 고통을 감내하는 전우애를 느꼈다. 새벽녘에 마지막으로 부대를 청소한 뒤 각자의 부서로 흩어지는 대원들을 말없이 배웅했다. 그 순간의 정적은 아직도 내 기억 속에 깊이 새겨져 있다.

이후 새로 편성된 대원들을 맞이하여 다시 처음부터 진압 전술을 가르치고 훈련을 반복했다. 일주일 만에 전열을 정비한 중대는 다시 현장에 투입될 수 있었다. 그 짧은 시간 동안 경찰 간부로서의 진정한 역할이 무엇인지 깨달았다. 단순히 명령을 내리는 자리가 아니라, 조직의 정서를 돌보고 사기를 북돋우며, 위기의 순간에 사람을 품어야 하는 자리라는 사실이었다.

국민의 생명과 재산을 지킨다는 것은 곧 긴장의 연속이며, 때로는 희생을 감수해야 하는 길이다. 그 길은 인간에 대한 깊은 이해와 동료애 위에서만 올곧게 걸어갈 수 있음을 이 시기를 통해 온몸으로 체험했다.

총각 파출소장, 주민과 함께 호흡하다

1990년 7월, 부산경찰청 전경대와 기동대 소대장으로 2년을 보낸 뒤, 마침내 첫 서울 발령을 받았다. 배속된 곳은 서울 영등포경찰서 방범과 외근주임 자리였다. 그 시기는 한국 사회가 산업화와 도시화를 빠르게 이루어가던 격변기였다. 조직폭력배, 청소년 비행, 강력범죄, 유흥업소 범죄 등 사회 병리 현상이 곳곳에서 번져나갔고, 이에 대응하기 위한 치안 강화가 절실히 요구되던 때였다.

특히 1990년 10월, 정부가 '범죄와의 전쟁'을 전격 선포하면서 경찰 조직 전체가 일대 작전 체제로 돌입했다. 영등포경찰서 역시 방범과 인력과 장비가 대폭 보강되었고, 우리는 마치 전쟁터에 선 병사들처럼 하루하루를 보냈다. 외근주임으로서 나는 현장 총책임자의 위치에 있었다. 순찰 활동 지휘, 112출동 총괄, 방범 활동과 범죄 대응까지 모든 현장을 직접 판단하고 이끌어야 했다.

당시 영등포 인근 아파트에서 하숙하며, 야간이면 자전거를 타고 관내 모든 파출소를 순시했다. 파출소 직원들과 함께 근무하고 자율방범대원들과 교류하며, 치안의 최일선을 몸으로 체득했다. 근무의 연속 속에서 경찰서 방범과 사무실의 간이침대에서 잠을 청하고, 경찰서 식당에서 동료들과 식사를 나누며 동고동락했다. 그렇게 '범죄와의 전쟁' 현장에서 직접 발로 뛰며 강력범죄 검거와 유해환경 정화에 몰두했다.

1991년 1월의 어느 일요일, 예배를 마치고 서점에 들렀다가 노먼 빈센트 필의 《적극적 사고방식》을 집어 들었다. 그날 밤, 그 책을 단숨에 읽었다.

"현실은 우리의 사고방식에 따라 결정된다."

그의 메시지는 내 마음을 강하게 울렸다. 부정 대신 긍정을, 체념 대신 자신감을 선택해야 한다는 가르침은 내 인생관과 리더십의 방향을 바꾸어 놓았다.

그해 7월, 영등포경찰서 양평파출소 소장으로 발령받았다. 파출소는 지역사회 치안을 책임지는 최전선의 현장이다. 범죄예방과 초동조치, 교통사고 처리, 민원 응대, 청소년 보호까지 모든 사안이 파출소로 모여들었다. 스무 명 남짓한 경찰관이 3교대로 근무했으며, 아직 미혼이던 나는 '총각 파출소장'이라 불렸다. 자전거를 타고 골목골목을 누비며 주민을 만나고, 사건이 발생하면 직접 출동해 상황을 파악하고 신속히 처리했다.

거의 매일 파출소에서 숙식하며 동료들과 모든 생활을 공유했다. 양평동은 당시 우범지역으로 분류되었기에 순찰은 더욱 중요했다. 방범대원들과 함께 야간 합동순찰을 돌았고, 청소년보호위원회와 협력하여 탈선 위험에 놓인 청소년들을 상담하고 보살폈다. 경찰관으로서의 직무를 넘어, 한 이웃으로서 주민들의 목소리에 귀 기울이고 그들의 삶에 다가가려 노력했다.

그 과정에서 하나의 확고한 신념을 품게 되었다.

"현장과 국민 속에 답이 있다."

이 믿음은 이후 나의 경찰 리더십의 중심축이 되었고, 어떤 조직이든 결국 사람과 현장을 바탕으로 운영되어야 한다는 확신으로 이어졌다.

1991년 7월 말, 경찰청은 내무부 외청에서 독립하여 중앙행정기관으로 격상되었다. 경찰청장이 차관급으로 올라섬으로써 경찰은 독자적인 운영 권한을 갖게 되었고, 정치적 중립성과 전문성 또한 강화되었다. 이는 경찰 역사에 중대한 이정표였으며, 경찰대학 출신인 나에게는 더 큰 책임감을 안겨주었다. 나는 국가와 국민만을 바라보는 경찰이 되겠노라 다시 한번 마음을 다잡았다.

일요일이면 변함없이 서소문교회에 들러 아침 1부 예배를 드렸고, 시간이 허락될 때면 존 번연의 《천로역정》을 펼쳤다. '멸망의 도시'를 떠나 '천성'에 이르는 순례자의 길, 죄와 유혹, 시련을 이겨내며 걸어가는 그 과정을 보며 삶의 본질과 사명, 그리고 인내의 중요함을 되새겼다.

총각 파출소장으로 보낸 양평동의 시간은 공동체와 함께 성장한 시간이었다. 한 명의 경찰 간부가 어떻게 국민과 호흡하며 신념으로 현장을 이끌어야 하는지를 체득한, 나의 인생에서 가장 값지고도 결정적인 경험 중 하나였다.

운명 같은 만남, 새로운 가정의 출발

1988년 7월, 부산경찰청 산하 510전경대 인사보급관으로 근무하던 시절이었다. 일요일에 고등학교 시절 출석하던 부산 대연동 산성교회를 찾았다. 부모님이 여전히 다니시던 교회였고, 고등부를 졸업한 뒤 4년 만에 다시 찾은 자리였다. 담임목사님과 장로님, 권사님들이 따뜻하게 맞아주시는 모습에 고향으로 돌아온 듯한 안도감과 감동이 밀려왔다.

그날 예배 후 고등부 시절 2년 후배였던 한 여전도사를 다시 만나게 되었다. 당시 그녀는 부산신학대에 재학 중이었고, 영도구의 한 교회에서 여전도사로 봉사하며 신앙생활을 이어가고 있었다. 학창시절에도 또렷한 이목구비와 맑은 기품으로 많은 이의 주목을 받던 그녀였는데, 오랜만에 마주 앉으니 예전보다 더 성숙한 신앙과 인품이 느껴졌다.

친한 교회 친구가 주선한 자리에서 우리는 수련회와 음악회, 고등부 활동의 추억을 나누며 이야기꽃을 피웠다. 한층 성숙해진 모습 속에서도 변하지 않은 신앙을 확인하며 서로에게 자연스럽게 끌리게 되었다.

우리는 서두르지 않았다. 신앙 안에서 서로를 존중하고 이해하며, 천천히 마음을 나누었다. 특별한 이벤트보다 평범한 일상 속에서 서로를 배려하며 사랑을 키워갔다. 그리고 마침내 연인이 되었다.

1991년 서울 영등포경찰서 양평파출소장으로 근무하던 시절, 우리는 양가 가족들과 교회 공동체의 축복 속에서 결혼을 약속했다. 같은 해 5월 4일, 영등포 영은교회에서 담임목사님의 주례로 결혼식을 올렸다. 경찰대학 후배들의 예도 사열 속에서 올린 결혼은 엄숙하면서도 감격적인 순간이었다.

신혼은 영등포 당산동의 오래된 아파트 전셋집에서 시작되었다. 넉넉하진 않았지만 작은 공간을 사랑으로 채우며 우리는 가정을 일궈갔다. 나는 지역 치안을 책임지는 경찰 간부로서 늦은 밤까지 근무하거나 긴급 출동을 해야 하는 날이 많았다. 그러나 집으로 돌아와 아내와 함께하는 저녁 식사와 따뜻한 말 한마디는 그 어떤 위로와도 바꿀 수 없는 쉼이자 힘이었다.

아내는 나의 사명과 고단함을 진심으로 이해해 주는 든든한 후원자였다. 집안 곳곳을 세심하게 가꾸며, 현장에서 쌓인 나의 피로와 긴장을 말없이 감싸고 풀어주려 애썼다. 함께 보내는 시간은 많지 않았지만, 서로를 향한 존중과 격려로 매 순간을 소중히 만들었다.

창밖으로 보이던 당산동의 오래된 골목길과 오밀조밀한 상가, 교회 종탑에서 울려 퍼지던 종소리, 주말마다 함께 들르던 교회와 재래시장의 소박한 풍경들이 신혼 생활의 배경이 되어주었다.

그 시절에 느낀 건 가정이야말로 인생의 가장 확고한 기반이며, 신앙과 사랑이 만날 때 비로소 진정한 평안이 이루어진다는 것이었다.

1991년 5월, 서울 영등포 영은교회에서 결혼

가정은 다시 일어서도록 해주는 힘의 원천이자, 사명을 끝까지 완수할 수 있게 하는 영혼의 안식처였다.

결혼과 함께 시작된 우리 가정은 내 삶을 한층 더 풍요롭고 따뜻하게 만들었다. 그리고 그 사랑과 신앙의 뿌리는 이후 어떤 시련 속에서도 중심을 잃지 않도록 붙들어주는 든든한 토대가 되어주었다.

2. 수도 서울, 치안의 최전선에서

사회반장의 밤낮없는 하루

1992년 2월, 서울경찰청 정보관리부 사회반장으로 발령받았다. 정보관리부는 수도권의 사회 안정과 공공질서를 유지하기 위한 최전선이었다. 정치·경제·사회적 현안은 물론 집회와 시위, 각종 사회운동의 동향을 면밀히 수집·분석하여 선제적 대응책을 마련하는 임무를 맡고 있었다.

그 가운데 내가 담당한 사회반장은 노동계, 시민사회단체, 경제단체 등과 관련된 정보를 총괄하는 핵심 보직이었다. 매일같이 쏟아져 나오는 집회와 시위에 대응하기 위해 밤낮을 가리지 않고 정보 수집과 분석에 몰두했다. 보고서를 작성하는 것은 물론, 때로는 현장에 직접 뛰어들어 참가자와 접촉하고, 시위 주최 측과 협상하며 긴박한 상황을 관리해야 했다.

당시는 민주화의 열망이 거세게 분출되던 시기였다. 시민의 목소리는 그 어느 때보다 다양하고 강렬하게 터져 나왔다. 1992년 1월 무렵부터 일본군 위안부 문제 해결을 촉구하는 수요시위가 일본 대사관 앞에서 매주 열렸고, 이는 국제적 관심을 끌며 한국 사회에 큰 반향을 일으켰다. 그해가 대통령 선거가 있는 해였기에 서울 시내 곳곳에서는 각 정당과 시민단체의 정치 집회가 끊이지 않았다. 나는 그 현장에서 단 한순간도 긴장을 늦출 수 없었다.

노동조합과 대학생들의 집회는 특히 격렬했다. 임금 인상과 노동권 보장을 요구하는 노동자들의 절박한 외침, 등록금 인하와 민주화를 요구하는 대학생들의 뜨거운 함성은 거리를 가득 메웠다. 경찰과의 충돌은 빈번했고, 그 한복판에서 정보 분석과 신속한 판단으로 상황을 조율해야 했다.

이 무렵 미국 로스앤젤레스에서 발생한 '로드니 킹 사건'은 나에게 깊은 충격을 안겨주었다. 백인 경찰관들의 과도한 폭행 장면이 영상으로 공개되면서 미국 사회는 분노로 들끓었고, 결국 무죄 판결이 내려지자 대규모 폭동이 일어났다. 그 사건은 경찰관으로서의 나의 신념을 다시금 흔들어 깨웠다. 법 앞에 만인은 평등해야 하며, 경찰의 법 집행은 공정하고 투명해야 한다는 원칙을 더욱 굳게 다졌다.

나의 하루는 말 그대로 전쟁 같았다. 주말과 휴일은 사라졌고, 하루 스물네 시간이 턱없이 부족하게 느껴졌다. 나는 사무실 책상 위에 영국 《가디언》의 편집장 C.P. 스콧의 말을 붙여두었다.

"Comment is free, but facts are sacred.
의견은 자유롭지만, 사실은 신성하다."

그 문장은 나의 지침이 되었다. 사실을 왜곡하거나 감추지 않고, 있는 그대로 보고서를 작성하는 것이야말로 경찰 정보의 생명임을 믿었기 때문이다. 매 순간 이를 지켜내려는 나의 다짐은 곧 직업적 양심이자 사명의 증명이었다.

이렇게 치열하고 혹독한 시간을 지나며 더욱 강인한 경찰 간부로 성장할 수 있었다. 내 손으로 쓴 한 장의 보고서가 서울의 치안을 떠받치는 토대가 된다는 책임감을 안고 매일 현장에 서 있었다. 격동의 시대 한복판에서 얻은 경험들은 지금도 내 삶의 소중한 자산으로 남아 있다.

기동대장과 선거사범 전담의 경험

1994년 1월, 경감 승진시험에 합격하면서 경남경찰청 기동대 9중대장으로 발령을 받았다. 경감 이상의 계급부터는 지방 근무를 거쳐야 다시 서울로 복귀할 수 있었기에 가족들과 함께 경상남도 양산으로 이주해야 했다. 서울에서 자리를 잡아가던 생활을 정리하고 낯선 땅으로 옮겨가는 일은 결코 쉽지 않았다. 어린 아들과 아내는 새로운 환경에 적응하느라 힘들어하면서도 나를 믿고 따라와 주었다. 그 믿음과 동행이 내게는 큰 힘이 되었다.

경남경찰청 기동대는 대규모 집회·시위 현장과 각종 사회 혼란 상황에서 질서를 유지하고 치안을 확보하는 임무를 맡았다. 1994년, 한양대학교에서는 한국대학총학생회연합한총련의 대규모 시위가 벌어졌다. 우리 기동 9중대는 긴급히 서울로 출동하여 현장을 지원했다. 최루탄과 돌멩이가 난무하는 속에서 학생들과 경찰은 격렬히 맞섰다. 매캐한 최루가스 연기와 함성이 뒤엉킨 혼란 속에서 나는 부하대원들의 안전을 지키기 위해 끊임없이 뛰어다녔다. 그 과정에서 중대원 한 명이 부상을 입어 병원에 입원하는 아픔도 겪어야 했다. 현장은 언제나 위험과 희생이 공존하는 곳이었다.

양산에서의 1년은 치열함과 행복이 교차했다. 아들에 이어 딸을 얻는 기쁨이 찾아왔고, 맑은 공기와 따뜻한 인심 속에서 가족과 함께 보낸 일상은 무척 소중한 시간이었다. 현장에서는 치열하게 보냈지만, 가정에서는 아이들의 웃음을 통해 다시 힘을 얻었다.

1995년 7월, 경찰청 수사국 선거사범 전담반장으로 발령을 받아 서울에 복귀했다. 당시 수사국장은 공정한 선거 환경 조성과 국민 신뢰 회복을 거듭 강조했다. 나의 임무는 전국의 선거범죄를 단속하여 깨끗한 선거 문화를 정착시키는 일이었다.

1995년, 대한민국 최초로 동시 지방선거가 치러졌다. 이어 1996년 제15대 국회의원 선거까지 치르는 동안 전국 곳곳에서 다양한 선거범죄가 발생했다. 첩보를 수집하고 신속하게 지방경찰청 선거범죄 수사전담반에 하달하여 선거사범을 단속했다. 선관위 등 유관기관과 긴밀히 협력하여 공정한 선거가 이루어질 수 있도록 총력을 다했다. 전국 경찰서와 긴밀히 소통하며 선거범죄를 예방하고 차단하는 과정은 고된 일이었지만, 그만큼 사명감도 컸다.

그 일을 통해 '공정한 선거는 민주주의의 뿌리이며, 경찰의 사명은 그 뿌리를 지켜내는 일'이라는 것을 확신했다. 선거사범 전담반장으로 보낸 시간은 정의와 신뢰를 세우는 경찰의 본령을 다시금 각인시켜 주었다.

주경야독, 석사 학위의 결실

1996년 2월, 경찰청 수사국 선거사범 전담반장으로 바쁜 일정을 소화하면서도 대한민국 경찰의 미래를 준비하는 지도자가 되기 위해 좀 더 배워야겠다고 결심했다. 그 결심은 연세대학교 행정대학원 사법공안행정학과 야간과정 입학으로 이어졌다. 서류 전형과 면접을 통과해 합격 통보를 받았을 때, 이 또한 경찰 인생의 새로운 전환점이 될 것임을 직감했다.

선거사범 전담반장으로 근무하던 시절, 나의 하루는 새벽부터 시작되었다. 전국 각지에서 올라오는 선거범죄 첩보를 정리하고 수사를 지휘한 뒤, 저녁이면 신촌의 연세대학교 강의실로 향했다. 낮에는 실무, 밤에는 학문. 그야말로 '주경야독'의 삶이었다.

수업은 행정학, 형사정책, 경찰행정, 사법제도, 공안행정, 범죄학, 법학개론 등으로 구성되었다. 특히 경찰조직 운영과 관련된 실무 사례를 토대로 한 토론과 연구는 많은 것을 일깨워 주었다. 강의실에서 배운 이론을 다음 날 곧바로 현장에 적용하며 검증하는 과정을 거듭하자 업무 역량은 비약적으로 향상되었다. 위기 상황 대응, 조직관리,

정책 수립 능력은 그 시절 주경야독의 훈련 속에서 크게 성장했다.

다양한 직업군에서 모인 동기들과의 교류도 소중한 자산이었다. 공무원, 군인, 언론인, 기업 간부 등 각계 전문가들과의 토론은 나의 시야를 넓혀주었고, 그 인적 네트워크는 이후에도 큰 도움이 되었다. 무엇보다 직장과 학업을 병행하는 과정을 통해 '평생학습'의 중요함을 온전히 체득할 수 있었다.

5월 축제 기간 중 연세대학교 도서관에서 미켈란젤로의 〈시스티나 성당 천장화, 천지창조〉에 대한 영상 강의를 접했을 때, 르네상스 미술의 최고봉이자 기독교 세계관을 장엄하게 표현한 불후의 명작으로 강렬한 인상을 받았다. 1508년 교황 율리우스 2세의 명으로 시작된 이 대작은 1512년까지 4년간 이어졌다. 1,100㎡에 달하는 천장 가득 펼쳐진 인간과 신의 이야기는 인간의 의지와 창의력, 신념과 헌신이 빚어낸 기적 같은 작품이었다. 조각가였던 미켈란젤로는 천장화에 도전하며 홀로 300명이 넘는 인물과 복잡한 장면을 프레스코 기법으로 완성했다. 천장에 그려야 하는 까다로운 조건과 고통 속에서도 불굴의 정신력으로 빼어난 예술작품을 일궈낸 그의 모습은 깊은 감동을 주었다.

그 강의를 들으며 공직 또한 예술처럼 치밀한 계획과 헌신, 그리고 고통 속에서도 문제를 창조적으로 해결하는 의지가 필요한 영역이라는 사실을 깨달았다.

그 무렵, 경찰대학 출신 선후배들은 '경찰의 정체성과 사명'을 두고 뜨겁게 고민하고 있었다. 1988년 1월, 박종철 고문치사사건으로 경찰 간부들이 무더기로 구속되던 시절에도 경찰대학 1기 이병무, 황운하를 비롯한 동문들은 1988년 1월 '경찰의 정치적 중립화'를 요구하는 성명서를 발표하며 흔들림 없는 소신을 밝혔다.

1991년 7월, 치안본부가 경찰청으로 개편될 때에는 내무부 장관의 지휘 규칙에 공개적으로 반대했고, 1995년에는 검찰총장의 경찰 지휘 발언에 항의 성명을 내며 다시 한번 '정의로운 경찰'의 존재 이유를 세상에 각인시켰다.

경찰이 국민의 신뢰를 받는 진정한 법 집행 기관이 되려면 정치와 권력으로부터 자유로워야 한다는 신념이었다. 그 신념을 실현하기 위해 전국의 경찰대학 동문들이 뜻을 모았다. 동문 1인당 10만 원씩, 단숨에 1억 6천만 원을 모금하여 수사권 독립 논리를 연구·개발하는 데 지원을 아끼지 않았다. 그 열정과 헌신은 국민 중심의 치안 철학을 세우는 '선진경찰의 씨앗'이 되었다.

연세대 강의실에서 행정학과 법철학을 배우며, 나는 우리들의 외침이 실무와 정책으로 이어져야 함을 느꼈다. '지식은 현장을 바꾸기 위해 존재한다'는 믿음이 내 안에 자리 잡았다.

2년 6개월의 주경야독 끝에 1998년 8월 연세대학교 행정대학원 석사학위를 받았다. 총 26학점을 이수하며 평균 3.84/4.00, 환산점수 98.4/100이라는 우수한 성적으로 졸업장을 받았다.

하루 스물네 시간이 부족할 만큼 긴박한 일상 속에서도 학문을 놓지 않았다. 그 결과 정책적 통찰력과 조직 리더십의 지평을 넓힐 수 있었고, 공직자로서 더 큰 시야와 책임감을 갖게 되었다. 이 시기를 통해 평생학습이야말로 진정한 자기계발의 길이며, '지식으로 봉사하는 경찰'이야말로 공직자의 사명을 완성하는 힘이라는 것을 깨닫게 되었다.

동유럽 견학, 세계를 바라보다

2002년 여름, 나는 경찰청 정보국으로부터 한 통의 축하 통보를 받았다. '우수 정보요원 선정'이었다. 28년의 공직생활 중 수많은 밤낮을 정보업무에 바쳐온 노력의 결실이었다. 그 공로로 부부 동반 10일간의 동유럽 견학 기회를 얻게 되었다. 낯선 대륙을 여행한다는 설렘으로 가슴은 벅차올랐다.

프라하에 도착한 첫날, 고즈넉이 서 있는 성 비투스 대성당을 보니 왠지 모르게 긴장이 풀어졌다. 묵직한 돌담 하나하나에는 체코의 오랜 역사가 켜켜이 스며 있었다. 카를교 위에 새겨진 오래된 발자국들을 바라보며 우리도 각자의 삶에서 책임을 지고 세상을 더 깊이 바라봐야 한다는 생각이 잔잔한 파도처럼 마음속에 스며들었다.

부다페스트의 밤거리는 열기로 가득 차 있었다. 2002년 월드컵 8강전이 한창 생중계되고 있었기 때문이다. 붉은 티셔츠를 맞춰 입은 나는 동료들과 함께 현지인들 사이에서 맥주잔을 높이 들고 태극기를 흔들었다. 경기가 연장전으로 이어지고, 마침내 스페인과의 승부차기 끝에 짜릿한 승리를 거두자 그 자리에 있던 모든 이들이 하나가

2002년 6월, 동유럽 방문일행과 함께 인터라켄 융프라우 정상에서

되어 포효했다. 그 순간, 공직자로서 쌓아온 긴장과 책임감이 국민과 함께할 때 어떻게 용기로 전환되는지를 온몸으로 느낄 수 있었다.

오스트리아 빈에서는 합스부르크 왕가의 쇤브룬 궁전에서 권력의 무게를, 국립오페라극장에서 예술의 아름다움을 느꼈다. 이어 알프스를 넘어 스위스 인터라켄 융프라우 정상에 섰을 때, 나는 세상이 얼마나 넓은지 깨달았다. 해발 4,158m 설원 위에서 김이 모락모락 나는 컵라면을 들고 서 있는 내 모습은, 보이지 않는 데이터와 인적 네트워크가 얼어붙지 않도록 늘 관심과 호기심으로 덥혀야 한다는 다짐처럼 느껴졌다.

2000년대 초반, 세계는 냉전 종식 이후 글로벌 네트워크가 급격히 열리던 과도기였다. 그 소용돌이 속에서 '국경을 넘어 소통하는 정보의 가치'를 깨닫지 못한다면 더 넓은 시야를 얻을 수 없다는 사실을 이번 동유럽 여행을 통해 배웠다.

귀국 후 다시 서울청 정보계장의 책상 앞에 앉았다. 세계의 흐름을 읽어내기 위한 작은 기록 하나에도 정성을 기울이며, 복잡다단한 네트워크 시대일수록 '사람과 사람 사이의 신뢰'가 그 어떤 알고리즘보다 강력하다는 진리를 가슴 깊이 새겼다. 그 경험은 내 인생의 한 페이지가 되어 공직자로서의 자부심은 물론, 사람과 사람을 잇는 다리로 살아가야 한다는 사명감을 더욱 단단하게 해주었다.

서울청 정보분실장, 총경의 꽃을 달다

2003년 2월, 서울경찰청 정보1분실장으로 발령을 받았다. 정보1분실은 서울 시내 정치·경제·노동 등 주요 분야의 치안 관련 정보를 수집·분석하여, 국가와 사회 안정을 위한 정책과 대응전략을 마련하는 핵심 부서였다. 수도 서울이라는 특성상 민감한 집회와 시위가 빈번했고, 그에 따른 정보 파악과 사전 대응은 매일이 긴장의 연속이었다.

그 무렵 서울시는 이명박 시장 주도로 청계천 복원사업을 강행하고 있었다. 청계천은 산업화의 상징이자 무질서와 노점상이 얽혀 있는 공간이었다. 2003년 7월부터 시작된 복원사업은 환경 개선과 도시 재생이라는 이상을 품었지만, 동시에 상인 수천 명의 생존권이 걸린 민감한 사안이기도 했다.

우리 정보분실은 전담 TF를 구성해 상인들의 동향, 여론의 흐름, 서울시와의 협의 과정을 치밀하게 파악하며 대응 보고서를 작성했다. 나는 서울시 내부와 상인 측 담당 정보관을 각각 배치해 양측의 갈등이 돌이킬 수 없을 만큼 깊어지지 않도록 중재했다. 때로는 새벽 시장과 노점 골목을 직접 찾아가 상인들의 하소연을 들었고, 때로는 서울시 고위 간부들과 마주 앉아 대화를 이어갔다. 그렇게 하여 마침내 2005년 10월 1일, 역사적인 청계천 복원 개장을 큰 충돌 없이 이끌어낼 수 있었다.

2005년 3월, 중국의 경영컨설턴트 및 작가인 왕중추의 《디테일의 힘》에서 강조하는 "디테일이 성공을 결정한다. 세심함이 혁신이다"라는 디테일 경영에 큰 영감을 받았다. 나는 이 철학을 정보분실 운영에 접목했다. 단순히 정보를 수집하는 데 그치지 않고, 상대의 심리와 흐름을 읽으며 세심하게 접근해 갈등을 풀고 신뢰를 구축해 나가는 방식이었다.

그러나 총경 승진을 앞두고 시련이 닥쳐왔다. 2005년 11월 전국농민회총연맹이 정부의 쌀 개방 정책에 반발해 대규모 집회를 열었고, 그 과정에서 두 명의 농민이 경찰의 진압 중 사망자가 발생하는 비극으로 이어졌다. 이 사건은 과잉 진압 논란으로 번졌고, 당시 허준영 경찰청장은 사퇴 압력에 직면했다. 나는 서울청 정보분실장으로서 사건의 전 과정을 현장에서 목격하며 충격과 슬픔, 혼란 속에서도 조직을 추슬러야 했다. 결국 허 청장은 대통령에게 부담을 주지 않겠다며 자진 사퇴했고, 총경 심사를 눈앞에 두었던 나는 낙방이라는 쓰라린 결과를 받아들여야 했다.

그러나 무너지지 않았다. 2006년, 새로운 각오로 다시 현장에 몰입했다. 그 해는 한미 FTA 반대 집회와 평택 미군기지 이전 반대 운동 등 수많은 갈등이 서울 도심에서 분출되던 격동의 시기였다. 수만 명이 참가한 대규모 시위가 연일 이어졌고, 농민·시민단체·대학생·노동자가 연대해 대정부 투쟁을 벌였다. 나는 이 대립 속에서 단 한 명의 부상자도 발생하지 않도록 정보 분석과 관계기관 협조에 모든 역

2005년 11월, 전국농민대회 시 경찰과 충돌 장면

량을 기울였다.

가장 힘든 시기에, 고향의 큰 선배이자 존경하는 이희범 전 산업자원부 장관께서 보내주신 격려와 가르침은 내게 큰 힘이 되었다.

"리더가 해야 할 일은 두려워하는 것이 아니라, 위기를 기회로 바꾸는 도전 정신이다. 현장의 목소리와 데이터를 존중하고, 발로 뛰는 소통으로 문제를 정확히 진단해 해결책을 마련하다 보면 반드시 길은 열린다."

그 말씀을 가슴에 새기며 다시 뛰었다. 그 결과, 2006년 한 해 동안 서울에서만 약 58만 명이 참가한 집회를 큰 충돌 없이 안정적으로 관리해낸 성과를 인정받아 2007년 1월 5일, 마침내 경찰청 총경 승진자 명단에 이름을 올렸다. 총경은 일선 경찰서장을 비롯한 주요 보직을 맡을 수 있는 경찰 간부의 출발점이며, 경찰 내에서는 '경찰의 꽃'이라 불린다. 경찰대학 졸업 후 19년, 한결같이 맡은 바 임무에 최선을 다해 달려온 여정이 드디어 결실을 맺은 순간이었다.

그날 부모님과 아내, 아이들의 환한 웃음은 지금도 눈앞에 선하다. 내가 걸어온 길이 결코 헛되지 않았음을, 헌신과 인내가 결국 빛을 발한다는 것을 가족의 기쁨을 통해 다시금 확인했다. 이 승진은 나 개인의 영예뿐 아니라 공직자의 사명과 책임을 갖고 묵묵히 걸어온 길 위에 놓인 값진 한 송이 꽃이었다.

3. 현장 중심, 공직자의 리더십

강원 경비교통과장, 관광과 안전의 균형

2007년 초, 용인에 위치한 경찰대학에서 실시되는 총경 치안정책 과정에 발령을 받았다. 이 과정은 6개월 동안 진행되는 경찰 간부 관리자 교육으로, 전국에서 선발된 총경급 간부 60명이 모여 치안정책의 수립과 분석, 평가, 리더십 개발, 조직관리, 의사결정, 갈등관리 등 폭넓고 심도 있는 주제를 다루었다.

나는 그 가운데 가장 젊은 총경으로서 과정의 총무를 맡아 학교와 동기들 사이에서 원활한 소통을 책임졌다. 매주 빽빽한 일정 속에서도 주말이면 집으로 돌아가 가족과 함께하는 소중한 시간을 누렸다. 오랜 공직생활에서 처음으로 맞이한 여유로운 시간이었기에 아내와 자녀들과의 소박한 여행과 식사는 내 삶의 또 다른 원동력이 되었다.

특히 기억에 남는 것은 주중 수업으로 진행된 골프 레슨이었다. 용인대학교 체육학과 교수님께서 일주일에 두 시간씩 거의 개인지도에 가까운 정성을 기울여주셨다. 경찰대학 체력단련장에는 실제 골프장 수준의 6홀이 조성되어 있었다. 수업이 끝나면 동기들과 함께 라운드를 돌며 친목도 다지고 기량을 갈고닦았다. 과정이 끝날 무렵에는 안정적인 보기 플레이 수준에 이를 수 있었고, 이는 주말마다 지인들과 함께 필드에 나설 수 있는 자신감으로 이어졌다.

또 하나의 잊지 못할 경험은 4월에 실시된 독도 경비대 탐방과 설악산 대청봉 등반이었다. 독도 경비대에 도착했을 때, 나는 현장에서 국토 수호의 엄중함을 온몸으로 체감했다. 끝없이 부서지는 파도와 바람 속에 서 있는 경비대원들의 눈빛은 국가 안보의 의미를 다시금 내 마음에 깊이 새겨주었다. 이어진 설악산 대청봉 등반에서는 극기와 인내 속에서 동기들과 끈끈한 유대감을 확인할 수 있었다. 험난한 산길을 오르며 숨이 턱에 차 힘들어하는 동료에게 손을 내밀고, 서로를 북돋아 함께 정상에 오르며 진정한 리더십은 혼자의 힘이 아니라 협동과 배려에서 비롯된다는 것을 깨달았다.

이 치안정책과정의 시간은 내게 교육 이상의 의미였다. 한 사람의 간부로서, 그리고 한 사람의 인간으로서 리더십이란 무엇인지, 그것이 어떻게 공동체를 지탱하는 힘이 되는지를 몸으로 배우고 마음으로 새긴 소중한 기회였다.

6개월의 의미 깊은 교육과정을 마친 나는 2007년 7월, 강원경찰청 경비교통과장으로 부임했다. 강원도는 산악지대가 많고 관광지가 발달한 지역이었기에 교통안전과 관광 활성화의 균형을 잡는 일이 무엇보다 중요한 과제였다. 춘천의 관사에 홀로 머물며 주중 내내 업무에 몰두했고, 오로지 현장의 안정과 도민들의 안전만을 생각했다.

8월부터 평창 도암 횡계리에서 열린 '강원 감자 큰잔치', '대관령 국제음악제', 그리고 9월 '강원도 사회복지대회'까지 굵직한 행사가 이어졌다. 그 현장마다 직접 나서 교통 통제와 안전관리를 진두지휘

2007년 4월, 치안정책과정 독도경비대 격려 방문

했다. 강원도의 아름다운 자연과 축제의 환희 뒤에는 언제나 보이지 않는 긴장이 존재했으나, 치밀한 준비와 철저한 경비로 도민과 관광객들이 안심하고 참여할 수 있도록 최선을 다했다.

주말조차 온전히 쉴 수 없었다. 크고 작은 집회와 시위를 관리하는 한편, 경찰헬기를 타고 강릉·속초·삼척 등 주요 관광지를 순회하며 교통안전을 점검했다. 그 과정에서 '현장 중심 리더십'의 본질을 새삼 확인했다. 직접 현장을 둘러보고, 경찰관들과 눈을 맞추며 그들의 노고를 이해하고 격려하는 것이야말로 진정한 지휘관의 역할임을 깨달았다. 현장에서 들은 직원들의 애로사항은 곧 정책에 반영되었고, 이는 다시금 현장을 지탱하는 힘이 되었다.

강원도는 교통사고 발생률이 높아 늘 사회적 문제로 지적되던 곳이었다. 그러나 꾸준히 추진한 교통안전 대책과 유관기관과의 긴밀

2007년 4월, 총경 치안정책과정 설악산 대청봉 등정

한 협력 덕분에 도내 교통사고율은 눈에 띄게 감소했다. 이 성과는 현장의 목소리를 존중하고, 세밀한 계획과 협업이 얼마나 강력한 힘을 발휘하는지를 보여주는 증거였다.

강원경찰청의 근무 분위기 또한 특별했다. 경찰청에서 함께 근무했던 상사분들이 청장과 차장으로 계셔 서로 존중과 배려의 문화를 이끌어주셨고, 직원들과의 관계 역시 화목하고 따뜻했다. 이러한 분위기는 곧바로 성과로 이어져 강원도의 치안을 더욱 견고히 다지는 데 큰 역할을 했다.

이 시기에 나는 마릴린 먼로의 삶에서 특별한 교훈을 얻었다. 그녀가 자신의 약점을 숨기려 하지 않고 오히려 그것을 개성으로 승화시킨 것처럼, 누구나 완벽하지는 않지만 자신을 있는 그대로 받아들이고 발전시키는 태도가 중요하다는 사실이었다. 이는 곧 나의 현장 중심 리더십과도 맞닿아 있었다. 나의 부족함과 약점을 외면하지 않고, 그것을 새로운 성장의 밑거름으로 삼을 때 비로소 더 나은 리더로 설 수 있다는 것을 깊이 일깨워 주었다. 강원도에서의 근무 경험은 나를 한층 더 성숙한 리더로 성장시키는 값진 배움의 시간이 되었다.

화천경찰서장, 축제의 안전을 책임지다

2008년 1월, 화천경찰서장으로 부임했다. 화천군은 군사적 요충지로, 육군 3개 사단이 주둔하며 군 장병 수가 지역 주민 수를 훨씬 웃도는 독특한 지역이었다. 군사시설보호구역이 군 전체 면적의 절반 가까이를 차지했지만, 동시에 청정한 자연환경과 다양한 관광명소가 어우러져 많은 이들이 찾는 곳이기도 했다.

서장으로 부임한 직후, 곧장 군수와 지역 군부대 사단장들을 찾아 인사를 드리고 협력 관계를 다졌다. 이어 지역 주민들과 소통하며 치안을 점검하고, 주민의 안전과 범죄 예방, 각종 행사와 집회의 질서 유지, 교통 관리 등 경찰서의 핵심 임무를 다시금 확인했다.

부임 직후 가장 큰 과제는 세계적인 겨울 축제인 화천 산천어 축제였다. 매년 100만 명 안팎이 찾는 이 축제는 지역경제를 떠받치는 거대한 행사였다. 축제의 성공은 곧 안전 확보에서 비롯된다고 판단했다. 화천군청과 긴밀히 협력해 축제장 주변 차량 통행로를 일방통행으로 전환하고, 주요 진입로에는 교통 안내 표지판을 설치했으며, 셔틀버스를 운행하여 혼잡을 최소화했다. 세밀한 준비와 치밀한 운

2008년 1월, 화천군 산천어 겨울축제

영 덕분에 축제는 특별한 사고 없이 성황리에 마무리되었고, 정갑철 화천군수는 교통 안전을 위해 헌신한 경찰관들에게 깊은 감사의 뜻을 전했다. 그 인정을 받는 순간, 나와 직원들 모두는 공직자의 사명감이 곧 보람으로 이어진다는 사실을 다시금 느낄 수 있었다.

그러나 축제의 성취 뒤에는 긴장의 나날도 이어졌다. 2008년 4월 21일 새벽, 긴급 상황 보고가 접수되었다. 여대생 두 명이 납치되어 119로 구조 요청 문자를 보냈다는 내용이었다. 위치 추적 결과 파로호 인근의 외딴 가옥에서 위급한 상황이 벌어지고 있음이 확인되었다. 지체없이 형사팀과 경찰서 5분 타격대를 출동시키고, 화천군을 통해 행정선을 급히 마련해 호수를 건넜다.

어둠이 내려앉은 파로호의 물결을 가르며 우리는 신속히 목표지점에 접근했다. 범인이 잠든 틈을 타 조용히 가옥에 진입하자, 손발이 묶인 채 두려움에 떨고 있는 피해자들이 눈에 들어왔다. 우리는 그들을 안전하게 구조했고, 곧바로 납치범 일당을 제압·체포했다. 조사

결과, 범인들은 이미 강력범죄 전력이 있었으며, 조금만 대응이 늦었더라면 참혹한 결과로 이어질 뻔한 사건이었다. 이튿날 강원경찰청장이 현장을 직접 찾아와 우리의 신속한 대응과 정확한 판단을 격려하며 표창을 수여했다.

이 사건을 통해 나는 경찰의 존재 이유를 다시금 마음 깊이 새겼다. 주민들의 위급한 신호와 작은 목소리라도 결코 간과해서는 안 된다는 것, 그것이 곧 경찰의 기본 정신이라는 사실이었다. 화천군민의 안전을 책임지는 서장으로서 항상 작은 신호에도 귀 기울이며, 주민들이 안심하고 생활할 수 있도록 최선을 다할 것을 거듭 다짐했다.

대통령과의 만남, 가슴에 새긴 격려

사회자본 연구들에 따르면, 성공에 가장 크게 기여하는 요인은 지능이나 재능이 아니라 인간관계였다. 이는 우리의 삶이 얼마나 다양한 인연을 통해 이루어지는지 잘 보여준다. 실제로 한 사람이 평생 깊은 관계를 유지하는 이들의 수가 수천 명에 이른다는 연구도 있다. 결국 삶을 살아가며 누구를 만나고, 어떤 관계를 맺느냐가 인생을 좌우할 만큼 중요한 것이다.

고대 중국의 역사서 《삼국지》에 등장하는 관우는 인간관계와 신의의 중요성을 보여주는 대표적 인물이다. 그는 유비와 장비와의 도원결의를 통해 평생의 의형제를 맺었고, 어떠한 역경 속에서도 신의를 지켰다. 특히 조조가 막대한 혜택과 권력을 내세우며 회유했을 때조차 끝내 유비와의 약속을 저버리지 않았다. 그의 모습은 시대와 공간을 넘어 오늘날까지도 많은 이들에게 감동과 교훈을 주고 있다.

나 또한 공직 생활을 이어오며 신의와 인간관계의 중요함을 절실히 깨달았다. 경찰서장으로서 주민들의 민원을 해결하고, 때로는 범인을 검거하면서도 언제나 공정과 신뢰를 최우선의 가치로 삼았다. 그 원칙은 곧 지역사회에서 나의 존재 이유였으며, 행동 기준이 되었다.

잊을 수 없는 순간이 있다. 2008년 10월 22일, 청와대에서 개최된 전국 경찰 지휘관 격려 오찬이었다. 행사는 청와대 영빈관에서 열렸고, 대통령께서는 참석한 경찰 지휘관들과 일일이 기념촬영을 했다. 내 차례가 되어 대통령 앞에 다가가 "화천서장입니다"라고 신고하자, 대통령께서는 서울시장 재임 시절 청계천 복원사업과 버스 전용차로제 추진 당시 함께했던 나를 기억하며 반갑게 맞아주셨다.

그분께서 환한 미소로 "화천경찰서에 가 있어? 열심히 근무해라"라고 따뜻하게 격려하셨을 때, 깊은 감동과 자부심을 느꼈다. 국가의 최고 지도자가 지방의 한 경찰서장을 기억하고 따뜻하게 격려한다는 사실은 나 개인만이 아니라 화천경찰서 전체의 사기를 높이는 계기가 되었다.

그날 이후 나는 다시금 다짐했다. 지역 주민들이 안전하고 평화롭게 살아갈 수 있도록 더욱 헌신하겠노라고. 대통령의 짧은 격려 한마디는 공직자로서의 나를 일깨우고, 지역사회의 안녕을 지켜내는 일에 더욱 매진할 수 있게 해준 강력한 동력이었다.

거창경찰서장, 위기를 기회로

어느 날 우연히 접한 온라인 강의에서 한 조류학자가 알바트로스에 대해 이야기하는 것을 들었다. 지구상에서 가장 높이, 가장 멀리 나는 새 알바트로스는 최대 날개 길이가 3.7m에 이르고, 하루에 900km 이상을 나는 기록을 가진 경이로운 존재다. 어떤 개체는 46일 동안 2만 1천km를 비행했다고 하니, 그야말로 자연이 빚어낸 기적 같은 생명체다.

그러나 내 마음에 오래 남은 것은 단순히 그 비행 능력이 아니었다. 바로 '골공骨空 구조'였다. 뼛속이 텅 비어 있기에 가볍게 날 수 있었지만, 동시에 작은 충격에도 쉽게 부러질 수 있는 치명적 약점을 지니고 있었다. 이를 통해 삶의 중요한 원리를 떠올렸다. 원대한 목표를 이루려면 불필요한 욕심과 관행을 없애고, 위험과 도전을 감수하되 철저한 대비를 마련해야 한다는 것이었다.

2009년 1월 정기 인사철, 나는 본청 정보3과장 자리를 내심 기대하고 있었다. 긍정적인 분위기 속에 관사 정리까지 마쳤을 때 인사과장의 한 통의 전화가 걸려왔다.

"이번엔 정보3과장이 어렵습니다. 경남 거창서장으로 가셔야겠습니다."

그 짧은 한마디가 내 마음에 돌처럼 내려앉았다. 대학 입시를 앞둔 고3 아들과 고1 딸에게 아버지의 존재가 어느 때보다 필요했던 시기였다. 서울에서 280km, 자동차로 3시간 반이나 떨어진 거창으로 떠나야 한다니, 세상은 영전이라며 축하했지만 가족에게 미안함을 감출 수 없었다.

머나먼 길을 달리며 공직자의 숙명을 곱씹었다. 때로는 가족을 희생시켜야 하는 가슴 아픈 현실, 그러나 그 길 끝에 또 다른 소명과 도전이 있으리라 믿으며 마음을 다잡았다. 늦은 저녁 거창에 도착해 간단히 짐을 정리한 뒤, 이튿날 거창경찰서 대회의실에서 간소한 취임식을 열었다. 직원들과 함께 '안전한 거리, 안전한 거창'을 다짐하며 첫발을 내디뎠다.

거창은 인구 6만 5천 명 남짓의 작은 도시였지만, 덕유산과 금원산의 수려한 산세와 풍요로운 농경지로 이름난 생태 관광지였다. 그러나 내가 직면한 과제는 분명했다. 지역 내 강력 범죄와 절도, 사기 사건을 예방하고 신속히 수사하여 주민들이 안심할 수 있는 환경을 만드는 것이었다. 거창읍의 초·중·고등학교를 찾아가 학교폭력 예방 교육을 실시했고, 경로당을 돌며 어르신들께 교통사고와 보이스피싱 예방을 당부했다. 경찰서 협력단체인 자율방범대와는 야간 합동순찰을 돌며 주민에게 경찰의 존재를 가까이 느끼게 했고, 녹색어머니회와는 등하굣길 교통안전 캠페인을 펼치며 신뢰를 쌓았다. 신속한 민원 처리와 현장 소통을 원칙으로 삼자, 주민들은 "거창 경찰이 자주 보이고 믿을 만하다"는 평가를 보내주었다. 그 결과, 거창의 거리는 조금씩 안전하고 평온한 공간으로 변모해갔다.

2009년 5월 어느 토요일 아침, 덕유산 산행에 나섰다. 서울에서 내려온 중견그룹 부회장, 지리산 등산 전문가인 농협 군지부장, 그리고 지인과 함께 함양 영각사 입구에서 만났다. 산행은 남덕유산에서 시작해 월성재, 삿갓봉, 무룡산, 백암봉, 중봉, 철쭉 군락지를 지나 향적봉과 설천봉까지 이어지는 19km의 긴 여정이었다. 연분홍 철쭉과 노란 원추리가 어우러진 향적봉과 중봉의 군락지는 마치 무릉도원을 걷는 듯 황홀한 풍경을 선사했다. 덕이 많고 너그러운 어머니를 닮았다는 덕유산은 장쾌하게 뻗은 능선으로 우리를 품었고, 정상에 서자 지리산과 가야산이 한눈에 펼쳐졌다.

설천봉에서 곤돌라를 타고 하산하며 피로를 달랬다. 땀 흘리며 걸은 산행은 스트레스를 씻어내고 마음을 정화해 주었으며, 건강까지 지켜주는 값진 시간이 되었다. 이후 우리는 한 달에 한 번씩 지리산, 가야산, 남해 금산의 보리암, 해남 두륜산 등 전국 명산을 함께 찾으며 자연과 교감하고 성취와 평온을 나누는 소중한 추억을 쌓았다.

산행은 인생과 닮아 있었다. 힘든 오르막 끝에 정상에서 맞이한 성취와 환희는 곧 삶의 도전과 극복의 순간과 다르지 않았다. 산을 오르는 동안 서로를 격려하며 나아가는 동료애는 인간관계의 소중함을 다시금 일깨워 주었다. 생텍쥐페리의 《어린 왕자》에 나오는 "길들인다는 건 관계를 맺는다는 뜻"이라는 말처럼, 진정한 관계는 시간과 정성을 들여 서로를 이해하고 책임지는 과정에서 만들어진다는 것을 산행 속에서 다시 확인했다.

거창으로 부임할 당시 품었던 걱정과 불안은 어느덧 주민들과 함께하는 보람과 기쁨으로 바뀌었다. 1년 6개월 뒤, 마침내 경찰청 정보3과장으로 내정되었다. 가족과 떨어져 지내며 겪은 외로움과 어려움도 있었지만, 지역 주민들과의 진정한 교감을 통해 위기를 기회로 바꾼 시간은 내게 가장 의미 깊고 소중한 경험으로 남았다. 결국 사람의 마음을 얻는 것이야말로 가장 큰 성취이자 진정한 성공의 열쇠였음을 거창에서 다시금 깊이 깨달았다.

2010년 3월 11일, 거창군민 녹색생활 실천의 날 행사

4. 명예로운 퇴임, 또 다른 시작

경찰청 정보3과장, 국가적 현안을 맡다

공직생활을 시작한 이래 매일 새벽 다섯 시에 일어나 성경을 읽고 기도하는 시간을 지켜왔다. 차가운 새벽 공기 속에서 따뜻한 물 한 잔과 함께 묵상하는 성경 말씀은 하루를 여는 소중한 의식이었다. 특히 2010년 7월의 어느 날 아침, 신명기 8장 16절의 말씀은 내 마음을 깊이 울렸다.

"네 조상들도 알지 못하던 만나를 광야에서 네게 먹이셨나니, 이는 다 너를 낮추시며 너를 시험하사 마침내 네게 복을 주려 하심이었느니라."

이 말씀은 고난의 의미를 새삼 일깨워 주었다. 사람은 풍족함 속에서도 삶의 목적을 잃고 방황하기 쉽다. 반대로 생존에 필요한 최소한의 것조차 없이 힘겹게 살아가는 이들도 있다. 그러나 하나님께서는 모두에게 광야의 시간을 허락하시며, 그 길 위에서 겸손과 인내를 배우게 하신다는 것을 깨달았다.

그 무렵 나는 경찰청 정보3과장으로 임명되어 국가적 현안과 집회·시위 관리라는 막중한 책임을 맡게 되었다. 정보국은 집회·시위 관련 첩보 수집과 분석은 물론, 각종 사회 갈등과 사건을 조기에 예측하고 대응하는 중추였다.

아침 여섯 시 출근길은 늘 긴장으로 가득했다. 전국 각지에서 올라오는 정보를 취합해 매일 오전 여덟 시와 오후 다섯 시, 하루 두 차례 경찰청장에게 보고해야 했다. 긴급 사안이 발생하면 밤낮을 가리지 않고 대응에 나섰고, 경비국·수사국·지방청과 긴밀히 협력하며 24시간 숨 가쁜 나날을 이어갔다.

2010년은 특히 집회와 시위가 사회적 긴장의 중심에 있던 해였다. 노무현 전 대통령 1주기 추모제, 노동자들의 삼보일배, 1인 시위 등 전국에서 벌어지는 모든 사건이 사회 갈등을 증폭시켰다. 법원의 판결과 경찰의 대응 사이에서 균형을 잡기 위해 수없이 많은 밤을 고민하며 보냈다.

그해 11월, 서울에서 열린 G20 정상회의는 대한민국 역사상 최초로 개최되는 대규모 국제회의였다. 세계 정상들이 한자리에 모이는 만큼 단 한 건의 돌발 상황조차 용납될 수 없었다. 우리는 관계기관과 함께 철저히 대비하고 수차례 모의훈련을 거듭했다. 행사 기간 내내 중대안전사고 없이 세계가 주목한 회의를 무사히 마치며 국가적 자부심을 온몸으로 느낄 수 있었다.

한편, 이명박 정부의 '4대강 살리기 사업'을 둘러싸고 환경단체와 시민단체의 격렬한 반대가 이어졌다. 매일 아침, 전국에서 발생한 크고 작은 충돌과 집회 상황을 보고받으며 대응 방안을 마련하는 일은 끝이 보이지 않는 광야를 걷는 듯 고단했다. 그러한 와중에서도 국민의 안전과 국가의 안정을 지켜내는 것, 그것이 경찰로서 나에게 맡겨진 진정한 사명이라는 사실을 잊지 않았다.

2011년 초, 부산저축은행 영업정지 사태가 터지며 수많은 피해자의 절규가 거리로 쏟아져 나왔다. 서민의 평생 저축이 한순간에 물거품이 된 현실 앞에서 분노와 절망이 교차한 현장은 그야말로 아비규환이었다. 경찰청 정보국 소속 간부로서 현장상황을 실시간으로 파악하고, 피해자 보호와 금융기관 주변의 질서 유지를 지휘해야 했다. 한겨울의 찬바람 속에서도 울분을 터뜨리는 시민들의 목소리를 들으며, 공권력이란 '통제의 힘'이 아니라 '공감의 언어'로 작동해야 함을 절감했다.

같은 해 여름, 한진중공업 사태가 전국적인 노동·시민 연대로 번져갔다. 크레인 위에서 309일간 이어진 고공농성은 사회적 분열을 상징했고, '희망버스'로 불린 대규모 시위는 부산 영도와 서울 거리를 가득 메웠다. 나는 정보3과장으로서 전국의 시위 동향과 시민단체 연대 움직임을 면밀히 파악하고, 충돌과 인명피해를 막기 위한 세부 대응계획을 총괄했다. 그 과정에서 "경찰의 존재 이유는 질서 유지에만 있는 것이 아니라, 국민의 분노를 폭력으로 번지지 않게 하는 완충의 역할"임을 다시금 되새겼다.

그해 8월, 무상급식 주민투표가 무산되면서 오세훈 서울시장이 전격 사퇴했다. 서울 도심 곳곳은 정치적 논쟁과 사회적 갈등으로 들끓었다. 그러나 나는 평정을 잃지 않았다. 시민의 의견이 충돌하는 현장 속에서도 '갈등의 중심에서 균형을 잡는 일'이 경찰의 본령이라 믿었기에, 사태의 악화를 막고 민심이 과열되지 않도록 치밀하게 대응하며 현장을 지켰다.

2011년 3월부터 또 하나의 국가적 현안이 본격화되었다. 국회 사법개혁특별위원회사개특위에서 검찰과 경찰의 수사권 조정 논의가 본

격회된 것이다. 당시 조현오 경찰청장께서는 "1차 수사는 경찰이, 2차 수사는 검찰이 맡는 것이 바람직하다"는 명확한 원칙을 천명하며 수사권 조정의 필요성을 공개적으로 강조했다. 나는 정보국 내 핵심 주무부서인 정보3과장으로서 수사국 수사구조개혁팀과 협조하여 국회와 언론, 시민사회 여론을 촘촘히 분석하고 대응전략을 수립하는 임무를 맡았다.

청장께서 직접 소집한 대책회의에서 "형사소송법 개정안이 통과되어야만 수사의 민주화가 완성된다"고 강조하셨고, 나는 그 뜻을 받들어 국회 주요 인사 및 언론 핵심 라인과의 접촉, 정책설명자료 작성, 여론 형성 전략을 수립했다. 수사권 조정은 조직의 권한 문제를 넘어 국민의 인권보호와 사법 정의의 균형을 되찾는 일이라 믿었기에, 매일같이 청사 불을 끄지 않고 보고서를 정리하고 각계 의견을 조율했다.

6월 30일, 마침내 국회 본회의에서 형사소송법 일부개정안이 통과되었다. 주요 쟁점은 '검사의 수사지휘에 관한 구체적 사항을 대통령령으로 위임하는 부분'과 '경찰의 독자적 수사개시권 명문화'였다. 그러나 기쁨은 잠시였다. 통과 직후 검찰 내부의 강한 반발과 평검사회의 소집, 일부 언론의 비판 보도가 이어지며 전국적인 논란이 확산됐다.

그때 나는 다시 책상 앞에 앉았다. 이 싸움은 법률의 문구로 끝나는 일이 아니었다. "제도는 설계보다 운영이 중요하다"는 평소의 신념처럼, 나는 대통령령 제정 과정에서 경찰의 입장이 반드시 반영되도록 마지막까지 물러서지 않았다. 수사국, 정보국 정보분실요원들과 함께 정부 부처와 국회, 언론을 상대로 대국민 홍보와 정책 설득

작업을 전방위로 추진했다. 새벽까지 이어진 논의와 보고, 회의의 연속 속에서 나는 그 해를 '정보와 설득의 전쟁'으로 기억한다.

2011년의 대한민국은 정치적 격동과 사회적 혼란이 교차한 해였다. 부산저축은행 사태, 한진중공업 농성, 무상급식 논란, 한미 FTA 비준, 그리고 김정일 국방위원장 사망까지 하루가 멀다 하고 국가적 현안이 폭발했다. 정보는 국가의 심장 박동을 읽는 기술이라는 신념 아래 흔들림 없이 내 임무에 집중했고, 국면마다 정확한 분석과 냉정한 판단으로 현장을 지켰다. 그때의 절치부심切齒腐心은 훗날 내 인생의 또 다른 전환점을 준비하게 한, 보이지 않는 훈련의 시간이기도 했다.

그 모든 노력은 2011년 12월, 녹조근정훈장 수상으로 이어졌다. 수상의 순간, 깊은 감사와 함께 지난 시간의 고난과 어려움이 결코 헛되지 않았음을 느끼며 눈시울이 뜨거워졌다. 그리고 다시금 성경의 말씀을 되새겼다. 광야를 통해 낮아지고 겸손해진 사람만이 큰일을 감당할 수 있다고. 나는 그 믿음을 가슴에 새기며, 앞으로의 삶 또한 새로운 사명과 소명을 향해 겸허한 마음으로 걸어가리라 다짐했다. 국가의 심장부에서 치열한 정보와 여론의 파도를 건너온 뒤, 나는 다시 사람 곁의 현장으로 돌아갈 시간이 왔음을 직감했다.

영등포경찰서장, 전국 1위의 성과

2011년 10월 하순, 늦가을 어느 오후였다. 경찰청장으로부터 긴급한 호출을 받고 긴장된 마음으로 청장실에 들어섰다.

"김 총경! 영등포경찰서장을 교체해야 합니다. 여의도와 대림동을 비롯해 치안 수요가 가장 많은 곳입니다. 직접 맡아서 잘 관리해 주시기 바랍니다."

뜻밖의 발령이었다. 인사철이 아닌 시기에 단행된 원포인트 인사였으니 그 무게를 직감할 수 있었다. 곧장 취임 준비를 마치고, 10월 26일 영등포경찰서장으로 부임했다.

부임 첫날부터 현장은 숨 가쁘게 돌아갔다. 취임식조차 치를 겨를 없이 국회 앞에서는 한미 FTA 비준안 반대 집회가 벌어지고 있었다. 곧장 현장으로 달려가 기동대를 지휘하며 긴박한 상황을 관리했다. 그날 밤 집회가 끝나자 곧바로 관내 파출소들을 돌며 근무 중인 직원들과 주민들을 만나 인사를 나누었다. 현장 곳곳에서 들려온 주민들의 불안과 기대는 나의 책임이 얼마나 막중한지를 일깨워 주었다.

영등포는 내게 낯설지 않은 땅이었다. 1990년대 경위 시절 외근주임·양평파출소장·조사계장으로 근무했던 경험이 있어 더욱 정감이 갔다. 업무 파악은 신속했고, 나의 목표는 분명했다. '안전한 거리, 안전한 영등포'를 만드는 것이었다.

당시 뉴욕시장 줄리아니가 시행한 '깨진 유리창 이론'을 연구하며 확신을 얻었다. 작은 무질서와 경미한 범죄를 철저히 단속해야 중대 범죄를 예방할 수 있다는 원리였다. 이에 영등포구청장을 직접 찾아가 특별치안대책의 필요성을 설득했고, 자율방범대·모범운전자회·녹색어머니회 등 민간 협력단체와 함께 총력 대응체계를 구축했다.

특히 학교 안전에 심혈을 기울였다. 관내 43개 학교마다 전담 형사를 지정해 사진과 연락처를 게시판과 홈페이지에 공개했고, 학생과 학부모가 즉시 신고할 수 있도록 '117 문자 신고'와 '모바일 메신저 상담'을 개설했다. 직접 학교를 찾아가 폭력 예방 교육을 진행했으며, 교육청과 협력해 전국 최초로 '학교폭력 예방순찰대'를 운영했다. 결과적으로 학교폭력 신고 건수가 급증했지만, 이는 두려움이 줄고 학생들이 경찰을 신뢰하기 시작했다는 증거였다.

또한 대림동과 신길동 등 4만여 명의 중국 동포와 외국인 밀집 지역을 특별치안구역으로 지정해 계도와 단속을 병행했다. 그 결과 강력범죄는 21.6%, 절도는 32.9% 감소했고, 5대 범죄 발생률 전반이 현저히 낮아졌다.

나는 치안의 해답을 현장에서 찾았다. 순찰차에 함께 타고 골목골목을 돌며 주민들의 목소리를 직접 들었고, 밤늦게까지 고생하는 직원들의 사연을 경청하며 격려했다. 직원들의 사기가 높아지자 팀워크가 단단해졌고, 주민들도 경찰의 진심을 느끼며 적극적으로 협력하기 시작했다.

민생 치안을 위해 주폭사범 단속, 여성·아동·장애인·노약자를 위한 맞춤형 안전 서비스, 불법 사금융 척결, 112 신고 대응력 강화 등 생활밀착형 정책을 추진했다.

매월 열리는 월례조회에서는 정복 차림으로 단상에 올라 치안 상황을 직접 브리핑하며 경찰청 지시사항과 복무 기강을 강조했다. 직원들의 작은 목소리에도 귀 기울였고, 그 덕분에 조직 내부의 분위기는 점차 활기를 되찾았다.

2012년 봄, 중국 동포가 임금 체불 문제로 직업소개소 소장을 살해한 사건이 발생했을 때 즉시 전담수사팀을 꾸려 울산 해경과 공조, 해외로 도주하려던 피의자를 신속히 검거했다. 같은 해 8월 말, 여의도에서 퇴근길 직장인을 노린 묻지마 칼부림 사건이 발생했을 때는 지구대 경찰과 형사들이 즉시 출동해 테이저건으로 피의자를 제압, 추가 피해를 막았다. 주민들의 불안은 빠르게 진정되었고, 경찰에 대한 신뢰는 한층 더 두터워졌다.

이러한 성과의 밑바탕에는 '사람 중심의 치안행정'이라는 확고한 철학이 있었다. 나는 단순한 사건 처리보다 '조직의 내면을 살리고, 주민의 마음을 얻는 일'에 더 많은 열정을 쏟았다.

그 핵심이 된 중점 추진 정책은 다음과 같았다.

첫째, 주민과 소통하는 열린 치안행정, 《영등포 E-치안 소식지》 창간

치안홍보 예산이 턱없이 부족했지만, 나는 젊은 경찰관 8명으로 구성된 편집위원회를 꾸려 《영등포 E-치안 소식지》를 창간했다. 2011년 12월 26일 발행된 창간호는 주민과 경찰을 연결하는 '소통의 다리'였다. 영등포 지역의 리더 1,000여 명에게 이메일로 배포하고, 지역 케이블 방송과 언론을 통해 주민에게 널리 알렸다. 격주로

발행된 《E-치안 소식지》는 사건 소식뿐 아니라 미담, 주민 참여 프로그램, 치안 정책 방향을 공유하며 공감과 참여를 이끌어냈다. 주민들은 "경찰이 가까워졌다"고 말했다. 그 말 한마디가 가장 큰 보람이었다.

둘째, 전국 최초의 '통합치안상황실' 운영

영등포서는 일일 평균 112신고가 351건, 연간 12만 8천 건에 달했다. 이는 전국에서 두 번째로 많은 수준이었다. 특히 아동범죄, 미귀가자, 자살기도자, 납치 의심 신고 등 복합적 사건이 급증하면서 기존 시스템으로는 대응에 한계가 있었다. 이에 나는 서울청에 보고 후, 2011년 11월부터 전국 최초로 112지령실과 치안상황실을 통합한 '통합치안상황실'을 가동했다. 경감 4명을 포함한 16명이 4조 2교대 근무 체계를 갖추어 정보의 누락 없이 신속히 대응할 수 있도록 했다. 이 시스템은 이후 서울청 전역으로 확산되었고, '현장 대응력 혁신 모델'로 평가받았다.

셋째, 따뜻한 조직문화의 상징, '한마음 식당 및 쉼터' 개소

2011년 12월 초 월요일 새벽, 출근길에 의경식당을 들렀다. 출동을 앞둔 대원들이 김치와 콩나물국으로 급히 아침을 때우는 모습을 보며 가슴이 미어졌다. "이 장면을 부모님이 본다면 얼마나 마음 아플까." 그날 바로 결심했다. 의경식당과 직원식당을 통합해 차별 없는 공동체 식당으로 만들겠다고.

월요일 아침 정례회의에서 이를 제안하자 과장들의 표정은 놀라움과 의문으로 가득했다. 그러나 나는 "의경들도 우리 경찰서 직원이고 가정에선 귀한 청년들인데 차별 없이 즐겁게 근무하도록 해야 한다"라고 단호히 말했다. 직원들 중 식당 운영 자원자를 선발하고 위

탁운영을 중단한 뒤 직영체제로 전환했다. 서울청 기획예산계의 지원을 받아 3천만 원의 시설 개선비를 확보, '한마음 식당 및 쉼터'가 2012년 1월 18일 문을 열었다. 첫 달엔 적자를 냈지만, 두 달째부터는 흑자 전환에 성공했다. 무엇보다 의경 차별이 사라지고, 대원들의 사기가 높아지며 내부 만족도가 크게 향상됐다. 그 이후 의경 관련 사고는 단 한 건도 발생하지 않았다.

넷째, 32년 만의 기적, '영등포역 앞 횡단보도 재설치'

1980년 1월 15일, 영등포역 앞 지하보도가 개통되면서 기존 횡단보도는 사라졌다. 그로부터 32년 동안, 주민들은 무단횡단의 위험을 감수하며 불편을 호소했다. 2012년 초, 무단횡단으로 인한 사망사고까지 발생하자 나는 더는 미룰 수 없다고 판단했다. 직접 TF를 구성해 주민 의견을 수렴하기 시작했다.

2월 '찾아가는 주민간담회'를 시작으로 4월 주민대표 간담회, 6월 주민공청회를 이어갔다. 하지만 지하상가 상인들은 매출 감소를 우려하며 감사원, 국민권익위원회 등 5개 기관에 진정을 제출하고, 공사 중지 요청과 반대집회, 행정소송까지 불사했다. 그럼에도 나는 포기하지 않았다. 상인들의 입장을 경청하며 설득했고, 주민 편의와 안전을 함께 살릴 수 있는 대안을 제시했다.

수개월의 논의와 설득 끝에 2012년 10월 30일 영등포역 앞에 마침내 새로운 횡단보도가 설치되었다. 그날 주민들이 환하게 웃으며 손을 흔들던 장면은 지금도 눈에 선하다.

"서장님, 이제야 편히 다닐 수 있네요."

그 한마디에 모든 피로가 녹아내렸다.

이 모든 노력은 결국 결실을 맺었다. 2012년 10월, 영등포경찰서

2012년 10월 경찰의 날 기념식에서 전국 1위 대통령 표창 수령

는 전국 249개 경찰서 중 치안성과 1위를 기록하며 대통령 단체표창을 수상했다. 제67주년 경찰의 날, 세종문화회관 무대 위에서 나는 이명박 대통령으로부터 직접 표창을 받았다. 그 순간의 감격은 평생 잊을 수 없다.

이후 경찰서 대강당에서 구청장, 협력단체장, 경찰관 300여 명이 함께 축하 행사를 열었다. 나는 직원들에게 이렇게 말했다.

"오늘의 상은 나의 것이 아니라, 여러분의 헌신과 주민의 신뢰가 함께 만든 결과입니다."

경찰대학을 졸업한 지 24년, 한눈팔지 않고 오직 국민과 정의를 향해 달려온 길 위에서 맞이한 가장 빛나는 순간이었다. 그날의 기쁨과 감동은 지금도 내 마음 깊은 곳에서 나를 다시 일으켜 세운다. 그것은 '사람을 위한 길'이 결국 '빛나는 길'임을 증명한 순간이었다. 거리의 안전을 지켜낸 경험은 나를 또 다른 최전선으로 이끌었다. 이제 치안은 눈에 보이는 질서를 넘어, 헌법과 국가의 근간을 지키는 일로 확장되고 있었다.

국가보안법 수사, 헌법 질서를 지키다

2013년 2월 25일, 박근혜 정부가 출범했으나 주요 기관 인사가 지연되면서 나는 4월에 이르러 경찰청 보안3과장으로 발령을 받았다. 국가 안보가 무엇보다 중요한 시대적 상황 속에서 경찰청 보안국은 국가보안법 위반사범 수사와 이적·반국가단체, 간첩·테러 등 국가 안보를 위협하는 모든 요소에 대비하는 최전선이었다.

보안3과장은 국가보안법 위반사범 수사와 더불어 국가 중요행사와 시설 안전관리까지 책임지는 자리였다. 서울 홍제동 보안수사대에서 근무하며 나는 눈에 잘 띄지 않는, 그러나 국가의 근간을 지탱하는 일을 맡았다. 보안수사대의 업무는 화려하지 않았다. 때로는 비난과 오해를 감수해야 하는 힘든 길이었다. 그럼에도 내 곁의 직원들은 묵묵히 오직 조국을 위한다는 신념 하나로 헌신했다.

부임 첫날, 나는 직원들에게 조동화 시인의 시 〈나 하나 꽃피어〉를 낭송했다.

나 하나 꽃피어
풀밭이 달라지겠느냐고
말하지 말아라.
네가 꽃피고 나도 꽃피면
결국 풀밭이 온통
꽃밭이 되는 것 아니겠느냐.

나 하나 물들어
산이 달라지겠느냐고도
말하지 말아라.
내가 물들고 너도 물들면
결국 온 산이 활활
타오르는 것 아니겠느냐.

나는 직원들에게 말했다.

"우리 각자가 꽃이 되고, 단풍이 되어 물들면 결국 세상은 바뀝니다. 작은 헌신이 큰 역사를 만듭니다. 나부터 솔선수범하겠습니다. 여러분도 함께해 주십시오."

그 다짐 속에서 보안수사대는 국가의 헌법 질서를 지켜내는 막중한 사명을 가슴 깊이 새겼다.

2014년, 남북 이산가족 상봉 행사와 인천 아시안게임, 장애인 아시안게임이 연이어 열렸다. 북한 선수단 306명이 참가한 국제행사에서 나는 보안수사대 요원들과 함께 철저한 안전보안 활동을 지휘했다. 작은 위험 요인 하나까지도 놓치지 않으며 국민들이 평화롭게 경기를 즐길 수 있도록 최선을 다했다.

2년 동안 나는 국가보안법 위반사범을 검거하고, 사이버상 안보 위협 요소를 차단했다. 권역별 포렌식 지원체계를 구축하고 보안수사 서류 작성 등 전문 수사 메뉴얼을 제작해 전국 보안수사대에 배포했다. 조직적이고 체계적인 대응 시스템을 마련하는 데 온 힘을 쏟았다.

2013년 7월, 보안국장을 수행하여 백두산과 북경을 방문한 경험은 지금도 잊을 수 없다. 연길공항에서 도문 국경을 지나 이도백하 호텔에 머물렀고, 다음 날 장백폭포에 이르렀으나 기상악화로 천지를 볼 수 없었다. 민족의 염원이 담긴 천지를 눈앞에 두고 발길을 돌리며 언젠가 다시 오리라 다짐했다. 이어 북경에서는 주중대사관을 찾아 권영세 주중대사와 면담하며 국가 안보 협력의 중요성을 되새겼다.

2015년 1월 정기 인사로 서울경찰청 보안2과장으로 자리를 옮겼다. 서울 지역의 국가보안법 위반사범, 간첩, 테러, 주요시설 보호를 총괄하는 중책이었다. 대통령의 연두 업무보고에서 강조된 말씀이 가슴에 남았다.

"국가안보 위해사범에 대한 엄정 대응이 곧 대한민국 정체성을 확립하는 최우선 과제다."

그 말씀은 보안수사대의 존재 이유이기도 했다.

2015년 3월 5일, 주한 미국대사 피습 사건이 발생했다. 나는 서울청 보안수사대를 지휘해 종로경찰서 형사팀과 합동으로 신속 대응했다. 범인을 검거하여 이적성이 강한 문건을 압수수색영장으로 확보해 국가보안법 위반 혐의를 수사했다. 엄정한 법 집행으로 자유민주주의 체제를 지켜낸 순간이었다.

같은 해 10월, 북한의 대남혁명론을 추종한 코리아연대 사건을 지휘하며 주요 인물들을 체포했다. 국가 안보를 위협하는 세력에게 단호한 경고를 보냈고, 헌법 질서를 흔드는 이적 행위를 뿌리째 차단했다.

그 결과 서울청 보안부는 안보 위해사범 분야에서 전국 1위를 기록했다. 직원들의 승진과 조직의 위상은 높아졌고, 무엇보다 나와 동료들이 흘린 땀방울이 결코 헛되지 않았음을 실감했다. 우리의 헌신이 있었기에 대한민국의 정체성과 헌법질서는 굳건히 지켜질 수 있었다.

퇴임의 순간, 28년 공직의 길을 마무리하며

2016년 1월 1일, 영하의 새벽 공기를 가르며 묵직한 배낭을 짊어지고 북한산 백운대 정상을 향해 걸어 올랐다. 정상에 서서 깊게 숨을 들이마시자 28년간 경찰관으로서 국민의 생명과 재산을 지키기 위해 쉼 없이 달려온 나날들이 한순간에 스쳐 지나갔다. 이제는 그 무거운 책임을 내려놓고, 새로운 무대에서 나라와 사회를 위하여 또 다른 길을 걸어가야 한다는 결심이 마음속에 뚜렷이 자리했다. 다가오는 4월의 명예퇴임식을 앞두고 처음 맛보는 여유와 자유는 낯설었으나, 동시에 새로운 삶에 대한 기대와 설렘으로 가득 차 있었다.

퇴임을 준비하는 동안 주말마다 책을 벗 삼아 지적 여행을 떠났다. 그 가운데 특히 깊은 인상을 받은 책은 레오나르도 다빈치의 삶을 다룬 전기였다. 15세기 말, 다빈치는 수학자 루카 파치올리를 만나 기하학에 심취했고, 그 만남은 그의 대표작 〈최후의 만찬〉에 지대한 영향을 끼쳤다. 기하학적 원리를 작품에 접목하여 완벽한 비례와 원근감을 구현한 그의 창의성과 혁신성은 내게 큰 영감을 주었다. 나는 그에게서 '낯선 세계로의 지적 탐험이야말로 창의성의 원천'이라는 교훈을 얻었고, 나 또한 경찰의 길을 마무리하며 새로운 지적 세계로 발걸음을 내딛어야겠다고 생각했다.

레오나르도 다빈치의 〈최후의 만찬〉은 밀라노 산타 마리아 델레 그라치에 성당에 자리한 웅대한 벽화다. 그는 기하학적 지식을 바탕으로 인물들의 배치와 공간 구성을 완벽한 비례와 대칭 속에 담아내고, 원근법을 활용해 놀라운 현실감을 창출했다. 그 결과 〈최후의 만찬〉은 종교적 장면에 인간의 감정과 공간의 깊이를 극적으로 표현한 역사적 명작으로 남게 되었다. 그의 삶을 통해 익숙함을 떠나 낯선 분야에 뛰어드는 용기야말로 혁신의 시작임을 다시금 배웠다.

2016년 4월 29일, 경무관으로서 명예로운 퇴임식을 맞았다. 28년이라는 긴 세월 동안 경찰의 본분을 지키며 살아온 발자취가 주마등처럼 스쳐갔다. 순간순간의 긴박한 판단과 무거운 책임으로 점철된 세월이었지만, 한 점 후회 없이 최선을 다해 걸어온 길이었다. 비록 경찰의 직무는 내려놓았으나 국민을 위한 봉사의 정신만큼은 내 안에서 영원히 살아 숨 쉴 것이라는 생각엔 변함이 없었다.

퇴임 이후 나는 이지성 작가의 《꿈꾸는 다락방》을 다시 펼쳐 들었다. 책 속의 메시지, '생생하게 꿈꾸면 이루어진다'는 구절이 가슴 깊이 다가왔다. 성공한 많은 이들이 꿈을 마음속에 구체적으로 그리고 끊임없이 상상한 결과, 그것을 현실로 만들어냈다는 사실은 내게 새로운 확신을 주었다. 이제 나도 나의 꿈을 명확히, 그리고 구체적으로 품어야 한다고 생각했다.

그러나 상상하는 것만으로는 부족하다. 행동이 뒤따를 때 꿈은 비로소 현실이 된다. 민간기업의 임원으로서 국가와 사회에 기여하고, 동시에 사회적 약자들을 위한 봉사 활동을 실천하며 살기로 굳게 결심했다. 경찰관으로서 지켜온 봉사의 정신을 바탕으로 또 다른 자리에서 이어가고자 했다. 새로운 삶이 비록 작은 울림일지라도 사회에 의미 있는 변화를 불러올 수 있기를 간절히 소망한다.

2016년 4월 29일, 서울경찰청에서 경무관 명예퇴임식

제4장

사회적 책임과 새로운 도전

1. 자치경찰위원, 시민의 안전을 위해

경기북부에서의 시작

"공직자는 재직 중에도, 퇴임 후에도 사회를 향한 책임의 끈을 놓아서는 안 된다."

이 신념은 공직 인생의 처음부터 끝까지 언제나 가슴 깊이 새겨진 삶의 이정표였다. 28년의 경찰 생활을 마치고 경무관으로 명예롭게 퇴임한 뒤 민간 기업 임원으로 새로운 길을 걸으면서도, 사회적 책임과 봉사에 대한 열정은 결코 식지 않았다. 그러던 2021년 5월, 국가경찰위원회로부터 경기북부자치경찰위원회 위원 후보자로 선정되었다는 소식을 접했다. 무거운 책임감과 함께 뜨거운 자부심으로 벅차올랐다.

경기도는 서울 인구의 1.5배에 달하는 거대한 광역자치단체다. 남부와 북부 두 개의 자치경찰위원회로 나뉘어 운영되는데, 나는 그중 북부위원회 위원으로 임명되었다. 2021년 6월 30일, 경기도청 회의실에서 열린 자치경찰위원회 출범식은 이재명 도지사를 비롯한 많은 이들의 축하와 기대 속에 거행되었다. 그날 이재명 도지사는 "이제 경기도의 치안 복지는 지역의 눈높이에 맞추어 주민 삶에 더욱 가까이 다가갈 것"이라며 자치경찰제의 취지를 강조했다. 자치경찰제는 지역 특성에 맞춘 치안 서비스를 통해 주민들의 안전과 행복을 보장하려는 새로운 제도였다.

나는 '소통하는 위원회, 공정한 사무 수행'을 원칙으로 삼고 주민 생활 안전, 지역 교통, 학교폭력 등 주민의 삶과 가장 밀접한 현안들을 책임졌다. 특히 2020년 온 나라를 슬픔에 잠기게 한 '정인이 사건' 이후 아동학대 방지에 대한 사회적 요구는 그 어느 때보다 절실했다. 우리 위원회는 이 문제를 깊이 인식하고 '위기아동 원스톱 보호체계'를 마련했다.

이 체계의 핵심은 경찰, 지자체, 아동보호전문기관이 각자의 벽을 허물고 공동근무를 통해 신속하고 효율적으로 대응하는 데 있었다. 분산되어 있던 아동학대 관련 정보를 한데 모으고 공동 대응체계를 갖추자 남양주시와 의정부시에서 먼저 시범 운영이 시작되었다. 주민들의 호응은 뜨거웠고, 곧 경기 북부 전역으로 확대되었다. 이 성과는 행정안전부로부터 우수사업으로 인정받아 특별교부세 2억 원을 지원받는 결실로 이어졌다.

2022년 10월에는 파주시와 업무 협약을 맺고 '위기아동보호센터' 설치를 준비했다. 리모델링과 행정 절차를 거쳐 2023년 하반기 개소를 앞둔 센터는 경찰과 지자체, 민간이 긴밀히 협력하여 위기 아동을 조기에 발견하고 보호하며 재학대를 방지하는 상시 대응체계를 구축하게 되었다.

이 모든 과정을 거치며 다시 한번 깨달았다. 아동학대 근절과 위기 아동 보호라는 공동의 목표를 향해 손을 맞잡았을 때 비로소 사회는 한 걸음 더 나아갈 수 있다는 사실을. 퇴임 후에도 여전히 우리 사회의 안전과 미래를 위해 내가 할 수 있는 일이 있다는 것은 큰 기쁨이자 보람이었다.

위원회 활동을 이어가며 지역의 안전은 곧 국가의 안전이고, 작은 헌신들이 모일 때 우리 사회는 반드시 더 나은 내일을 향해 나아갈 수 있다는 확신을 얻었다. 그것이야말로 내게 주어진 또 하나의 도전이자 새로운 소명이었다.

사회적 책임과 나눔을 실천하다

명문가의 진정한 가치는 재산의 축적 규모에 있지 않다. 그 부를 어떻게 사회에 환원하고, 더 나아가 공동체와 함께 나누었는가에 달려 있다. 서구의 전통 가문들은 축적한 자산보다 '얼마나 많은 것을 나누었는가'를 자랑으로 여겼다. 진정한 부富는 이처럼 나눔을 통해 완성된다.

경주 최부자댁은 그 정신을 가장 훌륭하게 실천한 집안이었다. 17세기 초부터 20세기 중반까지 약 300년에 걸쳐 12대에 이르도록 만석꾼으로 존경받았던 그 집안은 '절제와 나눔, 그리고 사회적 책임'을 가훈으로 삼아 가문의 전통으로 이어갔다. 대흉년이 들었을 때는 곳간을 열어 수천 호의 농가에 무이자로 곡식을 나누어주었고, 회복기에 접어들면 이자까지 전액 탕감해 주며 이웃 간의 의리를 지켜냈다. 조은정, 《경주 최씨 부자 이야기》, 2021년 이웃을 향한 베풂과 나눔의 전통은 오늘날까지도 '명문의 표상'으로 기억되며 우리 사회에 나눔의 귀감으로 전해진다.

이러한 정신을 몸소 실천하고자 2025년 3월, 글로벌 헤리티지 최고경영자과정에 들어갔다. 이곳에서 국내외 석학들과 전문가들이 전하는 '장기적 가문 비전'과 '인문적 가치 중심 경영' 강의를 들으며, 재정적 자산 관리를 넘어 사회적 자산과 문화유산을 이어가는 책무의 의미를 새삼 깊이 깨닫게 되었다. 특히 오명 전 부총리가 전해준 "30년 후 가문의 비전을 디자인하라"는 메시지는 눈앞의 성과보다 세대를 잇는 사회적 책임이 훨씬 더 소중하다는 사실을 각인시켜 주었다.

또한 2023년 12월, 서울대학교 경영대학원 동기들과 함께 일본 교토, 나라, 아스카를 탐방하며 들른 미호 박물관에서 나는 '사회적 책임'의 또 다른 형태를 목격했다. 세계적 건축가 I. M. 페이가 설계한 이 박물관은 건축물의 80% 이상을 지하에 매설해 산림을 거의 훼손하지 않고도 자연 속에 이상향을 구현해냈다. 방문객은 터널과 현수교를 따라 걸으며 마치 도연명의 《도화원기》 속 무릉도원으로 들어서는 듯한 경험을 한다. 미호 박물관은 인간과 자연, 그리고 공동체가 어우러지는 예술이자 사회적 환원의 방식임을 감각적으로 일깨워 주었다.

이 경험을 통해 확신하게 되었다. 사회적 책임이란 금전적 기부를 넘어, 그 사회가 진정으로 필요로 하는 가치를 창조하고 전달하는 일이라는 사실을 말이다. 앞으로도 이러한 깨달음을 바탕으로 지역 공동체와 문화유산을 이어주는 다리가 되기 위해 끊임없이 나눔과 혁신을 실천해 나갈 것이다.

서울특별시 자치경찰위원으로 동분서주

인생의 여정 속에서 맺은 인연과 경험은 때로 예상치 못한 순간에 새로운 의미로 되돌아오곤 한다. 2011년, 서울특별시의 무상급식 정책을 둘러싼 갈등은 결국 오세훈 당시 시장의 사퇴로 이어진 사회적 파장이 컸던 사건이었다. 그러나 그 사건이 훗날 나에게 특별한 인연을 가져다줄 줄은 꿈에도 상상하지 못했다.

당시 오세훈 시장은 무상급식을 저소득층 학생에게 한정해야 한다는 입장이었고, 민주당을 비롯한 야당은 모든 학생을 대상으로 한 전면 무상급식을 주장했다. 결국 주민투표가 실시되었으나 개표 요건에 미달해 무산되었고, 오 시장은 자신의 소신을 굽히지 않고 시장직에서 물러났다.

그로부터 1년 뒤인 2012년 봄, 나는 전경련 최고경영자과정에 입학했고 그곳에서 야인이 된 오세훈 전 시장을 67기 동기로 만나게 되었다. 매주 이어진 야간 강의에서 함께 공부하고 토론하며 우리는 자연스레 친교를 쌓았다. 오 전 시장의 겸손하면서도 단단한 성품, 그리고 신념 앞에서 결코 물러서지 않는 강직함은 내 마음에 깊은 울림을 남겼다. 그와 나눈 대화와 강의실에서의 배움은 경영이론과 함께 소통과 리더십, 그리고 인문학적 지혜를 일깨워 주었다. 그것은 내 인생의 귀중한 자산이 되었다.

세월이 흘러 2024년, 경기북부자치경찰위원회에서의 임기를 마무리할 즈음 나는 서울특별시 제2기 자치경찰위원회 위원으로 위촉 제안을 받았다. 대한민국 치안 전문가로서 서울 시민의 안전을 지킬 수 있는 길이 열렸다는 사실에 가슴이 벅찼다. 관련 서류 제출과 엄정한 심사를 거쳐 최종 선발되었고, 2024년 6월 28일 나는 오세훈 서울시장으로부터 직접 임명장을 수여받았다.

임명장을 손에 쥔 그 순간, 내 마음을 가득 채운 것은 영예가 아닌 무거운 책임감이었다. 오세훈 시장은 "자치경찰제의 성공적 안착과 시민 중심의 치안 행정을 위해 위원들의 역할이 중요하다"라며 현장과 시민 신뢰를 거듭 강조했다. 그의 당부는 깊이 새겨졌고, 나는 다시금 공직자로서의 초심을 다졌다.

이후 현장을 누비며 시민 중심의 치안 행정을 실천하기 위해 분주히 움직였다. 2024년 9월 9일, 서울시청 대회의실에서 자치경찰위원회 2기의 비전을 발표하며 세 가지 약속을 시민들에게 전했다. 바로 시민 중심의 치안 서비스, 사회적 약자와의 동행, 스마트 기술 기반의 치안 강화였다.

시민 중심의 자치경찰은 경찰력만으로 완성되지 않는다. 대학생 순찰대, 자율방범대, 모범운전자회, 녹색어머니회와 같은 시민 참여 프로그램을 적극 지원하며 지역사회와 함께 든든한 안전망을 구축했다. 특히 반려견 순찰대와 서울 러닝 순찰대는 시민 일상 속에서 안전을 지키는 상징적인 정책으로 자리매김했다.

2024년 6월 28일, 서울특별시 자치경찰위원 임명식, 오세훈 시장과 함께

사회적 약자를 향한 배려 또한 빼놓을 수 없는 과제였다. 주취자 공공보호시설과 정신응급합동대응센터를 운영하여 취약계층이 안전하게 보호받도록 했고, 성범죄 및 가정폭력 예방에도 역량을 기울였다. 학교전담경찰관 제도를 내실화하여 학교폭력을 줄이고, 아이들이 안심하고 학업에 전념할 수 있는 환경을 조성했다.

여기에 스마트 기술을 접목하여 치안의 새로운 지평을 열었다. 드론, 인공지능, 사물인터넷IoT을 활용한 범죄 예방과 대응, 빅데이터 기반의 효율적 순찰 경로 제공, 그리고 사각지대 해소는 서울 자치경찰을 한층 더 스마트하게 발전시켰다.

특히 시민과 함께한 두 가지 시책은 큰 반향을 일으켰다.

첫째, '서울 러닝 순찰대'는 달리기를 즐기는 시민들이 크루 단위로 지역을 순찰하며 위험 요소를 발견하면 즉시 신고하는 새로운 개념의 방범 활동이다. 2025년 6월 강남과 서대문을 시작으로 활동을 개시한 이 프로그램은 안전과 건강을 동시에 지켜주는 시민 참여형 모델로 주목받았다.

둘째, '반려견 순찰대'는 반려견과 산책하며 위험 요소를 신고하는 제도로, 2022년 강동구에서 시작해 현재는 서울시 25개 자치구로 확대되었다. 2024년 기준 1,704개 팀이 8만 7천 회 이상 순찰에 나섰고, 4,500건 이상의 위험 요소를 신고하는 성과를 거두었다. '서울특별시 반려견 순찰대 지원 조례'에 따라 안정적으로 운영되며 시민과 함께하는 치안의 새로운 모델로 자리 잡았다.

서울특별시 자치경찰위원회는 언제나 시민 곁에서 시민과 함께 안전을 지켜가고 있다. 나 또한 늘 낮은 자세로 현장을 누비며 시민의 일상 속에서 함께 웃고 함께 걷는 동반자가 되고자 한다. 시민과 동행하는 길, 그 길이야말로 자치경찰의 진정한 가치이자 내 삶의 사명임을 다시금 마음에 새긴다. 앞으로도 시민의 목소리에 귀 기울이며, 더 안전하고 행복한 서울을 만들기 위해 쉼 없이 걸어갈 것이다.

치안산업진흥협의회 위원으로 봉사

토머스 에디슨은 발명가라는 수식어만으로는 설명하기 어려운 인물이다. 그는 전구 하나를 발명하는 데 머무르지 않고 발전소와 송전선, 스위치, 소켓 등 전기 공급에 필요한 모든 시스템을 스스로 구축했다. 그의 삶은 창의성과 실천력, 그리고 시스템적 사고가 결합될 때 얼마나 위대한 성과가 가능한지를 보여주는 대표적인 사례다.

특히 그의 어머니 낸시 에디슨의 믿음과 지지는 내게 큰 감명을 주었다. 어린 시절 에디슨은 학교에서 '문제아', '저능아'라는 평가를 받으며 결국 퇴학을 당했다. 그러나 어머니는 교사의 편지를 바꿔 읽어주며 이렇게 말했다.

"당신의 아들은 천재입니다. 우리 학교에는 아드님을 가르칠 선생님이 없습니다. 어머님께서 직접 가르치십시오."

그 말은 어린 에디슨의 마음에 자신감과 긍정적인 자아상을 심어주는 결정적 계기가 되었다. 어머니는 그의 질문을 끝까지 들어주었고, 독서 습관을 길러주며 스스로 탐구하는 힘을 북돋워주었다. 그녀의 믿음과 인내, 사랑은 에디슨으로 하여금 수많은 실패에도 굴하지 않고 도전하게 만든 원동력이 되었다. 이는 주입식 교육이 아니라, 생각하고 질문하는 힘을 길러주는 진정한 교육의 본질을 보여준다.

선한 영향력이란 남을 돕는 것에 그치지 않고, 나 자신을 더 나은 사람으로 이끄는 힘이다. 내가 먼저 선한 행동을 실천하면 타인도 그것을 본받아 성장하게 된다. 선한 영향력은 파도처럼 확산되어 작은 친절과 배려가 누군가에게 큰 힘이 되고, 그것이 다시 또 다른 선한 행동으로 이어진다. 신뢰와 배려가 깃든 공동체에서는 갈등보다 협력과 상생이 자연스럽게 이루어진다. 심리학적으로도 남을 돕거나 좋은 영향을 미칠 때 뇌에서는 행복 호르몬이 분비되어 기쁨과 만족을 느끼게 된다. 선한 영향력을 실천하는 삶은 결국 내 삶의 행복을 더욱 높여주는 길이다.

무엇보다 중요한 것은 내가 남긴 선한 영향력이 자녀와 후배, 동료 등 다음 세대에게 귀감이 된다는 사실이다. 선한 어른을 보고 자란 아이는 자연스럽게 선함을 배우고 실천하며 성장한다. 이는 개인의 도덕적 행위를 넘어 건강한 사회의 토대를 구축하는 일이다.

2024년 7월 12일, 윤희근 경찰청장으로부터 경찰청 치안산업진흥협의회 위원으로 위촉받았다. 이 협의회는 대한민국 치안산업의 발전을 위한 정책 방향을 모색하고 산업화, 첨단화, 국제화를 이끄는 핵심 협의체로서 공공기관, 학계, 산업계의 전문가 24명으로 구성되어 있다. 위원으로서 나는 첨단 치안 기술의 산업화, 치안 장비 표준화, 유망 스타트업 육성, 해외 진출 전략, 그리고 제도적 기반 마련 등 폭넓은 분야에 걸쳐 정책 자문과 실행 방안을 제시해왔다.

특히 2025년부터 본격 추진되는 '치안산업진흥법' 제정을 위한 공감대 확산과 국회 입법 지원 활동은 협의회의 중대한 과제였다. 나는

2024년 7월, 경찰청 치안산업진흥협의회 위원 위촉, 윤희근 경찰청장과 함께

기업과 공공의 교량 역할을 자처하며, 민간의 창의성과 공공의 신뢰가 만나는 지점을 찾고자 노력했다. 전자충격기, 호신용 스프레이 등 위해성 경찰 장비 9종의 표준을 개발하고, 치안 현장 종사자의 실질적 수요를 반영하여 장비의 품질 개선과 안전성 확보를 적극 지원했다. 동시에 통계청과 협업해 치안산업의 분류 체계를 마련하고, 산업 규모와 경제적 파급력을 측정하여 국가 차원의 지원체계를 뒷받침할 수 있도록 기반을 다졌다.

치안산업은 이제 AI와 드론, 빅데이터와 IoT가 결합된 첨단 융합 산업으로 성장하고 있다. 나는 K-치안이 방위산업과 연계되어 세계로 뻗어가고, ODA공적개발원조 사업과 연결되어 개발도상국의 안전에도 기여할 수 있도록 국제협력 분야에도 목소리를 더했다. 그 과정에서 '기술이 곧 국민의 안전'이라는 가치를 다시금 되새겼다. 한 사람의 생명을 지키는 기술이야말로 가장 숭고한 과학이라는 신념이 내 안에 자리 잡았다.

치안산업협의회 위원으로 봉사하며 또 하나의 선한 영향력을 남기고자 한다. 다음 세대를 위한 토대를 구축하고, 국민이 체감할 수 있는 안전과 신뢰의 시스템을 완성해가는 여정에 함께할 수 있음에 진심으로 감사한다.

2. 노블레스 오블리주, 동문을 위한 헌신

감사의 마음, 봉사로 보답하다

에릭 엔스트롬Eric Enstrom이 1918년에 촬영한 사진 〈은혜Grace〉는 미국 미네소타주 보비Bovey라는 작은 마을에서 찍힌 흑백 사진이다. 한 노인이 빵 한 조각과 수프 한 그릇, 낡은 안경과 성경책으로 보이는 책 한 권이 놓인 식탁 앞에서 두 손을 모아 기도하는 모습이 담겨 있다. 화려한 장식이나 풍성한 음식은 없지만, 사진 속의 평화로움과 진실함은 오히려 더 깊은 울림을 준다. 이 사진은 훗날 미네소타주의 공식 사진으로 지정될 만큼 널리 사랑받았다.정준모, 《결핍은 없다》, 2021, 넥서스 출판

사진 속 주인공 찰스 윌든Charles Wilden은 행상인으로, 제1차 세계대전 직후의 어려운 시기를 살면서도 작은 것에 감사하는 마음을 잃지 않았다. 사진작가 엔스트롬은 그의 가난한 삶 속에서 물질보다 더 소중한 가치, 즉 감사의 정신을 발견했고 그것을 사진에 담아내어 세상에 전했다.

처음 이 사진을 마주했을 때 한동안 그 앞을 떠나지 못했다. 사진 속 노인의 모습은 나의 지난 삶을 비추는 거울 같았고, 앞으로 걸어

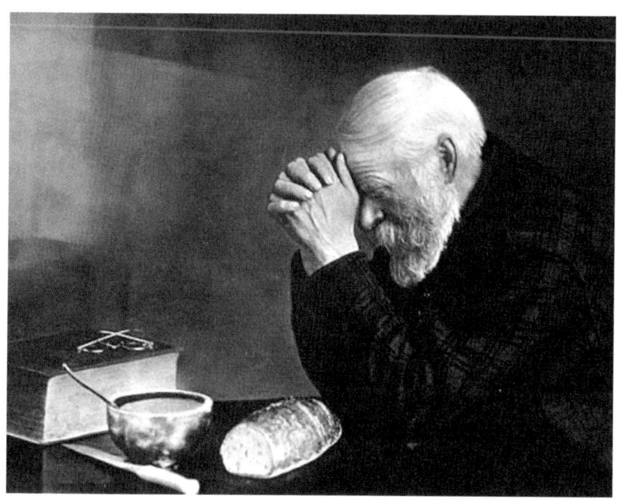

에릭 엔스트롬Eric Enstrom이 1918년에 촬영한 사진 〈은혜Grace〉

가야 할 방향 또한 분명히 일깨워 주었다.

우리 집 거실 벽에는 오래전부터 가훈이 액자에 걸려 있다.

"항상 기뻐하라. 쉬지 말고 기도하라. 범사에 감사하라."

데살로니가전서 5장 16~18절

이 말씀은 공직과 기업 생활을 이어온 내 삶의 중심축이었다. 경찰관으로 28년간 국민의 안전을 지키는 과정에서도, 민간 기업 임원으로 조직을 이끌면서도 수많은 도전과 갈등을 마주했다. 그러나 매일 아침 말씀을 묵상하며 기도로 하루를 열었고, 저녁이면 작은 일에도 감사함을 고백하며 하루를 마무리했다. 감사는 환경이 좋아서가 아니라 신앙의 뿌리에서 솟아나는 내적 힘이었다.

사도 바울은 내 삶에 깊은 영향을 준 인물이다. 그는 탁월한 학식과 지위조차 복음을 위해 내려놓았고 오직 사명에 헌신했다.

“내가 달려갈 길과 주 예수께 받은 사명 곧 하나님의 은혜의 복음을 증언하는 일을 마치려 함에는 나의 생명조차 조금도 귀한 것으로 여기지 아니하노라.”

그의 이 고백은 내게 신앙적 좌표이자 리더십의 기준이 되었다.

나는 바울처럼 겸손히 섬기는 자세를 삶의 원칙으로 삼았다. 높은 자리를 좇기보다 맡겨진 자리에서 선한 영향력을 발휘하고, 어려운 이웃과 후배 동문을 먼저 돌아보며 조직의 신뢰와 협력을 끌어내는 리더가 되고자 했다.

28년의 경찰 생활과 그 이후 기업에서의 경영 경험 속에서 늘 가훈을 잊지 않았다. 작은 것에도 감사하는 마음, 낮은 자리에서 봉사하는 태도는 개인의 신앙을 넘어 리더십의 본질이었다. 그것은 곧 노블레스 오블리주, 즉 가진 자의 책임과 헌신의 정신이었다. 동문과 사회 앞에서 할 수 있는 최선의 봉사를 다하는 것, 그것이야말로 내 삶이 지향해야 할 진정한 의미임을 확신한다.

경찰대학 총동문회장, 책임을 다하다

영국의 엘리자베스 2세 여왕은 평생 노블레스 오블리주Noblesse Oblige의 상징으로 살았다. 19세의 나이에 영국 여성 보조군Auxiliary Territorial Service에 자원하여 트럭 운전과 정비를 배우며 일반 병사와 똑같은 임무를 수행했고, 70년 재위 기간 동안 위기의 순간마다 국민에게 위안과 확신을 주었다. 특권을 가진 이가 지녀야 할 사회적 책임과 도덕적 의무의 모범을 보인 그의 삶은 역사에 길이 남았다.김경준, 《노블레스 오블리주》, 2023, 스마트 북스

2020년 5월 24일, 정승호 전임 경찰대학 총동문회장이 별세하며 나는 회장 직무대리를 맡게 되었다. 그 순간 '노블레스 오블리주'라는 단어가 마음속 깊이 새겨졌다. 4,200여 명의 졸업생을 대표한다는 책임감은 무거웠고, 검경 수사권 조정이라는 역사적 전환기를 맞이한 상황에서 경찰대학 동문회의 역할은 더욱 막중했다.

2021년 3월 1일, 제19대 경찰대학 총동문회장에 공식 취임했다. "새로운 시대의 변화 속에서 책임과 의무를 다하는 동문회를 만들겠다"는 다짐을 밝히며, 함께 헌신할 임원진을 구성했다. 이철구, 조영

석, 노정환, 최달영, 이동희 자문위원과 이승형, 박성주, 여장권, 신광은, 류미진 부회장을 비롯한 유능한 동문들과 뜻을 모아 미래를 향한 길을 열어갔다.

우리는 이러한 다짐을 구체적인 행동으로 옮기기 위해 동문회가 나아가야 할 핵심 방향을 정립했다.

첫째, 동문회가 시대적 책무를 다하는 조직으로 거듭나도록 힘썼다. 전국 시도지부와 기수별 동기회가 활발히 운영되도록 지원했고, 2023년 10월에는 청계산에서 등반대회를 개최하여 선후배 간의 화합과 자긍심을 고취했다. 또한 전국 시도지부장과 기수별 회장단이 참여하는 운영위원회를 통해 모든 사업의 의사결정을 투명하게 진행함으로써 동문 간의 소통과 참여를 이끌어냈다.

둘째, 후배와 동문을 위한 실질적 지원에 집중했다. 경찰대학 교육진흥재단 기금을 확충하여 공상 경찰관 자녀들에게 장학금을 지급하고, 장기 투병 중인 동문들을 돕는 사회공헌 활동을 강화했다. 갓 졸업한 후배들이 안정적으로 사회에 적응하도록 멘토-멘티 프로그램을 확대하고, 신입생 환영회를 개최하여 동문회의 신뢰와 결속을 다졌다.

이 모든 활동의 바탕에는 봉사와 헌신을 특권이 아닌 책임으로 여기는 신념이 있었다. 나는 종종 미국의 프랭클린 루스벨트 대통령과 소아마비 백신 개발자 조너스 소크 박사의 일화를 떠올렸다. 루스벨트는 자신이 겪은 고통을 계기로 백신 개발을 지원했고, 소크는 인류를 위해 개발한 백신의 특허를 포기하며 이렇게 말했다.

"태양에 특허를 낼 수 있겠습니까?"김인환, 《배려의 힘》, 2023, 지식공감

이 말처럼 나 또한 경찰대학 총동문회장으로서의 봉사와 헌신을

결코 개인의 영예로 여기지 않았다. 그것은 동문과 사회 앞에 지닌 공적 책임이었다.

2025년 3월 1일, 5년의 임기를 마치고 후임 회장에게 자리를 물려주던 날, 마음속에는 안도감과 함께 아쉬움이 스쳤다. 동문 임원들이 전해준 감사패는 지금도 우리 집 거실 탁자 위에 놓여 있다. “당신의 열정과 노고에 진심으로 감사드립니다”라는 문구를 볼 때마다 동문회를 위해 뛰었던 그 시간이 내 삶의 가장 값진 순간이었음을 새삼 느낀다.

그 시기 우리 경찰 조직은 큰 변화를 맞이하고 있었다. 2022년 여름, 정부가 경찰국 신설을 발표하자 일선 경찰관들 사이에서는 조직의 정치적 중립성과 자율성에 대한 깊은 우려가 번졌다. 그때 울산 중부경찰서장이던 류삼영 총경이 전국 경찰서장회의를 주도하며 “국민을 위한 경찰, 본래의 자리로 돌아가자”는 강력히 호소했다. 그의 용기 있는 행동은 많은 경찰인의 깊은 공감을 불러일으켰지만, 동시에 큰 시련도 함께 찾아왔다.

당시 김창룡 경찰청장은 경찰의 자율성을 지키고자 고심 끝에 사의를 표했다. 그는 퇴임식조차 열지 않은 채 청장을 떠났고, 그 소식은 동문들의 가슴에 진한 아쉬움을 남겼다. 나는 4기 동기회장으로서, 그리고 총동문회장으로서 김창룡 청장의 지난 34년 공직 인생을 축하하기 위해 수도권 동기들과 함께 조촐한 만남의 자리를 마련했다. 작은 식탁 위에 놓인 기념패에는 이렇게 새겨져 있었다.

“국민의 안전과 정의를 위해 헌신한 당신의 길에, 진심으로 경의를 표합니다.”

또한 대기 발령 중이던 류삼영 동기를 초대해 따뜻한 위로와 격려의 마음을 전했다.

“진심으로 옳다고 믿는 길을 걸을 때, 그 길은 언제나 외로워 보이지만 결국 역사가 그 뜻을 기억하게 될 것입니다.”

그날 저녁, 서로의 눈빛 속에는 어떤 말보다도 깊은 연대와 믿음이 오갔다. 돌이켜보면 그것은 동문으로서의 우정을 넘어, 경찰이라는 이름 아래 한평생을 바쳐온 동지들에 대한 존경의 표현이었다. 그날 다시 한번 마음속으로 다짐했다.

“권력 앞에서도 흔들리지 않는 정의, 그것이 우리가 지켜야 할 마지막 보루다.”

경찰대학 총동문회장으로 보낸 5년은 내게 ‘노블레스 오블리주’를 실천하는 법을 가르쳐 준 소중한 배움의 시간이었다. 그 과정은 동문회 활동을 통해 리더십의 본질이 무엇인지, 책임 있는 자리에 선 이가 어떻게 살아야 하는지를 온몸으로 깨닫게 해주었다.

2025년 9월 26일, 대한민국 국회 본회의장은 한 시대의 물줄기가 바뀌는 역사적 순간을 맞이했다. 무려 78년간 이어져 온 ‘검찰청’이라는 이름이 역사의 뒤안길로 물러나고, 수사권과 기소권이 분리되는 정부조직법 개정안이 극적으로 통과된 것이다. 그날은 우리 형사사법제도의 근본이 다시 쓰인, 말 그대로 ‘사법사의 분기점’이었다.

이번 개정의 핵심은 분명하다. 수사는 중대범죄수사청과 국가수사본부행정안전부 소속가, 기소는 공소청법무부 소속이 맡음으로써 권력의 집중은 분산되고, 정의는 견제 속에서 균형을 되찾게 되었다. 이 개편은 1년의 준비 기간을 거쳐 2026년 10월부터 시행될 예정이다. 그날 이후 우리 사회의 정의는 보다 투명하고 단단한 기반 위에 서게 될 것이다.

이제 한 기관이 수사와 기소를 동시에 통제하던 시대는 막을 내렸다. 수사의 객관성, 기소의 공정성, 피해자의 권리 보호가 새로운 사법체계의 세 축으로 자리 잡게 되었다. 이 변화는 제도의 혁신임과 동시에 정의와 인권이 국가의 중심으로 돌아오는 회복의 길이기도 하다.

나는 이 자리를 빌려 그 오랜 개혁의 길을 묵묵히 걸어온 분들에게 깊은 경의를 표하고 싶다. 수사와 기소 분리를 위해 헌신해온 민갑룡 전 경찰청장, 불굴의 사명감으로 제도 개혁의 기초를 다져온 경찰청 수사구조개혁팀, 그리고 국민의 뜻을 대변하며 법안 통과를 위해 온 힘을 다한 국회의원들께 진심을 다해 감사드린다. 그들의 땀과 신념이 있었기에 오늘의 변화가 가능했다.

그날 국회의사당에 울려 퍼진 의사봉 소리는 법의 통과를 알린 소리이자 정의의 새벽을 여는 종소리였다. 나는 경찰인으로서 이 개혁이 국민의 신뢰 회복으로 이어지길 간절히 바란다.

경찰대학 제도 개혁 논쟁의 한가운데서

2022년 9월, 뜻밖의 소식 하나가 경찰대학 동문들과 경찰 조직 전체에 충격을 안겼다. 국무총리실 산하 경찰제도발전위원회가 경찰대학의 존폐 여부를 본격적으로 검토하기 시작한 것이다.

9월 6일 출범한 이 위원회는 경찰대학의 폐지 문제뿐만 아니라 졸업 후 별도의 시험 없이 경위로 임용되는 자동경위임용제도의 존치 여부 등 경찰 제도 전반을 논의했다. 하지만 시간이 흐를수록 의견은 첨예하게 갈라졌다. 일부 위원은 경찰대학이 우수 인재 확보와 조직 문화 개선에 필수적이라고 주장했지만, 다른 이들은 자동임용제도가 특혜이자 시대착오라 비판했다. 경찰대 졸업생들의 로스쿨 진학이 늘어나는 현실 역시 설립 취지와 맞지 않다는 지적이 잇따랐다.

위원회는 애초 6개월 한시 운영 예정이었으나 결론이 나지 않아 활동 기간을 연장했다. 위원장조차 "경찰대 문제는 이견이 팽팽해 표결로도 결론을 도출하기 어렵다"고 토로할 정도였다.

이 소식이 전해지자 총동문회는 즉각 대응에 나섰다. 나는 총동문회장으로서 국민대학교 산학협력단에 의뢰해 국민 여론을 분석했고,

그 결과는 분명했다. 국민의 44.8%가 경찰대학 존치를 지지했고, 폐지 찬성은 18%에 불과했다.국민대학교 산학협력단, 정책용역연구과제, 2023 여론은 우리 편에 있었지만, 결코 안심할 수 있는 상황은 아니었다.

2023년 4월부터 직접 행동에 나섰다. 충남 아산 경찰대학을 찾아 지역구 국회의원인 이명수 의원을 만나 폐지 논의의 부당성을 설명하고 협조를 요청했다. 이어 아산 시민단체 대표, 경찰대학 발전위원회 위원장 등 지역 주요 인사들과 잇달아 만나 지지를 이끌어냈다.

서울에서도 발걸음을 멈추지 않았다. 한국노총 사무총장, 국가공무원노조 경찰청 지부장을 만나 폐지보다는 올바른 개혁이 필요하다는 점을 설득했고, 경우회 사무총장 및 경찰 출신 국회의원들과도 협력 방안을 논의했다.

2023년 5월, 범시민사회단체연합범사련 이갑산 상임공동의장을 만난 일은 중요한 전환점이 되었다. 나는 마포구 범사련 회의실에서 열린 대표자 회의에서 경찰대학의 역사적 가치와 국가적 필요성을 역설했다. 그 자리에서 경찰대학 폐지 논의가 한 학교의 문제에 그치지 않고 사관학교와 교육대학 등 특수목적대학 전체의 존속 여부와도 직결된다는 점을 분명히 밝혔다. 대표자들은 깊이 공감했고, 범사련은 경찰대학 존치를 지지하는 성명서를 발표하기로 결정했다.

결국 2023년 10월, 위원회는 경찰대학 폐지 논의를 무기한 연기했다. 그 순간 동문들과 지지자들이 보여준 연대와 헌신을 떠올렸다. 그때 도종환 시인의 시 〈담쟁이〉 한 구절이 생각났다.

저것은 벽

어쩔 수 없는 벽이라고 우리가 느낄 때

그때
담쟁이는 말없이 그 벽을 오른다

담쟁이덩굴이 서로 기대어 절벽을 오르듯, 우리는 각자의 자리에서 손을 잡고 절망의 벽을 넘어섰다. 담쟁이처럼 우리도 희망을 품고 서로를 믿으며 차근차근 행동했다. 수많은 만남과 논리를 앞세운 끊임없는 설득이 모여 마침내 거대한 절망을 희망으로 바꾸어냈다. 이 경험은 내게 큰 교훈을 주었다. 아무리 높고 두터운 벽일지라도 함께라면 반드시 넘어설 수 있다는 믿음, 그것이야말로 공동체와 리더십의 가장 강력한 힘임을 뼈저리게 느꼈다.

후배들에게 건넨 축사

2023년 3월, 제20대 경찰대학 총동문회장으로 연임하며 더욱 바쁜 임기를 이어갔다. 그중에서도 가장 뜻깊은 순간은 매년 경찰대학 학위수여식에서 후배 졸업생들에게 축사를 전하고 총동문회장상을 수여하는 일이었다. 특히 2025년 2월 28일 경찰대학 제41기 학위수여식은 총동문회장으로서의 마지막 공식 행사였기에 내겐 더욱 특별한 의미가 있었다.

축사를 준비하며 일주일 전부터 마음을 다잡았다. 졸업 후 곧바로 경위로 임관해 경찰 간부로 살아가야 할 후배들에게 실질적으로 도움이 되는 교훈을 남기고 싶었다. 공직과 기업에서 오랜 세월 겪은 경험 속에서 다져진 철학과 가치관을 압축해 글자 하나하나에 진심을 새겼다.

행사 당일 아침, 서울역에서 KTX를 타고 아산천안역에 도착하니 경찰대학에서 준비한 차량이 기다리고 있었다. 차에 오르는 순간 1988년 경찰대학 4기 졸업식에서 느꼈던 벅찬 설렘이 영화처럼 스쳐 지나갔다. 37년간 경찰 간부와 기업 임원으로 살아오며 얻은 삶의 교훈을 이제는 후배들에게 전해야 한다는 사명감이 마음을 뜨겁게 했다.

본관 대강당은 이미 졸업생과 가족, 지인들로 가득 차 있었다. 무대 위에서 바라본 졸업생들의 눈빛은 밝게 빛나고 있었다. 설렘과 긴장, 기대가 뒤섞인 그 눈빛 속에서 나는 미래 경찰의 희망을 보았다.

나는 천천히 마이크 앞에 섰다.

"사랑하는 경찰대학 41기 졸업생 여러분! 여러분의 눈부신 성취를 진심으로 축하합니다. 특히 신입생과 편입생이 함께 졸업하는 첫 기수라는 점에서 더욱 역사적인 의미가 있습니다. 오늘의 영광은 여러분의 끈기와 헌신, 그리고 열정이 빚어낸 값진 결실입니다."

청중 속에서 따뜻한 박수가 터져 나왔다. 나는 이어 두 가지 덕목을 당부했다.

"첫째, 부저추신釜底抽薪, 문제의 근본을 정확히 꿰뚫어 지혜롭게 해결하십시오. 둘째, 측은지심惻隱之心, 타인의 아픔을 나의 아픔처럼 공감하고 배려하는 마음을 가지십시오.한의상, 《사람이 무기다》, 2022, 경향신문 이 두 가지 덕목을 간직한 경찰 간부만이 국민의 신뢰와 사랑을 받을 수 있으며, 진정한 리더로 거듭날 수 있습니다."

졸업생들의 눈빛이 더욱 빛나며 내 말에 집중하는 것이 느껴졌다. 나는 마지막으로 이렇게 덧붙였다.

"스티브 잡스는 'Stay Hungry, Stay Foolish'라고 말했습니다. 언제나 열정과 겸손을 잃지 말고, 다가올 도전을 두려워하지 말고 당당히 맞서십시오. 여러분은 이제 4,500여 명의 경찰대학 동문과 함께 대한민국 경찰의 미래를 밝혀갈 주역입니다."

축사가 끝나자 강당은 박수와 환호로 가득 찼다. 그 박수는 단순한

2025년 2월 28일, 경찰대학 제41기 학위수여식에서 경찰대학 총동문회장 축사

의례가 아니라 나와 후배들이 같은 길 위에 서 있다는 연대의 신호처럼 느껴졌다. 사진 촬영을 위해 본관 앞에 모였을 때 몇몇 졸업생들이 다가와 “회장님의 말씀이 앞으로의 길에 큰 지침이 될 것 같다”고 감사 인사를 전했다. 그들의 진심 어린 말에 가슴이 뭉클했고, 지난 시간을 보람으로 채워준 순간이었다.

돌아오는 길, 나는 문득 안데르센의 이야기를 떠올렸다. 그의 삶처럼 역경은 때로 가장 값진 선물이 된다. 어두운 시간을 이겨내며 피워낸 불꽃은 우리를 더욱 단단하고 아름답게 만든다. 오늘 열정 가득한 눈빛으로 졸업장을 받은 후배들도 경찰 간부로 살아가며 수많은 도전을 마주하겠지만, 그 과정에서 더욱 강인하고 성숙해져 결국 국민이 신뢰하는 리더로 성장하리라 믿었다. 나는 그 믿음 속에서 조용히 미소 지었다.

“당신들의 이름이 내일의 어둠을 밝히는 찬란한 불빛이 될 것이다.”

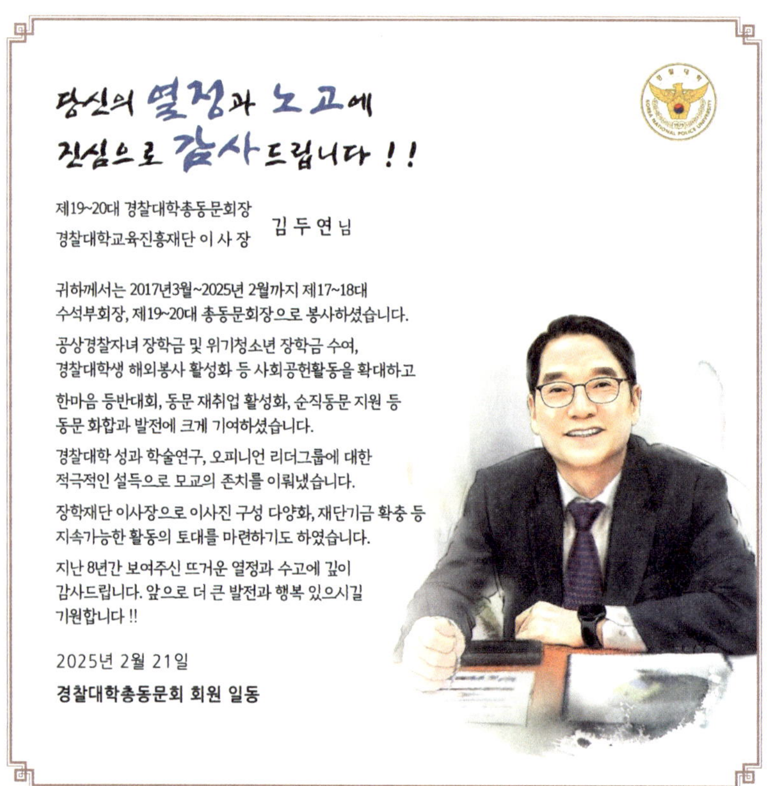

당신의 열정과 노고에
진심으로 감사드립니다 !!

제19~20대 경찰대학총동문회장
경찰대학교육진흥재단 이 사 장
김 두 연 님

귀하께서는 2017년3월~2025년 2월까지 제17~18대 수석부회장, 제19~20대 총동문회장으로 봉사하셨습니다.

공상경찰자녀 장학금 및 위기청소년 장학금 수여, 경찰대학생 해외봉사 활성화 등 사회공헌활동을 확대하고

한마음 등반대회, 동문 재취업 활성화, 순직동문 지원 등 동문 화합과 발전에 크게 기여하셨습니다.

경찰대학 성과 학술연구, 오피니언 리더그룹에 대한 적극적인 설득으로 모교의 존치를 이뤄냈습니다.

장학재단 이사장으로 이사진 구성 다양화, 재단기금 확충 등 지속가능한 활동의 토대를 마련하기도 하였습니다.

지난 8년간 보여주신 뜨거운 열정과 수고에 깊이 감사드립니다. 앞으로 더 큰 발전과 행복 있으시길 기원합니다 !!

2025년 2월 21일

경찰대학총동문회 회원 일동

3. 나눔과 섬김, 구호가 아닌 실천

교육진흥재단 이사장, 장학사업으로 후배를 돕다

"사회공헌은 단지 일회성 행사로 끝나서는 안 됩니다. 마음을 담고, 꾸준히 실천할 때 비로소 그 의미가 살아납니다."

2020년 5월, 경찰대학 교육진흥재단 이사장으로 취임하며 이 신념을 가슴 깊이 새겼다. 경찰 가족의 어려움과 고통을 외면하지 않고 함께 나누겠다는 의지로, 해마다 공무 수행 중 다친 경찰관 자녀 30명에게 총 3,000만 원의 장학금을 전달하기 시작했다.

같은 해 9월, 서울 미근동 경찰청에서 열린 장학금 전달식은 각별한 의미를 지녔다. 김창룡 경찰청장이 함께한 그 자리에서 우리는 경찰 가족의 상처를 보듬고 미래를 응원하는 진정한 '연대의 장'을 만들고자 했다. 이 작은 실천이 공상 경찰관 자녀들에게 한 줄기 희망이 되기를 바라며, 뿌듯함과 함께 무거운 책임감을 더욱 깊이 느꼈다.

이듬해인 2021년 5월에는 더 큰 인연이 이어졌다. 무궁화신탁과 경찰청이 협력하여 전국 지방경찰청에서 추천한 위기 청소년 100명에게 1억 원 규모의 장학금을 지급하게 된 것이다. 학교폭력 피해 청

2021년 5월, 무궁화신탁과 함께 경찰청장에게 위기 청소년 장학금 1억 원 전달식

소년, 가정 밖에서 홀로 살아야 하는 아이들, 보육시설 퇴소 후 사회에 첫발을 내디디는 이들까지, 우리의 손길이 닿아야 할 곳은 너무도 많았다. 그날 전달식에서 무궁화신탁 오창석 회장은 "사회적 무관심 속에 방치된 아이들이 자칫 범죄의 길로 빠질 수 있다는 것이 가장 큰 걱정이었다"고 말했다. 그의 말에 깊이 공감하며 우리 모두가 '무궁화 가족'이라는 마음으로 더 많은 이가 동참할 수 있는 길을 열어야겠다고 다짐했다.

2024년 7월에는 KT&G장학재단과 함께 아산 경찰대학에서 특별한 협약을 맺었다. 글로벌 역량을 키울 경찰대학생과 치안대학원 외국인 유학생들에게 총 3,300만 원의 장학금을 전달하며 안정적인 학업 환경을 조성하고자 했다. 수여식 현장에서 만난 외국인 유학생들의 눈빛은 낯설지 않았다. 그들의 환한 표정과 경찰대학생들의 당당한 모습 속에서 국가와 세계를 위해 헌신할 새로운 인재들의 미래를 뚜렷이 보았다.

재단이 추진한 다양한 사업들은 교육 현장에서 큰 반향을 일으켰다. 청람토론대회는 학생들이 깊이 사고하고 타인의 의견을 존중하며 자신을 설득력 있게 표현하는 기회가 되었고, 독후활동지원사업은 독서 문화를 널리 퍼뜨려 자기계발의 발판이 되었다. 치안대학원 학술세미나와 국제치안학술대회는 경찰학의 학문적 발전과 세계적 교류의 마당이 되었으며, 모의수사 경진대회는 실무 능력을 다지는 실질적 훈련의 장으로 자리매김했다. 또한 청람체전과 청람학술축전은 대학 구성원 간의 소통과 화합을 촉진하는 축제의 장으로 발전했다.

이 모든 활동의 밑바탕에는 한 가지 신념이 있었다. "만약 내가 한 사람의 가슴앓이를 멈추게 할 수 있다면, 나 헛되이 사는 것은 아니리"라고 한 에밀리 디킨슨의 시구처럼, 단 한 사람의 고통이라도 덜어줄 수 있다면 그것으로 내 삶은 충분히 가치 있다고 믿는다.

역사와 미래 재단, 국가의 내일을 설계하다

2024년 10월, '재단법인 대한민국 역사와 미래'의 정책위원으로 합류했다. 경찰로서 28년 동안 국가와 국민의 안전을 지키며 살아온 내게 이제는 국가의 내일을 설계하는 더 큰 사명이 주어졌다. 그 선택은 인생의 새로운 전환점이자 공직 이후 또 다른 봉사의 출발이었다.

세계는 여전히 격동의 흐름 속에 있다. 빈부 격차, 고령화, 저출산, 일자리 불균형 등 대한민국 또한 풀어야 할 수많은 사회적 난제 앞에 서 있다. 나는 재단의 일원으로서 이 위기와 도전을 진단하는 데만 그치지 않고, 구체적이고 실현 가능한 정책 대안을 연구하고 제시하는 데 온 힘을 기울이기로 했다.

재단은 국회 및 정부 기관과 긴밀히 협력하며 국가 현안을 깊이 분석하고 있었다. 나는 초고령사회의 주거복지 정책, 국가 안보 문제, 통일과 역사 교육 등 다양한 주제를 연구하며 실천 가능한 방안을 구상해 나갔다. 특히 역사 교육에 대한 관심과 열정은 각별했다. 미래 세대를 책임질 젊은 인재들이 올바른 역사관과 가치관을 바탕으로 성장할 때 비로소 대한민국의 내일이 굳건히 세워질 수 있다고 믿었기 때문이다. 이를 위해 아카데미와 세미나, 웹진 발간, 유튜브 채널 운영 등 다채로운 활동을 통해 젊은 세대와 국민에게 올바른 역사와 미래를 설계하는 지혜를 전하고자 했다.

2025년 3월 28일 금요일 아침, 서대문 일대에서 진행된 역사문화 탐방은 이러한 신념을 더욱 굳게 다져준 자리였다. 덕수궁을 둘러본 뒤 이어진 일정은 구한말 독립운동가들의 발자취를 따라가는 특별한 시간이었다. 경기감영지 유적 전시관을 출발해 김구 선생이 순국한 현장, 그리고 음악가 홍난파 선생의 집을 방문했다. 책으로만 접하던 역사를 온몸으로 느끼는 순간이었다. 마치 오랜 세월 묻혀 있던 보물을 되찾은 듯 가슴 벅찬 감동이 밀려왔다.

그날의 여운을 간직한 채, 2025년 4월 10일 앰배서더 서울 풀만 호텔에서 열린 재단 후원의 밤 행사에 참석했다. 각계각층의 인사들이 모여 대한민국의 미래를 설계하는 비전을 공유하는 자리였다. 정진택 전 고려대 총장은 도산 안창호 선생의 말을 인용하며 “낙망은 청년의 죽음이요, 청년이 죽으면 민족이 죽는다”는 가르침을 전했다. 미래 세대를 향한 교육의 절실함이 그 말 속에 응축되어 있었다.

이어 손병두 이사장은 미국의 대표적 싱크탱크인 헤리티지재단을 언급하며, 우리 재단을 지속 가능한 정책 개발의 중심지로 키우겠다는 포부를 밝혔다. 그의 비전에 깊이 공감하며 올바른 역사관과 시민의식을 겸비한 미래 세대를 육성하기 위해 나 또한 책임을 다하리라 다짐했다.

연단에 오른 이민원 대한민국사연구소 소장은 “신바람 나는 역사 교육을 통해 대한민국 발전에 기여하겠다”는 의지를 힘 있게 밝혔다. 그의 말은 다시금 역사와 미래를 잇는 일이 교육 차원을 넘어 국가의 운명을 결정짓는 과업임을 일깨워 주었다. 그날 행사에서 많은 청년과 리더가 한자리에 어우러져 대한민국의 더 밝은 내일을 약속하는 장면을 목격했다.

"우리가 지켜야 할 것은 과거만이 아닌, 미래의 기준과 책임이다."

이 말을 가슴 깊이 새기며 오늘도 정책위원으로서의 사명과 책임을 다짐하며 힘찬 발걸음을 내디딘다.

아, 나의 아버지

2023년 7월 20일, 양평 블룸비스타에서 열린 상반기 사업실적 경영전략 워크숍을 마치고 돌아온 주말 오후였다. 고단하여 잠시 소파에 몸을 기대고 있던 내게 부산의 어머니께서 전화를 주셨다. 목소리에는 걱정이 가득했다. 요양병원에 계신 아버님의 건강이 크게 악화되었다는 소식이었다. 가슴이 철렁 내려앉았다.

23일 일요일 새벽, 아내와 함께 KTX에 몸을 실어 부산 북구의 요양병원으로 향했다. 병상에 누워 계신 아버지는 수척해진 모습으로 우리를 맞이하셨다. 말씀조차 힘겨운 상태였지만, 멀리서 찾아온 아들과 며느리를 바라보시며 애써 미소를 지으셨다. 쉰 목소리로 힘겹게 내뱉으신 말씀이 아직도 귓가를 맴돈다.

"나는 병원에서 잘 지내고 있으니, 너희는 너무 걱정하지 마라. 서울에서 아이들 잘 키우고 직장생활 열심히 하거라."

그리고 아내를 향해서는 "서울 생활에 수고가 많다"며 미안함과 고마움을 전하셨다. 야위고 메마른 아버지의 손을 꼭 잡고 "건강하세요"라는 말밖에 하지 못했다. 그 순간, 아버지의 손은 유난히 작고 여려 보였다. 마치 어린아이의 손처럼 느껴졌다.

아쉬운 이별을 뒤로하고 병원을 나서 서울로 돌아오는 길, 아산천안역에 이르렀을 즈음 둘째 형님으로부터 다급한 전화가 걸려왔다. 그 순간 들려온 부고 소식은 하늘이 무너지는 듯한 충격이었다. '하늘이 무너진다'라는 말이 결코 비유가 아니라는 것을 그때 비로소 깨달았다. 급히 기차에서 내려 다시 부산행 열차에 몸을 실었다. 창밖 풍경은 눈물에 젖어 흐려졌고 가슴은 후회와 그리움으로 터질 듯 아팠다.

다음 날 부산역 인근 병원 장례식장에서 조문객을 맞으며, 나는 깊은 상실감 속에서도 지인들의 따뜻한 위로와 애도에 감사할 수밖에 없었다. 발인 날 아침, 아버지가 평생 신앙생활을 하시던 부산 산성교회 목사님과 신도들이 찾아와 정성스러운 발인 예배를 드려주었다. 아버지는 그렇게 조용히 세상을 떠나셨다. 고향 봉화 명호면 도천리 선영, 햇볕 잘 드는 양지바른 언덕에서 할아버지와 할머니 곁에 편히 모셨다.

아버지를 떠올릴 때 가장 선명히 기억나는 것은 언제나 묵묵히 가족을 등지고 서 계시던 그 뒷모습이다. "아들은 아버지의 등을 보고 자란다"는 말은 바로 이런 순간에 만들어진 것이리라. 하청호 시인의 시 〈아버지의 등〉을 읽을 때마다 가슴이 저릿하다.

아버지의 등에서는
늘 땀 냄새가 났다

내가 아플 때도

할머니가 돌아가셨을 때도
어머니는 눈물을 흘렸지만
아버지는 울지 않고
등에서는 땀 냄새만 났다

나는 이제야 알았다
힘들고 슬픈 일이 있어도
아버지는 속으로 운다는 것을
그 속울음이
아버지 등의 땀인 것을
땀 냄새가 속울음인 것을

이 시처럼 아버지는 평생을 속으로만 울고 겉으로는 강한 모습을 보이셨다. 가족을 위해 모든 짐을 홀로 짊어지고 묵묵히 걸어가셨던 그 뒷모습은 내 삶의 버팀목이자 길잡이였다.

이제 내가 아버지가 되어 살아가며 비로소 그 등 뒤에 숨겨진 사랑과 희생의 깊이를 깨닫는다. 아버지의 마지막 말씀이자 평생의 가르침인 가족을 사랑하고 성실히 살아가라는 유언을 가슴 깊이 새기며 살아가리라 다짐한다.

내 인생의 가장 큰 슬픔 속에서 진정한 아버지의 의미를 배웠다. 나 역시 내 자식들에게 그런 아버지가 되어주리라 결심하며, 오늘도 아버지의 등을 마음에 그리며 살아가고 있다.

새로운 가치를 향한 또 한 번의 도약

로마의 철학자이자 '현제賢帝'로 불린 마르쿠스 아우렐리우스 황제는 생애 대부분을 전장에서 보내며 《명상록》을 남겼다. 그는 생과 사의 경계에서, 치열한 갈등과 극단의 선택 앞에서도 끝내 침착함과 신중함을 잃지 않았다. 2천 년이 지난 오늘날까지도 그의 말이 강하게 와닿는 것은, 인간 본연의 삶의 본질이 시대와 공간을 초월해 여전히 우리 마음을 흔들기 때문이다.

그는 이렇게 말했다.

"그들에게 칭찬이나 찬사를 받기를 원하거든, 그들 마음속에 들어가 그들이 누구인지 보라. 욕설과 힐난도 칭찬과 다르지 않다. 사악한 자의 칭찬은 욕설이며, 힐난은 곧 찬사일 테니까."박문재 옮김, 《마르쿠스 아우렐리우스 명상록》, 2018, 현대지성

이 말은 오늘의 치열한 경쟁사회에서도 여전히 유효하다. 현대 사회는 때로 고대 로마의 전장 못지않게 냉혹하게 느껴지기 때문이다. 그렇기에 우리는 더욱 '진정한 가치'가 무엇인지 묻고, 그 해답을 삶 속에서 실천해야 한다.

나는 그 답을 핀란드의 '시수Sisu 정신'과 킨포크Kinfolk 라이프 스타일life style에서 찾는다.

시수는 단순한 인내나 끈기를 넘어, 역경 앞에서 결코 물러서지 않는 강인한 정신을 의미한다. 핀란드 사람들은 혹독한 자연환경과 역사적 시련 속에서도 끝까지 버텨내며 서로를 지탱해 왔다. 그들의 삶에는 공동체 의식이 자연스레 배어 있고, 물질적 풍요보다 정신적 만족과 안정에 더 높은 가치를 둔다. OECD 조사에 따르면, 핀란드인의 96%가 어려움에 처했을 때 의지할 사람이 있다고 응답할 정도로, 그들은 신뢰와 유대를 삶의 기반으로 삼는다.이주열, 〈북유럽 탐방 8〉, 2025. 코리아 스타트업 포스트

킨포크 라이프 스타일 또한 우리가 본받아야 할 지향점이다. 가까운 이웃과 가족, 친구와 함께 소박한 삶을 나누며 자연 속에서 서로를 위로하고 격려하는 것이다. 빠름보다 느림의 미학을, 화려한 겉모습보다 내면의 풍요를 추구하는 삶, 이는 우리 사회가 새롭게 회복해야 할 중요한 가치이다.

2025년 4월 25일, 내가 국회에서 '경정 계급정년 헌법소원' 관련 세미나를 주최하며 품었던 생각도 이와 다르지 않았다. 경찰공무원의 인사제도, 나아가 조직의 시스템 역시 구성원 모두가 더 행복하고 공정하게 살아갈 수 있는 방향으로 진화해야 한다는 것이다. 제도와 시스템은 규정에 그치지 않고, 사람들의 삶과 희망을 담는 그릇이 되어야 한다.

내가 꿈꾸는 '패러다이스 시티Paradise City'는 바로 이런 가치 위에 세워진다. 시수의 정신처럼 역경에 굴하지 않고 서로가 서로의 힘이 되어주는 농촌도시, 킨포크의 삶처럼 자연과 어우러져 평온하고 소

박한 행복을 나누는 농촌도시다. 경제적 성장을 이루되 정신적 만족과 공동체적 신뢰를 함께 지켜내는 농촌도시, 그 속에서 모든 구성원이 평등과 포용 속에 조화롭게 살아가는 공동체이다.

이것은 결코 머나먼 이상이 아니다. 우리 각자가 작은 실천으로 삶을 바꾸고, 서로를 존중하며 배려하는 문화를 키워간다면, '패러다이스 시티'는 현실 속에서 충분히 구현될 수 있다. 나는 지역 공동체와 함께 이러한 농촌도시를 일구고 싶다. 역경을 견디는 끈기와 용기, 그리고 소박한 일상에서 피어나는 정신적 풍요를 함께 나누며, 더 나은 내일을 향해 한 걸음씩 도약해 나간다.

4. AI와의 만남, 새로운 세상을 열다

손정의 회장의 연설에서 얻은 깨달음

2023년 10월, 우연히 인터넷을 통해 일본 소프트뱅크 손정의 회장의 연설을 접하게 되었다. 평소에도 그의 미래지향적이고 혁신적인 사고방식을 존경해 왔지만, 그날의 연설은 내 삶에 또 한 번의 전환점을 가져왔다.

손 회장은 "AI를 쓰지 말라는 것은 전기를 쓰지 말라는 것과 같다"라며 인공지능 도입을 주저하는 일본 기업들의 현실을 통렬히 비판했다. 그의 언어는 직설적이면서도 충격적이었다. 마치 전기를 한 번도 경험하지 못한 시대의 사람들이 전기를 부정하는 모습과 다르지 않다는 그의 비유는 내 가슴에 깊이 파고들었다. 더욱 인상적인 것은, 그가 범용 인공지능AGI이 10년 이내에 인간 지능을 능가하고, 노벨상을 수상할 만큼 위대한 발견을 이룰 것이라 확신했다는 점이다.

손 회장은 인간이 AI의 잠재력을 이해하지 못하는 현실을 금붕어와 알파벳에 빗대었다. 어항 속 금붕어가 외부 세상을 인지하지 못하듯, 인간 역시 AI의 가능성을 온전히 보지 못한다는 것이었다. 화면에 비친 금붕어 그림을 보니 정신이 번쩍 들었다. 그 순간, 나는 이

2023년 6월, 일본 소프트뱅크 손정의 회장이 인공지능 AI 강연에서 강조한 어항 속 금붕어

시대의 '금붕어'로 남아서는 안 되겠다고 자신에게 다짐했다. AI의 물결을 놓친다면, 일본이 '잃어버린 30년'을 겪었던 것처럼, 나 또한 인생의 중요한 기회를 잃고 말리라는 두려움이 엄습했다.

곧바로 행동에 나섰다. 2024년 3월부터 민앤초이스에서 주최한 오픈AI 전문가 과정에 참여하여 민진홍 강사와 최규문 강사의 강의를 듣기 시작했다. 매주 토요일 저녁이면 강의실 대신 온라인 화면 앞에 앉아 AI의 본질과 활용법을 익히고, 챗GPT를 실생활과 업무에 적용하는 방법을 체계적으로 배워 나갔다. AI는 더 이상 먼 미래의 기술이 아니라, 지금 이 순간 나의 삶과 일터를 바꾸는 필수 역량임을 절실히 깨달았다.

민앤초이스의 강의는 이론에 그치지 않고 실무 중심이었다. 프롬프트 엔지니어링, 마케팅 콘텐츠 제작, 맞춤형 GPT 개발 등은 업무 현장에 곧바로 연결될 수 있는 실질적 도구였다. 오프라인 워크숍과 커뮤니티 활동은 AI를 배우고 나누는 장이 되었고, 매주 새로운 흥미와 성취감을 안겨주었다.

2024년 12월, AI 에이전트 기술의 등장과 함께 챗GPT의 새로운 버전이 월 200달러라는 가격으로 출시되었다는 소식을 접했을 때, 다시 한번 시대의 거대한 변화를 실감했다. 인간의 사고와 판단을 대체할 만큼의 기술이 상용화되는 현실은 놀라움과 동시에 더 이상 거스를 수 없는 흐름임을 확인시켜 주었다.

이에 나는 2025년 2월 24일, 몸담고 있는 주식회사 이도에서 젊은 직원들과 함께 '오픈AI TFT'를 신설했다. 매월 정기 회의를 통해 우리는 자원순환 사업 부문의 클린테크 기업으로 전환, 인프라 사업 부문의 시설점검 자동화, 부동산 부문의 마켓 리포트 작성 등 구체적인 목표와 전략을 세워 나갔다. 실험에 그치지 않고, 회사 전체가 AI 자생력을 갖추고 글로벌 경쟁에서 선도 기업과 어깨를 나란히 하기 위한 원대한 도전이었다.

AI는 새로운 인생과 미래를 여는 열쇠다. AI를 배우고, 이해하고, 활용하는 것은 내 삶을 한 차원 넓혀주었다. 그 길에서 얻은 교훈은 분명하다.

"미래는 준비된 자의 것이다. 그리고 준비의 핵심은 변화에 대한 용기와 끊임없는 학습에 있다."

AI와 함께한 자문의 길

2023년 가을, 나는 다시 한번 인공지능이라는 새로운 물결 위에 올라섰다. 경찰 공직에서의 28년, 그리고 기업 경영에서의 10년 동안 쌓아온 경험을 이제는 또 다른 차원에서 사회에 기여하고 싶었다. 그 여정은 AI 소프트웨어 전문기업 ㈜뉴로다임과의 협력에서 시작되었다.

뉴로다임은 AI 예측과 영상인식 기술을 바탕으로 첨단 교통 시스템을 개발한 기업이었다. 나는 부산경찰청이 추진하던 '15분 도시 스마트 신호운영사업'의 자문위원으로 참여하면서 이들의 잠재력을 직접 확인했다. AI 시스템은 기존 신호 주기에 맞추는 방식을 넘어 실시간으로 교통 상황을 예측하고 즉각 대응하여 도시의 흐름을 획기적으로 개선했다. 부산 중앙대로 시의회 앞 등 다섯 개 주요 교차로에 설치된 이 시스템은 차량 지체 시간을 평균 1.1~4.5초 단축시켜, 연간 약 14억 원의 통행 시간 절감 효과를 창출했다.

제주와 부산에서 진행된 시범사업의 성과를 지켜보며, AI 기술이 시민의 삶의 질을 향상시키고, 환경 보호와 탄소 배출 저감이라는 사회적 과제까지도 해결할 수 있다는 사실을 절감했다. 교통의 패러다임은 이미 바뀌고 있었고, 나는 뉴로다임과 함께 그 비전을 전국으로 확산하는 데 힘을 보탰다.

같은 해 12월, 나는 교통안전 전문기업 ㈜트래시스와의 만남을 통해 또 한 번 놀라운 변화를 목격했다. 세계 최초의 LED 일체형 신호등과 국내 최초 지주 일체형 태양광 가로등 개발 과정에서 자문위원으로 참여한 것이다.

LED 일체형 신호등은 운전자와 보행자의 시인성을 극대화하여 특히 어린이 보호구역에서 큰 효과를 발휘했다. 이는 기능 개선은 물론, 어린이와 교통약자의 생명을 지켜내는 사회적 책임을 구현한 혁신이었다. 나는 이 현장에서 기술이 인간의 삶을 안전하고 풍요롭게 만들 때 비로소 진정한 가치를 갖는다는 사실을 다시금 깨달았다.

트래시스의 스마트 태양광 가로등 역시 환경과 경제성을 동시에 충족하는 해법이었다. 에너지 효율과 내구성을 극대화하면서도 친환경 에너지를 활용하는 이 기술은 지속 가능한 미래로 나아가는 길목에서 빛처럼 다가왔다.

그리고 또 하나 깊은 인상을 받은 협력은 ㈜GNI와의 만남이었다. 의료폐기물 처리라는 난제를 안고 있는 이 기업은 국내 최초로 멸균과 분쇄를 결합한 혁신적 기술을 개발했다. 이는 감염병 확산 위험과 환경오염 가능성을 획기적으로 줄이는 성과였다. ㈜GNI 대표와의 대화를 통해 이 기술이 ESG 경영과 탄소중립이라는 시대적 요구에 정확히 부합한다는 사실을 확인했다. 의료기관의 지속 가능한 운영을 가능하게 하는 이 도전은 공공의 안전과 지구의 미래를 동시에 지키는 소중한 발걸음이었다.

뉴로다임, 트래시스, GNI와 함께한 자문 활동은 나에게 분명한 진리를 일깨워 주었다. 모든 기술은 결국 '사람'을 향해야 한다. 시민의 안전과 삶의 질, 그리고 존엄성을 지켜낼 때 기술은 비로소 빛을 발한다.

앞으로도 이 철학을 가슴 깊이 간직하며, AI와 기술 혁신이 사람과 환경을 위한 따뜻한 미래를 만들어가는 여정에서 작은 빛이라도 비추는 역할을 다할 것이다.

AI 혁명의 현장에서 본 미래

인공지능AI이 몰고 온 변화의 속도는 실로 눈부시다. 경찰청에서 첫발을 내디뎠던 시절만 해도 '인공지능'은 낯선 용어였고, 첨단 기술은 늘 머나먼 미래의 이야기처럼 들렸다. 그러나 불과 몇십 년 사이에 현실은 이미 SF 영화의 상상을 훌쩍 뛰어넘어 우리의 삶 깊숙이 파고들었다. 최근 미국과 중국을 중심으로 벌어지고 있는 오픈AI 경쟁은 기술 개발 차원을 넘어, 국가 전략과 미래 산업의 향방을 좌우하는 거대한 전환점이 되고 있다.

미국은 막대한 자본력과 기술력을 토대로 글로벌 AI 시장에서 굳건한 리더십을 확보했다. 오픈AI와 마이크로소프트, 구글 등 거대 빅테크 기업들이 대규모 투자와 혁신으로 생태계를 주도하고 있다. 샌프란시스코는 AI 혁명의 심장부로 떠올라, 자율주행 서비스가 불과 20개월 만에 시장 점유율 27%를 달성하는 놀라운 성과를 이루었다. 공공 영역에서도 AI는 행정과 복지, 시민 서비스 전반을 혁신하며 생활의 질을 높이고 있다.

한편, 중국은 철저히 실용적이고 효율적인 접근 방식을 취했다.

'중국제조 2025'라는 국가 비전 아래 저비용·고효율의 AI 기술 개발에 총력을 기울였다. 항저우는 그 대표적인 성과를 보여주었다. 얼굴 인식과 감정 인식 기술은 교통 관리, 치안, 공공 서비스 등 생활 곳곳에 스며들어 시민의 안전과 편의를 극대화했고, AI 기반 행정 시스템은 도시 전체를 더욱 지능적으로 운영하고 있다. 특히 화웨이는 5G 시장을 선점한 데 이어, '팡구Pangu' AI 모델을 오픈소스 전략으로 전 세계에 확산시키며 미국의 반도체 규제에도 굴하지 않는 강인한 생존력을 보여주었다. 정부와 기업이 강력하게 협력하는 그들의 방식은 AI 시대의 성공 방정식이 무엇인지를 잘 보여준다.2024년 초, 매일경제 등 주요 경제지 "중, AI모델 '팡구' 오픈소스 확산" 보도

이러한 세계적 사례들을 보며 많은 생각이 들었다. AI 혁명은 개인과 기업, 그리고 자치단체 모두에게 엄청난 도전이지만 동시에 준비된 자에게는 역사적인 기회가 된다는 것이다.

개인은 변화하는 기술을 민첩하게 배우고 현장에 적용해야 한다. 열린 마음과 융합적 사고를 통해 새로운 경쟁력을 확보할 때, 비로소 변화의 파도를 타고 앞으로 나아갈 수 있다. 이는 경찰청 시절부터 늘 마음에 새겨온 태도이기도 하다.

기업은 내부 인재를 길러내고 외부 생태계와 협력하며 AI를 폭넓게 활용해야 한다. 작은 업무 혁신에서부터 고객 서비스를 넘어서는 변화까지, AI를 통해 생산성과 차별화를 동시에 달성해야만 지속 가능한 성장을 이룰 수 있다.

자치단체와 공공 부문 역시 예외가 아니다. 행정과 정책에 AI를 적극적으로 도입하여 시민이 체감할 수 있는 변화를 이끌어야 한다. 민관이 협력하여 실험적 프로젝트를 추진하고, 지역 차원의 혁신 생태

계를 육성하는 전략이 무엇보다 절실하다.

결국 AI 혁명의 본질은 개방과 협업, 빠른 실행과 지속적 학습에 있다. 세계 선진 사례들이 공통으로 증명하는 것도 바로 이 네 가지 가치다. AI 혁명의 시대는 준비되지 않은 자에게는 위협이지만, 두려움을 넘어 도전과 혁신의 최전선에 선 자에게는 커다란 기회의 문을 열어준다. AI 혁명의 성과를 과감히 도입하고, 이를 통해 삶의 질을 혁신적으로 높이며, 더 나은 내일을 함께 만들어가는 것이 우리에게 던져진 과제다. 두려움 대신 용기로, 주저함 대신 배움으로, 나는 이 시대의 거대한 흐름 앞에 담대히 서고자 한다.

OpenAI와 함께 그리는 '패러다이스 농촌도시'

나는 언제나 새로운 기술과 시대의 변화를 받아들이며 살아왔다. 경찰청에서의 오랜 시간, 그리고 기업을 경영하며 마주한 크고 작은 변화들을 거치면서 기술이란 삶과 공동체를 변화시키는 힘이라는 것을 깨닫게 되었다. 최근 인공지능AI의 눈부신 발전은 내 인생을 다시금 뒤흔든 거대한 전환점이 되었다. 나에게 AI는 새로운 가능성과 희망, 그리고 꿈으로 향하는 길이었다.

2023년, 메리츠금융그룹에서 일어난 놀라운 변화는 내게 큰 깨달음을 주었다. 김용범 부회장의 성과급, 그리고 조정호 회장이 대한민국 최고의 주식 부자로 등극한 사건은 큰 화제를 불러일으켰다. 그 이면에는 '아메바 경영'이라는 혁신적 철학이 살아 있었다.

아메바 경영의 창시자 이나모리 가즈오 회장은 1959년, 자본도 기술도 부족한 상황에서 교세라를 창업했다. 그는 "기업의 목적은 구성원의 물질적·정신적 행복을 추구하는 것"이라는 신념 하나로 모든 난관을 돌파했다. 회사를 작은 단위로 나누어 직원들이 스스로 작은 기업의 경영자처럼 사고하고 행동하게 했으며, '시간당 부가가치'라는 직관적 지표를 통해 구성원 모두가 회사의 성장을 곧 자신의 성장으로 느끼도록 했다.이나모리 가즈오, 《아메바 경영》, 2007, 한국경제신문사 이 철학이 메리츠금융그룹에 이식되었고, 한국적 환경 속에서 발전하며 놀라운 성과로 이어졌다.

메리츠의 성공은 내게 분명한 메시지를 주었다. 기업이든 공동체든 성공의 핵심은 구성원의 주인의식과 정당한 보상, 그리고 투명한 성과 문화에 있다. 혁신적 시스템과 공정한 분배, 그리고 지속적 성장을 향한 의지가 결합될 때 비로소 공동체는 힘을 얻는다.

이러한 혁신의 철학을 우리 역사 속에서도 확인한다. 바로 세종대왕과 황희 정승이 보여준 민본주의民本主義와 애민사상愛民思想, 그리고 실사구시實事求是의 정신이다. 세종대왕은 한글 창제와 사회적 약자 보호, 공정한 법 집행 등 백성을 위한 혁신적 정책을 펼쳤고, 황희 정승은 청렴과 협치, 실천적 애민 정신으로 백성의 삶을 보듬었다. 그들이 남긴 정신은 오늘날에도 여전히 빛난다.

이제 AI 시대를 맞이한 우리는 혁신적 경영 철학과 민본정신의 융합을 실현해야 한다. 기술과 경영의 혁신을 통해 효율과 성과를 극대화하면서도, 구성원의 행복과 존엄을 최우선으로 하는 공동체를 만드는 것이다.

내가 꿈꾸는 '패러다이스 농촌도시'는 바로 이러한 철학 위에 세워지는 도시다. AI 기반 스마트 시스템이 시민의 삶을 더 안전하고 편리하게 만들고, 구성원 모두가 주인의식을 가지고 적극적으로 참여하며, 공정한 보상 속에서 성취와 만족을 나누는 도시다. 사회적 약자가 소외되지 않고, 누구나 지식과 정보에 평등하게 접근하며, AI

AI기술과 민본정신의 결합을 통해 패러다이스 농촌도시를 꿈꾸며

기술이 사회적 형평성을 높이는 도구로 활용되는 도시다. 그곳에서는 신뢰와 배려가 공동체를 지탱하는 가장 큰 힘이 될 것이다.

아무리 기술이 발전하더라도, 그것을 활용하는 사람의 마음과 철학이 가장 중요하다. 패러다이스 농촌도시의 지도자는 AI가 이윤 창출과 함께 모든 구성원의 행복과 성장을 위한 도구가 되도록 이끌어야 한다.

지역 구성원들이 역경을 견디는 끈기와 용기를 품고, 소박하고 자연 친화적인 삶 속에서 정신적 풍요와 만족을 누리며, 삶의 본질적 가치를 회복하는 농촌도시, 그것이 내가 꿈꾸는 패러다이스 농촌도시의 모습이다.

"백성의 마음이 곧 하늘의 마음이다. 하늘처럼 깊고 소중하게 성심을 다해 백성에게 다가가야 한다."

세종대왕의 이 숭고한 가르침처럼, 패러다이스 농촌도시의 지도자

2024년 10월 26일, 봉화 명호초등학교 총동문회 화합 한마당 행사

역시 모든 구성원에게 진심으로 다가가 그들의 행복과 번영을 위해 헌신해야 한다. AI 기술과 민본정신의 결합을 통해 진정한 '패러다이스 농촌도시'가 제대로 실현되기를 간절히 소망한다.

제5장

패러다이스 농촌도시, 봉화의 내일을 그리며

1. 땅과 기술이 만나는 새로운 농업

기후위기 시대, 농업을 다시 묻다

산과 들이 어우러진 농촌은 오랫동안 우리의 식탁을 책임져 온 생명의 근원이다. 그러나 오늘날 농업은 그 어느 때보다 거대한 도전에 직면하고 있다. 기후위기가 일상이 되고, 농촌 인구의 고령화와 청년층의 이탈이 심화되면서 농업의 기반이 흔들리는 것이다.

2024년 여름, 전남에서는 연일 이어진 폭염 속에 농작물이 타들어 가고 벼멸구 피해로 1만 7천여 헥타르의 논이 무너져 내렸다. 고령의 농부들이 땀과 눈물 속에서 하늘을 바라보던 모습은 농업의 구조적 위기를 보여주는 상징적인 장면이었다. 이듬해 2025년 여름, 경남과 충남을 덮친 폭우는 수만 개의 축구장을 합친 규모의 농경지를 순식간에 잠식했다. 삶의 터전을 잃고 대피소에 앉아 망연자실한 농민들의 얼굴은 아직도 기억에 선명하다. 그해 겨울, 경기 남부를 강타한 기록적인 폭설은 비닐하우스와 축사를 무너뜨리고 수백억 원의 피해를 남겼다. 숫자로 기록된 피해액 뒤에는 한 가정의 절망과 무너진 삶이 있었다.

이제 우리는 더 이상 과거의 방식으로는 살아남을 수 없음을 절감

한다. 농업은 기후변화에 가장 먼저 노출되는 산업이자, 우리 모두의 생존과 직결된 산업이다. 그렇기에 농업의 위기는 곧 우리의 미래에 대한 경고이다. 그러나 위기 속에서도 길은 있다. 재난을 기회로 바꾸고, 상실을 희망으로 전환하는 길은 언제나 열려 있다. 그 길은 바로 혁신과 결단에 있다.

패러다이스 농촌도시는 이러한 교훈을 바탕으로 농업의 새로운 모델을 세워야 한다. 첨단 기술 도입에만 그치는 것이 아니라 땅과 사람, 기술과 자연이 조화를 이루는 미래형 농업 생태계를 구축해야 한다. 구체적으로는 다음과 같은 정책 과제가 필요하다.

첫째, 스마트 친환경 농업단지 조성

센서, 드론, 인공지능을 활용하여 기후와 병충해를 실시간으로 감지하고 대응하는 정밀농업 시스템을 확립한다.

둘째, 청년 농업인 창업 지원

귀농·귀촌 청년에게 스마트팜 창업 자금, 교육, 멘토링을 제공하여 농촌을 미래 산업의 무대로 만든다.

셋째, 고령 농업인 맞춤형 안전 시스템

자동화 장비와 재난 대응 매뉴얼을 도입해, 고령 농업인도 안전하게 농사를 지을 수 있도록 한다.

넷째, 지역 순환형 친환경 농업

유기농 퇴비, 재생에너지 기반 시설을 도입하여 탄소를 줄이고 지속 가능한 농업 구조를 정착시킨다.

이것은 농업정책 차원을 넘어선 미래 세대를 위한 약속이다. 땀 흘려 일군 밭이 더 이상 재난 앞에 무너지지 않고 첨단 기술로 지켜지며 청년에게는 희망을, 어르신에게는 안정적인 생활을 약속하는 농촌, 그것이 우리가 꿈꾸는 패러다이스 농촌도시의 시작이다.

위기는 우리를 무너뜨리는 힘이 아니라 새로운 길을 열라는 시대의 요청이다. 패러다이스 농촌도시는 그 요청에 답하며 농업이 다시 희망을 심는 미래를 만들어갈 것이다. 그 길은 멀지 않다. 지금 여기서부터 시작된다.

정밀농업, 기술과 사람의 만남

스마트 친환경 농업단지의 본질은 기계와 기술 도입에만 머무르지 않는다. 진정한 혁신은 기술이 사람과 더불어 성장할 때 완성된다. 농업은 이제 더 이상 과거의 경험과 직관에만 의존할 수 없다. 정밀농업Precision Agriculture, 즉 IoT와 인공지능AI을 활용하여 토양을 진단하고 기상 데이터를 분석하며, 작물의 생육과 건강을 실시간으로 파악하는 새로운 시대가 이미 우리 앞에 와 있다.

정밀농업의 현장은 눈부시다. 드론은 하늘을 가르며 병해충의 초기 징후를 탐지하고, 땅속에 박힌 고정밀 센서는 수분과 영양분의 상태를 세밀하게 측정한다. 자동화된 관개 시스템은 필요한 시점에 정량의 물을 공급하여 작물이 최적의 환경에서 자라도록 돕는다. 이 모든 과정은 효율성을 향상하고, 환경과 생태의 균형을 지키며 농업을 지속 가능한 산업으로 전환하는 혁신의 길이다.

그러나 기술만으로는 미래를 열 수 없다. 아무리 정교한 시스템도 그것을 이해하고 활용할 사람이 없다면 무용지물이다. 사람이 중심에 설 때 기술은 비로소 힘을 발휘한다. 그래서 우리는 '농업인 교육 및 기술지원센터' 설립을 구상한다. 이곳에서 농업인들은 드론 방제, 스마트 온실 관리, 자동화 기기 조작, 데이터 분석에 이르기까지 현장과 연결된 체계적이고 실습 중심의 교육을 받게 될 것이다.

이미 전국 곳곳에서 이러한 변화의 싹이 트고 있다. 충남 당진의 '에코-그리드 스마트팜단지'는 약 119만㎡ 규모로 조성되어, 인근 제철소의 폐열을 재활용해 에너지 효율을 높이고, IoT 기반의 실시간 환경 분석 시스템으로 관수와 병해충 방제를 자동화하고 있다. 이 단지는 생산성 향상은 물론 탄소중립과 친환경 농업의 가치를 실현하는 새로운 모델로 자리매김했다.

강원 원주시의 산업단지형 스마트팜은 유휴 부지를 전환해 연중 작물을 생산하며, 대구 달서구의 도심형 복층 스마트팜은 공공청사 내부에 들어서서 주민에게 신선한 농산물을 안정적으로 공급한다. 이들 사례는 농업이 더 이상 농촌만의 전유물에 머무르지 않고, 도시와 농촌을 잇는 생활 기반 산업으로 확장될 수 있음을 보여준다.

성과도 분명하다. 전국 25개 농가에서 진행된 대동의 정밀농업 실증 사업은 비료 사용량을 7% 줄이고, 쌀 수확량을 6.9% 늘리는 성과를 냈다.2025. 2. 27. 한국경제, "대동, 국내 최초 정밀농업실시" 보도 이는 데이터 기반 맞춤형 농자재 투입과 자동화 기술이 결합한 결과였다. 농업이 과학과 손을 잡을 때, 생산성과 환경 보전이라는 두 마리 토끼를 잡을 수 있다는 사실을 입증한 것이다.

무엇보다 중요한 것은 사람이다. 농촌진흥청과 각 지역 농업기술원에서는 이미 ICT 기반 스마트팜 교육 프로그램을 운영하며, 드론 방제, 빅데이터 해석, 자동화 장비 운용 등 실습 위주의 과정을 통해 매년 수천 명의 청년 농업인을 길러낸다. 도시에 거주하는 청년들을 위한 4개월 집중 실무 교육은 농업에 대한 두려움을 해소하고, 데이터와 기술을 능숙히 다루는 '스마트 농업 세대'를 양성하는 토대가 된다.

기술과 사람이 만나는 순간, 농촌은 다시 살아난다. 땅이 건네는 데이터를 사람의 지혜로 읽어내고, 기술은 그 나아갈 길을 넓힌다. 이것이 우리가 꿈꾸는 정밀농업의 혁신이다. 패러다이스 농촌도시는 그 혁신을 선도하는 무대가 될 것이다. 기술과 사람이 함께하는 이 길 위에서 농업은 이제 위기의 산업에 머무르지 않고, 미래를 밝히는 희망의 산업으로 거듭날 것이다.

친환경 인증, 세계로 가는 브랜드

미래의 농업은 생산량으로 평가받지 않는다. 오늘의 소비자는 한 알의 곡식에서 친환경을, 건강을, 윤리적 가치를 본다. 농산물은 이제 이야기를 품은 생명의 결실이며, 신뢰와 미래를 전하는 메시지여야 한다.

농촌도시가 가진 맑은 공기, 청정한 토양, 해발 500m 이상의 고랭지라는 천혜의 조건은 이미 큰 자산이다. 우리는 이 자원을 최대한 활용하여 유기농 고랭지 채소, 무농약 산채류, 송이와 약용작물 같은 특화 농산물을 집중 육성하고, 이를 공동 브랜드로 통합·관리하여 세계로 나아가는 지역 브랜드로 성장시킬 것이다.

친환경 인증 농산물은 철저한 품질관리, 차별화된 포장, 스토리텔링이 결합되어 프리미엄 가치를 창출한다. 우리는 이 상품들을 국내 고급 유통망은 물론 일본, 베트남, 싱가포르 등 아시아 주요 시장으로 적극 진출시켜 농촌도시의 이름을 국제적 무대에서 빛나게 할 전략을 준비하고 있다.

이 길은 이미 검증된 길이다. 경기도 양평의 '아침마루' 브랜드는 친환경 농법으로 쌀과 감자, 엽채류를 체계적으로 생산하고 수도권 학교 급식과 대형 유통망을 통해 안정적인 판로를 확보하며 성공을 거두었다. 농산물 판매는 물론 체험 프로그램과 교육을 결합해 사회·문화적 가치를 창출한 점은 우리가 본받아야 할 중요한 사례다.

충남 논산의 '저탄소 쌀' 인증 사업도 주목할 만하다. 우렁이 농법을 비롯한 친환경 기술을 접목하여 탄소를 줄이고, 도시 소비자의 신뢰를 얻어내면서 지역 경제를 활성화했다. 이처럼 친환경 브랜드화는 농민의 소득 향상과 함께 지역사회 전체를 살리는 동력이 된다.

세계의 흐름 역시 같은 방향이다. 네덜란드는 농업 R&D 센터와 첨단 교육 프로그램을 통해 센서, 기상 데이터를 기반으로 생산성과 효율을 극대화했으며, 덴마크의 노르딕 하베스트Nordic Harvest는 유럽 최대 규모의 수직농장을 운영하며 환경 효율과 공간 활용을 극대화하는 혁신을 이루었다. 이 사례들은 친환경 농업이 생산 방식의 변화를 이끌고 농촌을 미래형 공간으로 변모시키는 힘임을 보여준다.

우리가 추진하는 친환경 인증과 브랜드화 전략은 농가 소득을 증대하고 청년이 돌아올 수 있는 경제적 토대를 마련하는 일이다. 한 명의 청년이 농촌으로 돌아와 새로운 꿈을 꾸면, 그 열정은 곧 지역 전체의 희망으로 확산된다. '스마트 친환경 농업단지'는 바로 그 청년의 꿈과 지역사회의 재생이 만나는 심장부가 될 것이다.

농업의 미래는 결국 사람의 손에서 완성된다. 자연을 살피는 지혜가 살아있는 한, 농업은 결코 낡은 산업이 될 수 없다.

오늘 우리는 분명히 선언해야 한다.

"농업이 곧 미래다."

그 첫걸음은 바로 이곳 스마트 친환경 농업단지에서 시작될 것이다.

2. 건강을 잇는 다리, 디지털 헬스케어

고립된 노후, 기술로 연결하다

아직도 어린 시절의 한 장면을 또렷이 기억한다. 어느 여름밤, 어머니께서 갑작스러운 고열과 복통으로 밤새도록 신음하시던 모습이다. 마을에는 병원 하나 없었기에 우리는 새벽이 될 때까지 그 고통을 지켜볼 수밖에 없었다. 날이 밝자 서둘러 버스를 타고 영주 시내 병원으로 향했고, 어머니는 곧장 입원 치료를 받으셔야 했다. 그때 느꼈던 무력감과 두려움은 오랫동안 가슴에 남아 있다.

수십 년이 지난 지금, 세상은 눈부시게 발전했지만 농촌의 의료 현실은 크게 달라지지 않았다. 새벽 첫차를 타고 몇 시간을 달려야 겨우 병원 진료를 받을 수 있는 어르신들, 병세가 악화될 때까지 아무 도움도 받지 못하는 독거노인들, 이들의 현실은 여전히 고단하다.

경북 북부의 산간마을들은 그 대표적인 사례다. 울진군의 깊은 산골 어르신들은 진료 한 번 받으려면 차로 한두 시간을 가야 한다. 봉화군 물야면의 여러 마을에는 의원 하나조차 없어, 정기 검진은 언감생심이다. 영양군 청기면에서는 차량조차 없는 홀몸 어르신들이 병원을 향해 발걸음조차 떼지 못한다. 의성군 사곡면에서는 만성질환자가 많지만, 보건소 공중보건의가 일주일에 한두 차례 찾아오는 임시 진료가 전부다. 이렇게 연속적인 돌봄 체계가 부재한 탓에 병세가 악화되어 결국 치료 시기를 놓치는 일이 끊이지 않는다.계간 《대산농촌》 신년호, 2024 / 안동MBC 8News "경북 보건취약지역" 보도

언론 보도와 통계 역시 이 현실을 증명한다. 봉화와 영양 등지에서는 병원 진료를 위해 왕복 네다섯 시간이 걸려 치료를 포기하거나 끝내 돌이킬 수 없는 상황에 이르는 사례가 반복적으로 보도된다. 울진의 한 산촌 어르신은 "병원 한 번 가려면 하룻밤은 재워줘야 한다"고 호소한 바 있다.

건강은 인간이 마땅히 누려야 할 권리이며, 돌봄은 공동체 전체가 함께 짊어져야 할 책무다. 특히 65세 이상 고령 인구 비율이 25%를 넘어서는 초고령 지역이 많은 경북에서는 이 책임이 더욱 절실하다. 그러나 의료 인력과 시설을 늘리는 방식만으로는 해답을 찾을 수 없다. 더 근본적이고 지속 가능한 접근이 필요하다. 우리는 이제 '기술과 사람의 연결'이라는 새로운 해법을 채택해야 한다. 그것이 바로 디지털 헬스케어 센터다.

디지털 헬스케어 센터는 다음과 같이 농촌의 의료 격차를 해소하고 어르신들의 삶의 질을 근본적으로 개선하는 첫걸음이 될 것이다.

첫째, IoT 기반의 원격 의료 진단 시스템으로 집에서도 건강 상태를 상시 점검할 수 있다.

둘째, 모바일 앱을 통한 개인 맞춤형 건강관리 서비스로 약 복용,

운동, 식단까지 체계적으로 관리할 수 있다.

셋째, 드론과 AI 기반의 응급 의료 지원체계로 사고나 발병 시 신속한 구조와 응급 처치가 가능하다.

이미 강원도 철원은 원격진료 시스템을 도입해 성과를 입증했다. 스마트 워치로 어르신들의 생체 정보를 실시간으로 확인하고, 이상 신호가 감지되면 즉시 보건소와 연계해 대응하는 체계다. 이처럼 기술은 농촌의 한계를 뛰어넘어, 의료 접근성을 획기적으로 확장할 수 있음을 보여준다.

디지털 헬스케어 센터가 실현되는 순간, 우리의 마을은 다시 활력을 되찾게 될 것이다. 더 이상 고립된 노후가 아니라 기술로 연결된 안전하고 건강한 공동체, 그것이 우리가 만들어갈 미래의 농촌도시다.

집 안에서 시작되는 스마트 진료

이제 농촌의 의료는 병원에서 시작되는 것이 아니라, 집 안에서 시작되는 시대로 들어서고 있다. 패러다이스 농촌도시는 모든 가정에 스마트 건강 측정 기기를 보급하여 혈압, 혈당, 심박수, 산소포화도 등 주요 생체 정보를 자동으로 수집한다. 이렇게 수집된 데이터는 클라우드 시스템으로 전송되고, 인공지능AI이 실시간으로 분석한다.

지역 병원의 전문 의료진은 이 데이터를 상시 모니터링하며 조기에 이상 징후를 포착할 수 있다. 응급 상황이 감지되면 헬스케어 센터는 즉시 보건소와 119 구조대에 연결된 긴급 이송 체계를 가동하여 신속하게 대응한다. 하루 단 한 번의 간단한 건강 체크가 한 사람의 생명을 구하는 세상, 바로 그 새로운 의료의 장이 열리고 있는 것이다.

이러한 시스템은 곧 병원이 집으로 찾아오는 혁신이다. 원격진료가 제도화되면 공중보건의와 전담 간호사가 정기적으로 대상자 가정을 방문해 약물 복용 관리, 식습관 개선, 운동 지도까지 수행한다. 이는 의료 서비스 제공과 함께 예방, 관리, 치료가 통합된 헬스케어 모델로 발전한다. 나아가 지역 농협, 보건소, 자치단체가 유기적으로 협력해 구축하는 이 체계는 농촌 주민들의 삶의 질을 획기적으로 끌어올릴 것이다.

이미 여러 지역에서 희망의 사례가 나타나고 있다. 경북 울진군의 '울진형 스마트 보건지소'는 농촌 의료 혁신의 선구적 모델이다. 북면과 온정면 등 의료 사각지대 산간마을을 중심으로 시작한 이 사업은 거동이 불편한 어르신 가정에 스마트 건강 측정 기기를 보급하고, 실시간 모니터링과 응급 후송 시스템을 결합하여 만성질환 악화율을 크게 줄였다. 지역 농협과 의약 단체, 자원봉사단이 힘을 모아 통합 헬스케어 체계를 구축한 결과 응급 이송 성공률이 현저히 높아졌다는 보고가 이어진다.

전남 고흥군의 '고흥형 스마트 헬스케어 플랫폼'역시 주목할 만하다. 농어촌 지역 1,000여 가정에 스마트 건강 측정 기기를 보급하고 보건소의 전문 의료진과 간호사, 영양사가 상시 상담을 제공한다. AI 기반 데이터 분석으로 이상 징후를 조기에 감지하며, 고려대학교와 LG유플러스 등 산·관·학 협력 체계를 구축해 디지털 헬스 교육과 생활지도를 병행한 결과, 만성질환 악화율은 감소하고 어르신들의 삶의 질은 눈에 띄게 향상되었다.

패러다이스 농촌도시는 이러한 우수 사례를 모방하는 데 그치지 않고, 이를 더욱 고도화하고 지역 특성에 맞게 발전시켜 농촌 의료의 새로운 기준을 제시한다.

스마트 진료의 본질은 기술을 통해 사람을 살리고, 공동체를 지키는 약속이다. 집 안에서 시작되는 스마트 진료는 농촌 어르신들의 고립된 노후를 지켜주는 든든한 울타리가 될 것이며, 나아가 주민 모두가 건강 걱정 없는 일상을 누리는 행복한 농촌도시의 미래를 열어갈 것이다.

몸과 마음을 돌보는 노년의 건강

몸만 건강하면 과연 충분할까? 우리는 흔히 건강을 말할 때 혈압, 혈당, 콜레스테롤 수치와 같은 지표를 먼저 떠올린다. 그러나 수치로 보이지 않는 외로움, 우울, 치매야말로 더 은밀하게, 그리고 더 무겁게 노년의 삶을 짓누른다. 패러다이스 농촌도시는 바로 이 점에 주목한다. 노인의 몸뿐 아니라 마음까지 세심히 돌보는 통합적 건강 도시를 지향한다.

이를 위해 우리는 생활 속에서 실현 가능한 '생활 밀착형 건강 프로그램'을 추진한다. 이 프로그램은 세 가지 축으로 이루어진다.

첫째, 신체 건강을 위한 '실버 운동 교실'이다. 균형 잡기 운동과 스트레칭, 가벼운 근력 운동을 통해 낙상 사고를 예방하고 기초 체력을 키운다. 운동은 단순한 신체 활동에 머무르지 않는다. 함께 모여 서로의 안부를 묻고 웃음을 나누는 공동체의 회복이기도 하다.

둘째, 정신 건강을 위한 '치매 예방 워크숍'이다. 기억력 향상 게임, 미술·음악 치료, 정서 상담과 더불어 지역 청소년과의 세대 간 교류를 활성화한다. 젊은 세대의 밝은 에너지가 어르신들의 고립감을 덜어내고, 따뜻한 정서적 유대가 마음의 안정을 더한다.

셋째, 'AI 상담 앱'과 디지털 건강 돌봄이다. 디지털 기기에 익숙하지 않은 어르신들을 위해 '디지털 건강 도우미단'을 양성하고, 말벗 챗봇과 스마트 건강 앱 활용법을 교육한다. 어르신들은 이를 통해 스스로 건강을 관리하고, 외로움을 극복할 수 있는 역량을 얻게 된다.

이러한 비전은 이미 여러 농촌도시에서 그 효과가 입증되고 있다.

전북 고창군의 '생애주기별 맞춤형 건강마을 사업'은 경로당을 거점으로 실버 운동 교실을 운영하며, 낙상 예방과 치매 관리에 실질적인 성과를 거두었다. '기억키움 치매 안심마을'을 지정해 미술 치유, 기억력 게임, 정서 상담을 정기적으로 진행했고, 디지털 건강 도우미가 가정을 방문해 스마트 기기 사용법을 알려주며 어르신 곁을 지켰다. 그 결과 낙상 사고, 우울감, 치매 발병률이 뚜렷하게 감소했다.

경남 남해군의 '행복 100세 건강 마을'은 또 다른 모범이다. 지역 건강센터와 연계해 실버 체조, 원예 활동 등 신체 활동과 함께, 음악, 미술, 웃음 치료 같은 정서 프로그램을 운영했다. 치매 예방 이동 워크숍과 우울증 예측 시스템, AI 말동무 앱까지 도입하여 체계적인 정신 건강 관리 모델을 확립했다. 특히 청년·청소년으로 구성된 '디지털 돌봄 서포터즈'가 어르신들의 스마트 건강 관리와 원격진료 연계를 지원하면서 사회적 고립감 지수를 현저히 낮추는 성과를 거두었다.

패러다이스 농촌도시는 이러한 선진 사례를 적극 벤치마킹하고, 더 나아가 지역의 특성과 자원을 반영한 고유의 '건강 돌봄 도시 모델'을 완성해 나갈 것이다. 우리는 의료 서비스의 양적 확대를 넘어 삶의 질을 고민한다. 건강을 숫자로 측정하기보다 걱정 없는 하루의 평온함에 주목하며, 서로가 마음 편히 기댈 수 있는 따뜻한 공동체를 만드는 일에 집중한다.

노인은 경험과 지혜, 품격을 지닌 존중받아야 할 세대다. 몸과 마음이 모두 건강한 노년, 그것이 바로 우리가 꿈꾸는 진정한 돌봄 도시의 미래이며, 패러다이스 농촌도시가 반드시 실현해야 할 사명이다.

3. 디지털로 열리는 관광의 미래

자연과 문화, 새롭게 태어나다

농촌 관광도시는 이제 더 이상 아름다운 자연경관에만 기대어서는 지속 가능한 미래를 열 수 없다. 시대는 변했고, 여행자의 기대 역시 달라졌다. 풍경 감상과 함께 그 속에 담긴 역사와 이야기를 경험하며, 디지털 기술을 통해 그 시절의 장면 속으로 들어가 생생한 현장감을 느끼기를 원한다. 따라서 자연과 문화의 고유한 가치를 첨단 기술로 새롭게 해석하고 확장하는 '스마트 관광 모델'은 선택이 아닌 필수다.

이를 위한 첫 번째 과제는 디지털 관광 플랫폼의 구축이다. 스마트폰 앱 기반의 이 플랫폼은 농촌 관광객들이 주요 관광지에서 AR증강현실과 VR가상현실을 체험할 수 있도록 한다. 예컨대 고택이나 전통 마을을 찾은 방문객은 AR 기술을 통해 역사 속 인물과 대화하듯 이야기를 들을 수 있고, 계절적 한계가 있는 관광지에서는 VR 기술을 활용해 사계절의 아름다움을 언제든지 만날 수 있다. 이는 시간을 초월한 체험으로 관광객을 안내한다.

두 번째 과제는 스마트 생태 탐방로 조성이다. 주요 관광 코스마다 드론 스테이션과 IoT 환경 센서를 설치하여 날씨, 공기 질, 인파 밀집도 등 실시간 정보를 제공한다. 관광객은 이 데이터를 바탕으로 안전하고 쾌적한 여행을 즐길 수 있으며, 드론 영상 서비스를 통해 자신만의 특별한 여행 영상을 제작할 수도 있다. 이는 관광 경험을 '기록의 즐거움'까지 확장하는 혁신적 시도다.

세 번째 과제는 스마트 관광 빅데이터 센터의 운영이다. 관광객의 이동 경로, 체류 시간, 소비 성향을 분석하여 맞춤형 관광 코스와 지역 상권을 추천함으로써 방문객에게는 더 편리하고 의미 있는 여행을, 지역 경제에는 더 활발한 소비와 연결을 가져온다. 관광객과 지역 상인, 주민이 함께 이익을 나누는 선순환 구조가 바로 이 빅데이터에서 시작된다.

국내의 성공 사례로는 인천 중구의 '인천e지Incheon Easy' 앱이 있다. 이 앱은 관광객들에게 AR·VR 체험과 함께 AI 기반 개인 맞춤형 여행 코스를 제안하며, 지역 상권과 연계된 쿠폰을 제공하여 체류 시간을 늘리고 소비를 촉진했다. 그 성과는 국제적으로도 인정받아 아시아태평양관광협회PATA 골드어워드를 수상하는 영예로 이어졌다.

해외 사례로는 네덜란드 암스테르담의 '비콘 마일Beacon Mile' 프로젝트가 있다. 도시와 인근 농촌을 IoT 기반 비콘으로 연결하여, 방문객에게 AR 관광 정보와 실시간 이벤트 알림, 농가 체험, 녹색 투어를 제공한다. 이를 통해 도시와 농촌의 경계를 허물고 관광객의 발길을 다양하게 분산시켜 지역 전체의 활력을 높이고 있다.

농촌 관광도시의 미래는 자연과 문화, 그리고 디지털 기술이 어우러져 새롭게 태어나는 데 있다. 이 과정에서 전통은 보존하는 대상에 머물지 않고 새로운 방식으로 다시 만들어진다. 그 변화의 중심에는 주민과 관광객 모두가 있다.

리더의 사명은 이 변화를 두려움이 아닌 희망으로 이끄는 것이다. 첨단 기술을 접목한 농촌 관광은 주민에게는 일자리와 소득을, 관광객에게는 감동과 배움을 제공한다. 전통과 혁신이 조화를 이루며 상생할 때, 농촌 관광도시는 진정한 '패러다이스'로 거듭날 수 있다.

손안에서 만나는 농촌 여행

이제 농촌 관광의 패러다임은 '스마트 관광 앱'으로 새롭게 열리고 있다. 정보를 제공하는 수준에 머무르지 않고, 여행의 전 과정을 개인화하고 관광 데이터를 실시간으로 분석하여 지역 경제 활성화까지 이끌어내는 혁신적 도구로 자리 잡고 있는 것이다. 스마트폰 하나만 있으면 전통시장부터 숨겨진 명소, 향토 음식점과 문화유산에 이르기까지 농촌의 모든 곳을 연결할 수 있다. 이것이야말로 방문객에게 잊을 수 없는 체험과 편의를 선사하는 새로운 농촌 관광의 길이다.

전주 한옥마을 스마트 투어 앱, 성공의 길잡이

성공적인 사례로는 전주시의 '한옥마을 스마트 투어 앱'을 들 수 있다. 전통과 현대가 공존하는 전주는 이 앱을 통해 관광산업의 디지털 혁신을 선도했다. 사용자 맞춤형 여행 코스 추천, AR 해설사 서비스, 실시간 혼잡도 안내 등 다양한 기능을 갖춘 이 앱은 2024년 한 해 동안 앱 이용자 수 기준으로 120만 명의 실적을 기록했다.2025. 3. 4. 전북일보. '전주 한옥마을 방문객 1,500만 명 유지' 보도 그 성공 요인은 다섯 가지로 정리할 수 있다.

첫째, 개인화 맞춤 서비스

이 앱은 이용자의 연령, 방문 목적, 동행인, 방문 시기와 날씨에 따라 최적의 여행 일정을 제안한다. 특히 AI 분석을 통해 계절이나 기상 변화에 맞춰 추천 코스를 실시간으로 업데이트하여 관광객들의 만족도를 크게 높였다.

둘째, AR·VR 콘텐츠의 현장 적용

관광객은 전주 한옥마을에서 스마트폰을 통해 조선시대 선비가 등장하는 증강현실 콘텐츠를 만나고, VR로 복원된 옛 건축물 속으로 들어가 과거와 현재를 동시에 체험한다. 이는 아이들에게는 즐거운 학습이 되고, 어른들에게는 역사와 문화의 감동을 되새기는 시간이 된다.

셋째, 실시간 드론뷰 서비스

오목대, 경기전, 풍남문 등 전주의 대표 명소들을 드론이 비춘 영상으로 감상하고, 이를 SNS에 공유하거나 추억으로 저장할 수 있다. 새로운 시각에서 보는 도시의 풍경은 관광의 재미를 배가시켰다.

넷째, 올인원 예약 시스템

숙박, 교통, 맛집 예약, 특산품 구매까지 앱 하나로 해결된다. 관광객은 현장에서 즉시 상품을 수령하거나 집으로 안전하게 배송받을 수 있어 편의가 높아졌고, 지역 특산품의 구매율도 자연스럽게 늘어났다.

다섯째, 데이터 기반 도시 혁신

전주시는 앱을 통해 수집된 관광객의 이동 경로, 선호 콘텐츠, 소비 데이터를 분석하여 혼잡 시간 분산, 지역 축제 일정 조정, 맞춤형 마케팅 등 다양한 정책을 실현했다. 이는 관광 서비스를 통해 도시 전반의 운영 방식까지 혁신하는 밑거름이 된다.

농촌 관광도시의 미래 과제

이러한 성과는 우리 농촌도시에도 귀중한 시사점을 준다. 농촌 관광 도시 역시 스마트 관광 앱을 도입함으로써 두 가지 목표를 동시에 달성할 수 있다.

첫째, 지속 가능한 관광 혁신

디지털 기술을 접목하여 계절과 날씨에 제약받지 않는 관광 자원을 만들어낸다.

둘째, 지역 경제 활성화

관광 데이터를 기반으로 상권을 살리고, 주민과 관광객이 함께 혜택을 나누는 구조를 만든다.

이제 농촌은 과거 보존에만 머물러선 안 된다. 기술을 통해 전통을 다시 빛나게 하고 지역 주민의 삶을 풍요롭게 하며, 관광객에게는 감동의 경험을 제공해야 한다.

농촌이 가진 가치를 디지털 혁신과 연결하고, 이를 통해 모두가 상생하는 관광 생태계를 만들어가는 일이 무엇보다 시급하다. 지금이 바로 그 첫걸음을 내디딜 때다. 이 길을 흔들림 없이 걸어갈 때 농촌 관광도시는 비로소 '손안의 낙원', 진정한 패러다이스로 태어날 것이다.

주민과 함께 만드는 체류형 관광

관광은 외부에서 찾아오는 손님만의 몫이 아니다. 진정한 관광은 지역 주민이 주체가 되어 이야기를 만들고 나누며 함께 즐길 때 비로소 완성된다. 농촌 관광의 지속 가능한 미래는 주민 참여와 디지털 혁신이 어우러질 때 가능하다. 패러다이스 농촌도시가 지향하는 길은 바로 주민이 기획자이자 운영자가 되는, 따뜻하고 살아 있는 관광 생태계다. 주민 주도형 관광 생태계를 구축하기 위한 세부 전략들을 살펴본다.

첫째, 우리의 이야기 — 마을 해설사와 디지털 기술의 만남

마을 구석구석을 누구보다 잘 아는 어르신, 열정이 넘치는 청년, 그리고 평범한 일상을 살아가는 주민 모두가 해설사가 될 수 있다. 스마트폰과 AR·VR 기술을 통해 지역의 역사와 전통을 관광객에게 전하고, 디지털로 기록된 지혜는 세대를 이어 소통의 자산이 된다. 이는 일자리 창출과 세대 간 교류라는 뜻깊은 변화를 이끌어낸다.

둘째, 우리 마을의 크리에이터 — 청년이 그리는 미래

지역 청년들은 드론을 날려 하늘에서 내려다본 고향의 풍경을 담

고, 영상 편집과 SNS 마케팅 기술을 익혀 직접 콘텐츠를 제작한다. 자신들의 이야기를 담아낸 이 콘텐츠는 하나의 관광 상품이 되고, 젊은 세대는 이를 통해 자신감을 얻으며 창업의 꿈을 키운다. 관광은 체험과 함께 청년의 미래를 열어주는 디딤돌이 된다.

셋째, 민박에서 피어나는 따뜻한 교류

마을에서의 하루는 주민과 관광객 간의 마음이 오가는 특별한 교류의 시간이다. 고택 민박, 손두부 만들기, 약초차 클래스 등 주민이 직접 운영하는 프로그램은 수익을 지역 안에 환원시키는 선순환 구조를 만든다. 관광객은 정겨운 환대 속에서 휴식을 얻고, 주민은 보람과 소득을 함께 누린다.

넷째, 우리가 꿈꾸는 마을 — 관광마을 공모제

주민 스스로 이야기를 발굴하고 브랜드화하여 공모에 참여한다. 선정된 마을에는 AR 안내판, 와이파이, 스마트 예약 시스템 등 관광 인프라가 지원되고, 전문가 컨설팅을 통해 한층 매력적인 공간으로 재탄생한다. 마을 간의 건강한 경쟁은 각기 다른 이야기를 꽃피우며 농촌 관광의 질을 높여간다.

다섯째, 마일리지 포인트로 이어지는 정겨운 경제

마을 카페에서의 커피 한 잔, 주민이 직접 운영하는 식당에서의 식사, 작은 특산품 구매까지 모두가 관광객에게 소중한 '마을 포인트'가 된다. 이 포인트는 재방문을 유도하고, 지역 경제를 순환시키며, 주민에게도 참여 보상으로 돌아간다. 따뜻한 경제 생태계가 형성되는 것이다.

이제 우리 농촌 도시는 단순히 '보는 관광지'가 아니라 머무르고 싶은 관광도시로 변모하고 있다. 주민의 적극적인 참여와 스마트 기술이 어우러질 때, 관광은 삶의 질을 높이는 공동체의 미래 비전이 된다.

주민이 주인이 되는 체류형 관광을 제도적으로 뒷받침하고, 디지털과 전통을 조화시켜 모두가 상생하는 농촌을 만들어간다면 농촌 관광도시는 진정으로 사람이 머물고 싶은 패러다이스로 거듭날 것이다.

4. 사람을 먼저 생각하는 교통

고립에서 연결로, 농촌의 길

농촌 도시는 더 이상 '단절'을 숙명처럼 받아들여서는 안 된다. 이동의 통로인 길은 개인의 삶과 공동체를 하나로 이어주는 생명의 끈이기 때문이다. 오랫동안 농촌의 교통 문제는 도로 건설이나 버스 노선 확충만으로는 해결되지 않았다. 교통 사각지대를 넘어설 수 있는 길은 기술과 사람 중심의 스마트 교통 모델에 있다. 그 구체적인 모델과 성공 사례를 중심으로 살펴본다.

첫째, 수요 응답형 교통 시스템

경상북도 의성군의 '행복콜 택시'는 교통 취약지역의 고령자와 장애인 등 교통 약자에게 실질적인 이동권을 제공하는 모범적 사례다. 주민이 원하는 시간과 목적지를 미리 예약하면 택시가 마을까지 직접 찾아가 병원, 장터, 행정기관 등 필수 생활 공간으로 이동을 돕는다. 이용자는 일반 버스 요금 수준만 부담하고 나머지는 지방자치단체가 지원한다. 필요할 때만 운행되는 구조는 환경적, 경제적 효율성까지 높인다.

둘째, 커뮤니티 버스와 공유 택시의 연계 모델

일본 오이타현 우사시는 고령화로 인해 버스 운전자가 줄고 노선이 폐지되는 위기에 대응하기 위해 시 정부가 직접 예약 기반 커뮤니티 교통체계를 운영하고 있다. 주민은 마을별 예약을 통해 병원, 상점, 문화시설을 자유롭게 오갈 수 있으며, 운영 시간과 노선은 수요에 맞춰 유동적으로 변경된다. 일부 차량에는 전기차와 하이브리드 차량을 도입해 친환경성을 높였고, 유휴 시간에는 주민 공동체 활동에도 차량을 활용할 수 있도록 하여 교통과 지역 커뮤니티의 활성화를 동시에 이루고 있다.

셋째, AI 기반 교통 빅데이터 시스템

고령자가 많이 거주하거나 의료기관 접근성이 낮은 마을을 중심으로, AI 교통 빅데이터 분석을 통한 최적화 시스템을 도입할 수 있다. 시간의 흐름에 따라 순서대로 기록된 시계열 데이터를 활용해 택시와 셔틀버스의 배차를 자동으로 조정하고, 특정 시간대 수요를 정확히 예측함으로써 교통복지의 사각지대를 줄인다. 이는 효율적인 자원 배분과 사람 맞춤형 교통복지를 동시에 달성할 수 있는 방법이다.

국내외 성공 사례의 교훈

국내에서는 강원도 평창군의 '평창 행복 택시'가 대표적이다. 이 모델은 수요응답형 호출 시스템과 민간 택시업체 간 협력을 통해 고령자의 병원 이동을 돕고, 지역 의료 접근성을 획기적으로 개선했다. 전화 한 통으로 예약이 가능하며, 이동 동선 분석을 통해 지방자치단체가 정책을 신속하게 조정할 수 있어 효율성과 만족도를 모두 높였다.

국제적으로는 핀란드 헬싱키의 'Whim' 앱이 있다. 이 앱은 대중교통, 택시, 자전거, 렌터카까지 모든 교통수단을 하나의 플랫폼에서

교통약자를 위한 농촌의 스마트 교통서비스

연결하여 사용자가 시간과 비용에 맞는 최적 경로를 선택할 수 있게 해준다. 농촌 지역에서도 관광객 유치와 지역 간 이동 연계에 큰 효과를 거두며, 디지털 기반 교통 혁신의 모범으로 평가받고 있다.

농촌의 교통 미래는 이동수단을 늘리는 것에만 머무르지 않는다. 진정한 미래는 '언제든, 어디서든, 누구나 연결될 수 있는 디지털 기반 교통권'의 보장에 있다. 기술과 복지, 그리고 지역 공동체의 결합을 통해 우리는 고립 없는 농촌, 이동이 곧 권리가 되는 도시를 만들어갈 수 있다. 그렇게 될 때, 패러다이스 농촌도시의 길은 단절이 아니라 희망과 만남의 길이 될 것이다.

"길은 더 이상 끊어진 선이 아니다. 언제, 어디서든 누구나 이어질 수 있는 희망의 다리가 되어야 한다."

전기차와 복지셔틀, 이동의 품격

농촌의 교통은 점점 실질적인 이동수단이 사라지는 위기를 맞고 있다. 교통 약자에게 길은 때로 좁거나 막혀 있으며, 때론 아예 존재하지 않는다. 교통은 일상을 이어주는 다리이며, 사람다운 삶을 지키는 사회적 기반이다.

패러다이스 농촌도시는 이 단절된 길 위에 새로운 가능성을 심고자 한다. 기술과 환경, 복지가 어우러진 스마트 교통복지 모델을 통해 모두가 자유롭고 품위 있게 이동하는 도시를 실현하는 것이다.

이를 위해 우리는 환경, 기술, 복지를 아우르는 세 가지 핵심 전략을 추진한다.

첫째, 친환경 교통 인프라 확충

지속 가능한 이동 수단으로의 전환은 농촌도시에서도 더 이상 미룰 수 없는 과제다. 읍·면 소재지와 공공시설, 주요 관광지에 고속·완속 전기차 충전소를 체계적으로 배치해 주민과 방문객 모두가 친환경 교통수단을 쉽게 이용하도록 한다. 지방자치단체 또는 마을 단위로 공용 전기차·수소차를 도입하고, 앱 기반 예약 시스템을 활용한

무소유·무인 카셰어링 서비스를 시범 운영한다. 이를 통해 차량 소유의 부담을 줄이고, 탄소중립 도시로 가는 길을 앞당긴다. 또한 병원과 정류장 주변에는 스마트 주차 시스템을 도입해 혼잡을 줄이고, 고령자·장애인의 접근성을 높인다.

둘째, AI 기반 복지셔틀 도입

교통 사각지대에 놓인 고령자와 장애인에게 복지셔틀은 삶의 품격을 지켜주는 필수 서비스다. 패러다이스 농촌도시는 저상 전기 복지셔틀을 도입해 병원, 시장, 보건소, 행정기관 등 생활 핵심 공간을 오가는 노선을 운영한다. 주민이나 보호자는 스마트폰, 전화, 관제센터를 통해 손쉽게 예약할 수 있으며, AI 기반 실시간 배차 시스템은 경로를 자동으로 최적화해 효율성을 높인다. '주 1회 목욕날 셔틀', '주말 장보기 셔틀', '보건소 검진 셔틀'등 생활 밀착형 노선은 주민의 일상에 실질적인 편의를 제공한다. 또한 디지털 취약 계층을 배려해 마을회관, 이장, 콜센터 대리 예약 시스템을 함께 운영하고, 이를 통합 관리하는 디지털 관제센터를 구축해 누구도 소외되지 않는 교통복지를 실현한다.

셋째, 탄소중립형 마을버스 확대

친환경, 저상, 공공 운영의 3박자를 갖춘 탄소중립형 마을버스는 농촌의 대표적 교통 공공재가 되어야 한다. 패러다이스 농촌도시는 전기버스와 천연가스버스 등 저공해 차량을 적극 보급하고, 단일 노선의 수익성이 낮더라도 '하루 한 번은 반드시 운행한다'는 원칙 아래 공공재 개념으로 운영한다. 또한 AI 기반 수요 데이터를 분석해 수요응답형DRT 노선과 고정 노선의 혼합 운영을 도입한다. 이를 통해 배차와 운행 시간을 최적화하고, 에너지 효율과 운행 품질을 동시에 높인다. 이는 이동할 수 있다는 희망과 지역 간 형평성을 회복하는 상징이 된다.

이동은 사람과 사람을 잇고, 지역에 생명을 불어넣는 일이다. 시장이나 병원으로 향하는 그 하루가 누군가에게 큰 벽이 되어서는 안 된다. 패러다이스 농촌도시는 그 벽을 허문다. 눈높이를 맞추고 발걸음을 함께하며, 손을 내미는 교통정책으로 길 위에 새로운 희망을 세운다.

길은 삶의 동맥이며 공동체의 연결선이다. 존중받는 이동, 기다리지 않아도 되는 버스, 배려가 깃든 앱, 그리고 사람과 사람을 잇는 따뜻한 동행. 이것이 우리가 꿈꾸는 진정한 패러다이스 농촌도시의 시작이다.

교통약자를 위한 도시

어딘가로 향하는 통로인 길은 사람과 사람, 마음과 마음을 이어주는 공동체의 실핏줄이다. 패러다이스 농촌도시의 교통정책은 언제나 '가장 이동이 어려운 사람'의 입장에서 출발한다. 고령자, 장애인, 휠체어 사용자, 유모차를 끄는 부모, 스마트폰이 낯선 어르신까지 그들의 한 걸음을 배려할 수 있는 정책이 무엇보다 시급하다.

이러한 포용적 교통 정책을 실현하기 위한 네 가지 핵심 과제에 집중한다.

첫째, 고령자를 위한 '안심 정류장'

햇볕과 비바람을 막아주는 넓은 지붕, 몸을 편히 기댈 수 있는 인체공학적 의자, 바람을 차단하는 투명 방풍막, 이 모든 요소가 정류장을 하나의 '쉼터'로 바꾼다. 시력이 약한 어르신을 위한 음성 안내기, 불안을 덜어주는 밝은 조명과 CCTV, 휠체어가 거침없이 진입할 수 있도록 낮춘 단차. 이 작은 변화가 한 사람의 삶을 크게 바꾼다.

둘째, 모두가 걸을 수 있는 보행 환경 개선

마을 보건소, 시장, 복지센터, 행정사무소로 향하는 길은 넓고 평

평한 무장애 인도로 정비된다. 미끄럼 방지 마감재와 장애물 없는 바닥, 누구나 오르내릴 수 있는 경사로는 기본이다. 시각장애인을 위한 점자블록과 유도라인, 보행 신호 연장, 음성신호기와 바닥 LED는 보행을 '권리'로 되돌려준다. 여름엔 그늘막과 가로수가 햇볕을 가려주고, 그 길 위에서 누구나 여유롭고 당당하게 걷는다.

셋째, 약자 지원 통합 플랫폼

정류장까지 걸어가는 것조차 어려운 어르신을 위해 통합형 약자 지원 앱을 구축한다. 앱 하나로 셔틀 호출, 병원 예약, 청년 도우미 연결이 가능하다. 디지털 취약계층을 위해서는 읍·면 콜센터와 마을회관을 통한 전화 신청도 병행한다. 앱은 알려준다. "버스가 5분 후 도착합니다", "오늘 오전 10시에 보건소 진료 예약이 있습니다"와 같은 작은 알림이 큰 안심이 되고, 기술이 차가운 것이 아니라 따뜻할 수 있다는 것을 증명한다.

넷째, 청년 교통도우미 제도

누군가에게는 100m가 1km보다 멀게 느껴질 수 있다. 그래서 마을마다 청년 교통도우미를 배치한다. 정류장까지 함께 걸어주고, 병원까지 휠체어를 밀어주며, 시장까지 동행해 장바구니를 들어준다. 긴급 상황에서는 즉시 호출할 수 있는 시스템을 마련하고, 청년들에게는 응급처치법과 교통약자 응대 교육을 제공한다. 이 제도는 청년 일자리이자 마을 공동체의 신뢰망으로 기능하며, 세대 간 벽을 허무는 따뜻한 연결망이 된다.

모두를 위한 교통은 '사람의 속도'에 맞추는 일이다. 가장 불편한 이에게 가장 먼저 다가간다는 철학은 정책이 되고, 시스템이 되며, 문화가 되어야 한다. 기술은 배려로 따뜻해지고, 디자인은 세심한 눈

높이로 완성되며, 인프라는 사람을 중심에 둘 때 비로소 제 역할을 다한다. 우리의 교통정책은 차량 수를 세는 것이 아니라 한 사람의 이동을 존중하는 길을 만드는 것이다.

그 길 위에 누구도 뒤처지지 않고, 누구도 외롭지 않으며, 누구도 불안하지 않은 진짜 패러다이스 농촌도시가 이 길 위에서 피어나게 될 것이다.

5. 모두가 지켜내는 안전의 힘

재난 대응, 기술로 앞서다

"재난은 예고 없이 찾아오지만, 대응은 미리 준비할 수 있다."

기후 위기의 시대, 산과 물이 어우러진 농촌 도시는 아름다움만큼이나 자연재해의 위험 또한 안고 살아간다. 예전처럼 하늘의 뜻만을 바라보던 시대는 이미 지나갔다. 이제는 기술과 사람이 함께 손을 맞잡고 자연의 변화를 읽어내며, 미리 준비하는 지혜로운 도시가 필요하다. 그것이 바로 패러다이스 농촌도시가 꿈꾸는 미래다.

이러한 미래를 실현하기 위한 핵심 방안은 다음 세 가지다.

첫째, '보이지 않는 눈'으로 자연을 지켜낸다.

깊은 숲속에서 피어오르는 작은 연기조차 놓치지 않는 눈이 있다. 위성 영상과 드론 기술은 연기와 열원을 실시간으로 감지하고, 인공지능AI은 불과 5분 이내에 위험 수준을 분석해 즉시 주민들에게 경보를 전한다. 이미 강원 삼척에서 입증된 사례다. 드론과 AI를 결합한 초기 대응 시스템으로 대형 산불을 진압하고 인명 피해를 막아낸 값진 경험은 우리 농촌도시가 반드시 배워야 할 교훈이다. 또한 하천 수위, 적설량, 폭염 같은 다양한 위험 신호는 IoT 센서를 통해 끊임없이 측정된다. 사전 설정된 기준을 넘어설 경우 자동 경보가 작동하고, 주민들의 휴대폰으로 안내 메시지가 즉시 전송된다. 일본 도야마현이 이미 이 시스템을 도입해 재해 피해를 최소화했듯, 우리도 '보이지 않는 눈'을 통해 자연을 가장 먼저 읽고 지킬 수 있다.

둘째, '스스로 움직이는 안전 시스템'을 구축한다.

재난은 중앙의 명령을 기다려주지 않는다. 현장에서 즉각 작동하는 시스템이 필요하다. 적설량이 일정 기준을 넘으면 도로에 자동으로 염수를 살포해 미끄럼 사고를 예방하고, 소하천과 계곡에는 수위 감지 장치를 설치해 위험 수위에 도달하면 곧바로 알림과 보고가 이루어지도록 한다. 특히 취약계층을 위한 배려는 안전의 기본이다. 독거노인과 거동이 불편한 주민 가정에는 AI 스피커를 설치해 음성으로 경보를 전달한다. 기술이 냉철한 장치에 머무르지 않고, 따뜻한 손길처럼 주민 곁에 다가갈 때 진정한 스마트 농촌도시가 된다.

셋째, '디지털 통합지휘센터'는 신속히 판단하고 대응한다.

재난은 순식간에 상황을 바꾼다. 그때 필요한 것은 신속하고도 정확한 결정이다. 패러다이스 농촌도시는 클라우드 기반 통합 플랫폼과 AI 보조 판단 시스템을 중심으로 CCTV와 드론 영상, 주민 제보까지 모두 통합 분석한다. 이를 통해 재난의 등급을 즉시 판별하고, 주민들에게 혼란 없는 행동 지침을 제공한다. 그러나 기술만으로는 충분하지 않다. 사람의 훈련된 대응이 반드시 뒤따라야 한다. 매년 정기적으로 시행되는 주민 참여형 시뮬레이션 훈련은 실제 상황을 체험하며 몸으로 익히는 생생한 교육이다. 이 훈련이야말로 '내 마을은 내가 지킨다'는 공동체적 안전 문화를 뿌리내리게 한다.

기술은 차갑지만, 그 기술을 따뜻하게 사용하는 것은 결국 사람의 몫이다. 패러다이스 농촌도시가 준비하는 재난 대응 시스템은 주민의 생명과 삶을 지켜내는 디지털 방패이며, 모두가 함께 만드는 안전의 힘이다. 재난을 두려움으로만 바라보는 것이 아니라, 기술과 지혜를 모아 함께 대비하는 길을 여는 것, 그것이 바로 우리 농촌도시가 걸어가야 할 길이다.

모두가 전문가가 되는 안전교육

"기억은 흐려지지만, 훈련은 몸이 기억한다."

위험은 이제 먼 이야기가 아니다. 산불, 홍수, 폭염은 이미 우리의 일상에 스며들어 있다. 그러나 진정한 위험은 외부에서 오는 것이 아니라 준비되지 않은 마음속에서 싹튼다. 기술은 우리에게 경보를 울려줄 수 있지만, 그 경보에 반응하고 위기를 극복하는 힘은 결국 주민 개개인에게서 나온다.

그래서 패러다이스 농촌도시는 전문가에게만 안전을 의존하지 않고, 모든 주민이 스스로 전문가가 되는 도시를 지향한다. 바로 이 정신을 담아 '패러다이스 방재 학습 생태계'를 구축한다.

이 학습 생태계의 성공적인 안착을 위해 세 가지 세부 과제를 추진한다.

첫째, 세대별 맞춤형 안전 교육 콘텐츠 개발과 보급

안전은 세대마다 언어가 다르다. 따라서 교육도 그 눈높이에 맞아야 한다.

• 아이들에겐 놀이 속에서 배우는 안전이 필요하다. 초·중학생을

위한 '생존 퀘스트' 게임은 산불, 지진, 홍수 등을 가상으로 체험하고 선택의 결과를 직접 경험하도록 설계된다. 이는 경기도 안산시의 체험형 안전 교육 사례처럼 교육부 정규 교과과정과 연계되어, 교실에서도 이어질 수 있다.

- 청·장년층에게 친숙한 디지털 도구가 답이다. 스마트폰 앱을 통해 재난 행동 지침을 퀴즈와 모의 시나리오로 제공하고, 참여 시 인증 배지나 포인트를 부여한다. 일본 도쿄도의 '도쿄 방재' 앱처럼 생활 속 반복 학습을 유도하여, 위기 상황에서 자연스럽게 행동할 수 있는 힘을 길러준다.
- 어르신들에겐 쉽게 알려주는 것이 중요하다. 경로당과 복지관에 설치된 이동형 VR 체험 키트는 음성 안내와 함께 단순한 조작으로 화재나 홍수 상황을 체험하게 한다. "불이 났습니다. 어디로 가야 할까요?"라는 친근한 안내에 따라 어르신들이 천천히 자신의 속도로 몸에 익히는 안전 훈련—이것이 바로 세대를 아우르는 교육의 힘이다.

둘째, 반기별 '군민 안전 훈련의 날' 운영

훈련은 두려움을 이겨내고 마을이 하나 되는 축제가 되어야 한다. 경상남도 창원시 진해구가 '재난 대응 훈련 페스티벌'을 통해 주민 모두의 참여를 이끌어낸 것처럼, 패러다이스 농촌도시는 반기마다 '군민 안전 훈련의 날'을 정례화한다. 산불, 지진, 홍수, 폭염 상황을 가상으로 연출하고, 실제 경보 방송과 모바일 알림을 통해 훈련을 개시한다. 학생, 교직원, 자율방재단, 부녀회, 이장단까지 모두가 함께 참여한다. 훈련이 끝나면 경찰과 소방이 심폐소생술과 초기 대응을 시연하고, 주민들은 소그룹 토론을 통해 느낀 점을 공유한다. 이렇게 축제 같은 훈련은 공동체가 한마음으로 위기를 대비하는 의식으로 발전한다.

셋째, '안전 지킴이 군민 인증제' 도입

훈련은 그저 경험으로 끝나서는 안 된다. 훈련은 반드시 주민이 안전 리더로 성장하는 과정이어야 한다. 일본 고베시의 '방재 리더 인증제'처럼 우리 농촌도시도 온라인 교육 수료와 훈련 참여 실적을 기반으로 주민에게 '안전 지킴이 군민 인증제'를 도입한다. 인증받은 주민에게는 모바일 앱과 실물 배지를 제공하여 응급 상황 시 우선 통신자이자 초동 대응자로 활동할 수 있도록 한다. 또한 군 행사에서의 우대, 소정의 활동 수당, 공적 표창 등 인센티브를 부여해 참여를 장려한다.

훈련은 한 사람만의 경험이 아니라 공동체 전체의 기억이다. 모든 주민이 스스로 전문가가 되어 안전 문화를 만들어갈 때, 도시의 회복력은 몇 배로 커진다.

리더십이란 바로 이 과정에서 주민을 격려하고, 앞장서며, 함께 배우는 것이다. 패러다이스 농촌도시는 주민이 곧 주체가 되는 '안전의 공동체'를 통해 두려움이 아닌 자신감으로 미래를 맞이할 것이다.

"훈련은 두려움을 희망으로 바꾸는 마을의 축제다."

손안의 안전망, 디지털 안전센터

"안전도 이제 기술로 설계할 수 있다."

우리는 이미 손끝으로 세상을 움직이는 시대에 살고 있다. 한밤중, 스마트폰 하나로 불을 끄고 에어컨을 켜며, 자동차는 버튼 하나로 시동을 걸고, 냉장고는 스스로 음식을 신선하게 지킨다. 그런데 왜 우리의 생명과 마을의 안전은 여전히 과거의 방식에 머물러야 하는가?

패러다이스 농촌도시는 이제 그 답을 제시한다. 디지털 안전센터는 주민 모두가 '스스로 안전을 지키는 힘'을 손안에 갖도록 하는 새로운 안전망이다. 이 새로운 디지털 안전망을 구축하기 위한 세 가지 핵심 요소에 집중한다.

첫째, 군민 맞춤형 안전 앱 'B-SAFE' 개발

재난은 언제나 갑작스럽게 다가온다. 그러나 이제는 군민의 손안에, 그 어떤 구조대보다 신속하게 대응할 수 있는 B-SAFE 앱이 자리한다.

- 산불이나 홍수 발생 시 즉각적인 실시간 알림
- 나의 위치에서 가장 가까운 대피소 자동 안내

• 위급 상황에서 원터치 구조 요청 및 음성 메시지 전송
• 119, 112, 군청 등 긴급 기관 신속 연결

여기에 더해 청각장애인과 어르신을 위한 진동 알람, 화면 점멸, '약자 보호 모드', 가족에게 자동으로 위급 상황을 알리는 기능까지 담는다. B-SAFE는 군민의 생명을 잇는 디지털 생명줄이다.

둘째, 매일의 안전을 눈으로 확인하는 '365 디지털 안전상황판'

"오늘 우리 마을의 산불 위험은 어느 정도일까?"라는 질문에 주민 누구나 손쉽게 답할 수 있어야 한다. 군청, 마을회관, 학교, 버스정류장에 설치된 디지털 안전상황판은 산불 위험지수, 하천 수위, 기온과 습도 등 핵심 정보를 실시간으로 보여준다. 위험이 높아지면 색상이 바뀌고 자동 알림이 전달되어 주민들은 곧바로 대응할 수 있다. 무엇보다 이 시스템 운영 과정에 지역 청년들이 참여한다. 청년들이 직접 유지·관리·콘텐츠 제작에 참여함으로써 지역 일자리 창출과 안전 문화 확산이라는 두 마리 토끼를 잡는다.

셋째, AI와 함께하는 똑똑한 재난 대응 시스템

AI는 과거의 재난에서 교훈을 학습하고, 새로운 상황에 적용한다. 과거 재난 데이터를 분석해 위험 패턴을 예측하고, 유사 상황이 발생하면 자동 대응 시나리오를 제시한다. 예컨대 '동북풍이 불고, 습도가 20% 이하이며, 기온이 28도를 넘는 경우'가 감지되면 AI는 곧바로 위험 지역을 표시하고 대피소 가동을 권고한다. 특히 야간이나 행정 인력이 부족한 시간에도 시스템은 스스로 판단해 대응책을 제안하며 주민을 지킨다.

이제 재난의 피해를 최소화하는 것은 더 이상 꿈이 아니다. 그것은 현실로 다가오는 일상의 안전망이다.

패러다이스 농촌도시 디지털 안전센터는 기술과 인간, 행정과 공동체가 함께 만들어가는 미래 안전의 상징이다. 우리가 지켜내려는 것은 집이나 도로는 물론 그 안에서 살아가는 주민의 생명, 웃음, 그리고 내일의 희망이다.

기술로 지켜낸 생명, 그것이 우리가 꿈꾸는 진정한 패러다이스다. 리더십은 바로 이 길 위에서 기술 혁신과 주민 공동체의 조화를 이끌어내며, 농촌도시의 미래를 끝내 완성하는 힘이 된다.

"스마트폰 속 작은 알림 하나가 수천 생명을 지킬 수 있다."

6. 청년이 돌아오는 창의농촌

"사람이 떠나는 마을이 아니라, 사람이 돌아오는 마을을 만들자."

농촌의 마을은 고요하고 아름답다. 봄이면 산골마다 복사꽃이 눈부시게 피어나고, 가을이면 황금빛 논 위를 고추잠자리가 가볍게 스쳐간다. 그러나 이 시적인 풍경 이면에는 고령화율이 40%를 넘어서는 현실, 텅 빈 교실, 단 한 명의 신입생만이 입학식을 하는 적막한 학교가 존재한다. 농촌은 이제 농업만으로는 미래를 지속할 수 없다.

많은 이들이 "청년이 다시 돌아오려면 농촌은 어떤 모습이어야 하는가?"라고 질문한다. 그 해답은 창의적인 발상과 융합, 새로운 삶의 방식을 제안하는 데 있다. '청년이 돌아오는 창의농촌 프로젝트'는 농업과 문화, 기술과 공동체가 어우러지는 혁신적 실험이다. 농촌의 새로운 미래를 여는 중요한 열쇠이기도 하다.

스마트팜, 농업도 스타트업이다

"이제 농사도 스타트업이다."

청년들에게 아무런 대책 없이 "농촌으로 돌아오라"고 하는 건 공허한 외침일 뿐이다. 그들이 진정으로 이곳에 뿌리내리고 꿈을 펼치며, 지속 가능한 삶을 이어가려면 첨단 기술과 창의적 아이디어가 결합된 농업 창업 생태계가 필요하고, 스타트업 정신을 품은 새로운 실험장이 되어야 한다. 농사는 예전처럼 단순 노동의 반복에서 벗어나 데이터와 디자인이 이끄는 창의 산업이다.

이 새로운 창의 산업으로서의 농업을 실현하기 위한 세 가지 핵심 전략을 추진한다.

첫째, 청년 스마트팜 허브센터 구축

스마트 온실, 수경재배 시스템, AI 기반 병충해 분석, IoT 생육 센서 등 최첨단 농업기술을 집약한 실습형 창업 허브센터를 조성한다. 이곳은 청년들이 직접 농부이자 창업가로 성장하는 현장형 배움터로 자리 잡는다. 기술 습득에서 시제품 생산, 실제 창업까지 원스톱으로 이어지는 시스템 속에서 청년들은 새로운 농업의 길을 자신 있게 걸어간다.

둘째, 맞춤형 창농 펀드와 멘토링

청년 농업 창업의 가장 큰 걸림돌은 초기 자금과 경험 부족이다. 이를 해소하기 위해 청년 전용 창농 펀드를 마련하고, 농업 현장에서 성과를 거둔 선배 농부와 분야별 전문가를 멘토로 배치한다. 아이디어 기획, 작물 재배, 유통과 마케팅까지 창업의 전 과정을 맞춤형으로 지원함으로써 청년들의 도전이 실패로 이어지지 않도록 든든한 울타리가 되어준다.

셋째, 지역과 어우러진 창업 보육 시스템

귀농을 넘어 지역 공동체와 조화를 이루는 창의적 비즈니스를 지원한다. 농산물 가공, 특산물 브랜딩, SNS 직거래 마케팅, 농촌 관광 연계 상품 개발 등 다양한 분야의 교육과 실습 프로그램을 통해 청년들은 지역과 함께 성장하는 기업가로 자리매김할 수 있다.

사례: 상주 스마트팜 혁신 밸리

경상북도 상주에 위치한 스마트팜 혁신 밸리는 전국 최대 규모의 스마트농업 클러스터이자, 청년 농업인 육성의 선도적 사례다. 이곳에서 청년들은 이론과 실습을 병행하며 첨단 농업기술을 익히고, 교육을 마친 뒤에는 임대형 스마트팜을 직접 운영한다. 그 결과 연 평균 8천만 원 내외의 소득을 올리는 실질적 성과를 거두고 있다.2024, 상주 스마트팜 혁신밸리 공식 자료

혁신 밸리에는 지열 냉난방 등 친환경 설비가 도입되어 운영비를 절감하고, 청년 주거·문화 인프라까지 갖춰져 있어 정착의 안정성을 보장한다. 공동 육아 시설, 북카페 등 생활 기반 시설은 젊은 가족들

스마트팜 딸기온실에서 작물 상태를 확인하는 청년의 모습

의 만족도를 높이며, SNS 마케팅을 통한 판로 확장은 지역 농업 전체에 활력을 불어넣는다. 더불어 대학, 연구 기관, 기업과의 협력 네트워크를 통해 기술 개발과 창업 지원이 지속적으로 이어지고 있다.

이제 농촌은 기술, 창의, 공동체가 어우러진 혁신의 무대로 거듭나야 한다. 스마트팜은 청년이 돌아오고 머물고 싶어 하는 살아 있는 농업 혁신 플랫폼이다. 우리가 그 길을 열어갈 때, 농촌은 다시 젊어지고, 청년들은 미래를 설계하는 주역으로 우뚝 설 것이다. "사람이 떠나는 마을이 아니라, 사람이 돌아오는 마을"이라는 우리의 약속은 머지 않아 현실이 될 것이다.

"씨앗을 뿌리는 손에 데이터와 상상력을 쥐여줄 때, 농업은 청년의 미래가 된다."

청년이 머무는 집과 문화

"살고 싶은 농촌, 머물고 싶은 시골."

농촌은 이제 생산의 공간에 머무르지 않고, 삶의 온기가 깃드는 둥지가 되어야 한다. 도시를 떠나 농촌으로 돌아오는 청년들에게는 일자리는 물론 안정된 주거와 활력 있는 문화, 그리고 성장의 기회를 주는 교육이 필요하다. 이 세 가지가 조화를 이룰 때, 비로소 청년들이 정착할 수 있는 지속 가능한 농촌의 미래가 열린다. 이를 위해 우리는 '청년 생활권 패키지'를 단계적으로 추진한다.

첫째, 부담 없는 주거 공간 마련

오래도록 비어 있던 폐가나 농가 주택을 리모델링하여 청년 임대주택으로 공급한다. 월세는 10만 원 이하의 부담 없는 수준으로 책정해 귀촌 청년들이 쉽게 정착할 수 있도록 돕는다. 또한 함께 사는 삶을 꿈꾸는 이들을 위해 쉐어하우스형 공동주택을 조성하여 생활비 절감과 더불어 공동체 생활의 경험을 제공한다. 낡은 빈집에 다시 불이 켜지고 마을 골목마다 웃음소리가 퍼져나가는 순간, 농촌은 새로운 이야기를 써 내려가는 살아 있는 공간으로 거듭날 것이다.

둘째, 청년 커뮤니티 센터 '창작소' 개소

농촌의 심장 역할을 할 청년 커뮤니티 센터 '창작소'를 세운다. 이곳은 스타트업을 꿈꾸는 청년들을 위한 인큐베이팅 시설과 코워킹 스페이스, 창의적인 작업을 가능케 하는 메이커 스튜디오를 갖춘다. 동시에 작은 영화관과 공연장, 전시 공간을 마련하여 농촌에서도 풍성한 문화적 삶을 누릴 수 있도록 한다. 나아가 '창작소'는 마을살이 지원센터의 역할을 수행하며, 청년과 지역 주민이 함께 참여하는 다양한 프로젝트를 발굴하고 지원한다. 문화와 창업, 공동체가 어우러지는 새로운 농촌의 중심지로 자리 잡게 될 것이다.

셋째, 디지털 노마드를 위한 스마트 워케이션 존

빠른 인터넷과 영상 회의실, 개인 작업실을 갖춘 스마트 워케이션 존을 조성한다. 이를 통해 도시에서 재택근무를 하는 청년들이 일정 기간 머물며 농촌의 여유로움 속에서 일과 삶의 균형을 찾을 수 있도록 한다. 도심의 소음과 경쟁에서 벗어나 자연 속에서 일하는 경험은 청년들의 창의력을 높이고, 농촌의 새로운 삶의 가능성을 발견하게 한다.

성공 사례: 무주군 안성 마을 호텔 프로젝트

전북 무주군 안성면은 버려진 빈집을 리모델링하여 청년들에게 월 10~20만 원의 저렴한 임대료로 제공하고, 마을회관의 유휴 공간을 창작 공간으로 개조했다. 이를 통해 청년들은 카페, 공방, 게스트하우스 등 다양한 창업에 성공했고, 마을은 다시 활기를 되찾았다. 세대 간 교류가 늘어나고, 인구 증가라는 눈에 보이는 성과까지 이어진다. 이 프로젝트는 빈집이 자산으로, 청년이 희망으로 변모하는 혁신적 모델로 평가받는다.

농촌이 머무를 집과 일할 터전, 누릴 수 있는 문화를 제공하면 사람은 다시 돌아온다. 우리가 그 길을 열어간다면 농촌은 젊음과 창의가 머무는 새로운 고향이 될 것이다. 농촌의 집마다 다시 불이 켜지고, 아이들의 웃음소리가 골목마다 울려 퍼지는 날이 조만간 도래하기를 꿈꾸어 본다.

로컬이 콘텐츠가 되는 시대

"로컬이 브랜드가 되는 시대, 농촌이 곧 콘텐츠다."

오늘날 청년들은 농업인임과 동시에 새로운 가치를 창조하는 기획자이자 크리에이터로 성장한다. 그들의 상상력과 창의성은 농촌이 품고 있는 숨은 가능성을 발견하고, 이를 산업과 문화로 확장시켜 지역 경제를 되살리는 원동력이 된다.

이러한 청년 크리에이터들의 역량을 극대화하기 위해 세 가지 핵심 전략을 실행한다.

첫째, 로컬 콘텐츠 기획 랩 운영

오래된 마을회관이나 빈 창고와 같은 유휴 공간을 리모델링하여 '로컬 콘텐츠 기획 랩'으로 조성한다. 이곳은 작업실이자 지역의 스토리가 제품이 되는 창작 플랫폼이 된다. 디자인, 영상, 브랜딩, 출판 등 다양한 분야의 청년 크리에이터들이 모여 지역 특산물과 전통 이야기를 콘텐츠화하는 프로젝트를 펼친다. 예컨대, 봉화의 약초와 특산물을 스토리텔링하여 감각적인 브랜드 상품으로 재탄생시키고, 이를 온라인·오프라인 마켓에 유통함으로써 지역의 매력을 전국에 알릴 수 있다.

둘째, 로컬 IP 공동 브랜드 개발

지역 자원—약용작물, 전통주, 고택 체험 등—을 발굴하여 청년 창업가와 함께 공동 브랜드를 개발한다. 이를 통해 농산물은 이야기를 담은 브랜드 자산으로 전환된다. 예를 들어, 봉화의 전통주에 스토리를 입힌 '봉화夜酒야주' 브랜드를 론칭한다면, 청년들이 기획, 디자인, 홍보, 판매의 전 과정을 주도하며 지역 자원을 세계 시장과 연결할 수 있다. 이렇게 만들어진 브랜드는 곧 지역의 얼굴이자 경쟁력이 된다.

셋째, '청년×마을 프로젝트' 연중 공모

청년들이 직접 마을 현장에서 문제를 해결하고, 여행상품, 스토리콘텐츠, 지역 굿즈 등 다양한 아이디어를 실현할 수 있도록 '청년×마을 프로젝트'를 연중 공모한다. 선정된 프로젝트에는 예산과 행정, 홍보를 집중 지원해 실행력을 높인다. 강릉의 '경포 위치 랩Local Lab'은 성공적인 사례다. 폐교된 초등학교 분교장을 청년 창작공간으로 바꾸고, 초당두부와 커피를 활용한 브랜드 상품과 여행상품을 개발하여 지역 경제에 활기를 불어넣었다.

로컬이 살아나는 순간, 청년 크리에이터들이 모인 공간은 마을의 이야기를 다시 써 내려가며, 지역 자원과 기억을 브랜드로 재탄생시켜 전국으로 확산시키는 문화·경제의 거점이 된다. 그들이 돌아온 농촌에는 생기가 돌고, 골목마다 아이들의 웃음소리가 번지고, 들판에는 미래를 꿈꾸는 청년들의 희망이 자라난다.

"청년의 발걸음이 멈추면 농촌의 미래도 멈춘다. 그러나 그들이 돌아오는 순간, 마을에는 다시 불이 켜지고, 희망은 다시 자란다."

7. 귀농·귀촌, 행복마을의 꿈

마을은 함께 살아가는 사람들의 얼굴이다.

도시는 편리하지만, 때로는 너무 빠르고 혼잡하다. 인생 2막을 준비하는 많은 이들이 자연을 그리워하고, 느린 삶을 찾아 농촌으로 내려온다. 그러나 현실은 녹록지 않다. 정보 부족, 문화 차이, 공동체 단절, 창업 실패 등의 이유로 귀농·귀촌이 실패로 끝나는 경우도 많다.

그렇다면 누구나 편안히 뿌리내릴 수 있는 농촌은 어떻게 가능할까? 원주민과 귀농·귀촌인이 함께 웃으며 살아갈 수 있는 행복한 마을의 모델, 그것이 바로 '귀농·귀촌 행복마을' 프로젝트다.

따뜻한 공동체로 뿌리내리다

"혼자가 아닌, 함께 시작하는 귀촌."

사람은 관계 속에서 살아간다. 성공적인 귀농·귀촌은 집을 짓는 것만으로 완성되지 않는다. 마을의 한 구성원으로 자연스럽게 연결되고, 이웃과 함께 어울릴 수 있는 구조를 마련할 때 비로소 진정한 정착이 이루어진다. 그래서 우리는 '따뜻한 공동체 기반 정착 지원'을 주요 과제로 삼는다.

이러한 정착 지원을 위한 세 가지 핵심 제도를 도입한다.

첫째, 행복마을 코디네이터 제도

귀촌인의 가장 큰 두려움은 낯선 환경이다. 이를 덜어주기 위해 고향 마을의 리더와 선배 귀농인, 지역 복지사, 청년 활동가가 참여하는 '행복마을 코디네이터팀'을 운영한다. 밭갈이하는 방법, 농기구 사용법, 마을의 생활 관습까지 현장의 목소리를 담아 밀착 지원하여 귀촌인이 이곳을 '내 마을'로 느끼게 한다. 생활의 기술 습득과 마음의 정착을 동시에 돕는 정책이다.

둘째, 1:1 마을 멘토제

마을에 들어온 새 얼굴이 길을 헤매고 있을 때, 한 어르신이 "이 길로 나가면 큰길이야"라며 길을 안내해 준다. 그 작은 손짓 하나가 주는 온기는 귀촌인의 불안을 덜어주는 큰 힘이 된다. 이러한 경험을 제도화하기 위해 한 사람의 원주민을 한 명의 귀촌인과 연결하는 '1:1 마을 멘토제'를 도입한다. 생활 전반을 함께 나누고 소통하며, 마을 속에서 자연스러운 관계를 쌓을 수 있도록 돕는다.

셋째, 마을 환영회와 주민 워크숍 정례화

새로운 주민이 오면 온 마을이 함께 모여 입주 환영회를 연다. 따뜻한 인사와 나눔의 자리에서 새로운 인연이 시작된다. 또한 매달 한 번은 주민 워크숍을 개최하여 공동 과제를 논의하고 갈등을 조정하며 협력의 지혜를 모은다. 이 과정에서 현안이 해결되고, 이를 통해 마음의 울타리가 더욱 단단해진다.

성공 사례

봉화군의 '봉화살래' 프로그램은 8개월 동안 10명의 참여자가 마을에서 함께 생활하며 농업기술과 공동체 문화를 배웠고, 2025년에는 참여자 전원이 성공적으로 정착하는 성과를 거두었다. 의성군의 '이웃사촌 에이스마을'은 멘토링과 환영회를 제도화하여 200여 명의 청년 귀농·귀촌인이 마을에 새 숨결을 불어넣는 데 성공했다. 이 두 사례는 우리 농촌도시가 충분히 실현할 수 있는 정책 모델임을 보여준다.

코디네이터의 손길, 멘토의 온기, 주민의 환영이 모이면 농촌은 더 이상 낯선 땅이 아니다. 새로운 공동체가 뿌리를 내리고, 함께 꽃피우는 '귀농·귀촌 행복마을 프로젝트'가 시작된다. 그 순간, 마을은 사람과 사람이 어우러진 따뜻한 집이 된다.

정착을 돕는 맞춤형 인프라

"사는 곳이 삶을 바꾼다."

농촌으로 처음 들어오는 이들에게 가장 중요한 것은 안정된 집과 아이들을 믿고 맡길 수 있는 학교다. 편안한 보금자리가 있고, 미래를 품는 교육이 있을 때 비로소 농촌의 삶은 안정과 희망으로 이어진다. 정착을 돕는 맞춤형 인프라는 귀농·귀촌의 성공 여부를 좌우하는 핵심 과제다.

성공적인 정착을 지원하기 위해 다음과 같이 네 가지 핵심 인프라를 구축한다.

첫째, 마을의 온기를 회복하는 '행복마을단지'

공공부지나 빈집을 모아 10~20세대 규모의 소형 주택단지를 조성한다. 이곳에는 공동 텃밭, 마을 공방, 작은 도서관을 두어 주민들이 자연스럽게 만나고 교류할 수 있도록 한다. 아침에는 이웃과 함께 파를 뽑고, 저녁에는 도서관에 모여 시 한 편을 나누는 풍경, 그것이 바로 '사람의 온기'가 살아 있는 마을의 모습이다. 주거와 문화, 관계가 함께 어우러지는 이 단지는 새로운 귀촌인의 안심 정착 모델이 될 것이다.

둘째, 빈집에 새 숨결을 불어넣는 '리모델링 매칭 플랫폼'

마을 구석구석 방치된 빈집은 과거의 흔적일 뿐 아니라 새로운 시작을 꿈꾸는 이들에게는 소중한 기회가 된다. 이를 위해 디지털 매칭 시스템을 구축해 귀농·귀촌 희망자와 빈집 소유자를 연결하고 설계, 수리비 보조, 행정 지원까지 원스톱으로 제공한다. 영주시 '소백산 귀농 드림타운'처럼 빈집이 다시 사람들의 웃음과 온기로 채워지는 마을을 만드는 것이 목표다.

셋째, 이동의 자유를 되찾는 '마을 공유 교통 시스템'

도시의 편리한 규칙이 농촌에서는 오히려 이동의 자유를 가로막는 장애물이 되기도 한다. 이를 해결하기 위해 공유 전기차·전기자전거 서비스를 도입하고, 교통 약자를 위해 택시 바우처 제도를 운영한다. 또한 청년들이 자발적으로 운전봉사단을 꾸려 어르신의 병원 방문이나 장보기 등을 돕는다면, 이동은 편의를 넘어 마을 공동체의 연대로 확장된다.

넷째, 다음 세대를 품는 '미래형 혁신 학교'

농촌 정착의 지속 가능성은 교육에 달려 있다. 전남 순천시 송산초등학교 혁신 교육처럼 마을과 학교가 서로의 울타리가 되는 교육 생태계를 조성한다. 아이들은 그림책 작가가 되어 마을 이야기를 기록하고, 어르신들은 목공·전통 문화 수업을 진행한다. 지역 기업과 공공기관은 협력하여 '마을 생활 체험 주간'을 운영한다. 학생들이 자발적인 토의로 수업을 설계하고, 학부모와 주민이 평가에 참여하는 과정에서 아이들은 농촌을 떠나지 않을 이유를 발견한다.

소백산 귀농 드림타운과 순천 송산초등학교의 사례는 한 가지 분명한 사실을 보여준다. 마을이 사람을 품을 때, 사람은 마을을 지킨다. 따뜻한 집과 열린 학교, 편리한 교통, 활기를 되찾은 빈집이 어우러질 때 농촌도시는 함께 살아가는 공동체의 미래가 된다.

인생 2막, 평생학습의 장

"경험은 자산이고, 배움은 다시 시작된다."

우리는 살아가면서 수많은 길을 걷고, 다양한 경험을 축적한다. 이제 도시에서 쌓아온 삶의 흔적을 안고 농촌으로 내려와 인생 2막을 시작하는 이들이 있다. 그들의 새로운 여정이 더욱 행복하고 의미 있도록 농촌 도시는 평생학습의 장을 펼쳐야 한다. 그들의 새로운 인생 2막을 지원하기 위한 세 가지 평생학습 전략을 추진한다.

첫째, '생활 학교'로 시작되는 현장형 학습

농촌 생활의 기본은 책상 위 이론에 머무르지 않고 몸으로 배우는 실전이다. 초급·중급·심화 단계로 구성된 생활 학교 커리큘럼에서는 농업 기술뿐만 아니라 마을 갈등 해결, 세무·회계, 농촌 창업 노하우까지 정착에 꼭 필요한 과목을 현장 강사와 함께 실습 위주로 배운다. 2박 3일 몰입형 워크숍에서 직접 밭을 일구고, 지역 주민과 토론을 거치는 경험은 삶을 바꾸는 계기가 된다. 새로운 터전에서도 두려움 없이 첫 삽을 뜨는 자신감, 이웃과 함께하는 연대감을 안겨준다.

둘째, '나의 브랜드 만들기'로 피어나는 재능

도시에서 쌓은 경험과 농촌에서의 열정을 하나로 엮어 스스로의 가치를 꽃피우는 과정이다. SNS 마케팅, 상품 기획, 패키징 설계 등 실전형 워크숍을 통해 '나만의 작은 브랜드'가 탄생한다. 지역 특산물, 수공예품, 문화 콘텐츠를 이야기와 엮어 판로를 개척하고, 온라인·오프라인 시장에서 성공 사례를 만들어갈 수 있도록 지원한다. 브랜드가 시장에서 인정받는 순간, 배움은 곧 '나를 빛나게 하는 힘'임을 확신하게 된다.

셋째, 농촌-도시 지식 교류 플랫폼

농촌과 도시는 서로의 부족함을 채워주는 한 쌍의 닻줄과 같다. 이를 위해 온라인 멘토링 플랫폼을 운영하여 도시 전문가와 농촌 현장의 목소리가 실시간으로 오가도록 하고, 분기별 포럼에서는 농촌 현장과 도시 연구자가 함께 모여 혁신 과제를 발굴한다. 또한 상호 방문 프로그램을 통해 실제 현장에서 협업 모델을 실험하며, 경험과 지식을 공유한다. 이 과정 속에서 '배움에는 끝이 없다'는 진리가 드러나고, 지식과 경험이 어우러진 지속 가능한 공동체 네트워크가 형성된다.

농촌도시의 평생학습 프로그램은 삶의 전환점마다 새로운 기회를 제공하고, 개인과 공동체가 함께 성장하도록 돕는다. 이제 인생 2막을 맞이한 누구나 배움의 여정 속에서 진정한 자신을 발견하고, 농촌이라는 새로운 터전 위에 따뜻한 꿈을 펼칠 수 있다.

8. 마을의 심장, 복합 플랫폼

“이제 경로당은 배우고 나누고 돌보는 마을의 심장이다.”

우리 마을에는 오래된 경로당과 마을회관이 있다. 나무 의자는 삐걱거리고, 벽지는 낡았으며, 구석의 커피포트는 먼지를 덮고 있다. 한때 웃음과 이야기로 가득했던 이 공간들은 시간이 흐르면서 적막함이 내려앉았다. 고령화가 심해지고, 사람들은 점점 떠나갔다. 텅 빈 회관과 이용률이 떨어진 경로당을 보며, 깊은 고민에 빠졌다.

“우리 마을의 소중한 자산, 이대로 둘 수는 없다. 어떻게 하면 다시 생명력을 불어넣을 수 있을까?”

그 답은 바로 ‘복합 플랫폼화’에 있다. 우리는 이곳을 배우고, 나누고, 돌보는 ‘농촌형 커뮤니티 허브’로 만들기로 했다. 이것이야말로 우리의 미래 복지 공간이다. 마을 공동체가 살아 숨 쉬는 심장이 다시 박동하는 첫걸음이기도 하다.

경로당과 회관, 새롭게 태어나다

"두 개의 공간을 하나로, 기능은 세 배로."

우리 마을 곳곳에는 오랜 세월의 흔적이 남아 있는 경로당과 마을회관이 있다. 낡은 의자와 빛바랜 벽지는 세월의 무게를 말해주지만, 이곳은 한때 마을의 웃음과 교류가 넘쳐흘렀던 추억의 장소이기도 하다. 그러나 시간이 흐르면서 이용률은 줄어들고 공간은 점차 침묵에 잠겼다. 이제 우리는 그 소중한 자산에 다시 생명을 불어넣어야 한다. 그 해결의 열쇠는 공간을 복합 플랫폼으로 전환하는 데 있다.

이를 추진하기 위한 세 가지 핵심 과제를 선정한다.

첫째, 리모델링 시범 마을 지정

우리는 중복된 투자와 자원 낭비를 막고자, 경로당과 마을회관을 통합한 다목적 공동체 공간을 조성하기로 한다. 우선, 시설이 낡고 건물이 서로 가까운 곳을 시범지역으로 선정해 개보수 작업을 추진한다. 복지·문화·교육 기능을 단계적으로 확장하여 주민 누구나 편리하게 이용할 수 있는 열린 공간으로 바꾸어 나간다.

둘째, 혁신적 공간 설계, '3존Zone 모델'

통합 공간은 생활의 질을 높이는 설계 혁신을 담아야 한다. 우리는 이를 '3존Zone 모델'이라 부른다.

- 휴게존: 어르신들이 편안히 앉아 담소를 나누며 쉴 수 있는 따뜻한 쉼터
- 교육존: 주민들이 평생학습과 디지털 교육을 받으며 회의와 소통을 이어가는 멀티룸
- 케어존: 방문 간호, 물리치료, 건강 상담 등 주민의 건강을 돌보는 헬스케어 공간

이 세 가지 기능이 조화를 이루며 이곳은 마을 공동체의 심장으로 다시 뛰게 될 것이다.

셋째, 스마트 시설과 유니버설 디자인 적용

현대적인 복합 플랫폼은 안전과 포용성을 담보해야 한다. AI 스피커, 응급벨, 자동조명, 디지털 체온계 등을 설치하여 어르신들의 안전과 편의를 높인다. 또한 휠체어 접근이 가능한 경사로, 넓은 복도, 안전 손잡이처럼 누구나 이용하기 편리한 설계를 적용해 모든 세대가 차별 없이 이용할 수 있도록 한다.

성공 사례

이미 봉화군 춘양면 회원3리에서는 노후한 마을회관이 현대적 시설로 신축되어 주민들의 다양한 활동과 교류의 중심지가 되었다. 봉화군은 그간 다수의 경로당·마을회관을 단계적으로 개보수하며 주민 복지와 삶의 질을 높이는 데 크게 기여했다.

또한 경남 김해시 대동면 감내마을은 마을 만들기 사업을 통해 회

관을 문화적 공동체 공간으로 리모델링했다. 주민들은 노래·미술·공예 프로그램을 즐기고, 장구 동아리와 공동 급식을 운영하며 마을의 정체성을 강화했다. 이 과정에서 공동체 문화가 되살아나고, 마을은 다시 활기를 되찾았다.

이제 우리 농촌 도시의 경로당과 마을회관도 배움과 돌봄, 소통이 함께 이루어지는 복합 플랫폼으로 재탄생해야 한다. 그렇게 되면 침묵이 내려앉았던 공간은 다시금 웃음과 활기로 가득 차고, 마을의 심장은 새로운 박동을 시작할 것이다.

"공간이 바뀌면 일상이 바뀌고, 일상이 바뀌면 공동체가 다시 뛴다."

세대가 함께하는 복합 프로그램

“어르신은 배우고, 아이들은 놀고, 주민은 소통한다.”

아침 햇살이 창문을 비추면, 마을회관과 경로당의 어르신들은 요가 매트를 펴고 실버 요가를 시작한다. 어깨를 곧게 펴고 심호흡을 하는 동안, 젊은 간호사가 다가와 혈압과 혈당을 체크한다. 마을의 작은 ‘건강 주치의’가 찾아오는 날, 어르신들은 입을 모아 말씀하신다.

“이제 우리 마을이 도시보다 낫다네.”

충남 예산군은 이미 이런 변화를 일상으로 만들었다. 경로당에 순회 진료를 도입하고, 운영비와 냉난방비를 지원하며 시설을 개보수하자, 어르신들의 삶은 눈에 띄게 쾌적해지고 풍요로워졌다. 오후가 되면 학교를 마친 아이들의 웃음소리가 공간을 가득 채운다. 초등학생들은 방과 후 책을 읽고 체험활동에 참여하며, 중·고등학생들은 마을 어르신들의 이야기를 녹음하고 영상을 제작한다. ‘마을 기록 프로젝트’는 세대 간 공감과 존중을 이끌어내는 소중한 장이 된다.

경기도 위례 신도시의 협동조합형 주거단지 ‘위스테이 마을’은 좋은 사례다. 청소년들은 어르신들의 삶을 배우며 역사와 지혜를 이어

받고, 어르신들은 자신의 이야기가 젊은 세대에게 전해지는 것에 큰 보람을 느낀다. 이 과정에서 세대 간의 간극은 줄어들고, 마을은 더욱 끈끈해진다. 저녁이면 마을 주민들이 하나둘 모인다. 합창단의 노랫소리, 풍물교실의 장단이 마을을 울리고, 계절마다 이어지는 공동 급식과 김장 행사에는 세대와 계층을 막론한 모든 주민이 함께한다. 서로의 안부를 묻고 음식을 나누며, 소외와 외로움은 점차 마을에서 사라진다.

인천광역시는 이미 육아 친화적 마을 환경을 통해 돌봄 부담을 줄이고 있다. 공동 육아 공간에서 아이들은 안전하게 뛰놀고, 부모들은 서로의 경험을 나누며 지혜를 더한다. 이처럼 마을 공동체가 중심이 되는 돌봄 체계는 주민들의 삶의 질을 높이고, 마을을 진정한 생활 공동체로 회복시킨다.

모두가 꿈꾸는 마을은 바로 이런 일상이 살아 숨 쉬는 공간이다. 세대가 함께 배우고 나누며 살아가는 복합 프로그램 운영을 통해 우리는 마을이 다시 진정한 공동체로 회복되는 순간을 맞이할 수 있다. 그때 이 공간은 서로의 마음이 모이고 이야기가 자라나는 마을의 심장이 된다.

"배움과 돌봄이 한 지붕 아래 만날 때, 마을의 시간은 다시 서로를 향해 흐른다."

복지·의료·교육·돌봄을 잇는 플랫폼

인생은 어쩌면 고독한 길이지만, 길의 끝에는 언제나 누군가의 따뜻한 손길이 닿기를 바라는 마음이 있다. 마을 어귀 오래된 느티나무 옆에 자리한 경로당은 이제 그 소망이 현실이 되는 공간으로 거듭나고 있다. 이곳은 모든 삶의 필요를 한 공간에서 해결하는 생활 통합 플랫폼이다.

경로당은 이제 복지·의료·교육·돌봄이 어우러지는 마을의 심장이다. 군청의 복지팀 상담사가 매주 찾아와 기초연금부터 생계급여까지 각종 제도를 현장에서 안내하고 서류 작성을 돕는다. 복지는 사람의 손길에서 시작되는 것임을 보여주는 순간이다. 매월 두 차례 보건소와 협력 병원의 의료진이 순회 진료를 펼치고, 만성질환 관리와 운동 처방이 이루어진다. 멀리 있는 병원에 오가는 불편을 덜어주는 작은 진료소가 마을 안에 들어선 것이다.

이웃의 안부를 살피는 돌봄의 거점으로서, 마을 도우미의 따뜻한 식사 초대는 정겨운 말벗이자 든든한 울타리가 된다. 응급 상황에 즉시 대처하고 복지 사각지대까지 발굴하는 '우리동네 복지사' 제도는 주민 모두의 삶을 껴안는다. 또한 이곳은 배움이 나이를 넘어 삶을 다시 설레게 하는 작은 학교이기도 하다. 건강체조가 끝나면 스마트폰 사용법, 온라인 앱 활용법 등 디지털 강의실이 열려 세대가 함께 배우고 가르친다. 이 작은 기능들이 하나로 통합되며, 경로당은 한 사람의 하루를 바꾸고 삶을 완성시키는 공간으로 거듭나고 있다.

9. 세계로 여는 봉화의 창

"작은 군의 큰 비전, 봉화에서 세계로!"

경상북도 봉화의 과거를 떠올리면, 사람들은 으레 안개 낀 산골짜기, 솔바람 소리와 시냇물 흐르는 소리만이 들리는 정적인 산간마을을 상상한다. 그 평화로움 속에 깃든 정직한 인심과 청정한 자연은 봉화의 자산이었으나, 지방 소멸이라는 거대한 그림자 앞에서는 더 이상 지역을 살릴 유일한 해답이 되기 어렵다. 청년들은 일자리를 찾아 도시로 떠났고, 봉화의 활력은 점차 사그라들고 있다.

그러나 우리는 이 절체절명의 위기를 대담한 도약의 기회로 삼고자 한다. 10년 뒤 봉화의 모습은 전혀 다른 역동적인 풍경이 될 것이다. 한국과 베트남, 아시아의 두 문화가 어우러진 활기 넘치는 거리가 열리고, 역사와 과학, 기술이 공존하는 글로벌 복합문화 전시관에는 세계 각국의 관광객들이 모여든다. 아침이면 베트남 학생들이 이중언어로 수업을 들으며 미래의 꿈을 키우고, 저녁이면 봉화의 웅장한 산등성이를 대형 스크린으로 활용하여 펼쳐지는 미디어 파사드 Media Facade의 화려한 불빛이 번져 나가며 봉화의 새로운 역사를 이야기한다. 이 놀라운 비전의 핵심은 바로 'K-베트남 밸리'다.

K-베트남 밸리는 봉화가 지방 소멸의 위기를 극복하고 글로벌 시대를 선도하기 위한 전략적 돌파구이자 역사문화가 살아 숨 쉬고 교육과 교류, 산업과 관광이 하나로 묶이는 진정한 글로벌 농촌 스마트허브 모델이다. 이 혁신적인 글로벌 농촌 스마트허브 모델을 성공적으로 구현하기 위해, 우리는 세 가지 핵심 전략을 중심으로 봉화의 미래를 구축해 나간다.

첫째, 문화와 교류의 시너지 효과를 극대화한다.

봉화의 고유한 역사적 가치와 인문학적 자산에 베트남의 역동적이고 성장하는 문화를 접목하여 아시아 정체성을 담은 독특한 교류 공간을 조성한다. 이는 양국 간의 이해를 높이는 깊이 있는 문화교류의 장이 되며, 특히 한국과 베트남의 결혼 이주민 및 다문화 가정에 자긍심을 심어주고 지역사회 통합을 이루는 구심점이 될 것이다. 이곳을 찾는 관광객들은 두 문화가 공존하며 만들어내는 시너지를 직접 체험하게 된다.

둘째, 미래 세대를 위한 교육 허브를 구축한다.

가장 중요한 투자는 다음 세대다. K-베트남 밸리 내에 글로벌 교육 시스템을 도입하여 베트남어와 한국어를 자유자재로 구사하는 이중언어 인재를 조기 양성한다. 이는 미래 아시아 시장을 선도적으로 이해하는 인재를 봉화에서부터 배출하겠다는 강력한 의지다. 봉화의 청정 환경과 첨단 스마트 농업 기술, 그리고 글로벌 문화교류 역량을 융합할 수 있는 창의적 인재들이 봉화를 떠나지 않고 이곳에서 꿈을 펼칠 수 있는 선순환 구조를 완성한다.

셋째, 산업과 기술을 융합하는 스마트허브를 실현한다.

K-베트남 밸리는 봉화의 깨끗한 자연에서 생산되는 고품질 농산물에 베트남과의 교류를 통해 얻은 새로운 시장과 유통망을 접목한다. 또한 산등성이에 펼쳐지는 대규모 미디어 파사드와 다양한 디지털 콘텐츠 제작은 봉화의 역사와 가치를 담아내는 디지털 콘텐츠 산업의 전초기지로 변모시킨다. 농업, 문화, 기술, 관광이 유기적으로 결합된 6차 산업의 글로벌 모델을 봉화에서 구현하는 것이다.

우리가 그리는 봉화의 미래는 더 이상 지도상의 변두리가 아니다. 작은 군이 가진 무궁한 잠재력에 대담하고 현실적인 글로벌 비전을 더해, 세계 속의 중심지로 우뚝 서는 것이다. 'K-베트남 밸리'는 봉화의 재탄생을 알리는 웅장한 서막이다. 이제 우리는 이 역사적인 길을 함께 걸으며 봉화의 새로운 100년을 만들 것이다.

역사와 미래를 잇는 K-베트남 밸리

황금빛 아침 햇살이 봉화의 골짜기를 부드럽게 감쌀 때, 우리는 과거와 미래가 만나는 장면을 떠올린다. 몽골 침략을 피해 고려 땅으로 건너와 봉화에 정착했던 베트남 리 왕조 후손들. 그들의 충과 효, 그리고 개척정신은 지금도 봉성면 창평리의 고택과 기단 위에 굳건히 남아 있다. 이곳에 리 왕조 테마공원과 K-베트남 밸리를 조성하는 것이다.

봉성면 창평리 일원의 고택·재실·유적을 문화재 전문 복원팀이 단계별로 정비한다. 1단계에서는 주요 건축물과 기단을 보수하고, 2단계에서 전통 정원과 담장을 복원하며, 3단계에서 주변 경관 복원 및 야간 경관 조명을 설치한다. 전통 복식 체험, 고려·리 왕조 생활 재현, 마을 주민이 직접 참여하는 해설사 운영 등 다양한 역사체험 프로그램도 마련된다.

유휴 군청부지는 리모델링하여 새로운 문화거점인 국제역사문화센터로 활용한다. 1층에는 VR·영상으로 만나는 '리 왕조와 고려의 이야기' 전시홀을, 2층에는 한·베 학술 교류와 포럼을 위한 회의실을, 3층에는 다목적 공연·학술포럼 홀을 조성한다. 총사업비는 120억 원국·도·군비+민자 규모이며, 연 운영비 15억 원으로 민관협력재단을 설립하여 지속 가능한 운영을 보장한다.

창평리 일원 118,890㎡ 부지에 총사업비 2,000억 원 규모로 조성되는 K-베트남 밸리는 네 개 지구로 구성된다. 역사지구에는 유적 발굴, 기념관과 스토리텔링 전시 공간이 들어서고, 문화·교육지구에는 한·베 역사문화 콘텐츠 센터와 이중언어 국제학교, 연수 숙박 시설이 마련된다. 휴양지구에는 다랭이논 체험장, 연꽃 모양 게스트하우스, 전통 정원이 조성되며, 이 모든 곳을 잇는 교류의 길에는 산책로, 전망대, 인도교, 미디어 파사드가 설치된다. 이 프로젝트는 연간 방문객 30만 명, 500개 일자리 창출, 연 관광수입 100억 원, 민간투자 300억 원 유치를 목표로 한다.

2025년 10월 30일, 경주 더케이호텔에서 경상북도는 APEC 정상회의를 맞아 베트남 정상과 만남의 날 행사를 개최했다. 르엉 끄엉 베트남 국가주석, 이철우 경상북도지사, 박성만 도의회 의장, 김석기 국회 외교통일위원장, 박현국 봉화군수를 비롯한 주요 인사들과 봉화군 소속 베트남 계절 근로자 150여 명, 위덕대 베트남 유학생 40여 명, 화산 이씨 종친회 회원 등 300여 명이 한자리에 모였다.2025. 10. 30 뉴스1, 경북도 "베트남 정상과의 만남의 날 개최" 보도

이철우 지사는 "800년 전, 베트남 리 왕조 후손이 봉화에 정착하면서 맺은 인연이 오늘까지 이어져 오고 있다"며 "봉화군 봉성면 일대에 국내 유일의 리 왕조 유적지를 기반으로 한 'K-베트남 밸리' 조성사업을 적극 추진하겠다"고 선언했다. 르엉 끄엉 주석은 "우리는 오늘, 단순한 만남을 넘어 공동의 미래를 설계하고자 한다"고 화답

2024년 6월 13일 주한 베트남대사 봉화 K-베트남 밸리 조성 현장 방문
출처: 경상북도

했다.

이 프로젝트는 봉화가 가진 역사와 뿌리를 세계와 연결하는 선언이다. 과거 리 왕조 후손들이 먼 길을 건너와 봉화에 뿌리내렸듯, 앞으로 봉화는 세계 각국의 젊은이들이 찾아와 배우고, 나누고, 머무는 글로벌 마을이 될 것이다. 우리가 꿈꾸는 봉화는 잠시 머무는 여행지가 아니라, 누군가의 제2의 고향이 되는 곳이다.

봉화 양수발전소, 미래 50년의 초석

깊은 산골과 맑은 계곡이 어우러진 봉화군 소천면 일대에 들어설 양수발전소는 봉화의 미래를 견인할 국가적 프로젝트다. 총사업비 1조 5,000억 원 규모로, 한국수력원자력이 주관하고 경상북도와 봉화군이 함께 참여하는 이 국책사업은 지역사회의 100년 대계를 열어갈 새로운 도약이다.

해발 750m의 상부저수지와 350m의 하부저수지를 터널로 연결하여, 물이 쏟아져 내릴 때는 전력이 되고, 다시 차오를 때는 미래를 기약하는 희망이 된다. 주요 일정은 2025년 12월 환경영향평가 완료, 예비타당성조사 이후 단계적 추진 예정이다.

양수발전소는 건설 과정에서 6,700여 명의 일자리가 창출되고, 숙박, 식음료, 생활편의 서비스 업종 등 지역 상권이 살아난다. 지방세와 지원금 약 1,200억 원이 봉화군 재정에 새롭게 유입되어 도로, 학교, 공공시설 확충 등 군민의 삶의 질을 높이는 데 사용된다. 특히 전체 공사비의 40% 이상이 지역 중소·건설업체에 배정되어 돈이 봉화 안에서 선순환한다. 약 1조 5,000억 원 규모의 경제 유발 효과가

경상북도 봉화군 봉화 양수발전소 조감도

기대되며, 봉화군의 재정 자립 기반은 한층 더 굳건해질 것이다.

양수발전소는 봉화의 새로운 성장 동력이 된다. 농공단지에 태양광·풍력 연계 지능형 전력망 실증단지를 조성하고, AI 기반 전력 제어 시스템을 통한 효율적 에너지 관리를 실현한다. 전기차 배터리 재사용 Second-Life 사업 도입 및 충전·교환 스테이션을 설치하고, 지역 학교와 협력한 '봉화 에너지 아카데미'를 설립하여 미래 인재를 양성한다.

봉화 양수발전소는 앞으로 50년간 봉화의 경제·사회적 가치를 창출하는 원천으로 자리 잡게 될 것이다.

국립백두대간수목원, 세계의 자산으로

봉화군 춘양면 서벽리에 자리한 국립백두대간수목원은 태고의 생명력을 품은 거대한 숲이다. 5,179ha에 달하는 광활한 공간은 사계절의 변화를 담아내는 기후지표식물원에서부터 550년을 살아온 철쭉 군락에 이르기까지, 시간과 자연이 함께 빚어낸 살아 있는 박물관이다. 이제 우리는 이 숲을 전 세계 생태관광객과 학자가 찾는 글로벌 생태 허브로 도약시켜야 한다.

백두대간 능선을 따라 이어지는 길을 '천년의 길 트레킹 코스'로 명명하고, 하이킹·트레킹·어드벤처 등 난이도별 탐방로를 체계적으로 조성한다. 외국어 안내 책자와 다국어 가이드 앱을 제작하여 세계 어디서 온 관광객이라도 쉽게 탐방할 수 있도록 하며, 기후변화지표식물원·종자영구보존시설·호랑이숲을 잇는 에코투어 라인을 운영해 생물다양성과 보존의 가치를 직접 체험하게 한다.

해외 대학 및 연구기관과 공동 연구 워크숍을 정례화해 학술관광을 유치한다. 또한 어린이·청소년 대상의 '산림유산 캠프', 가족 단위의 '나만의 묘목 심기 체험'을 상시 운영하여, 방문객이 숲을 가꾸는

국립백두대간수목원

참여자가 되도록 한다.

지역 예술가와 공예가가 참여하는 '숲에서 피어난 예술 축제Forest Art Festival'를 매년 가을 개최한다. 아울러 사계절의 백두대간을 사진과 영상으로 기록하는 공모전을 열고, 이를 디지털 아트 맵으로 제작하여 온·오프라인에서 공유함으로써 문화와 자연이 어우러진 새로운 콘텐츠를 창출한다.

IoT 센서와 증강현실AR 기술을 결합한 '스마트 트레일'을 조성하여, 숲속 곳곳에서 스마트폰으로 식물 정보를 실시간 확인할 수 있게 한다. 또한 방문객 동선과 체류 시간을 분석하여 수용 인원을 합리적으로 관리하고, 환경 훼손을 최소화하는 스마트 방문 관리 시스템을 도입한다.

수목원 인근 마을과 협력해 '산채·약용작물 로컬 마켓'을 정기적으로 운영한다. 또한 숙박·식음·체험을 결합한 에코스테이 상품을 개발해 민박·농가체험업소와 연계함으로써, 관광과 지역경제가 함께 순환하는 구조를 만들어간다.

환경영향평가와 주민협의회를 정례화하여 관광객 수와 이용 방안을 지역사회와 함께 결정한다. 또한 비수기에는 봄꽃 축제, 겨울 눈꽃 트레킹 등 계절형 프로그램을 운영하여 연중 안정적인 방문 수요를 유지한다. 이러한 전략은 국립백두대간수목원을 보전·학습·체험이 어우러진 국제 생태관광 플랫폼으로 자리매김시키는 일이며, 나아가 숲이 속삭이는 자연의 지혜와 주민의 삶이 어우러질 때, 이곳은 동북아 생태관광의 새로운 중심으로 우뚝 서게 될 것이다.

국제협력과 미래세대, 함께 여는 내일

이제 봉화는 고요한 산골이 아니라, 세계와 손잡는 살아 있는 실험실이다. 우리가 그려온 글로벌 비전은 이미 세 개의 기둥으로 단단한 토대를 마련했다. 리 왕조의 역사와 우정을 품은 K-베트남 밸리, 물과 에너지를 미래 자산으로 바꾸는 양수발전소, 천년 숲을 국제 생태관광 허브로 키우는 국립백두대간수목원. 이제 그 위에 봉화를 세계무대와 직접 연결하는 문화·외교·관광 클러스터를 세워가려 한다.

매년 6월, 한·베 외교 기념행사를 시작으로 '봉화 국제포럼'을 개최한다. 주제는 농촌 창업, 그린에너지, 스마트관광, 문화 콘텐츠 등으로 매년 달리하며, 전문가와 청년이 한자리에 모인다. 포럼에서 도출된 목소리는 선언문으로 정리해, 다음 해 군정 예산과 중앙정부 정책에 곧바로 반영한다. 이 과정을 통해 지방의 아이디어가 국가 정책과 맞물리고, 봉화는 발언권을 가진 지역으로 자리매김한다.

군청 내에 국제협력관을 신설해 상시 MOU 체결과 해외 시장 개척을 전담한다. 자매결연 도시는 현재 3개국 5개 지자체에서, 5개국 10개 지자체로 확대하며, 현지 대학·기업과의 산학협력까지 연결한다. 또한 농특산물과 문화상품을 해외 소비자에게 직접 판매하는 온라인 직거래 마켓을 운영하고, 물류·통관·마케팅을 원스톱으로 지원한다. 특히 청년 스타트업 전용 수출 지원 펀드를 조성해, 좋은 아이디어가 곧바로 글로벌 무대에 설 수 있도록 발판을 마련한다.

지역 청년을 선발해 1년 과정의 '봉화 글로벌 인턴십 프로그램'을 운영한다. 베트남과 동남아 현지 연수에서 농촌 창업, 디지털마케팅, 친환경 에너지 분야의 실전 경험을 쌓게 하며, 교환학생·문화교류 인턴십을 통해 세계와의 인맥을 넓힌다. 수료생에게는 '봉화형 글로벌 챔피언' 타이틀과 창업 지원금을 부여하여 고향 봉화에서 새로운 미래를 열 수 있도록 지원한다.

K-베트남 밸리, 양수발전소, 국립백두대간수목원은 '역사·에너지·생태'라는 세 축을 통해 봉화의 뿌리를 세계와 연결하는 미래 성장의 심장부가 되고 있다. 문화·외교·관광 복합 지구는 이 세 축을 하나의 글로벌 미래 전략 단지로 묶어, 봉화를 세계가 주목하는 교류와 혁신의 중심으로 완성할 것이다.

우리가 심은 비전의 씨앗은 세대와 국경을 넘어 자라날 것이다. 30년 뒤, 우리 아이들이 이 땅을 가리키며 "여기, 세계의 도전과 협력이 춤추는 작은 고향이 있었다"고 말할 수 있도록 해야 한다, 그 약속을 지키는 주인공은 다름 아닌, 봉화라는 이름 아래 모인 우리 모두다.

다시, 길 위에 서다

인생은 끊임없이 초심으로 돌아가는 여정이다. 우리는 앞으로 나아가지만, 시간이 흐를수록 발걸음은 자연스레 처음의 자리를 향한다. 이 책에 담긴 60년의 경험이 결국 닿은 지점도 그곳이다. 돌아간다는 것은 지금껏 살아온 모든 흔적 위에서 처음의 마음으로 다시 자신을 마주하는 일이다.

나에게 그 원점은 다름 아닌 고향 봉화다. 가난했지만 정직했고, 소박했지만 사람의 온기가 가득했던 그 땅은 평생 잊지 말아야 할 봉사의 정신과 겸손의 태도를 일깨워 주었다. 치열했던 공직의 시간도, 기업을 이끌던 날들도, 나는 언제나 그 봉화의 마음을 중심에 두고 걸어왔다. 세상이 빠르게 변하고 때로는 낯설 만큼 멀어져 갈수록, 나는 내 안에서 봉화를 불러내며 흔들리지 않으려 노력했다. 그것은 그리움이기도 했지만, 나를 잃지 않으려는 마음의 뿌리 같은 것이었다.

28년의 경찰 공직, 10년의 기업 경영, 그리고 10년의 사회 봉사까지. 이 모든 길을 되돌아보면, 내 옆에는 언제나 '사람'이 있었다. 나를 믿고 지지해 준 동료와 선후배들, 도움을 요청하며 손 내밀었던 민원인들, 이름도 알지 못하는 이웃들의 작은 격려와 따뜻한 손길이 지금의 나를 있게 했다. 길은 결코 혼자 걷는 것이 아니다. 수많은 사람의 숨결이 겹쳐 만들어낸 공동의 기록이다. 그래서 나는 확신하게 되었다. 내 삶의 모든 경험이 도달한 하나의 진실은 '사람이 곧 길이다'라는 것이다.

이 책이 독자 여러분과 다음 세대에게 작은 길잡이 역할이라도 할 수 있기를 바란다. 젊은이들에게 하고 싶은 말은 방황을 두려워하지 말라는 것이다. 길은 걷는 이의 의지와 용기에 따라 매 순간 새롭게 열린다. 먼저 이 길을 걸어온 선배들에게도 전하고 싶다. 우리가 쌓아온 시간과 경험은 이제 다음 세대가 딛고 설 단단한 토양이 된다고. 고향 봉화에서 만난 모든 분들에게도 깊이 감사드린다. 여러분의 정직한 삶과 따뜻한 웃음은 이 험한 세상을 살아가는 데 큰 힘이 되었다.

나는 이제 다시 시작한다. 지금의 나를 있게 해준 모든 인연에 감사하며, 처음 꿈을 꾸었던 봉화의 땅에서 다시 한번 봉사와 희망의 길을 힘차게 그려가고자 한다. 그 길의 이름은 변함없이, '사람과 길'이다. 봉화는 언제나 그 길을 비춰주는, 내 마음의 귀로歸路로 남아 있을 것이다.

시급성은 사람들이 빠르게 행동하도록 자극한다

앞서 보았듯 수량이 한정적이거나 살 수 있는 시간이 제한적일 때, 사람들은 그 제품에 더 많은 가치를 둔다. 그 결과, 그것을 갖기 위해 행동한다. 초콜릿 칩 쿠키 실험에서 사람들은 쿠키의 양이 적을 때 더 간절히 원하는 경향을 보였다. 로버트 치알디니와 나 역시 제한된 기간에만 들어갈 수 있다는 이유만으로 이전에는 생각도 하지 않았던 장소를 둘러보고 싶어졌다.

시급성을 활용해 컴퓨터 장비 구매하게 만들기

마케터이자 소비자로서 나는 시급성이라는 개념이 얼마나 강력한 원동력이 되는지 경험해 왔다. 미국 마케팅 에이전시에서 일하던 당시 우리 크리에이티브 팀은 대형 첨단 기술 클라이언트를 위해 기발한 방법을 시도해보았다.

우리의 임무는 매달 하드웨어와 장비 판매량을 높이는 것이었다. 그리고 클라이언트가 주 마케팅 채널로 삼았던 대량 카탈로그 발송보다 비용이 덜 드는 방법도 생각해야 했다. 문제 해결 접근법이나 특정 데스크톱 컴퓨터, 컬러 프린터 같은 장비가 제공하는 혜택을 강조하는 아이디어를 살펴본 후, 마침내 해결책을 찾았다. 시급성을 강조하는 캠페인을 기획한 것이다.

우리는 밝은 파란색 서류 봉투 겉에 노란색 메모지를 붙여 우편으로 보냈다. 그 메모에는 세 가지 제품의 이름을 비롯해 기존 가격과 새로운 할인 가격, 그리고 그 할인 가격이 유효한 한정 기간이 적혀 있었다. 봉투 안에는 제품의 사양을 자세히 알려주는 설명서를 담았다.

이전의 방법들과 달리, 이 우편물은 상품을 매력적이고 근사하게 만드는 디자인 요소가 없었다. 오히려 빠르게 인쇄해 우편으로 급히 발송된 것처럼 보였다. 촌각을 다투는 판매를 고객에게 빨리 알려주는 데 유일한 목적이 있다는 듯 말이다. 캠페인은 효과가 있었다. 판매는 치솟았고 마케팅 비용 대비 수익률은 급증했으며 강력한 결과를 달성했다.

왜? 우편물의 문구와 디자인이 시급성을 충분히 전달했기 때문이다. 그리고 마지막 절호의 구매 기회를 놓치고 싶지 않았던 타깃은 이에 응답했다. 클라이언트가 이 개념을 이메일에 적용해 진행했어도 비슷한 성과를 냈을 거라고 나는 확신한다.

⚠ 주의

공급이 충분한데 한정 수량이라고 반복해서 광고하는 것은 금물이다. 이러한 허위 광고는 고객의 신뢰를 떨어뜨리며, 역효과를 초래한다. 진정성을 담은 경우에만 제품 판매와 고객과의 관계 증진에 도움을 줄 수 있다.

아깝게 거래를 놓치면 더 간절해진다

절호의 기회를 놓치고 싶지 않은 마음은 강력한 원동력이 된다. 이미 놓친 거래를 깨닫는 것도 행동을 유도할 수 있다. 나는 한 회원 전용 온라인 쇼핑몰에 가입했다. 브랜드 상품을 한정 기간에 할인가로 판매하는 쇼핑몰이다. 하루는 디자이너 가방을 할인 중이라는 이메일을 받고 사이트에 들어가 보니 몇 가지 품목이 보였다. 하지만 그중 한 가방에는 이미 판매 불가라고 표시되어 있었다.

물론 가방은 모두 아름다웠다. 그러나 당연하게도 나는 판매 불가인, 가질 수 없는 가방에 마음이 끌렸다. 그렇게 간절히 바라보다가 12분 후 다시 확인하라는 알림을 발견했다. 바로 희망이 생겼다. 어쩌면 한 개 정도는 풀릴지도 몰랐다. 해당 사이트는 일부 가방이 반품되거나, 구매자가 선택을 변경하는 상황을 고려했을 것이다.

모든 가방은 한정된 기간에만 판매했다. 그 사실만으로도 강력한 동기를 주는 시급성이 생겼다. 그러나 거의 놓칠 뻔한 제품을 살 수 있다는 희망은 그것보다 더욱 강렬하게 작용했다.

마케팅 메시지에 긴박함을 더하는 간단한 방법

- 제품 판매에 마감일과 유효기간이 있다면 이를 강조하자. 마감일이 다가올수록 고객의 반응은 더 뜨거워질 것이다.
- 확실한 기한을 정하지 않았다면, 넌지시 알려주자. 예를 들어 “이번 주 안으로 답변해주세요”, “5일 안에 회신해주세요”, “한정된 기한만 유효합니다” 같은 표현을 사용하자.

- 이메일과 랜딩 페이지, 웹사이트에 카운트다운 시간을 표시하자. 이메일 마케팅 회사인 월드데이터(2021)의 연구에 따르면 이메일에 시간을 표시하면 마케팅 전환율이 22퍼센트 증가할 수 있다고 한다.
- "지금, 오늘, 오늘 밤, 내일, 몇 분, 몇 시간, 이번 주만, 곧, 명시된 날짜에, 기한이 촉박한, 바로 당장"과 같이 기한을 나타내는 문구를 사용하자. 실제로 월드데이터(2020)의 연구는 이메일 제목에 "오늘, 내일, 며칠 남은" 같은 문구를 사용하면 이메일 오픈율을 두 자릿수까지 올릴 수 있다고 말한다.
- "서두르세요. 달려가세요. 지금, 바로. 주저하지 마세요. 놓치면 후회합니다. 반짝 할인, 즉시 열어보세요"와 같이 긴박함을 암시하는 표현을 선택하자.
- 광고 제목과 우편물의 티저 문구, 이메일 제목에 "주의, 집중, 경고, 알림"같이 상대의 관심을 집중시키는 단어를 사용하라.
- 시급성과 손실 회피 심리(2장 참고)를 결합해, 메시지에 "다시 없을 제안, 혜택을 얻을 유일한 기회, 상시 종료될 수 있는 혜택"같이 주의를 주는 표현을 사용하자.
- "마지막 기회, 최종 통보, 알림, 두 번째 기회" 같은 문구를 이메일 제목과 광고 우편물 상단처럼 마케팅 커뮤니케이션의 주요 영역에 배치해 강조하자.
- 새로 재고가 들어왔거나 품절이 예상되는 제품, 빠르게 매진되거나 좌석이 얼마 남지 않은 이벤트는 눈에 띄게 표시하자. 시즌에만 파는 품목들도 강조하라. 시장조사 업체인 NPD그룹에 따르면, 레스토랑 업계는 시즌 한정 메뉴를 이용하는 고객들

이 일반적으로 식당을 더 자주 방문하고 체인 전체에도 더 가치 있는 고객이라고 평가한다.

- 이메일 제목에 시계나 모래시계 이모티콘을 추가하자. 월드데이터(2021)는 제목에 이런 표시가 있을 때, 이메일 오픈율이 각각 24퍼센트, 22퍼센트 증가했다고 보고했다.
- "한정 수량, 재고 소진 시까지"처럼 구매 가능 여부를 언급하는 표현을 사용하자.

희소성 원칙의 실제 적용

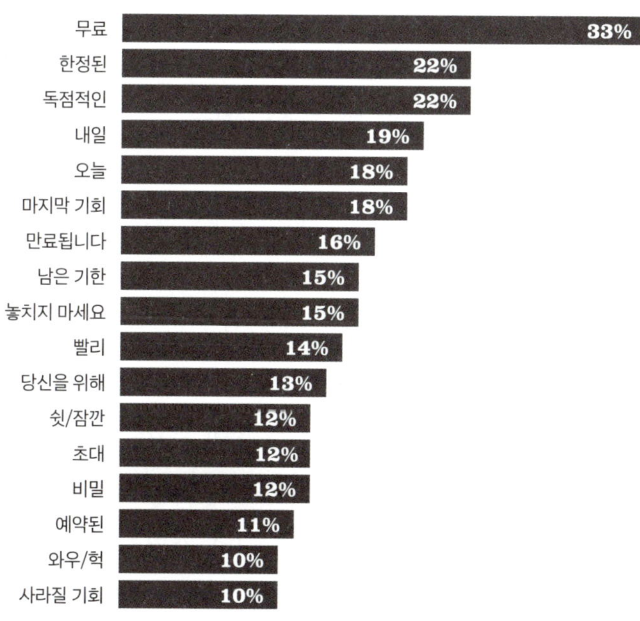

시급성은 이메일 제목을 클릭하게 이끈다.

(출처: 월드데이터, 2021)

- 수량이 한정된 그 상품을 얼마나 많은 사람이 관심을 두고 있는지 표시하라.
- 한 사람당 구매할 수 있는 제품의 수를 제한하라. 예를 들어 "1인당 1개로 구매 제한, X까지만 구매, 주 1회만 방문 가능"처럼 제한을 명시하자. 실제로 연구자들이 수프 판매를 통해 실험한 결과는 다음과 같다. 1인당 할인가로 살 수 있는 수프 캔의 수에 제한이 없을 때 평균 구매량은 3.3개였다. 그러나 12개로 수량을 제한하자 평균 구매량이 7캔으로 늘었다(Wansink et al, 1998).

독점효과를 절대 얕보지 마라

한정 수량과 기간 제한으로 마케팅 메시지 반응을 높일 수 있다. 마찬가지로 제품이나 서비스에 아무나 접근할 수 없다는 내용도 같은 효과를 준다. 사람들은 다른 이가 갖지 못한 정보와 특혜, 특권, 할인과 경험, 기회를 누리는 것에 기쁨을 느낀다. 그날 내가 프리메이슨 사원을 둘러본 것도, 다시 없을 기회인 동시에 다른 이들은 볼 수 없는 광경과 경험을 누릴 수 있다는 사실 때문이었다.

사람들은 특별하다고 느끼고 싶어 한다. 특별히 대우받는 것을 즐긴다. 즉, 독점성을 좋아한다. 자신이 선택된 그룹의 일원이라고 느끼면, 그들은 당신이 원하는 행동을 할 것이다.

독점성으로 소비자 행동을 이끈 3가지 사례

① 세무법인

내 클라이언트 중에는 세무법인이 있다. 그들은 매력적인 제안을 통해 이전 고객들이 다시 회사를 이용하길 바랐다. 이를 위해 우선 독점적인 혜택이 주어지는 재방문 고객으로 선정된 것을 축하하며 메시지를 시작했다.

실제로 무료 서비스가 포함된 상당히 특별한 혜택이었다. 게다가 메시지는 고객들에게 선택받은 그룹의 일원이라는 느낌을 주었다. 그 결과, 클라이언트가 그동안 진행한 캠페인 중 가장 큰 성공을 거두었다.

타깃을 특별한 그룹의 일원으로 느끼게 만드는 것은 희소성 원칙의 독점성을 이용하는 한 가지 방법이다. 또 다른 방법은 당신이 제시하는 기회가 모두에게 주어지는 게 아니라고 포지셔닝하는 것이다.

② 자동차 제조업체

자동차 회사는 중간급 차량 소유자들이 더 비싼 고급 모델로 업그레이드할 수 있도록 1,000달러의 구매 혜택을 제공하려 했다. 그들은 고급 자동차의 멋진 사진을 보내 타깃이 그 차를 운전하는 모습과 집 앞에 주차된 이미지를 상상하도록 했다. 이뿐만이 아니었다. 그들은 새 자동차를 얻는 이 기회가 독점적이라고 말했다.

예를 들어 한 캠페인에서는 새 차를 바라보는 이웃의 부러운 시선보다 더 좋은 건, 그들이 남들보다 낮은 가격에 구매했다는 비밀 정보일 것이라고 제시했다. 결국 독점성을 발산한 이 캠페인은 기존 대비 82퍼센트 더 높은 성과를 거뒀다.

③ 장기 요양 보험 판매자

마지막으로 마케터들은 기억해야 한다. 사람들은 귀한 정보라고 느낄 때 더 쉽게 설득된다(Cialdini, 1984). 우리 크리에이티브 팀은 이를 활용해 장기 요양 보험을 판매하는 클라이언트를 위한 메시지를 개발했다. 이런 유형의 보험 판매는 사람들의 선입견이 장애물로 작용한다. 당신이 어떤 걸 판매할지 뻔히 안다고 생각하면 목표 고객은 보통 당신의 메시지에 관심을 두지 않는다.

타깃의 이런 생각을 깨기 위해 우리는 제목에 희소성의 원칙을 활용했다. 사람들이 장기 요양 보험과 관련해 전혀 예상하지 못할 세 가지 선택안이 있다고 말한 것이다. 그리고 이를 다른 데서 들을 수 없는, 흔치 않은 정보로 포지셔닝했다. 또한 이런 유형의 보험에 관한 오해를 바로잡고 생각보다 정책이 유연하다는 사실을 보여주었다. 전략은 효과가 있었고, 보험 상품의 판매를 두 배 정도 늘렸다.

독점성으로 백신접종 장려하기

2021년 6월 4일 자 《워싱턴 포스트Washington Post》 기사에는 행동과학자 케이티 밀크먼Katy Milkman, 안젤라 더크워스Angela Duckworth, 미테시 파텔Mitesh Patel이 코로나바이러스 팬데믹이 닥치기 전 수행한 실험 내용이 실렸다. 그들은 사람들이 진료를 보러 병원에 왔을 때, 독감백신을 접종하도록 권하는 19개의 다양한 메시지를 실험했다.

그리고 “당신을 위한 백신이 준비돼 있습니다”, “당신을 위해 백신을 확보해두었습니다"라는 문구를 사용했을 때, 대조군에 비해 접종이 4.6퍼센트 포인트 증가했음을 발견했다. 행동과학자들은 이 문구가 효과적인 이유를 "사람들로 하여금 백신을 자기 것으로 느끼게 해 '자신의' 접종을 놓치지 않고 싶게 했다"고 추측했다(Milkman et al, 2021).

마케팅 메시지에 독점성을 더하는 입증된 방법

- 잠재 고객에게 특별 제안이 담긴 VIP 코드나 개인 식별 번호를 제공하고, 그 번호를 다른 사람과 공유하지 말라고 한다.
- 일부 회원만 사용할 수 있는 전화번호와 랜딩 페이지, 특정 웹페이지를 제공한다.
- 특별 할인과 업그레이드, 무료 서비스와 혜택을 선사하자.
- 타깃이 관심을 표시한 제품이나 당신이 출시하는 제품을 먼저 접할 기회를 주고, 고급 정보나 특별한 프리뷰를 전달한다. 마찬가지로 신속한 처리와 무료 배송, 빠른 응대나 비슷한 서비스를 그들만 독점적으로 누릴 수 있다고 알리자.
- "비밀, 살짝 맛보기, 뒷이야기, 숨겨진 진실, 알려지지 않은 이야기, 진짜 이야기, 고백, 당신이 모르길 바라는 것, 당신에게 말해주지 않는 것, 한 번도 공유한 적 없는, 공개되지 않은, 극소수의 사람만 아는 것, 관계자의 증언"처럼 다른 곳에서 찾을 수 없는 정보를 암시하는 용어들을 마케팅 문구에 곁들여라.
- 당신의 채널을 독점적으로 만들어라. 월드데이터(2020)에 따르면 이메일을 통해서만 웨비나에 들어올 수 있다고 표시하자

이메일 오픈율이 14퍼센트 증가했다.

- 독점성을 강조하기 위해 사람들에게 특별한 기분을 선사하는 표현을 사용하자. "예약된, 오직, 당신만을 위해, 특별히, 비공개, 선택, 일반인은 접근할 수 없는, 누구나 볼 수 없는" 같은 용어는 모두 독점성을 표현한다. 실제로 월드데이터 조사에 따르면 "오직 (   )에게만"이라는 제목을 사용하자 이메일 오픈율이 17퍼센트 증가했다고 한다.
- 이와 유사하게 제품을 설명할 때는 희소성을 강조하는 문구를 사용하자. "상위 1퍼센트에서 얻은, 전 세계 단 한 곳에서만 구할 수 있는, 최상급으로 만든" 같은 문구는 제품을 차별화한다. 서비스를 설명할 때는 "세심한 서비스, 컨시어지, 맞춤형, 최상급" 같은 문구를 사용하자.
- 제품이나 서비스 설명에 "손으로 만든, 장인, 공예, 유일무이한, 소장용, 특별판, 한정판, 희귀품, 자주 볼 수 없는, 소량 생산, 흔하지 않은, 상을 받은, 독특한, 특별한" 같은 표현을 사용해 독점성을 주입하라.
- 경쟁사 아이템보다 좋다는 것을 강조하기 위해 "다른 회사와 달리, 이 분야에서 흔히 볼 수 없는, 흔치 않은, 일반적으로 구할 수 없는, 얻기 힘든" 같은 문구를 선택하자.
- 타깃이 특별히 선택되었음을 알리자. 사전 승인을 받았거나 일반적인 요구 사항이 면제됐다는 사실을 알려주는 것도 특별한 기분을 느끼게 한다. 모든 사람이 아닌 그들에게만 주어지는 회원 한정 혜택이라는 점, 자격을 갖춘 소수의 일원으로 먼저 승인받거나 초청받았다는 점을 상기시키자.

- "당신은 얻었다, 당신은 획득했다, 당신은 권한이 있다, 당신은 이뤘다"처럼 독점성을 표현하는 권한과 관련된 동사를 사용하자.
- 소수의 특별한 사람, 가장 먼저 경험하는 사람, 다른 사람이나 친구보다 먼저 제품이나 서비스를 얻는 사람이 되라고 권유하자.
- 실버, 골드, 플래티넘과 같이 매력적으로 들리도록 고객 등급과 그룹, 범주를 만들고 타깃의 등급이 올라갈 때 축하해주자. 마찬가지로, 창립 멤버십이나 프라이빗 그룹 멤버십을 제공하라.
- 타깃에게 회원권 카드와 배지, 아이콘처럼 겉으로 드러낼 수 있는 특별한 인증품을 보낸다.
- 받는 사람의 이름이나 이니셜, 그들의 관심사나 이전 행동을 고려해 메시지를 타깃에 맞게 조정하자. 그래야 메시지가 그들에게만 국한된 것처럼 느껴지기 때문이다.

시급성과 독점성 결합하기

이번 장에서는 희소성의 원칙을 시급성과 독점성이라는 두 축으로 나눠 살펴보았지만, 마케터들은 이 두 요소를 모두 메시지에 녹여 강력한 시너지를 낼 수 있다. 예를 들어 내가 접한 한 이메일 제목은 대중에게 공개되기 전 멤버십 프로그램에 가입할 수 있는 마지막 기회라는 점을 강조해 두 요소를 매우 잘 녹여냈다.

'마지막 기회'라는 단어로 시급성을 강조했으며, '대중에게 공개되기 전'이라는 문구로 독점성을 표현했다. 당연히 대중에게 공개된 후에도 가입할 수 있다! 하지만 거기엔 짜릿함이 없다. 독점성의 매력은 다른 사람, 대중보다 먼저 접근할 수 있다는 데 있다. 이 이메일 제목이 매우 효과적이었던 이유다.

2020년 10월에 출시된 한정판 크록스인 저스틴 비버 크록스Justin Bieber Crocs의 사례도 마찬가지다. 《데일리 메일Daily Mail》에 따르면 단 90분 만에 이 신발은 완판되었고, 팬들로 인해 회사의 웹사이트가 마비될 정도였다(Stern, 2020).

희소성 원칙의 두 축을 결합한 다음의 메시지들을 살펴보자.

- 이번 주, 새로운 한정판 SUV가 품절될 것으로 예상됩니다.
- ○○(날짜)까지 응답해 최고급 경험을 최초로 누려보세요.
- 마지막 기회: 오직 당신만을 위한 특별 선공개
- 회원 전용 가격이 24시간 안에 만료됩니다.
- 이번 주에만 VIP 코드로 먼저 이용할 수 있습니다.
- 어느 곳에서도 경험할 수 없는 서비스, 단 두 자리 남았습니다.
- 아티스트가 사인한 한정판, 5개만 판매

기억하자. 시급성과 독점성은 행동을 이끌고, 마케팅 캠페인의 응답 속도를 높인다. 따라서 메시지에 이 두 요소를 녹일 방법을 항상 연구해야 한다. 여러분의 목표는 사람들로 하여금 다급하거나 특별하게, 혹은 둘 다 느끼게 만드는 것이다. 타깃이 캠페인에 빨리 응답할수록 수익을 빨리 창출할 수 있다. 단지 응답을 받는 것만으로는 충분하지 않다. 가능한 신속한 반응을 끌어내야 한다. 마감 기한을 강조하거나 넌지시 알려주고, 특별한 기회를 제공한다는 사실을 강조하자. 희소성의 원칙으로 타깃의 행동을 이끌자.

사례 연구

독점성을 이용해 강의 등록 유도하기

한 전문가 협회가 흥미로운 도전 과제로 내가 일하던 에이전시를 찾아왔다. 협회는 회원들이 심화 자격증을 취득할 수 있는 교육 프로그램을 곧 시작할 예정이었다. 강의 주제는 전문적이었고 최근 떠오르는 내용을 담고 있었다.

이렇게 보면 어렵지 않은 과제란 생각이 들 것이다. 교육 자료도 최신 내용으로 직업군에 맞춰져 있으며, 만든 기관도 회원들이 속한 전문가 협회이니 말이다. 확실히 이런 것들은 판매에 도움을 주는 요소였다. 가격만 터무니없이 비싸지 않다면 판매는 어렵지 않을 것으로 보였다.

하지만 클라이언트가 몇 가지 배경 상황을 말하자, 방해 요인들이 드러났다.

첫째, 이 수업의 주제는 관련 분야에서 매우 새로운 내용이었고, 회원들이 아직 특별히 가치 있거나 유용하다고 확신하지 못한 영역을 다루고 있었다.

둘째, 클라이언트는 심화 과정이 관련 주제를 다룬 이전 수업과 혼동될 것으로 예상했다.

셋째, 이전 수업을 들은 사람들이 경력에 큰 도움을 받지 못했다면, 그들은 이 심화 과정도 들을 필요가 없다고 느낄 것이다.

우리의 임무는 회원들에게 새로운 수업이 그들의 시간과

노력, 돈을 투자할 가치가 있다고 설득하는 것이었다. 고객은 미국 14개 지역에서 이 교육 프로그램을 시작할 계획이었고, 각 지역에서 신청률을 높여주길 바랐다.

우리는 몇 가지 접근법을 생각했다. 우선 새로운 수업이 다룰 내용에 집중하는 방법이었다. 어떤 주제인지 강조하고, 업무에 어떻게 적용할지 보여주며 회원들이 새 수업으로 습득할 모든 심화 정보를 자세히 나열하는 것이다. 현재 회원들이 지닌 정보의 격차를 깨닫도록 메시지에 퀴즈를 포함할 수도 있었다(9장 참고).

그러나 회원들이 아직 이 주제의 유용성과 가치에 확신하지 못하고 있는 만큼, 수업 자료와 내용에 초점을 맞추는 것은 매우 설득력 있는 방법은 아닌 듯했다.

또 다른 접근법은 새로운 자격증의 장점을 강조하는 것이었다. 우리는 이 수업을 회원들의 경력에 도움을 주는 발판으로 포지셔닝하는 방향을 생각했다. 동시에 업무의 확대와 존중, 승진과 임금 인상 같은 장점도 언급하면서 말이다. 업계를 따라가지 못하는 직원들은 노력하는 동료들보다 뒤처질 수 있다는 점을 들며 약간의 손실 회피 심리(2장 참고)도 더할 수 있었다.

그러나 클라이언트가 이전 수강생들이 직업적인 발전이나 만족도가 높아졌는지 전혀 알지 못한다는 점을 고려할 때, 다소 위험한 방법으로 보였다.

세 번째 방법은 희소성 원칙을 적용하는 것이었다. 우리는 기존 수업을 수강한 회원들을 타깃으로 그들에게 심화 과정에 등록할 수 있는 우선권을 줄 계획을 세웠다. 그러는 동시에 시기와 장소의 한정성을 강조하기로 했다.

그래서 회원들에게 우선 등록으로 새 자격증을 얻는 소수의 일원이 되라고 이메일을 보내며 독점성을 강조했다. 또한 그들은 이미 첫 번째 자격증을 획득한 만큼 자동으로 심화 과정의 일일 수강권이 쥐어진다고 설명했다.

시급성 측면에서는 회원들에게 정원이 모두 찰 것으로 보이며 일단 마감되면 다음 시즌까지 그 지역에서 다시 열리지 않는다고 말했다. 후속 이메일에는 남아 있는 자리가 점점 줄고 있다고 알렸다.

이 접근법이 효과가 있었을까? 그랬다. 클라이언트는 14개 지역에서 모든 프로그램이 인기를 끌며 마감됐다고 기쁘게 전했다. 캠페인은 8장에서 우리가 자세히 살펴볼 일관성 원칙과 더불어 희소성 원칙을 매우 효과적으로 사용했다.

결론

고객들은 무언가를 얻기 힘들 때, 혹은 자신이 나른 사람에게 주어지지 않는 아이템이나 기회에 접근할 수 있을 때 더 적극적으로 행동한다. 따라서 시급성과 독점성은 마케터들에게 강력한 무기가 될 수 있다. 하지만 이렇게 제한을 두는 것 외에도 반응을 높이는 방법은 많다. 다음 장에서는 아이템이나 정보를 무료로 제공하며 원하는 결과를 얻는 방법을 살펴보자.

요약

1. 사람들은 가질 수 없는 것을 원한다.
2. 희소한 것이 더 가치 있고 매력적으로 느껴진다.
3. 희소성의 원칙은 시급성과 독점성이란 두 축이 있다.
4. 제한된 수량과 시간으로 전해지는 시급성은 사람들을 움직이게 만든다.
5. 마케터들은 "종료 기한, 카운트다운 시계, 한정 수량" 등의 표현을 사용해 시급성을 전달할 수 있다. 또한 "오늘, 지금, 마지막" 같은 시간 관련 단어와 "즉시, 당장"처럼 속도를 나타내는 표현, 그리고 "한정 수량, 재입고, 재고 소진 시까지"와 같이 구매 가능 여부를 암시하는 문구를 활용할 수 있다.
6. 자신이 누구인지, 어느 집단에 속해 있는지, 혹은 자신을 얼마나 중요하게 여기는지에 따라 특별한 대우를 받는다고 느끼는 '독점성'은 사람들을 움직이는 강력한 요소다.
7. 마케터들은 VIP 코드, 전용 전화번호나 웹페이지, 특별 할인과 제안, 우선권, 독점 기회, 특정 그룹과 회원 등급, 인증용 배지와 카드, 개인에 맞춘 메시지, 그리고 "비밀, 살짝 맛보기, 오직, 예약된, 상위 1퍼센트에서 구한, 세심한 서비스, 손으로 만든, 독특한, 다른 회사와 달리, 당신은 얻었다, 당신은 뽑혔다, 당신은 선정됐다"와 같은 문구를 사용해 커뮤니케이션에 독점성을 부가할 수 있다.
8. 시급성과 독점성은 각각 혹은 함께 개별 메시지나 전체적인 마케팅 캠페인에 사용될 수 있다.
9. 희소성 원칙을 활용해 사람들이 더 빨리 반응하도록 이끌자.
10. 당신의 타깃이 특별함을 느끼거나 다급함을 느끼거나, 혹은 둘 다 느끼도록 만들자.

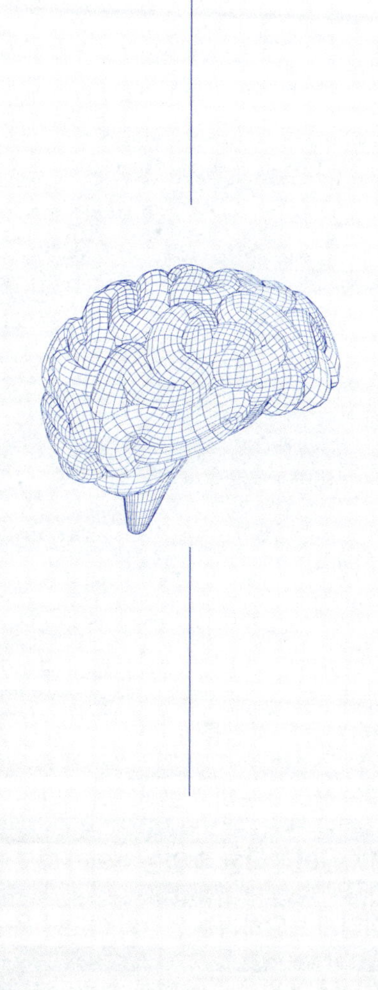

04 상호성

#Reciprocity #Principle #Give to get

조건 없이 베풀면 상대는 그것을 갚고 싶어 한다

인간은 무언가를 얻길 좋아한다. 특히 공짜면 더욱 그렇다. 행동과학자들은 사람들이 일단 무언가를 받으면, 제공자에게 빚을 졌다고 느끼고 보답하려 한다는 것을 발견했다. 애초에 자신이 부탁한 적 없는 호의라 해도 그렇다. 마케터들은 이렇게 보답하려는 인간의 타고난 욕구를 활용해 제공한 것보다 더 많은 것을 얻을 수 있다.

마케팅의 목적을 하나의 동사로 표현한다면 무엇일까?

가끔 동료들에게 이런 질문을 던지면 매우 실질적이고 통찰력 있는 답변들이 쏟아진다. 그들은 "응답한다, 회신한다, 구매한다, 등록한다, 활성화한다, 판매한다, 소비한다, 사용한다, 행동한다, 클릭한다, 대답한다, 전환한다, 설득한다, 확신한다, 유도한다, 영향을 준다, 자극한다, 소통한다, 시도한다, 선택한다, 결정한다, 참여한다, 신뢰한다, 인지한다, 원한다, 필요하다, 열망하다, 추진하다, 이끌다, 질문한다, 추린다, 집중하다, 제외한다, 생존한다, 기존 판도를 바꾼다" 같은 동사를 언급했다. 마지막 몇 단어는 경쟁자라는 위협 요소를 차단해 비즈니스를 지속하려는 마케터의 깊은 욕구를 보여주는 듯하다.

이 목록에 당신이 생각하는 단어가 있는가? (그렇지 않다면 당신의 답변을 알고 싶다. @nharhut로 #BeSciMktg라고 해시태그를 붙여 내게 트윗해 달라.) 곰곰이 생각해본 후 내가 찾은 단어는 바로 '하게 한다Get'이다.

클라이언트와 그들의 어려움과 목표를 논의하고, 동료 심사위원과 업계 시상식 후보를 살펴보고, 심지어 마케팅업에 종사하지 않는 친구들에게 맡은 프로젝트를 설명할 때도 나는 '하게 한다'라는 동사를 주로 사용한다. 사람들이 일정 날짜까지 응답하게 하고, 시도하게 하고, 사게 하고, 재구매하게 하고, 기존의 솔루션을 우리의 솔루션으로 바꾸게 하는 것이 목표라고 설명한다.

또는 특정 캠페인이 상을 받아야 하는 이유는 혁신적인 방식이 사람들로 하여금 제품을 다르게 생각하게 하고, 그 특출함으로 업계 기준보다 더 높은 응답률을 받게 했기 때문이라고 주장한다. 친구들에게 내가 작업 중인 마케팅 캠페인은 고객이 기존보다 더 많이 사게 하거나, 기업이 직원들에게 새로운 혜택을 제공하게 하는 데 목적이 있다고 얘기한다.

결국, 마케팅의 핵심은 무언가를 하게 만드는 데 있다. 물론 그 무언가는 당신이 속한 업계, 잠재 고객이 마케팅 퍼널Funnel+의 어느 단계에 있는지, 그리고 타깃의 사고방식이나 신념 같은 요소에 따라 다를 것이다. 그러나 한마디로 요약하자면 모두 어떤 행동을 하게 이끄는 것이다. 성공한다면 핵심 성과 지표는 상승하고, 시장 점유율과 수익성은 증가하며, 당신은 계속 마케팅 일을 할 것이다.

아마 당신도 이 책을 읽은 후에는 마케터의 목표가 무언가를 하게 만드는 것이라는 확신을 얻을 것이다. 따라서 모든 마케팅 커뮤니케이션은 그 목표를 향해 달려가야 한다. 당신이 원하는 특정 반응을 하도록 이끌 가장 가능성 높은 요소에 메시지를 집중해야 한다. 즉, 메시지에 강력하고 명확한 행동 촉구 문구와 반응을 자극하는 여러 방법을 포함하여 특징과 혜택, 행동해야 하는 감정적, 이성

+ 마케팅 깔때기라고도 불리는 개념으로 잠재 고객이 처음 브랜드를 인지한 순간부터 실제 구매, 충성하기까지의 단계를 나타냄

적인 이유를 제시해야 한다(1장 참고). 또한 손실 회피 심리(2장 참고)와 희소성의 원칙(3장 참고)을 접목할 방법도 살피는 것이 좋다. 당신이 바라는 행동을 사람들이 하게 만드는 것을 유일한 목적으로 두고, 캠페인의 메시지를 긴밀하게 구성해야 한다.

자, 모두 맞는 말이지만, 당신이 고려해야 할 요소가 더 있다. 우리가 방금 다룬 것과 관련이 있으면서 마케팅 커뮤니케이션에 접목할 수 있는 요소다. 그리고 이 요소는 사람들에게 반응해야 할 (항상 즉각적이진 않더라도) 감정적 이유를 제공하기도 한다.

바로 상호성의 힘이다.

사람들은 다른 사람에게 빚지고 싶어 하지 않는다. 당신이 누군가를 위해 무언가를 베풀면, 그들도 당신에게 보답할 방법을 찾을 것이다.

상호성은 인간의 타고난 본능이다

인간은 여러 방식으로 다른 인간에게 반응하도록 타고났으며, 그중 상호성은 매우 강력한 방식이다. 이는 인류가 계속해서 이어지는 데도 도움을 준 행동양식이다.

로버트 치알디니가 《설득의 심리학》에서 설명했듯이, 상호성은 "다른 사람이 베푼 것에 똑같이 보답하려는 마음"을 의미한다. 얼핏 보면 정중과 예의, 사려와 비슷한 개념처럼 보인다.

누군가 무언가를 베풀면 우리는 보답하고 싶어 한다. 예를 들어 나는 친구들의 생일을 축하해주는데, 그중에서도 내 생일을 기억해 준 친구들에게는 꼭 축하의 인사를 전한다. 또는 동료들과 어울릴 때 한 멤버가 1차에서 술을 사면, 2차는 되도록 내가 사려고 한다. 만약 금방 술자리가 끝나면, 다음에 함께할 때는 내가 계산해야겠다고 마음속으로 기억한다.

사소한 것에도 상호성은 작용한다

사회학자 필립 쿤즈Phillip Kunz가 진행한 실험을 바탕으로, 2015년 멜라니 태넌바움Melanie Tannenbaum이 《사이언티픽 아메리칸Scientific American》에 올린 글을 보면, 이렇게 보답해야 한다고 느끼는 사람은 나만이 아니다. 쿤즈와 동료 마이클 울콧Michael Woolcott이 진행한 실험을 한번 살펴보자. 쿤즈는 시카고 안내 책자에서 이름과 주소를 추출해 500명이 넘는 낯선 이에게 연말 인사를 보냈다. 그러자 그들 중 20퍼센트가 크리스마스카드를 보내왔다. 쿤즈가 누구인지 전혀 모르지만 카드를 받은 만큼 자신도 답장해야 한다고 느낀 것이다.

쿤즈와 울콧의 연구는 상호성을 측정하기 위해 특별히 고안된 실험은 아니었다. 하지만 치알디니가 노아 골드스타인Noah J. Goldstein, 스티브 마틴Steve J. Martin과 함께 집필한 저서 《설득의 심리학 2》에서 소개한 실험은 상호성을 중점적으로 다룬다. 행동과학자인 데이비드 스트로메츠David Strohmetz와 동료가 진행한 이 실험은 사탕이 레스토랑의 팁에 미치는 영향을 보여준다.

첫 번째 실험 조건에서는 레스토랑 종업원이 테이블에 앉은 손님들에게 계산서와 함께 사탕을 하나씩 전달했다. 그러자 사탕 없이 계산서를 전달했을 때보다 팁이 3.3퍼센트 정도 약간 증가했다. 하지만 종업원이 사탕의 개수를 한 사람당 두 개로 늘리자, 팁은 14.1퍼센트가 늘어났다. 저자들은 그 이유를 손님들이 추가로 받은 사탕에 부여한 의미 때문이라고 설명한다. 사탕 한 개 정도는 그럴 수 있지만, 하나를 더 받는 것은 예상치 못한 일이었다. 치알디니와 동료들이 언급했듯 "상대가 많이 베풀수록, 우리는 그만큼 돌려줘야 한다는 의무감을 느낀다."

세 번째는 내가 가장 흥미롭게 생각하는 실험이다. 종업원은 테이블에 앉은 손님들에게 계산서와 사탕 한 개씩을 건네고 간다. 하지만 곧 다시 테이블로 돌아가 주머니에서 사탕을 꺼내 손님들에게 두 번째 사탕을 전달한다. 손님들은 자신을 위한 특별한 행동이라는 의미로 해석할 수 있다. 이렇게 손님에게 개인적인 호의를 더한 행동으로 종업원의 팁은 23퍼센트나 증가했다.

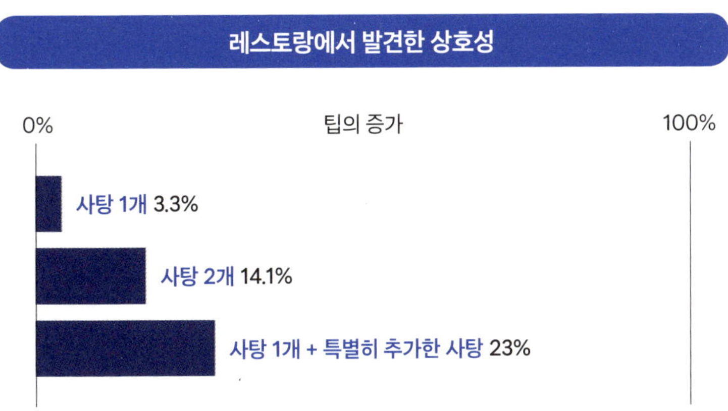

연구자들은 레스토랑의 종업원들이 계산서와 함께 사탕을 전할 때 팁이 올라감을 발견했다. 특히 추가로 전달한 사탕은 손님들에게 특별한 의미로 다가왔다.

누군가 우리를 위해 무언가를 베풀 때(설사 요청하지 않았다 해도), 우리는 보답해야 한다고 느낀다. 그리고 받는 호의가 클수록 그 느낌은 더 강해진다. 이 사례에서 사람들은 단순히 사탕값을 치르려고 팁을 많이 준 것이 아니다. 만약 그랬다면 팁에 몇 센트 정도만 추가하거나, 사탕을 그냥 테이블 위에 남겨두었을 것이다. 그들은 특별한 행동을 취했다. 종업원들이 특별하게 행동했기 때문에 손님들도 평소와 다르게 행동한 것이다.

크리스마스 카드와 레스토랑 사탕의 사례는 비교적 빠른 보답을 이끌었지만, 항상 그렇진 않다. 팀 애쉬Tim Ash는 그의 책《원시적 뇌를 깨워라Unleash Your Primal Brain》에서 "미래의 의무감이 지닌 힘"에 관해 설명한다. 즉각적으로 보답하기 힘든 상황일 때, 인간은 자신의 의무감을 기억하고 추후 보답하려 한다. 그는 또한 "우리는 그러한 빚을 갚거나 보답하기 전까지 약간 불편하고 불안한 마음을 지닌다"라고 설명했다. 결국 사람들은 마음의 짐을 덜기 위해 상대에게 더 큰 호의를 베풀려고 한다. 치알디니는 이렇게 말했다. "인간은 단순히 심리적인 마음의 빚을 덜기 위해 받은 것보다 더 큰 호의를 기꺼이 베풀려 한다."

내가 저녁 식사에 초대받은 진짜 이유?

나도 그런 형태의 거래를 받은 적이 있다. 수십 년간 나는, 코로나 시기를 제외하고, 매년 12월에 대규모 연말 파티를 열었다. 가족과 친구들이 함께하던 파티는 시간이 지나면서 동료들이 더해져 초대 인원은 늘어났다. 특히 직장을 바꿀 때마다 새로운 인원은 더 늘었지만, 매년 참석하는 주요한 초대 그룹은 동일했다.

파티에 참석하는 현직, 전직 동료의 비율이 가족과 친구의 수를 넘어선 몇 년 후 나를 놀라게 하는 일이 벌어졌다. 파티에 참석해온 동료들이 나와 배우자를 저녁 식사에 초대하는 일이 세 번도 넘게 일어난 것이다. 이 일이 놀라웠던 이유는 나와 정기적으로 교류하는 사람들이 아니었기 때문이다.

식사하는 동안 그들은 어김없이 내 연말 파티를 언급했고, 그 많은 파티에 참석했기 때문에 우리를 저녁식사에 초대했다는 것을 은연중에 표현했다. 짐작하겠지만, 내 파티는 대규모 파티였던 만큼 나는 그런 보답을 기대하지 않았다. 만약 그들이 연 파티에 우리를 초대했다면 기쁘고 적절한 일이라 생각했을 것이다. 하지만 우리만을 위해 특별한 저녁식사를 준비하는 것은 무리한 노력처럼 보였다. 그러나 행동과학의 관점에서 생각해보면 수긍이 가는 일이다.

영리한 마케터들이 상호성의 원칙을 이용하는 방법

이쯤에서 당신은 이런 생각이 들 것이다. 효과는 좋지만, 식당에서 일하거나 연말 파티를 여는 게 아니라면 상호성의 원칙을 어떻게 이용할 수 있을까? 답은 간단하다. 얻기 위해서는 베풀어야 한다.

무언가를 얻는 데 마케팅의 전부를 쏟지 말고, 그 노력의 일부를 고객과 잠재 고객에게 먼저 베푸는 데 투자해보자. 그들이 가치 있게 여길 무언가를 제공하라. 요청하지 않았어도 유용하고 즐겁고 친근하게 느껴져 그들이 고마워할 무언가를 말이다.

당신이 먼저 건네는 호의는 물건이나 서비스의 형태일 수도 있다. 핵심은 먼저 제공하는 것이다. 그렇게 하면 상호성의 원칙이 당신에게 유리하게 작용할 토대를 닦은 셈이다. 일단 선물이나 호의를 받으면 상대는 자신이 요청한 것이든 아니든, 그것을 제공한 마케터에게 의무감을 느낄 것이다. 당신이 놀라움과 기쁨을 주었다면 그들 역시 호의에 보답하려고 한다. 당신과의 관계에서 이미 이익을 얻었기 때문에 당신과 거래할 의향이 더 생길 것이다. 그리고 그냥 예의를 차리는 것을 넘어, 공평하게 보답하고 싶을 것이다.

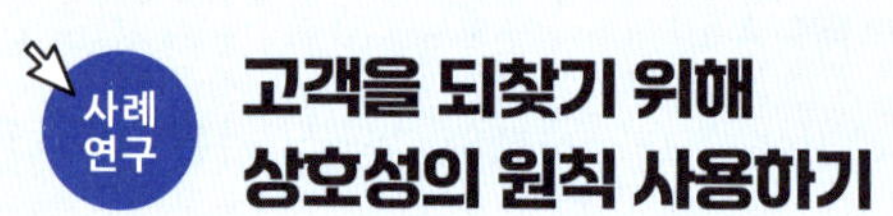

고객을 되찾기 위해 상호성의 원칙 사용하기

거래를 중단한 이들을 어떻게 되돌아오게 할 수 있을까? 이는 한 대형 금융 서비스 회사가 내가 일하던 에이전시에 요청한 과제였다. 이 회사는 자사의 펀드와 퇴직연금 상품을 더는 판매하지 않는 재무 설계사들을 다시 돌아오게 만들고 싶었다. 그래서 자사의 영업 담당자와 이전 고객인 재무 설계사들이 다시 대화를 나누는 것을 즉각적인 목표로 삼았다.

B2B 영역에서 회사와 비즈니스를 중단한 고객을 되찾기란 상당히 어렵다. 그리고 이 프로젝트에는 장애물이 하나 더 있었다. 이 재무 설계사들이 회사와 거래를 중단한 지 1년이 넘

었다는 점이었다.

여기서 우리는 두 가지를 추측할 수 있다. 재무 설계사들은 어떤 이유(단순히 일시적인 판매저조를 경험하는 것과 달리)로 우리 클라이언트와 비즈니스를 중단했고, 이 무렵 그들은 선호하는 (아마 더 판매하기 쉽다고 느낀) 대체 상품을 찾았다. 설상가상으로, 재무 설계사들은 보통 정해진 몇 회사와만 일하는 만큼 우리 클라이언트가 다시 그 자리에 들어가려면 경쟁사 중 한 곳을 밀어내야 했다.

이 마케팅 과제를 두고 몇 가지 방안을 고민했다. 우선 재무 설계사에게 클라이언트의 펀드를 상기시키고, 장점을 반복해서 말하고, 다른 설계사들이 성공적으로 판매하고 있음을 강조하는 방법을 생각했다(5장에서 살펴볼 사회적 증거 반영). 그러나 이 설계사들은 이미 그 펀드에 대해 잘 알고 경험이 있기 때문에, 다른 설계사들이 잘 판매하고 있다는 사실에 별다른 반응을 보이지 않을 듯했다.

"당신이 무엇을 놓치고 있는지 보라"며 손실 회피 심리(2장 참고)를 자극하는 메시지도 고려했다. 하지만 클라이언트의 상품을 판매한 적이 있는 만큼 효과는 크지 않을 것으로 보였다. 현재 이 상품을 판매하는 설계사들이 자신보다 더 잘 알고 있다고 생각하지 않을 것이다.

상호성에 개인적인 접근을 추가하다

하지만 그 후 상호성의 원칙을 적용한 기발한 방법을 찾아냈다. 캠페인의 즉각적인 목표는 영업 담당자와 연락하게 하는 것이지만, 궁극적으로는 재무 설계사들을 되찾는 것이었다. 우리 팀은 이 재무 설계사들에게 특별한 것, 그들의 관심을 끌고 마음을 울릴 무언가를 보내야 한다고 판단했다.

금융 서비스 업계에서는 기업이 설계사들에게 선물을 보내는 일이 흔한 편이다. 규정상 선물의 가격이 제한된 만큼 선택 폭이 넓진 않아 커피 머그잔이나 골프공이 대부분이었다.

우리 팀은 이 선물이 특별하되 일정 가격은 넘을 수 없음을 인지했다. 그래서 《뉴요커 매거진New Yorker Magazine》의 아티스트가 그린 만화를 액자로 만들었다. 만화의 캡션에는 퇴직연금 상품 판매에 관한 재미있는 문구를 넣고, 거기에 각 재무 설계자의 이름을 넣어 그들의 자존감을 세워주었다. 이 선물은 특별했고, 의미 있었고, 개인적이었다. 사무실 벽에 액자를 걸려는 재무 설계사들의 모습이 상상되지 않는가?

패키지를 배송하기 전 우리는 재무 설계사들에게 이메일을 보내 그들만을 위한 특별한 선물이 있으니, 우편함을 확인하라고 알렸다. 선물이 도착하면 영업 담당자에게 전화해달라는 요청도 함께 보냈다.

그런 다음 '배송 주의'라고 표시한 흰색 상자에 만화 액자와 함께 독점성을 더해주도록 아티스트에 관한 정보도 넣었다(3장 참고). 또한 재무 설계사들의 주요 관심 사항, 즉 고객에게 좋은 인상을 주는 일과 매출 증대를 위해 우리 클라이언트가 어떻게 돕고 지원할 수 있는지 알려주는 짧은 편지도 동봉했다.

은퇴 후 의료비에 관해 고객과 대화하는 법을 설명하는 링크가 담긴 짧은 이메일도 세 번에 걸쳐 보냈다. 이러한 내용은 꺼내기 어렵지만 중요한 주제였고, 재무 설계사가 판매를 올리는 데 도움을 줄 수 있었다.

그래서 캠페인은 어떻게 됐을까? 세련된 《뉴요커 매거진》 화가가 그린 개인 맞춤형 만화를, 멋지게 포장해서 보낸 뜻밖의 선물이 효과가 있었을까? 재무 설계사들의 관심을 끌고, 영업 담당자와 대화의 물꼬를 트게 만들었을까? 그리고 무엇보다 그들을 다시 돌아오게 했을까?

캠페인은 성공적이었다. 회사의 영업 담당자들에게 전화가 걸려 오고, 이메일이 들어왔다. 무엇보다 영업 담당자들은 재무 설계사들이 상품을 다시 판매하도록 설득하는 데 성공했다.

한 담당자는 만화 홍보 덕분에 한 번도 만난 적 없는 재무 설계사와 대화를 나눴다고 말했다. 이 재무 설계사는 그 후 200만 달러 상당의 판매를 달성했다. 담당자는 그런 홍보가 없었다면 이런 실적도 거둘 수 없었을 거라고 말했다. 이전 캠페인에 비해 전반적인 판매량도 전반적으로 많이 늘어나 클라이언트가 홈런이라고 표현할 정도였다.

상호성의 원칙을 유도한 캠페인이 수백만 달러의 매출을 이끈 것이다. 얻기 위해 베푸는 방법으로 꽤 만족스러운 결과가 돌아온 셈이다.

⚠ 주의

어떤 행동을 완료하는 대가로 선물을 제공해 상호성을 유도하려는 시도는 피하자. 효과가 있을 수도 있지만, 이는 단순히 유인책일 뿐이다. 상호성을 제대로 사용하기 위해서는 조건 없이 선물을 제공해야 한다.

다이렉트 마케팅은 상호성에 적합한 채널이다

다이렉트 마케팅 채널(오프라인과 온라인 모두)은 상호성의 원칙을 활용하기에 아주 적합하다. 마케터들은 기존 고객이나 잠재 고객에게 유용한 것이든, 단순히 재밌거나 새로운 것이든, 그들이 고마워할 무언가를 보낼 수많은 기회가 있다.

효과적인 다이렉트 마케팅은 정확한 표적화와 개인화, 연관성을 고려해야 한다. 즉, 당신의 메시지와 함께 전달할 선물이 어떤 것이든 이러한 요소를 갖춰야 한다는 의미다. 타깃의 업계나 취미, 관심 분야에 관한 정보와 설명, 보고서 등은 적절한 선물이 될 수 있다. 특히 타깃을 위해 특별히 만들어진 것처럼 보인다면 효과는 더욱 강력해진다.

B2B 타깃에게 우편물을 보낼 때는 수신자의 회사 이름을 보고서에 넣고, B2C 대상일 때는 타깃의 이름이나 이니셜로 제작된 공책, 티셔츠 같은 아이템을 보내자. 이렇게 개인적인 의미를 더하면, 그 아이템의 가치는 더 크게 느껴질 것이다.

또한 당신이 제공하는 제품이나 서비스와 연관성이 있어야 함을 명심하자. 만약 하이킹 신발을 판매한다면 타깃이 사는 지역의 산책로 지도(인쇄나 파일)가 좋은 연결 고리가 될 수 있다. 척추 지압 서비스를 제공한다면 유용한 스트레칭 동작이 담긴 코팅 카드가 적절할 수 있다. 기업들에 소셜 미디어 컨설팅 서비스를 제공한다면, 가장 인기 있는 플랫폼을 자세히 설명하는 다운로드 가능한 안내서가 좋은 선물이 될 것이다.

일단 선물을 보내기로 했다면 수신자가 선물을 놓치지 않도록 주의하자. 이메일 제목이나 봉투 겉면의 티저 문구에 선물(또는 선물이 있음을)을 언급하거나 뭔가 가치 있는 것이 들어 있을 것 같은 상자나 완충 봉투에 넣어서 보내자.

상자나 통, 완충 봉투같이 부피가 있는 우편물은 보통 그날 받은 것 중 가장 먼저 손이 간다. 그런 우편물은 관심을 끌고 기억에 남으며, 추후 당신이 연락을 취할 좋은 구실이 된다. 상호성의 원칙 때문에 수신자는 그러한 노력을 무시하기 어렵다. 당신이 보낸 멋진 제품을 잘 사용하고 맞춤형 안내서로 도움을 받았다면, 적어도 전화에 답해야 마음이 편할 것이다.

그러나 부피가 있는 우편물은 일반적인 봉투보다 비용이 더 들기 때문에 비용 대비 수익률도 신경써야 한다. 또한 적절한 크기를 선택하는 것도 중요하다. 커다란 상자를 열었는데 그 안에 편지나 안내서 등만 들어 있다면 내용물이 기대에 비치지 못하는 만큼 실망할 것이다. 게다가 과대 포장으로 환경 면에서 무책임하다고 느낄 수도 있다. 어느 쪽이든 메시지를 전달하기도 전에 타깃이 당신을 부정적으로 생각하지 않도록 해야 한다. 이는 선물이 전하는 모든 호의를 거부하는 결과를 초래할 수도 있다.

만약 비용 때문에 부피 있는 우편물을 보낼 수 없다 해도 걱정할 필요 없다. 일반적인 서류 봉투로도 상호성의 원칙을 유도할 수 있다. B2B 고객을 위해 안내서와 지도, 보고서 외에도 작은 연간 달력이나 재치 있는 문구가 담긴 문고리 판을 고려해보자. BC2 고객에게는 자석과 책갈피, 재미있는 스티커 세트를 주거나 선물을 내려받을 링크가 담긴 이메일을 보내는 것도 방법이다.

상호성의 원칙을 잘 활용한 자선단체

자선단체의 기부금 요청 우편물을 받은 적이 있다면 그들이 상호성 원칙의 달인임을 알 것이다. 당신이 요청하지 않았지만 받은 그 우편물 안에는 개인용 주소 라벨이나 메모지, 스티커, 인사 카드, 어쩌면 이 모든 아이템이 들어 있을 수 있다. 한 손에는 요청하지 않은 선물이, 다른 한 손에는 수혜자들을 가엾이 여겨 기부해달라고 호소하는 편지가 쥐어진다.

그러면 어떻게 되겠는가? 효과는 강력하다. 자선단체들이 계속 이런 방법을 사용하는 이유다. 한번은 다이렉트 마케팅 콘퍼런스에서 강연이 끝난 후 암 연구 기금을 모으는 여성이 다가왔다. 대화를 나누며, 그녀는 여러 방법을 시도해봤지만 개인용 발신자 주소 라벨+보다 효과가 좋은 것은 없었다고 고백했다.

놀라운 얘기는 아니다. 《시카고 트리뷴Chicago Tribune》에 따르면 2002년에 "성 주드St. Jude 자선단체는 특별한 날, 전용 라벨에서 발신자 주소 라벨로 바꿔 발송했고, 응답률을 두 배 높였다. 미국 상

+ 사용자의 이름과 주소가 인쇄된 편지, 택배, 봉투 등에 붙이는 마춤 제작 라벨 스티커

이군인회Disabled American Veterans는 1970년대 초반부터 발신자 주소 라벨로 발송해왔다. 이곳의 모금 책임자인 수전 로스는 매년 단체가 1,200만 개의 우편물을 보낸다고 말한다(스테이플스, 2006)." 아주 적은 금액도 철저히 관리하는 자선단체가 계속 이렇게 해왔다면, 발신자 주소 라벨이 꽤 유용한 선물이란 생각이 든다.

충성도를 높이는 데도 효과적인 상호성의 원칙

고객을 유지하고 충성도를 얻고 싶다면 상호성의 원칙을 마케팅에 적용하는 것이 매우 효과적이다. 깜짝 선물은 고객에게 강한 감정적 반응을 일으킬 수 있다.

실제로 《놀라움Surprise》(Luna and Renninger, 2015)의 공동 저자 리안 레닝거LeeAnn Rennger는 이렇게 말한다. "조사에 따르면 놀라움은 감정을 400퍼센트 정도 고조시킨다. 이는 우리가 긍정적인 놀라움은 환영하지만 부정적인 놀라움은 거부하는 이유를 설명한다." 놀라움은 사람들의 관심을 집중시키고 놀라움을 준 대상을 기억하게 한다(16장 참고). 마케터에게는 상당히 유리한 장점이다.

물론 당신은 고객의 행동을 '구매'하고 먼저 무언가를 베풀 때만 그들이 반응하길 원하진 않을 것이다. 하지만 선물이나 특전을 적절히 사용하면 관계를 단단하게 할 뿐 아니라 고객 충성도를 끌어낼 수도 있다.

혜택의 형태는 유형과 무형 모두 가능하다. 지위를 부여하고, 권한을 제공하고(독점성), 고객을 인정해주는 혜택 모두 강력한 방법이 될 수 있다. 유용하거나 도움이 되는 선물도 마찬가지다. 선물이 마케팅 타깃과 관련이 있고, 브랜드에 적합한지 꼭 확인하자.

상호성은 좋은 전략적 도구가 된다

고객의 즉각적인 반응에 집중하는 다이렉트 마케터와 마찬가지로, 브랜드 관련 다양한 콘텐츠를 기획하고 전하는 콘텐츠 마케터들도 상호성의 원칙을 캠페인에 노련하게 적용해야 한다. 매력적이고 재미있고 교육적인 정보를 제공하면 마케터들은 고객의 보답을 받을 수 있다.

마커스 셰리든Marcus Sheridan은 콘텐츠 마케팅 안내서인 《대답만 했을 뿐인데 회사가 살아났습니다》의 저자다. 그는 사정이 어려워진 자신의 파이버글라스 수영장 시공 회사를 살리려 콘텐츠 마케팅을 적용한 경험을 책으로 썼다. 그의 이야기는 여러 번, 수많은 곳에서 등장했으며, 나도 마케팅 콘퍼런스에서 그의 강연을 직접 들은 적이 있다.

경기가 나빠지자 그와 파트너들이 진행하던 수영장 사업은 고꾸라졌다. 사람들은 설치 주문을 취소하고 예약금을 돌려달라고 요구했다. 이런 상황에서 사업을 지속하기 위해 셰리든은 수영장에 관한 사람들의 궁금증을 해소하는 콘텐츠를 제공하기 시작했다. 가격을 알려주고 파이버글라스 수영장의 장단점에 대해 글을 썼다. 자신의 지역에서 손꼽히는 수영장 시공업체들을 소개하며, 경쟁사들을 언급하기도 했다.

결과는 어땠을까? 셰리든에 따르면 그의 수영장 사업은 살아남았을 뿐 아니라 번창했고, "미국에서 가장 큰 수영장 제조 및 시공

업체"가 되었다. 콘텐츠 마케팅으로 상호성을 이끈 훌륭한 사례라고 볼 수 있다.

유용한 콘텐츠의 제공은 당신의 조직을 경쟁자와 차별화한다. 타깃의 욕구를 파악한 다음, 그 콘텐츠를 충족해주는 회사가 되자.

B2B 쪽에서 내가 가장 좋아하는 사례는 이메일 마케팅 회사인 월드데이터의 Subjectline.com이다. 이메일 마케팅을 진행하는 수많은 기업은 이메일 제목의 유효성에 상당히 관심이 많다. '사람들이 제목을 클릭할까? 스팸으로 분류되진 않을까?' 걱정한다. Subjectline.com은 이메일 제목을 입력하면 바로 평가해주는 무료 도구를 제공한다. 이메일 제목의 평가 점수와 그 이유를 제공할 뿐 아니라 개선안을 조언해주기로 한다.

B2B 마케팅 쪽에서 깊은 인상을 받은 사례는 뮤추얼 오브 오마하Mutual of Omaha의 총비용 산정 도구다. 사람들이 생명 보험에 가입하는 이유 중 하나는 자신이 죽은 후 장례비용에 보탤 수 있도록 가족에게 돈을 남기기 위해서다. 하지만 장례비용이 얼마나 들지 누가 알 수 있겠는가? 이에 이 보험사는 쉬운 도구를 제공해 사람들이 자신의 장례식에 원하는 품목을 선택하고(예를 들어 관 vs. 유골함, 꽃장식 vs. 꽃 제외) 거주 지역에서 이런 물건의 평균 비용을 가늠하게 해주었다.

이메일 회사와 보험사 모두 타깃이 유용하게 쓸 수 있는 무료 콘텐츠를 제공했다. 그렇게 함으로써 그들은 타깃이 구매 준비가 됐을 때 상호성을 발휘하도록 길을 닦은 셈이다.

마케팅에서 상호성의 원칙을 활용하는 방법

- 고객이 일이나 개인적인 목표를 달성하는 데 유용한 정보를 매주 이메일로 보내라.
- 타깃이 끌릴 만한 정보, 공동의 관심사에 대한 최신 정보, 혹은 그들을 위해 특별히 만든 콘텐츠를 담아 정기 이메일 뉴스레터를 보내자.
- 고객들이 유용한 도구와 정보를 활용할 수 있도록 웹사이트의 일부 자료에는 접근 제한을 두지 말자.
- 사람들이 중요한 마감 기한을 놓치지 않도록 알림을 보내자(예를 들어 자동차 회사는 사람들에게 자동차 점검 스티커 갱신 시기를 알려주고, 여행사는 여권 만료일이 가까워지고 있다는 알림을 보낼 수 있다).
- 무료로 샘플과 체험 기회, 평가와 측정 도구, 기타 유용한 물품이나 서비스를 제공하라.
- 복잡한 절차를 줄이면 경쟁사들보다 선호하는 업체가 될 수 있다.
- 고객에게 시간과 노력을 들여 특별한 도움을 제공하자. 당신이 그들을 신경 쓴다는 것을 보여주자.
- 적립금과 할인, 깜짝 세일로 고객에게 놀라움을 선사하자.
- B2B 고객에게 당신이 함께 일하는 다른 회사를 소개하거나 추천하고, 자료를 제공할 때 그들의 콘텐츠 링크도 넣어 보내자.
- 작은 깜짝 선물이나 따뜻한 인사로 고객의 생일과 기념일, 여러 성과를 축하하자.
- 특별한 날에 짧지만 즐거움을 선사하는 콘텐츠를 제공하라.

- 기존 고객과 잠재 고객이 참고할 수 있는 사용 안내 동영상들을 모은 라이브러리를 만들자.

결론

받기 위해 먼저 베푸는 방법은 마케터에게 유용한 전략이다. 사람들은 무료로 받는 도움과 정보, 선물을 고맙게 여기고, 당신과의 비즈니스를 통해 그 호의에 보답할 때가 많다. 상호성의 원칙을 적용하면 타깃은 구매 시점에 당신의 회사를 떠올릴 것이다. 구매를 결정할 때 보통 자신을 도와준 회사에 끌리기 때문이다. 이로써 그들은 불편한 마음을 덜고 당신의 호의에 보답한다고 느낀다.

다음 장에서는 사람들이 자신과 비슷한 사람의 행동을 보고 결정을 내리는 방식에 대해 살펴보자.

요약

1. 인간은 호의에 보답하도록 타고났다.
2. 상대가 요청했든 아니든, 당신이 먼저 무언가를 해주면 그들은 당신에게 의무감을 느낀다.
3. 받은 선물이 클수록 보답하려는 마음은 더욱 커진다.
4. 사람들은 의무감에서 벗어나기 위해 더 큰 호의로 보답하기도 한다.
5. 받기 위해 먼저 베풀어 비즈니스를 촉진할 수 있다.
6. 다이렉트 마케터와 자선단체는 캠페인에 선물을 포함해 상당한 성공을 거두었다.
7. 깜짝 선물로 고객에게 즐거움을 주면 관심을 끌고 강한 인상을 남겨 고객 충성도와 유지율을 높일 수 있다.
8. 콘텐츠 마케터들은 교육이나 즐거움을 전달하는 정보와 가치를 제공하며 상호성의 원칙을 활용할 수 있다.
9. 흔하지 않고, 진정으로 유용한 콘텐츠를 제공해야 한다.
10. 이메일 뉴스레터, 접근 제한을 두지 않은 콘텐츠, 시기적절한 알림, 무료 측정 도구, 깜짝 선물, 유용한 자료는 모두 상호성의 원칙을 이끌 수 있다.

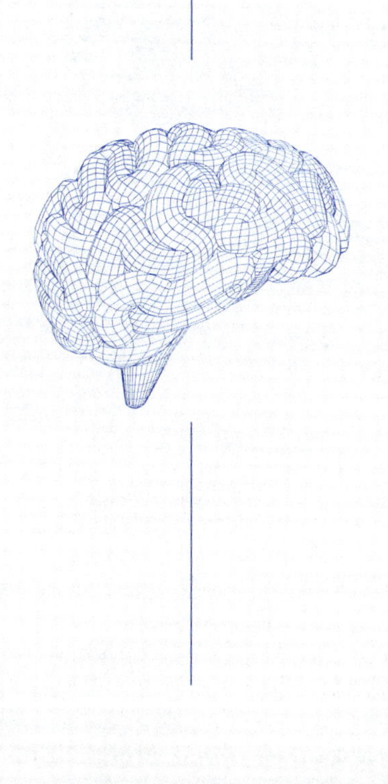

05 사회적 증거

#Social proof #People like us #People we like

비슷한 사람, 좋아하는 사람을 활용하라

난감한 결정을 내려야 할 때, 사람들은 자신과 비슷한 사람이 어떤 결정을 내렸는지 살펴보고 따라 하는 경향을 보인다. 행동과학자들은 이러한 의사결정의 지름길로 사람들이 정신적 에너지를 아끼고, 확신을 가진다고 말한다. 마케터는 잠재 고객에게 이미 당신이 요청한 대로 행동한 수많은 고객이 있음을 보여줘야 한다.

이렇게 한번 해보자. 좋은 마케팅 문구에 관한 모든 자료를 살펴보는 거다. 그러면 다음 세 단어 중 하나가 분명히 보일 것이다. 바로 '관련성, 맞춤형, 개인화'이다.

사실 세 단어를 모두 발견할 수도 있다.

우리는 타깃이 메시지에 공감하면 더 좋은 반응이 나온다는 것을 안다. 그리고 메시지를 타깃에게 잘 전달하기 위해서는 최대한 관련성이 있어야 한다. "적절한 메시지를, 적절한 사람에게, 적절한 시기에 전달하라"는 오래된 격언이 자주 인용되는 이유가 여기에 있다.

조금만 찾아봐도 적절하고 개인화된 커뮤니케이션의 탁월함을 증명하는 실험과 사례 연구는 수없이 많다. 미국광고주협회Association of National Advertisers는 이렇게 밝혔다. "2020 어도비 고객 맞춤화 조사에 따르면 여러 방면에서 메시지를 개인에 맞춤화한 기업은 20배 이상의 비용 대비 수익률을 보였다(Menon, 2021)." 디지털 마케팅 컨설팅사인 액센츄어 인터랙티브Accenture Interactive는 "소비자의 91퍼센트는 적절한 제안과 커뮤니케이션의 중요성을 알고, 명심하고, 제공하는 브랜드를 더 선호한다"라고 보고했다(Zoghby, 2018).

당연한 말이다. 이런 시나리오를 상상해보자. 당신이 어떤 기업과 비즈니스를 논의하는 초기 단계에 있다. 그 기업의 담당자가 당신에게 선물을 전달하며 이렇게 말한다. "특별히 고른 작은 선물입니다." 기분이 좋다. 나만을 위한 느낌이 들기 때문이다. 마치 그 담당자가 이 책의 3장과 4장을 읽고 독점성과 상호성의 힘을 불어넣은 듯하다.

이제 조금 다른 시나리오를 생각해보자. 당신이 어떤 회사와 비즈니스를 할지 고민 중인데 담당자가 선물을 주며 이렇게 말한다. "이거, 하나 써보세요. 저희 회사가 모두에게 나눠주는 거예요." 어떤 기분이 드는가? 공짜니 좋다고 해도 나를 위한 선물이라거나 특별하다는 느낌은 들지 않는다.

따라서 개인화와 관련성, 독점성은 모두 행동에 영향을 주며, 이 세 요소는 마케터에게 매우 효과적으로 작용한다. 하지만 이것만으로는 충분하지 않은 특수한 상황도 있다. 오히려 역효과로 작용해 완전히 예상과 다른 반응이 나올 수도 있다. 자신이 무엇을 원하는지 모를 때가 바로 그런 상황이다. 사람들은 자신이 어떻게 행동해야 할지 모를 때 특별한 느낌보다 더 중요한 무언가를 원한다. 바로 안전감이다.

2장에서 배웠듯이 손실 회피 심리는 매우 강력한 동기다. 이러한 심리는 잘못된 선택을 하고 싶지 않은 마음으로 드러나기도 한다. 사람들은 실수를 두려워한다. 잘못된 선택을 피하고 싶은 욕구는 B2B에서든, B2C에서든 작용한다.

당신이 여러 제품이나 업체 중에서 선택한 경험이 있다면 그 위험 부담을 잘 알 것이다. 잘못된 선택을 하면 친구들에게 웃음거리가 되거나, 직업적인 평판이 떨어질 수 있다. 놀림을 받거나 회사에서 해고되고 싶은 사람은 아무도 없다.

그 결과, 당신의 타깃은 낯선 상황에 놓였거나 자신의 결정에 확신이 없을 때 안정감과 확신을 갈구한다. 그래서 자신의 선택을 후회하지 않을 방법을 찾는다. 좋은 선택임을 확신하고 만족하며, 자신을 비롯한 그 누구도 잘못된 제품이나 서비스, 회사를 선택했다고 비난하지 않을 방법을 구할 것이다.

타깃에게 이런 확신을 주는 방법이 바로 사회적 증거다.

사람들은 확신이 없을 때 다른 이들이 자기보다 많이 안다고 가정한다. 그래서 그들이 내린 결정과 같은 선택을 하는 것이 현명하다고 생각한다. 잘못된 선택으로 인해 곤란해지기 싫어 "다수의 선택이 안전하다"라는 접근법을 따르는 것이다.

의사결정에 큰 영향을 주는 사회적 증거

어떤 결정을 내릴지 확신할 수 없을 때 사람들은 정신적 지름길을 사용한다. 다른 사람들, 특히 자신과 비슷한 사람들의 행동을 보고 그들이 한 대로 따른다. 사람들이 특별한 기분을 원하거나 맞춤형 경험을 찾아다니고, 개인에 맞게 설계된 커뮤니케이션이 마케팅에서 좋은 성과를 거둬도 영화 〈해리가 샐리를 만났을 때〉에서 등장하는 유명한 대사인, 맥 라이언을 보고 "저 여자가 먹는 걸로 주세요"라는 식의 의사결정을 내릴 때가 분명히 있다.

왜 그럴까? 잘못된 선택이 아니라는 확신을 주기 때문이다. 리처드 탈러와 캐스 선스타인Cass R. Sunstein은 그들의 책《넛지》에서 이렇게 설명한다. "다수가 하는 행동이나 생각은 당신에게 무엇이 가장 좋은 행동이고 생각인지에 관한 정보를 전달한다."

애덤 알터Adam Alter는 그의 책《만들어진 생각, 만들어진 행동》에서 행동과학을 활용해 전기 소비를 성공적으로 줄인 한 전력회사의 이야기를 들려준다. 이 전력 회사는 고객들에게 그들의 전력 소비량을 이웃의 효율적인 소비량과 비교하는 보고서를 보냈다.

그러자 고객들의 전력 소비량이 줄었다. 보고서를 받기 전까지 그들은 전기를 '너무 많이' 사용한다는 사실을 전혀 몰랐을 것이다. 하지만 효율적인 이웃의 소비량을 본 후 이 정보를 근거로 전기 소비를 줄이기로 결심했다.

같은 사회적 증거의 원칙을 조금 다르게 적용해 호텔 손님들이 욕실 수건을 매일 교체하는 대신 재사용하도록 이끈 사례도 있다. 《설득의 심리학 2》에서 노아 골드스타인과 스티브 마틴, 로버트 치알디니가 설명한 실험은 이렇다. 그들은 호텔 욕실에 세 개의 다른 카드 중 하나를 사람들이 보게 비치했다.

첫 번째 카드는 "많은 호텔 업계가 사용하는 기본적인 환경 보호" 메시지를 담았다. 두 번째 카드는 "대다수의 호텔 손님이 머무는 동안 적어도 한 번 이상 수건을 재사용했다"라고 말했다. 그리고 세 번째 카드는 "이 방을 사용한 대다수의 손님이 머무는 동안 수건 재

사용 프로그램에 참여했다"라고 표시했다. 저자는 두 번째 카드가 첫 번째보다 효과적이었지만, 무엇보다 가장 큰 성과를 거둔 건 세 번째 카드라고 말한다.

사람들은 행동을 결정할 때, 특히 이전에 한 번도 생각해보지 않은 선택을 해야 할 때 자신과 유사한 이들의 행동을 지침으로 여긴다. 유사한 사람들은 이웃부터 같은 호텔을 선택해 같은 방에 머문 사람들까지 상당히 광범위할 수 있다. 심지어 한 연구는 그 유사성의 의미가 자신이 지금 식사 중인 레스토랑을 이전에 이용한 사람처럼 단순할 수도 있음을 보여준다.

사회적 증거는 대중적인 선택을 더 인기 있게 만든다

듀크 대학과 베이징 대학Peking University의 연구자들이 수행한 실험은 이를 잘 보여준다(Todd, 2009). 연구자들은 중국 음식점들에서 무작위로 두 개의 플래카드 중 하나를 걸었다. 절반의 플래카드에는 지난주 인기 메뉴 다섯 가지라고 적었고, 나머지 절반에는 인기 있다는 표현을 제외하고 다섯 가지 견본 메뉴라고 적었다.

그 결과, 인기 메뉴 다섯 가지는 주문이 '평균 13~20퍼센트' 증가했지만, 견본 메뉴들의 주문은 증가하지 않았다. 인기 있는 음식이라고 묘사하자 더 많은 선택을 받은 것이다.

사람들은 저녁 메뉴 선정보다 더 중요한 문제도 사회적 증거라는 의사결정의 지름길에 의존한다. 예를 들어 2021년 8월 《영국 심리학 저널British Journal of Psychology》에 발표된 글로벌 연구에 따르면 사람들은 자기 주변의 사회적 그룹이 팬데믹 지침을 따를 때 가장 규칙을 잘 지켰다(Tunçgenç et al., 2021). 이 연구의 저자는 사회적 거리 두기가 옳은 일이라는 생각보다 사회적 영향력이 더 중요하게 작용한 결과라고 덧붙였다.

즉, 사회적 거리 두기가 중요한지 아닌지에 관한 개인의 생각보다 가족이나 친구들의 행동이 더 큰 영향을 줄 수 있다는 의미다. 그렇다. 사회적 증거는 그 주제에 관한 개인적인 신념을 압도했다.

때때로 다른 사람이 자신보다 더 많이 안다고 생각한다

우리는 결정에 확신이 없을 때 다른 사람들의 예시를 따른다는 걸 확인했다. 비슷한 행동을 묘사하는 밴드왜건 효과나 군중 심리라는 용어도 들어봤을 것이다. 사람들은 군중을 따를 때 본능적으로 더 안전감을 느낀다. 그러나 마케터들에게 사회적 증거가 강력한 이유는 또 있다.

로버트 치알디니가 《설득의 심리학》에서 말했듯, 사람들은 "많은 사람이 같은 행동을 한다면 우리가 모르는 무언가를 아는 게 틀림없다고 가정한다."

마케터에게는 엄청난 기회다. 확신이 없는 잠재 고객이 당신의 제품을 구매하는 다른 고객을 봤다고 해보자. 잠재 고객은 그들이 무지하거나 다른 대안을 모른다고 생각하지 않는다. 오히려 자신이 모르는 무언가를 알고 있다고 생각한다.

고전적인 행동과학 연구와 옛날 TV쇼 역시 이런 효과의 일면을 보여준다. 사회심리학자 솔로몬 애쉬Solomon Asch가 1951년에 진행한

이 고전적인 연구에서 참가자들은 시각인식 연구에 참여한다고 믿고, 선의 길이를 평가하는 임무를 수행했다(Mcleod, 2018). 그러나 사실 그들을 제외한 실험 참가자 7명은 정해진 시간에 틀린 답을 하도록 미리 심어놓은 사람들이었다.

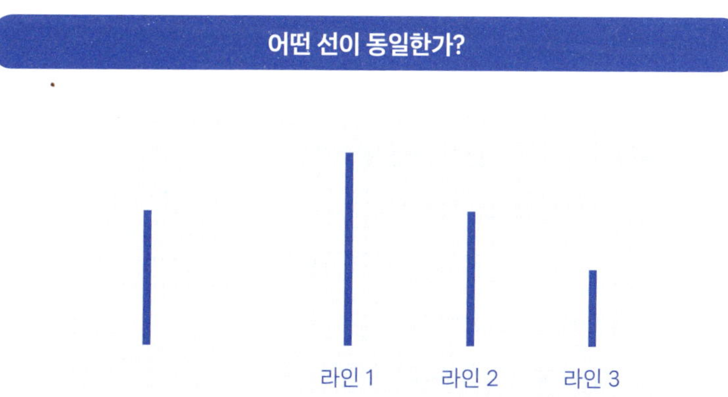

이 유명한 실험에서 보이는 선과 동일한 길이의 선을 1, 2, 3 중에서 고르라고 하자, 많은 피험자가 방에 있던 다른 사람들의 의견을 따르며 명백한 오답을 선택했다.

참가자들은 한 줄의 선이 그려진 그림을 먼저 본 다음 세 줄이 함께 있는 그림을 보았다. 그들은 세 가지 선 중 처음 본 선 그림과 동일한 길이의 선을 고르라는 요청을 받았다. 답은 분명했지만, 실제 참가자보다 먼저 답한 7명은 18번 문제가 진행되는 동안 12번을 틀린 답으로 제시했다. 애쉬는 "이 상황에 놓인 참가자의 약 32퍼센트가 명백히 틀린 다수의 의견에 동조했다"라는 사실을 발견했다.

그리고 12번 동안 "약 75퍼센트의 참가자가 적어도 한번 틀린 답에 동조했다." 그러나 의도적으로 답을 틀리게 말하는 조작 인원이 없던 대조군에서는 "틀린 답을 제시한 참가자가 1퍼센트 미만이었다." 그렇다면 75퍼센트의 사람들은 사회적 압력에 굴복한 것인가? 아니면 TV 퀴즈쇼 〈누가 백만장자가 되고 싶은가?〉의 참가자들처럼 다른 사람은 자신이 모르는 무언가를 알고 있다는 군중의 지혜에 의존한 것일까?

애쉬의 실험은 한정된 사람만 볼 수 있는 실험실에서 이뤄졌지만 다음 사례는 전국의 TV 시청자들 앞에서 일어났다. 미국의 유명한 몰래카메라 쇼인 〈캔디드 카메라Candid Camera〉는 승강기에 탄 사람들을 대상으로 애쉬 실험을 진행했다.

"뒤를 향하다Face the Rear"라는 제목의 에피소드에서 트렌치코트를 입은 한 남자가 텅 빈 승강기에 올라탄다. 그를 따라 들어온 모든 탑승자는 계획대로 승강기 문을 향해 서지 않고 뒤로 돌아 선다. 그러자 이 남성은 매우 혼란스러운 표정을 짓다가 점차 조금씩 방향을 돌린다. 이 쇼의 진행자인 앨런 펀트Allen Funt는 이렇게 에피소드를 설명한다. "여러분은 트렌치코트를 입은 이 남성이 자신의 주관을 지키려고 어떤 노력을 하는지 보게 될 겁니다. 조금씩 조금씩… 그는 시계를 보는 척하지만 실제로는 뒤로 점차 몸을 돌리고 있죠."

이 에피소드에서 또다시 아무것도 모르는 사람이 승강기에 타자 탑승자들은 이번엔 뒤로, 옆으로, 앞으로 계속 몸을 돌린다. 좀 더 흥미롭게 연출하기 위해 남자 승객들은 일제히 모자를 벗었다 썼다. 승강기 문이 열릴 때마다 TV 시청자들은 순진한 탑승자가 사람들의 행동을 따라 하는 것을 지켜본다. 물론 그 탑승자들은 〈캔디드 카메라〉가 섭외한 사람들이었다.

흥미롭게도 2011년 베서니 루터란 대학교Bethany Lutheran College의 한 연구팀은 자체적으로 승강기 실험을 진행했다. 연구팀은 "아무 의심 없이 다른 탑승자와 똑같이 몸을 돌린 사람들도 있고, 승강기 반대쪽에 문이 있는지 궁금해한 사람들도 있었다"라고 밝혔다.

통념과 다르게 사회적 증거를 활용한 사례

사회적 증거는 매우 강력하다. 이는 인간의 본능적 행동이다. 그리고 마케터들은 이를 유용하게 활용할 수 있다. 사실 내가 가장 좋아하는 사회적 증거의 활용 방법은 마케터의 통념에는 다소 어긋나는 것처럼 보인다. 이 사회적 증거는 콜린 스조트Colleen Szot라는 뛰어난 광고 카피라이터가 고안한 것으로 노아 골드스타인, 스티브 마틴, 로버트 치알디니가 쓴《설득의 심리학 2》에 잘 기술돼 있다.

한 클라이언트를 위해 인포머셜 광고 문구를 작성하던 스조트는 메시지에 사회적 증거뿐 아니라 약간의 장애물을 더했다. 전형적인 구매 유도 문구인 "상담원이 기다립니다. 지금 바로 전화주세요"라는 문구를 "상담원이 통화 중이라면 다시 전화해주세요"로 대체한 것이다.

마케터에게는 말도 안 되는 얘기처럼 느껴질 수 있다. 정보성 광고는 사람들이 전화하도록 설득하는 데 사활을 건다. 그것이 주된 목적이다. 그렇다면 왜 이 회사는 열심히 판매를 유도하고서는 잠재 고객에게 전화를 걸 때 불편함을 경험할 수 있다고 말하는 걸까? 전화를 끊고 다시 걸어야 할 수도 있다고 말이다. 전화 한 통도 힘든데 여러 번 하라는 건 더욱 쉽지 않다. 이 마케터가 광고문에 잠재적인 장애물을 의도적으로 넣은 이유는 무엇일까?

짐작하겠지만 그 답은 사회적 증거에 있다. 시청자들은 상담원이 통화 중일 수 있다는 말을 들으면 다른 이들, 즉 자신과 같은 시간대에 동일한 TV쇼를 보는 (TV 시청을 좀 줄이고 운동을 해야겠다는 생각을 하며) 많은 사람이 전화를 걸고 있다고 생각하게 된다. 확신할 순 없지만 그렇게 보인다. 몇 단어에 변화를 준 스조트의 인포머셜 광고문으로 인해 "제품 구매자는 폭발적으로 늘어났다."

이는 광고에 사회적 증거를 기발하게 변형해 적용한 사례라고 할 수 있다.

내가 사회적 증거에 속을 뻔한 경험

스페인 방문 중 나는 사회적 증거를 경험한 적이 있는데, 이 역시 예기치 못한 결말로 이어졌다. 디지털 전환에 초점을 맞춘 대규모 국제 콘퍼런스인 DES2019에 기조연설자로 참석하기 위해 스페인의 마드리드에 갔을 때였다. 나와 배우자는 스페인을 처음 방문한 만큼 며칠 동안 마드리드와 바르셀로나를 둘러보기로 했다.

나는 음식을 사랑한다. 그래서 스페인에 도착하자마자 소셜 미디어에 현지에서 먹은 훌륭한 음식들을 잔뜩 올렸다. 공교롭게도 내가 바르셀로나의 한 레스토랑에 대한 글을 올리자, 동료가 그 도시의 한 레스토랑에서 즐겨 먹던 환상적인 타파스가 떠오른다고 댓글을 달았다. 그녀가 언급한 레스토랑을 찾아보니 기쁘게도 호텔에서 걸어갈 만한 거리였다. 우리는 완벽하다고 생각하며 그곳에서 저녁을 먹기로 결심했다.

호텔을 나서려고 할 때, 컨시어지 직원이 내게 다가와 지내기에 괜찮은지 물으며 도움이 필요하면 언제든 요청하라고 말했다. 나는 훌륭하다고 들은 레스토랑에 타파스를 먹으러 가는 길이라고 들떠서 설명했다. 내가 레스토랑의 이름을 말하자, 그녀는 그 식당 바로 옆에 다른 타파스 레스토랑이 있다고 알려줬다.

이상한 반응이었다. 혹시 다른 레스토랑에서 식사하라고 제안하는 게 아닐까 하는 생각이 들었다. 그래서 어떤 레스토랑이 더 좋은지 물었다. 그녀는 사려 깊게(내가 이런 일에 꼭 필요하다고 생각하는 기술) 두 레스토랑 모두 훌륭하지만, 그녀가 말한 레스토랑의 요리는 매우 독창적이어서 사람들이 열광한다고 말했다.

나는 딜레마에 빠졌다. 사회적 증거에 따라 나와 같은 전문가 협회에 소속돼 있고 좋은 음식을 즐기는 미국인 동료가 추천한 레스토랑에 갈까? 아니면 권위의 원칙에 따라 바르셀로나에서 일하며 지역의 가장 좋은 장소를 아는 게 직업인 컨시어지 직원의 추천을 따라야 할까(10장 참고)?

두 레스토랑은 말 그대로 바로 옆에 있었기 때문에 나는 직접 가서 레스토랑들을 둘러본 후 선택하는 게 합리적이라고 판단했다.

사회적 증거의 실질적인 사인

그곳에 도착하자 동료가 추천한 레스토랑 앞에는 긴 줄이 늘어서 있었고, 레스토랑 안은 음식을 먹고 즐기는 사람들로 가득했다. 그리고 레스토랑 앞에서 직원은 항공교통 관제사처럼 점점 늘어나는 대기 인원을 관리하고 있었다.

옆 레스토랑은 기다리는 줄도 없이 조용했고 식사하는 사람은 한 테이블뿐인 듯했다.

그 순간 나는 첫 번째 레스토랑에서 대기하겠다고 결심했다. 그 모든 사람이 사회적 증거였다. 호텔 직원이 혹시 수수료를 받고 다른 레스토랑을 추천한 건가 하는 나쁜 생각도 들었다.

레스토랑 직원의 노련함 덕분에 우리는 꽤 빠른 순서로 바에 앉았고 굉장한 음식을 맛볼 수 있었다. 내 동료처럼 나도 이제 그 맛있는 타파스가 눈앞에 아른거린다.

하지만 호텔로 돌아간 후의 일이 고민됐다. 같은 컨시어지 직원이 아직도 일하는 중이라면 저녁이 어땠는지 분명히 물어볼 것이다. 그녀는 내가 요청하지 않았는데도 친절하게 레스토랑을 제안했다. 추천한 곳을 가지 않았다고 말하기 조금 미안한 마음이 들었다(4장 상호성의 원칙을 떠올려보자!). 그래서 옆 레스토랑에 들러 간단히 디저트를 먹기로 했다.

그리고 이제 놀라운 결말이 나온다. 계산을 마치고 레스토랑을 나오자 아까는 조용했던 옆 레스토랑이 손님들로 가득했다. 전화기를 귀에 댄 직원은 기다리는 손님들에게 자리를 안내했고, 떠나는 사람들에게는 얼굴에 함박웃음을 띠고 저녁 인사를 보냈다.

갑자기 흥미를 느낀 나는 붐비는 출입구를 헤쳐 직원이 서 있는 곳까지 갔다. 그리고 막 통화를 마친 직원에게 두 사람 자리가 있는지 물었다. 그녀는 미소를 지으며 원래는 예약이 꽉 찼지만 방금 전화로 예약을 취소한 사람이 있어 마치 운명처럼 자리가 있다고 답했다. 직원은 우리를 레스토랑에 남은 딱 한 자리로 안내했고, 메뉴판을 가져다주었다. 음식은 근사해 보였다! 나는 간단히 디저트를 먹기로 한 계획을 바로 바꿔 타파스 몇 개와 디저트를 함께 주문했다.

우리는 결국, 멋진 레스토랑 두 곳에서 식사했다. 두 레스토랑의 사회적 증거 지표는 각기 다른 시간에 나타났을 뿐이다. 첫 번째 레스토랑의 지표가 높았을 때, 두 번째 레스토랑은 낮아 보였다. 두 번째 레스토랑의 지표가 높을 때는 이미 우리가 식사를 마친 후였다. 하지만 호텔 직원 덕분에 우리는 두 번째 레스토랑 음식도 맛볼 수 있었다!

사회적 증거를 사용해 판매하기 어려운 보험 팔기

사람들은 여러 결정을 내리기 위해 사회적 증거에 의존한다. 어느 날, 한 클라이언트가 내가 일하던 에이전시에 다중채널 캠페인 개발을 요청해왔다. 그 클라이언트는 사람들이 직장에서 선택할 수 있지만, 돈은 개인적으로 내야 하는 다양한 종류의 보험인 선택형 복리후생 프로그램을 판매했다. 상해보험, 사고 보험, 중병 보험 등의 상품이 있었다.

이러한 유형의 보험은 사람들이 필요성을 확신하지 못하고, 자신이 장애인이 되거나 사고를 당하거나 병에 걸릴 가능성을 고려하고 싶지 않은 만큼 판매가 쉽지 않다. 또한 보험에 가입하면 급여에서 그 비용이 공제되기 때문에 가져가는 돈이 적다는 문제도 있었다. 클라이언트는 사회적 증거를 마케팅에 활용하겠다고 이미 결정한 상태였다. 우리에게 주어진 과제는 그것을 가장 잘 활용할 방법을 찾는 것이었다. 우리는 몇 가지 전략을 생각해봤다.

- 한 가지 방법은 이 회사가 얼마나 많은 종류의 보험 상품을 판매해왔는지 홍보하는 것이다. 단순히 수량만 봐도 상품들이 대중적인 선택이라는 점을 알 수 있도록 말이다. 또한 해당 지역의 사람들에게 친숙한 것을 언급해 개인적인 요소를 더했다. 예를 들어 뉴욕에서 일하는 사람이라면, 현재 보험 가입자의 수가 양키 스타디움+의 열 배를 채울 정도라고 표현하는 거다.
- 또 다른 방법은 이 보험을 든 많은 사람이 방금 타깃이 읽은 것과 동일한 이메일을 받은 후 가입했다고 말하는 것이다. 그러면 타깃은 자신과 비슷한 많은 사람이 상품을 구매했고, 이메일을 보고 가입한 만큼 그 내용이 타당하다고 추론할 수 있다.

최종적으로 우리 팀이 선택한 것은 좀 더 개인적으로 다가가는 방식이었다. 타깃의 이름과 나이, 일하는 분야를 사용해 이메일 제목을 개인에 맞게 작성했다. 그리고 그들과 비슷한 나이와 직업을 가진 이들이 어떤 종류의 보험을 구매했는지 정보를 전달했다. 행동과학의 여러 요소를 접목한 이 캠페인은 클라이언트의 기준치를 넘어서며 큰 성공을 거두었다. 특히 가입자 수와 직원 1인당 보험료가 두 자릿수로 증가하는 엄청난 결과를 달성했다.

+ 뉴욕 브롱크스에 있는 뉴욕 양키스의 홈구장으로 약 5만 명을 수용할 수 있음

사회적 증거를 효과적으로 활용한 4가지 사례

나와 함께 일한 많은 클라이언트는 마케팅 캠페인에 행동과학을 성공적으로 접목해 큰 성공을 거두었다.

- 한 통신 회사는 새롭게 진출하는 지역의 사람들에게 "마침내 기다림이 끝났다"라는 메시지를 전달하며 회사를 소개했다. 이는 그들의 서비스를 기다린 수요가 많았음을 보여주는 사회적 증거의 지표로 작용했다.
- 한 소프트웨어 클라이언트는 가입자 모집 캠페인에서 타깃의 주요 경쟁사 6곳이 이미 자사의 솔루션을 사용 중임을 강조했다.
- 학생을 대상으로 하는 재무교육 기업은 대학의 의사결정 담당자들을 타깃으로 삼고, 그들은 모르지만 인근의 이름난 대학의 동료들은 이미 아는 것이라고 소개했다(근처의 유명 대학이 이미 이 재무교육 기업과 계약한 만큼 이렇게 말할 수 있었다).
- 마지막으로 한 금융회사는 지난 몇 달간 입사한 직원들의 이름이 적힌 긴 목록을 보여주면서 새로운 직원을 모집했다. 채용 후보들이 직원들의 이름을 알아볼 거라고 기대한 게 아니라, 수많은 이름으로 사회적 증거를 나타내기 위해서다. 만약 많은 사람이 기존 회사를 떠나 입사했다면, 그건 분명 좋은 선택임을 의미하기 때문이다!

사회적 증거를 적용할 때 주의 사항

메시지에 사회적 증거를 적용할 때 잘못된 정보를 전달하는 실수를 저질러선 안 된다.

《설득의 심리학 2》의 도입부에는 페트리파이드 포레스트 국립공원에서 진행한 실험이 자세히 나온다. 국립공원은 방문객들이 화석목을 가져가는 행동을 방지하고 싶었다.

어떤 사람들은 나무를 훔치면 숲이 위태로워진다고 알리는 표지판을 보았다. 거기에는 "많은 방문객이 공원에서 화석목을 가져가 국립공원의 생태계가 훼손되고 있습니다"라고 적혀 있었다. 다른 이들은 "국립공원의 생태계 보호를 위해 화석목을 가져가지 마십시오"라고 적힌 표지판을 보았다.

저자들은 첫 번째 표지판이 오히려 사람들이 화석목을 더 많이 가져가도록 부추겼다고 말한다. 표지판이 주어지지 않은 대조군보다 훔치는 수가 세 배에 달할 정도였다. 마치 그 표지판으로 원래 없던 훔치고 싶은 마음이 싹튼 듯했다. 사회적 증거 요소가 없던 두 번째 표지판은 훔치는 건수를 약간 줄이는 데 성공했다.

행동에 영향을 주고 싶다면 당신이 원치 않는 행동을 하는 사람들의 숫자를 강조하지 마라. 그 메시지는 오히려 많은 사람이 그렇게 행동한다는 의미를 전달한다. 그 결과, 당신의 타깃도 그렇게 행동할 확률이 높아진다.

대신 당신이 원하는 행동을 하는 사람들의 숫자를 강조하자. 예를 들어 나는 자선단체들에 목표액이 절반 이상 달성된 후에 필요한 기부금의 양을 나타내는 온도계를 보여주라고 조언한다.

⚠ 주의

당신이 원치 않는 행동을 많은 사람이 하고 있다고 시사하지 마라. 이는 다르게 행동하라고 설득하기보다 그들의 현재 행동을 강화할 것이다.

사람들은 자신과 비슷하거나 자신이 좋아하는 사람을 따라 한다

잠재 고객이 자신과 비슷한 사람들을 비교할 때 사회적 증거는 매우 강력하게 작용한다. 하지만 사회적 증거를 이용할 수 있는 또 다른 방법이 있다. 타깃과 비슷한 사람이 아닌, 그들이 좋아하고 동경하는 사람을 부각하는 방식이다. 유명인의 지지가 그만큼 효과적인 이유다. 자신은 스포츠 스타나 영화배우, 연예인, 인플루언서가 아닐지라도 팬이기 때문에 그들과 유대감을 느낀다.

미국의 한 인기 가수는 얼굴 클렌징 요법을 홍보한다. 그녀는 화장품 전문가도 화학자도 아닌 가수다. 하지만 영상과 콘서트 스크린에 비치는 그녀의 얼굴은 멋지다. 그리고 사람들, 특히 어린 소녀들은 그녀에게 열광한다. 그 결과, 이 가수가 제품을 홍보하면 그들은 그녀를 신뢰할 것이다.

오랫동안 방영된 TV쇼에서 경찰국장을 연기한 미국 배우도 있다. 그의 캐릭터는 옳은 결정을 내리고, 좋은 일을 하는 것으로 유명하다. 이 배우는 역모기지론(주택연금상품)을 파는 광고의 모델이다. 사람들은 광고 속의 그 배우를 보며 TV 캐릭터의 특성을 상기하고,

그 결과 그가 광고하는 담보대출 회사의 내용에 믿음을 갖는다.

물론 유명인을 광고 모델로 기용할 때는 주의를 기울여야 한다. 유명인이 스캔들에 휘말려 명성이 실추되면 당신의 제품도 함께 나락으로 갈 수 있다. 또한 유명인을 쓰는 데 드는 비용도 만만치 않다.

인도의 한 은행은 사회적 증거를 활용하는 동시에 유명인에게 높은 비용을 쓰지 않는 독창적인 방법을 찾아냈다. 유니언 뱅크Union Bank는 광고에 유명인의 가족이 등장하는 캠페인을 진행했다. 어떤 면에서 유니언 뱅크는 사회적 증거의 두 가지 측면을 모두 활용한 셈이다. 타깃들에게 그들이 좋아하는 사람(유명인)을 상기시키고, 실제로 자신과 비슷한 이들(유명인이 아닌 사람)을 보여주면서 말이다. 유명인의 가족이 그 은행을 선택했다면 좋은 은행이란 생각이 들지 않겠는가?

마케팅에서 사회적 증거를 활용하는 현명한 방법

- 사용자 후기를 실어라. 작성자가 후기를 읽을 타깃과 비슷한 사람이어야 한다(예를 들어 같은 지역에서 살거나 동종 업계에서 일하는 사람). 처음에는 망설이거나 회의적이었다는 점을 먼저 언급한 후 좋은 제품이라고 칭찬하는 후기가 효과적이다. "애크미 제품은 정말 뛰어나요"도 좋은 후기지만, "제품들이 다 거기서 거기라고 생각했지만 애크미 제품으로 바꿔보니 정말 좋네요"가 더 효과적이다. 잠재 고객은 후기를 읽으면서 이렇게 생각할 것이다. '나도 이런 제품들이 기본적으로 다 비슷하다고 생각했는데, 아닌가 봐. 애크미 제품을 한번 써봐야겠어.'

- 고객의 사례나 만족하는 고객의 목록을 제시하자.
- 사용자, 구독자, 리트윗, 조회 수, 좋아요, 팔로워, 다운로드 등 숫자를 강조하라.
- "인기 있는 선택, 가장 빨리 증가한, 가장 많이 요청된, 가장 잘 팔린, 이전에 품절된, 품절이 곧 예상되는, 재입고한 제품" 같은 표현을 사용하자(마지막 세 가지는 2장과 3장에서 언급한 시급성이나 손실 회피 심리를 유발할 수 있다).
- B2B 타깃에게는 당신이 담당하는 기업의 목록, 고객명과 그들의 로고, 제휴한 전문 협회의 로고를 보여주자.
- 당신이 비즈니스를 한 기간과 당신의 회사가 창립 이후 얼마나 성장했는지 언급하라.
- "대부분의 사람, 많은 사람, 비슷한 사람들, 매사추세츠의 사람들, 회계 분야의 다른 전문가들, 당신처럼 골프 애호가들"과 같은 표현을 사용하자.
- 긍정적인 평가를 강조하라. 그리고 노스웨스턴 대학의 연구(Collinger and Malthouse, 2015)가 밝혔듯 "구매자는 별 5개 제품보다 평균 별 4.2~4.5개 사이의 제품을 구매할 가능성이 더 높다"라는 사실을 유념하자. 완벽하지 않은 평가가 더 믿을 만하다고 생각하기 때문이다.
- 그들과 비슷한 고객들이 다른 제품들도 구매했다고 알려라.
- 브랜드 홍보대사와 소셜 미디어의 인플루언서를 활용하라.
- 판매된 제품의 수, 현재 온라인에서 그 제품을 보는 사람들의 수, 소진율 등을 표시하자.
- "자주, 대개, 보통, 일반적으로, 흔히"처럼 확신을 주는 수식어

를 선택하자.

- 특정 그룹을 대상으로 마케팅하자.
- 고객들의 추천을 장려하자.

결론

사람들은 자신과 비슷한 사람들과 자신이 좋아하는 사람들이 하는 행동을 따라 한다. 당신의 타깃은 때로는 순응해야 한다는 압박감을 느끼거나 자신이 무언가 놓치고 있다는 불안함을 느낀다. 선택에 도움이 필요할 때도 있다. 그래서 다른 사람들의 행동은 그들에게 강력한 영향을 준다.

사실 당신의 잠재 고객은 다른 사람들이 내가 모르는 무언가를 안다고 생각할지도 모른다. 이는 들은 이야기나 자신이 생각하는 이야기가 행동에 영향을 미치는 한 가지 방식을 보여준다. 다음 장에서는 이에 대해 더 자세히 살펴보자.

는 순간》은 마케팅 스토리 개발에 탁월한 조언을 제공한다. 이 책에서 그녀는 "행동을 유도하기 위해서는 사람들이 당신의 아이디어를 납득할 수 있는 스토리를 만들어야 한다"라고 제시한다. 나의 성모 마리아와 재떨이 사례가 이와 정확히 일치하지 않지만, 핵심을 보여준다고 생각한다.

고객은 조각상 받침대를 원했다. 나는 모노그램 무늬의 재떨이를 사용하는 색다른 아이디어를 냈다. M이 마돈나와 메리의 첫 글자를 의미한다고 강조했다. 그리고 고객에게 글자 모양이 조각상과 봉헌 양초를 세우기 얼마나 딱 맞는지 보여주었다. 그녀는 내 이야기를 받아들였고, 이제 자신과 다른 사람들에게도 그렇게 합리화할 것이다.

이야기는 감정을 자극한다. 그리고 감정은 결정을 이끈다. 따라서 이야기는 말 그대로 사람들을 움직인다.

과학으로 증명된 이야기의 마법

스토리텔링은 마케팅에서 일종의 유행어가 됐다. 갑자기 많은 권위자가 이 방법을 추천하면서 블로그 게시물과 콘퍼런스 기조연설, 워크숍에서 스토리텔링의 기술을 다루기 시작했다. 한때는 영화와 책에만 쓰였던 스토리텔링이 마케팅 도구가 된 것이다. 마케터들은 바로 본론으로 들어가 가장 중요한 정보를 먼저 다루는 대신에 이야기를 전달해야 한다는 조언을 들었다.

물론 빨리 핵심 정보를 전달하는 것이 적합할 때도 있겠지만, 이야기로 시작하거나 이를 녹여내는 것은 분명 현명한 전략이 될 수 있다. 어쨌든 이야기는 매력적이다. 그리고 몰입하게 만든다. 이야기는 문자가 등장하기 전에 세대 간 정보를 전달하던 수단이기도 하다. 이야기에는 강력한 힘이 있다.

신경경제학자인 폴 잭Paul Zak은 이렇게 말한다. "동기를 부여하고, 설득하고, 인상을 남기고 싶다면 인간의 투쟁과 최종 승리에 관한 이야기로 시작하라. 그러면 먼저 뇌를 끌어당겨 사람들의 마음을 사로잡을 것이다(Zak, 2014)."

인간의 뇌는 이야기를 원하도록 타고났다. 과학은 이야기가 사람들이 세상을 이해하는 데 도움을 준다는 사실을 발견했다. 이야기는 중요한 교훈을 기억하기 쉽게 한다. 그리고 사람들이 직접 결론에 도달하도록 만든다. 사람들이 결정하게 만들어야 하는 마케터에게는 특히 중요한 사실이다. 조 비테일Joe Vitale이 저서 《꽂히는 글쓰기》에서 "사람들은 마케터와 같은 다른 이들의 주장에는 반박할 수 있지만, 자신이 내린 결론에는 거의 토를 달지 않는다"라고 강조했다. 따라서 회의적이거나 설득하기 어려운 잠재 고객을 상대할 때 스토리텔링은 더욱 효과적일 수 있다.

잠재 고객이 스스로 결론을 내리도록 이끈 좋은 예시가 전설적인 카피라이터인 마틴 콘로이Martin Conroy가 쓴 《월스트리트 저널》 구독 요청 편지다. 28년간 불패의 광고로 여겨진 이 편지는 20억 달러에 달하는 신문 구독료를 창출했다. "두 사람의 이야기A Tale of Two Men"

로 불리는 편지는 같은 대학을 졸업한 후 중서부의 같은 제조회사에서 일해 온 매우 비슷한 두 사람의 이야기를 담고 있다. 두 사람이 20주년 대학 동창회에서 만나는 장면에서 독자들은 이제 한 사람은 그 회사의 사장이고, 다른 사람은 중간 관리자임을 발견한다. 그리고 이야기가 전개되면서 사장이 된 남성은《월스트리트 저널》을 구독한다는 사실을 알게 된다. 편지는 그가 사장이 된 이유를 명시적으로 언급하지 않지만, 독자들은《월스트리트 저널》을 구독한 것이 그의 성공에 중요하게 작용했다는 결론에 도달한다.

이야기와 사실적인 글을 접할 때의 뇌 차이

이야기를 듣거나 읽을 때 고객의 뇌는 그저 사실과 수치를 읽을 때와 다르게 움직인다. 과학자들은 브로카 영역과 베르니케 영역이 언어를 처리하는 뇌의 두 부분임을 밝혀냈다. 하지만 이야기에 빠져들 때 사람의 뇌는 더 많은 부분이 활성화된다.

예를 들어 이야기가 냄새와 관련이 있다면 후각 피질이 활성화되고, 움직임과 관련이 있으면 운동피질이 활성화된다. 결과적으로 뇌의 많은 부분이 활성화될수록 사람들은 정보를 더 잘 이해하고 오래 기억할 수 있다. 이야기의 막강한 힘은 그뿐만이 아니다.《스토리 프루프Story Proof》와《스토리 스마트Story Smart》의 저자 켄달 헤이븐Kendall Haven은 "연구에 의하면 잘 짜인 이야기는 가장 효과적으로 영향을 미치는 방법이다"라고 말한다. 다시 말해 이야기는 단지 브랜드 정립뿐 아니라, 행동을 취하게 할 수도 있다.

마케터들은 스토리텔링을 활용해 메시지를 전달하고 원하는 행동을 이끌어야 한다. 타깃에게 모든 정보를 퍼붓거나 구매하라고 주장하기보다 그들을 끌어당겨 이야기에 몰입하게 만들어야 한다.

《원시적 뇌를 깨워라》의 저자 팀 애쉬는 이야기가 인간에게 미치는 강력한 영향에 대해 이렇게 말한다. "이야기는 우리의 신념에 영향을 주고, 사실을 일깨워주며, 앞으로의 행동을 바꾸고, 성격을 변화시킨다. (중략) 이야기는 논리적이고 의식적인 방어기제를 손쉽게 비껴가 단단한 신념을 만든다."

사실 스토리텔링을 통해 당신은 타깃을 이야기에 몰입하게 만들 뿐 아니라, 이야기를 그들의 일부로 자리 잡도록 만들 수 있다. 그들의 머릿속에 당신의 아이디어를 집어넣는 것이다. 신경과학자 우리 하슨Uri Hasson은 이야기가 인간에게 미치는 영향을 연구해왔다. 그의 말에 따르면 "이야기는 뇌의 특정 부분을 활성화해 청자가 이를 자신의 아이디어와 경험으로 전환하게 만드는 유일한 방법이다(Widrich, 2012)."

우리 하슨의 연구는 청자가 화자의 이야기를 들을 때 그들의 뇌가 실제로 동기화됨을 보여준다. 청자의 뇌 속 뉴런은 화자의 뇌에 있는 뉴런과 같은 방식으로 활성화된다. 행동과학자들은 이러한 거울 뉴런(1장 참고)의 활동을 신경 결합neural coupling이라고 부른다. 이야기는 말 그대로 당신과 고객이 동일한 생각을 하게 만들 수 있다.

또한 이야기는 공감과 감정적 유대감을 일으킨다. 고객이 당신의 이야기에 더 몰입할수록, 그들은 서사 이동이라 불리는 과정을 거친다. 이야기 속 인물의 세계로 이동해 그들이 느끼는 것을 경험하는 것이다. 예를 들어 누군가가 문제(당신의 제품이 해결할 수 있는)를 마주했을 때의 스트레스와 두려움, 좌절, 분노와 공포 같은 감정을 함께 느낀다. 마찬가지로 당신의 제품을 사용해 문제를 해결할 때 느끼는 자부심과 안도, 행복, 자신감, 기쁨 등의 감정도 경험할 수 있다. 감정은 결정을 이끌고, 마케터는 결정을 원하는 만큼 사람들이 감정을 경험하도록 이끄는 커뮤니케이션은 매우 중요하다(1장 참고). 당신은 이야기로 사람들이 구매를 결정하는 데 필요한 감정을 끌어낼 수 있다.

이야기에 감정이 몰입되면, 타깃의 뇌는 특정 호르몬을 분비하며 반응한다. 이러한 호르몬들은 바로 뇌의 보상 체계와 연결된 도파민, 관심을 집중시키는 코르티솔, 신뢰를 촉진하는 옥시토신이다. 마케팅을 위한 화학 물질 칵테일을 만든다면 거의 완벽한 조합일 것이다. 도파민은 보상 추구(당신의 제품이나 서비스, 그리고 이를 통해 얻을 결과)에 불을 지핀다. 코르티솔은 사람들을 당신의 메시지에 집중하고 기민하게 만든다. 그리고 옥시토신은 신뢰를 불러일으킨다(신뢰할 때 당신의 제품을 선택할 가능성이 높다).

이야기는 제품의 가치도 높인다

언론인들이 연구자가 되어 '중요한 물품 프로젝트'라는 매우 흥미로운 실험을 진행했다. 그들은 벼룩시장과 차고 세일, 중고품 가게 등을 방문해 사람들이 내놓은 물건들을 샀다. 유타 지역의 스노볼과 오리 모양 꽃병, 유대교 성인식 기념용 책꽂이 같은 물건들이었다.

그런 다음 그들은 구매한 물건들에 이야기를 덧붙여 이베이에 물품들과 함께 올렸다. 그 이야기들은 사실이 아니라 그냥 만들어낸 이야기였고, 이베이 상품 설명에도 그 점이 분명히 적혀 있었다.

첫 번째 실험에서 그들은 128.74달러(개당 약 1.25달러)를 들여 물건들을 샀는데 총판매 수익은 3,612.51달러에 달했다. 투자 대비 꽤 괜찮은 수익이었다. 두 번째 실험에서는 134.89달러를 들여 물건들을 산 후 3,992.93달러에 팔았다. 수익금은 자선단체에 기부했다.

그들의 목표는 수익이 아니라 이야기가 물건에 가치를 더할 수 있음을 보여주는 것이었다. '중요한 물품 프로젝트'의 기획자들은 "물건의 주관적 가치를 높이는 이야기의 효과는 객관적으로 측정될 수 있다"라고 말한다. 그들이 99센트에 산 유타의 스노볼이 59달러에 팔린 것처럼 말이다. 이야기가 값싼 장식품과 벼룩시장의 쓸모없는 물건에도 이렇게 가치를 더할 수 있다면, 당신의 제품이나 서비스에는 어떤 효과를 안겨줄지 한번 생각해보라.

마케터들에게 유용한 이야기의 과학적 이점

이야기에는 시작, 중간, 끝이 있다. 인간은 이야기의 끝을 원하도록 타고났다. 사회과학자들은 자이가르닉 효과Zeigarnik Effect라는 원리를 밝혔는데, 이는 불완전한 것을 기억하고 완성하기를 원하는 인간의 성향을 의미한다(자세한 내용은 8장 참고).

잘 짜인 이야기는 자이가르닉 효과를 유발한다. 일단 관심이 생기면 사람들은 다음에 무슨 일이 일어나고, 어떻게 끝날지 궁금해한다. 그 결과, 계속 읽고 보고 귀를 기울인다.

《컨테이저스 전략적 입소문》의 지자 조나 버거Jona Berger가 "트로이의 목마(메시지 매개체)가 이야기라면, 당신은 그 안에 어떤 메시지든 담아 전달할 수 있다"라고 말한 것도 이런 이유일 것이다(Weldon, 2014). 마케팅에서 사용하는 이야기로 당신은 고객들이 (그 안에 영업 메시지가 들어 있다는 사실조차 깨닫지 못한 채) 마음의 문을 열게 할 수 있다.

게다가 그 메시지는 더 기억에 남을 것이다. 인지심리학자 제롬 브루너Jerome Bruner는 "이야기로 포장된 사실은 22배 더 기억에 남는다"라고 주장한다(Harris, 2012). 폴 잭은 그 이유를 이렇게 설명한다. "개인적이고 감정적으로 끌리는 이야기는 단순히 사실을 나열하는 것보다 뇌를 더 많이 쓰게 해 기억에 오래 남게 한다."

폴 잭의 연구는 아니지만 다음 사례는 그의 주장을 잘 보여준다.

토르톨라 섬 항해하기

이야기는 토르톨라에서 시작한다. 아니, 사실은 토르톨라보다 훨씬 전으로 거슬러 올라간다. 꽤 오랫동안 나는 배를 타고 여행하고 싶었다. 동쪽 해안가에 있는 매사추세츠에 살고 있고 코네티컷에서 자랐지만 실제로 항해해본 적이 없었다. 물론 1시간짜리 항구 여행과 고요한 일몰 항해는 몇 번 경험했지만 그런 걸 진정한 항해라고 말하긴 어렵다. 내가 꿈꾸는 건 럼주 한 잔을 들고, 바람에 머리카락을 나부끼며 일주일간 항해하는 것이었다.

그래서 친구들을 열심히 설득했다. 몇 년 동안이나 말이다. 카리브해 섬을 들르고, 난파선 위에서 스노클링하고, 유명한 해변 바에서 여유롭게 칵테일을 즐기자고 끈질기게 말했다. 5년이 지난 후 친구들은 마침내 동의했고, 우리는 삼동선을 타고 토르톨라 섬을 여행하기로 했다. 배에는 항해와 요리, 가이드를 담당할 네 명의 선원이 함께 탈 예정이었다. 기분이 날아갈 듯했다.

하지만 동시에 멀미도 걱정됐다. 비행기를 탈 때마다 나는 항상 멀미약 드라마민Dramamine을 복용해야 했다. 친구 켄이 초대해 그의 남동생 모터보트에서 낚시했을 때도 멀미가 상당했다. 뱃멀미가 문제겠다는 생각이 들었다. 그래서 의사에게 스코폴라민 패치Scopolamin를 처방받고, 드라마민을 예비로 구매했다. 그러나 마음에 걸리는 게 있었다. 알고 보니 스코폴라민 패치를 사용할 때는 술을 마시면 안 됐다. 금주자로 배 여행을 즐기고 싶진 않았다. 게다가 드라마민을 먹으면 언제나 졸렸는데 꿈에 그리던 여행인 만큼 또렷한 정신으로 만끽하고 싶었다.

좀 더 찾아본 후, 나는 릴리프밴드Reliefband라는 배터리로 작동하는 장치를 발견했다. 이 장치는 뇌에 아픈 느낌을 전달하는 신경 신호를 차단해 멀미나 항암으로 인한 메스꺼움을 멈추게 해준다고 주장했다. 약물도 아니고 부작용도 없었다. 형태는 스포츠시계 같았고 효과는 기적처럼 들렸다. 나는 릴리프밴드를 하나 사서 멀미 대비 용품에 넣었다.

마침내 토르톨라에 도착해 다음 날 배에 탑승했다. 일등 항해사가 부두에 정박한 단단한 고무보트에서 우리를 맞이했고, 만에 닻을 내리고 있는 삼동선으로 데려갔다. 우리 일곱 명이 승선하자 선장은 짐을 보관하고 앉아 준비된 근사한 점심을 즐기라고 말했다.

부드럽게 흔들리는 배 안에서 새우와 샐러드가 담긴 접시를 본 순간, 나는 손도 대지 못할 것임을 직감했다. 나를 휩쓸고 있는 메스꺼움에 비하면 파도는 잔물결이었다. 소중한 친구 여섯 명이 나 때문에 이 배에 탔는데, 정말 멋진 여행이 될 거라고 설득했는데, 항해를 시작하기도 전에 내 멀미 때문에 모두 망쳐버릴지도 모른다는 생각만 들었다. 나는 억지로 미소를 지으며 이를 악물고 객실을 함께 쓰는 친구에게 빨리 릴리프밴드를 갖다 달라고 부탁했다.

밴드를 찬 지 몇 분 만에 속이 괜찮아졌다. 메스꺼움이 완전히 사라진 것이다. 예상되는 고통이 발생하기 몇 시간 전에 복용해야 하는 멀미약과 달리, 이 밴드는 메스꺼움을 바로 사라지게 했다. 내 여행을 구한 셈이다. 토르톨라 항해는 지금까지도 내 인생 최고의 여행이다. 그리고 나는 이 이야기를, 멀미를 걱정하는 모든 사람에게 들려준다. 그 덕분에 제품의 판매가 늘었다고 해도 놀랍지 않을 것이다. 나는 사람들에게 뱃멀미를 멈추게 해주는 배터리 작동 손목밴드가 있다고 말하는 대신, 내 이야기를 들려준다.

 **주의**

이야기로 당신의 제품이나 서비스를 설명하는 기회를 놓치지 말자. 이야기를 사용하면 흐름을 주도하며 사람들이 당신의 브랜드를 보는 관점에 영향을 줄 수 있다.

자극적인 이야기

카리브해에서 이번엔 테킬라의 본거지인 멕시코로 가보자. 내가 일하던 에이전시에 미국 소재의 주류 회사가 고급 향신료가 가미된 테킬라를 출시하며 다이렉트 마케팅을 요청했다. 이 테킬라는 독자적으로 허브와 향신료를 조합하여 풍미를 높이고, 독한 술을 부드럽게 제조했다. 우리의 임무는 새로운 테킬라에 관한 입소문을 일으키고 구매자들에게 할인을 제공하는 광고용 우편물 패키지를 만드는 것이었다.

우리는 여러 가지 방법을 모색했다. 우선 향신료 맛의 관심을 끌기 위해 부분적으로 잘린 편지를 보내는 방안을 생각했다. 편지의 잘린 부분에 향신료의 비밀 조합이 드러나는 것처럼 보이게 말이다.

고급 주류의 부드러움을 강조하기 위해 테킬라에 주로 곁들이는 소금과 라임 없이 테킬라 '그 자체'를 경험해보라는 문구를 사용하는 방법도 생각해보았다. 제품의 품질을 비교하게 이끄는 전략이었다.

하지만 최종적으로 이야기를 담는 방법을 사용했다. 그 콘셉트는 독특하고 울퉁불퉁한 갈색 우편물 봉투에서 시작한다. 아트디렉터인 칼라 바라타가 디자인한 봉투에는 티저 문구도, 반송 주소도 적혀 있지 않았다. 그저 멕시코 세관 도장과 멕시코의 테킬라시에서 발송된 것처럼 보이는 가짜 우편 소인, 미국 우체국의 소인이 찍혀 있었다. 이렇게 그럴듯한 우편물이 타깃 회사의 담당자 집에 도착하자 그의 아내는 남편이 멕시코에 출장을 갔다가 유명한 터키석을 선물로 보냈다고 생각했다.

하지만 우편물 안에는 편지와 지명수배 포스터, 환불 양식, 코르크와 테킬라 병의 라벨이 들어 있었다. 그리고 편지에는 새로운 프리미엄 테킬라의 비밀 조리법이 멕시코에서 국경을 넘어 미국으로 밀수됐다는 이야기가 적혀 있었다. 그러면서 그 테킬라가 가까운 지역에 출몰한 정황이 있다면 수색에 도움을 달라고 요청했다.

지명 수명 포스터는 병의 앞면과 뒷면을 보여주며 식별할 수 있는 특징을 담았다. 제품의 코르크와 라벨 역시 물건을 확인하는 수단으로 제공됐다. 수신인들은 병을 찾아 구매하고 환불 양식에 증거를 담아 보내면 포상을 받을 수 있다고 안내받았다.

물론 이 캠페인은 수신인이 이 비현실적인 설정을 기꺼이 받아줘야 가능했다. 하지만 흥미롭고, 창의적이며, 성공적인 캠페인이었다. 이야기 안에 핵심 요소를 담은 이 우편물은 응답률을 두 자릿수로 끌어올렸다. 그리고 타깃 마케팅 시상식 Target Marketing Awards에서 '베스트 오브 쇼 Best of Show'를 수상했다.

무엇이 좋은 이야기를 만드는가?

마케터는 좋은 이야기를 전달하기 위해 사실과 특징, 혜택과 통계 그 이상을 생각해야 한다. 고객과 잠재 고객이 상상하게 하고, 그들의 마음을 움직이고, 관심을 사로잡아야 한다. 이를 위해 다음의 지침을 따르자.

- 도입부를 강력하게 시작하라. 타깃의 관심을 사로잡을 수 있다.
- 타깃이 흥미와 매력을 느낄 주제를 선택하자. 당신이 무엇을

파는지가 아니라 그 제품이 구매자에게 무엇을 해줄 수 있는지가 중요하다.

- 좋은 이야기는 공감할 수 있고 유대감을 형성한다는 사실을 기억하자. 로히트 바르가바Rohit Bhargava가 《뻔하지 않은 효과적인 예산의 마케팅과 브랜딩을 위한 지침Nonobvious Guide to Marketing and Branding Without a Big Budget》에서 말했듯이 "사람들은 공감할 수 있는 이야기를 신뢰한다."
- 독자가 머릿속에 행동을 그릴 수 있도록 구체적인 명사와 강렬한 동사를 선택하라. 고등학교 때 작문 선생님은 "샘 트루가 담배를 피웠다Smoked"와 "샘 트루가 시가를 거칠게 물었다Ate"는 매우 다르다고 말했다. 선생님이 옳았다.
- 수동태보다 능동태를 사용하자.
- 발단-전개-위기-절정-결말이라는 극적인 구조를 따라 이야기를 구상하자.

팀 애쉬는 《원시적 뇌를 깨워라》에서 이렇게 설명한다. 모든 이야기는 표면적으로 다르지만 기본적인 구조는 같다. 이야기 속에서 우리는 무언가를 원하고 이를 달성하기 위해 장애물을 극복해야 한다. 이야기는 언제나 복잡한 상황과 위기를 거쳐 마침내 해결되는 구조를 갖는다. 모든 이야기에는 문제에 직면하고 그것을 극복하기 위해 고군분투하는 영웅이 등장한다.

모금단체를 위한 조언

스토리텔링은 적절히 사용하면 매우 효과적인 모금 방법이 될 수 있다. 단체가 돕는 모든 수혜자에 관해 말하고 싶은 충동을 누르고, 한 사람의 이야기만 하는 것이 핵심이다.

사회과학자들은 이를 '식별 가능한 피해자 효과Identifiable Victim Effect'라고 부른다. 그들은 모호한 다수보다 한 명의 어려운 상황에 초점을 맞출 때, 사람들이 더 공감하고 돕고 싶어 한다는 사실을 발견했다. 실제로 한 명의 피해자에 초점을 맞추면 모금액이 두 배가 될 수 있다는 연구 결과도 있다(Small et al., 2005).

많은 사람을 돕는 것은 멋진 일이지만, 마케팅 메시지는 한 사람의 이야기에 집중하자. 통계 수치는 뒷받침하는 용도로 사용하라. 일부 모금단체는 이를 특히 잘 사용한다. 참전용사와 현역 군인을 돕는 부상 군인 지원 단체는 이메일 아래에 "저는 살아 있는 증거입니다"라는 배너를 넣고 "나의 이야기"라는 제목을 붙여 내게 이메일을 보냈다. 그 메시지는 한 용사의 개인적인 이야기를 소개했다. 테레사 수녀는 "여러 사람을 보면 행동하기 힘들지만, 한 명을 바라보면 움직이게 된다"라고 말했다(Slovic, 2007).

정치 자금 모금에서도 인상적인 스토리텔링의 사례를 볼 수 있다. 미국의 대통령 후보였던 힐러리 클린턴Hillary Clinton이 보낸 이메일은 다음과 같이 구체적인 이야기로 시작해, 더 공감을 자아냈다.

> 웰즐리 칼리지에 처음 들어갔을 때 저는 갈피를 잡지 못했습니다. 의사나 과학자가 돼야겠다고 생각했지만, 수학과 지질학 수업을 듣고 단념했죠. 그다음 외국어에도 도전해봤지만, 프랑스어 교수님은 "마드무아젤, 다른 곳에서 재능을 찾는 게 좋겠어요"라고 조언했습니다.

이와 유사하게, 미셸 오바마Michelle Obama는 미국 전 대통령인 버락 오바마Barack Obama가 이끄는 비영리 단체인 OFAOrganizing for Action를 위해 기금을 모금할 때 다음과 같은 이메일을 보냈다.

매해 밸런타인데이를 맞을 때마다 버락과의 첫 데이트가 떠오릅니다. 데이트에 나갈까 망설였지만, 그는 끈기 있게 구애했고 결국 저도 승낙했지요.

이렇게 이야기로 이메일을 시작함으로써 수신인들의 마음을 사로잡고, 미셸을 좀 더 친근하게 느끼게 했다.

스토리텔링을 활용하는 9가지 입증된 방법

당신은 여러 형태로 이야기를 전달할 수 있다. 이메일, 소셜 미디어 게시물, 웹사이트, 비디오, TV 광고, 라디오 방송, 인쇄 광고나 광고용 우편물 등 방식은 다양하다. 또한 이야기는 다음과 같은 여러 상황에 효과적이다.

- 어렵거나 민감한 주제를 꺼낼 때 적합하다. 푸푸리Poo-Pourri는 냄새 방지를 위해 화장실을 사용하기 전에 변기에 뿌리는 제품이다. 아주 편하게 이야기할 수 있는 내용은 아니다. 그래서 이 회사는 한 여성이 남자 친구 가족과 집에서 식사할 때 일어난 재미있는 이야기를 만들어 제품의 필요성과 사용법을 보여주었다. 이 영상은 유튜브에서 1,400만에 달하는 조회 수를 기록했다.
- 회사의 창업 이야기를 전달하는 것도 좋다. 라이프이즈굿Life is Good은 기발한 티셔츠 제품으로 유명한 의류 회사다. 이 회사의 창업자 이야기는 웹사이트에 "한 대의 밴과 두 형제, 그리고

세 개의 짧은 단어"라는 제목으로 소개되어 있다. 중고 밴에서 자신들이 디자인한 티셔츠를 판매하던 제이컵스 형제의 이야기로, 긍정적인 문구의 티셔츠를 제작하여 사업이 성장한 내용이 담겨 있다.

- 비즈니스 방식을 바꾼 회사와 제품, 서비스에 관한 혁신적인 이야기도 있다. 테슬라와 아마존, 우버, 넷플릭스, 레모네이드+ 같은 회사와 그들의 사명 이야기를 생각해보자.
- 제품의 탄생 이야기는 매우 강력한 마케팅 콘텐츠가 될 수 있다. 3M의 포스트잇 메모지가 좋은 예다. 강력한 접착제를 개발 중이던 한 연구원이 매우 약한 접착제를 발견했다. 그는 이를 적용할 방법을 찾기 위해 동료들에게 공유했다. 그러던 어느 날, 그 동료 중 한 명이 성가대의 찬송가에 표시한 종이 조각이 계속 떨어지자 좌절하다가 이 접착제를 떠올렸고, 그 후의 일은 잘 알 것이다.
- 기업의 사회적 책임을 홍보하기 위해 이야기를 사용하는 브랜드도 있다. 신발 회사인 탐스Toms는 수익의 3분의 1을 지역사회의 변화를 만들어내는 활동에 투자한다. 이 이야기를 접한 사람 중 일부는 이러한 이유로 경쟁사가 아닌 탐스 제품을 구매할 것이다.
- 제품 사용 이야기는 신제품을 소개하고 기존 제품의 다양한 활용법을 알리는 데 모두 효과적이다. 릴리프밴드에 관한 내 이야기처럼 고객의 실제 사례를 강조하는 것도 좋다.

\+ AI 기반의 보험 정보 기술 기업

- '고객의 영웅담'도 활용할 수 있다. 즉, 당신의 제품으로 성공적인 효과를 거둔 고객의 이야기를 들려주는 것이다. 예를 들어 당신이 기업들에 직원 건강보험 상품을 판매한다고 해보자. 이런 경우에는 내가 아는 한 회사가 그랬던 것처럼 인사부 임원의 이야기를 들려줄 수 있다. 당신의 상품을 선택한 후 유일하게 직원들에게 새 상품에 대한 불평을 듣지 않았다고 전하는 것이다. 이런 이야기는 마케터가 단순히 제품이 고객에게 높은 평가를 받는다고 말하는 것보다 훨씬 강력하고 기억에 남는다.
- 만약 당신이 다루는 상품이 흔하거나 경쟁이 치열한 시장에 있다면, 하나의 차별화 요소를 이야기하자. 비록 그것이 상품의 부수적인 특성이라 해도 말이다. 예를 들어 로스앤젤레스 매직캐슬 호텔Magic Castle Hotel의 작은 수영장 옆에는 빨간색 전화기가 설치돼 있다. 바로 아이스크림 직통 전화기로, 손님이 연락하면 장갑을 낀 직원이 은쟁반에 무료 아이스크림을 담아 온다. 이렇게 색다른 요소를 이야기로 전달하면 상품의 인기는 높아진다.
- 마지막으로 회사의 고객 서비스 수준을 보여주는 이야기는 매우 강력하고 효과적이다. 몇 년 전, 나는 하와이의 그랜드하얏트 호텔에 곰 인형을 두고 온 젊은 손님의 이야기를 들었다. 호텔은 곰 인형을 찾아서 배송했을 뿐 아니라, 호텔에서 '늘어난 숙박'을 즐기는 곰 인형의 여러 사진도 손님에게 전송했다. 그 이상을 추구하려는 노력은 많은 의미를 전달하며, 감동적이고 기억에 오래 남는 이야기를 만든다.

결론

이야기는 강력하다. 사실보다 이야기를 접할 때 인간은 뇌의 더 많은 부분을 사용한다. 그 결과, 이야기는 오랫동안 기억에 남고 쉽게 설득할 수 있다. 이야기를 통해 당신은 고객의 머릿속에 아이디어를 심고, 감정에 영향을 주며, 신뢰도를 높일 수 있다.

이야기에 빠졌을 때, 사람들은 당신에게 상당한 통제권을 내준다. 그리고 당신은 이로써 매우 유리한 위치에 설 수 있다. 다음 장에서 살펴보겠지만 인간은 보통 통제권을 쉽게 내주지 않기 때문이다.

요약

1. 이야기는 흥미롭고 재미있으며, 문자가 탄생하기 전부터 사람 간 정보를 전달하던 방식이다.
2. 인간의 뇌는 이야기를 원하도록 타고났다. 뇌는 이야기를 통해 세상을 이해한다.
3. 이야기는 사실보다 더 기억에 남는다.
4. 이야기는 사람들이 스스로 결론에 도달하게 한다. 사람들은 타인의 말에는 반박해도 보통 자신과는 논쟁하지 않는다. 따라서 당신이 회의적인 잠재 고객을 설득하고 싶다면 스토리텔링이 현명한 전략이 될 수 있다.
5. 우리의 뇌는 데이터나 통계를 받아들일 때와 다르게 이야기를 처리한다. 이야기를 듣거나 읽을 때는 뇌의 많은 부분이 활성화된다. 그 결과, 사람들은 정보를 더 잘 이해하고 오래 기억한다.
6. 이야기는 사람들의 신념과 행동에 영향을 줘 브랜드를 정립하고 반응을 이끄는 데 유용하다.
7. 신경과학자 우리 하슨에 따르면 "이야기는 뇌의 특정 부분을 활성화해 청자가 이를 자신의 아이디어와 경험으로 전환하게 하는 유일한 방법이다." 마케터들은 이야기를 활용해 타깃에게 당신의 생각을 주입할 수 있다.
8. 이야기를 들으면 청자와 화자의 뇌파가 동기화되는 신경 결합 현상이 일어날 수 있다.
9. 서사 이동을 일으키는 이야기는 수신인을 등장인물의 감정으로 끌어당기며 공감과 감정적 유대감을 형성한다.
10. 이야기에 몰입하면, 사람의 뇌는 구매 결정에 도움을 주는 도파민과 옥시토신, 코르티솔 호르몬을 분비한다.
11. 연구에 따르면 이야기는 상품의 가치를 더해준다.
12. 이야기는 완료되지 않은 것을 기억하고 완성하고 싶어 하는 인간의 성향인 자이가르닉 효과를 이용한다.
13. 좋은 이야기는 관심을 끌고, 매력적이며, 공감을 일으킨다. 또한 구체적인 내용과 강력한 동사를 사용하고, 극적인 서사 구조를 따를 때가 많다.

14. 창업자 이야기, 제품 탄생 이야기, 고객의 영웅담, 하나의 차별화 요소에 집중한 이야기, 고객 서비스 이야기처럼 다양한 이야기를 전할 수 있다.

07 자율성 편향

#Autonomy bias #Control #Harnessing

통제하고 싶은 욕구를 이용하라

인간은 자신과 주변 환경을 통제하려는 타고난 욕구가 있다. 따라서 고객에게 무언가를 함께 만들거나 선택할 기회를 주는 마케터는 그들의 마음을 사로잡을 것이다. 하지만 선택지가 너무 많거나 서로 구별하기 힘들다면 오히려 고객을 멀어지게 하고, 부정적인 영향을 줄 수 있다.

이 장을 쓰면서 내 귀에 계속 맴도는 노래가 있다. 여러분도 잘 알 것이다. 반복 재생되는 1980년대 레코드 플레이어처럼 머릿속에서 사라지지 않고 계속 맴도는 노래 말이다.

문제의 노래는 전설적인 가수 프랭크 시나트라Frank Sinatra가 부른 유명한 〈마이 웨이My Way〉로, '나는 내 방식대로 했어I did it my way'라고 부르는 후렴구가 특히 맴돌았다.

나는 머릿속에서 그 노래를 듣고 또 듣는다. 마치 시나트라 씨가 마케터만을 위한 메시지를 방송하는 듯하다. 강아지만 들을 수 있는 고주파 호루라기처럼 이 노래는 마케팅 주파수에서 작동한다.

마케터들은 자기 방식대로 일하는 편이다. 핵심 성과 지표에 집중하고 오픈율과 클릭률, 응답률 같은 다양한 요소를 지속적으로 지켜본다. 타깃의 사고방식과 행동양식을 이해하기 위해 고객 페르소나를 개발하고 고객 여정을 계획하는 데 큰 노력을 기울인다. 핵심을 추리고 지속적으로 아이디어와 창의성, 항목을 시험해보면서 설정 목표와 기준, 예상치를 뛰어넘으려 노력한다.

어떤 식이든, 당신은 기존 고객과 잠재 고객에게 바라는 목표가 분명하다. 그리고 그 목표를 달성하기 위해 세밀한 계획을 짠다. 단순하게 또는 복잡하게 원하는 결과로 이끄는 길을 설계한다. 판매로 이어지는 일련의 정해진 행동을 유도하든, 단순히 바로 구매하기를 원하든 마케터는 결과를 이끄는 데 주력한다. 사람들이 해야 할 행동과 방법까지 미리 정해둔 것이다. 즉, 당신의 방식대로 말이다.

하지만 여기에는 문제가 있다. 아무리 당신의 방식대로 고객이 행동하길 간절히 원하고, 그것이 이상적이고 잘 조사된 방식이라고 확신해도 고객은 다르게 느낄 수 있기 때문이다. 사실 그들은 그렇게 느낄 가능성이 크다. 왜 그럴까? 그들 역시 내면의 프랭크 시내트라가 울리고 있기 때문이다. 결국 사람들은 자기 방식대로 했다고 믿고 싶어 한다.

생각해보라. 이래라저래라 참견받고 싶은 사람이 어디 있겠는가? 사실상 아무도 없다. 정말로 어찌할지 몰라 해결책을 원하는 게 아닌 한, 명령받고 싶은 사람은 드물다. 게다가 사람들은 자신에게 효과적이거나 상황에 맞는 자기만의 방식을 가지고 있을 때가 많다. 타깃이 자기 방식대로 행동할 이유는 이 외에도 수없이 많다. 따라서 원하는 행동을 타깃에게 도출하기 위해 계획을 세울 때는 그들의 자율성 욕구를 고려해야 한다.

사람들은 자신과 주변 환경을 통제하려는 강한 욕구로 움직인다.

사람들은
스스로 선택하고 싶어 한다

인간은 본능적으로 자율성, 즉 스스로 결정하고 독립성을 갖고 행동하기를 원한다. 자율성이 있을 때 사람들은 더 행복하고, 스트레스가 적으며, 만족감을 느낀다. 연구 또한 일정 수준의 자율성을 지닌 사람이 건강하고 생산적일 때가 많음을 보여준다.

연구자들은 뉴욕시의 횡단보도에 있는 사람들을 통해 자율성 편향의 흥미로운 사례를 관찰했다. 이 도시는 횡단보도 사인을 자동 시스템으로 전환해 보행신호와 보행 금지를 번갈아 표시했다. 하지만 사람들이 누르던 보행신호 표시 버튼을 제거하려면 비용이 많이 들기 때문에 그대로 남겨두었다. 연구자들에 따르면 사람들은 그 버튼을 누를 때 더 참을성 있게 횡단보도에서 기다렸다. 버튼과 보행신호의 속도에 아무 관련이 없더라도 자신에게 통제권이 있다고 느끼는 단순한 사실이 행동에 영향을 준 것이다.

또 다른 실험에서 연구자들은 사람들이 운동법을 선택할 수 있을 때, 무작위로 특정 운동을 하도록 배정받은 이들보다 프로그램에 만족한다는 사실을 발견했다. 운동 프로그램을 자신이 선택할 수 있는지 없는지에 따라 사람들의 생각이 달라진 것이다.

그리고 가장 놀라움을 주는 세 번째 연구는 노인 시설의 거주자들을 두 집단으로 나누어 관찰했다. 실험집단은 방에서 어떤 식물을 키울지, 어떤 영화를 볼지와 같이 몇 가지 간단한 선택을 내릴 수 있었다. 반면 통제집단은 선택권이 없었다.

18개월 후 연구자들은 통제집단에서 사망자가 두 배 더 많았음을 발견했다. 이와 같은 연구를 통해 일부 과학자들은 자율성에 대한 인간의 욕구가 생물학적인 요인에 기초한다고 보았다. 즉, 사람들은 자신과 주변 환경을 통제하고 싶은 욕구를 습득하는 것이 아니라 그렇게 타고났다는 의미다.

세 가지 연구는 모두 선택권이 핵심임을 보여준다. 댄 러셀Dan Russell은 2020년 《비비드 랩스Vivid Labs》에 기고한 '자율성 편향'이라는 제목의 기사에서 이렇게 말한다. "선택권은 그 사람에게 자율성이 있다는 의미로, 자율성의 존재는 자신이 통제하고 있다는 확신을 안겨준다." 사람들은 선택할 때 자신이 통제권을 쥐고 있다고 느낀다. 그리고 그러한 감정은 자율성을 추구하는 인간의 뿌리 깊은 욕구를 충족시켜 준다.

보행신호 버튼이 작동하지 않는데도 사람들은 여전히 자신에게 통제권이 있으며 자신이 직접 상황을 만드는 행동을 하고 있다고 느낀다. 연구자 엘렌 랭어Ellen Langer는 이를 이렇게 표현한다. "행동을 하며 사람들은 자신이 상황을 통제한다고 느낀다. 이는 수동적인 방관자가 되는 것보다 기분 좋은 일이다(Prisco, 2018)."

주의

선택지를 하나만 제공하는 것은 금물이다. 가능한 두세 가지 선택지를 제시하자. 그러면 사람들은 선택할지 말지를 고민하기보다 여러 방안 중 하나를 고르려 할 것이다.

단일 선택을 회피하는 심리를 이용하라

마케터는 타깃에게 선택권을 제공해 자율성 편향을 유발할 수 있다. 예를 들어 타깃에게 한 가지 제품, 한 가지 제안, 한 가지 서비스 등급만을 제시한다면 그 사람은 비교 대상도, 즉각적으로 판단할 맥락도 부족하다.

그 결과, 사람들은 결정을 미루게 된다. 좀 더 찾아보고 고민하고 배우자나 친구, 동료와 의논해보자고 생각한다. 하지만 어떻게 될까? 보통은 그렇게 하지 않는다. 바쁜 삶 속에서 구매가 늦춰지거나 아예 없던 일이 된다.

툴레인 대학교Tulane University의 대니얼 모촌Daniel Mochon 연구원은 단일 선택 회피 심리를 연구하며 DVD 플레이어 구입에 관한 실험을 진행했다(Mochon, 2013). 실험에서 그는 어떤 경우에는 소니 제품만을 보여주고 다른 경우에는 필립스 제품과 소니 제품을 함께 보여줬다.

모촌에 따르면 소니 DVD 플레이어가 유일한 선택지일 때는 실험 참가자의 9퍼센트만이 사겠다고 답했다. 반면, 두 가지 선택권이 주어졌을 때는 참가자의 32퍼센트가 소니 제품을 선택해 구매 의사가 4배 가까이 증가했다. 추가적인 연구에서는 한 가지 선택만 주어질 경우, 사람들이 평소라면 선택했을 제품조차 구매하지 않음을 보여줬다.

한 가지 선택지만 주어지는 것을 '홉슨의 선택Hobson's Choice'이라고 한다. 선택지가 하나일 때 사람들은 그 제품을 자신이 원하는지 아닌지에 초점을 둔다. 하지만 두세 가지 선택지가 제시될 때는 "이걸 원하는가, 아닌가?"에서 "어떤 걸 더 사고 싶은가?"로 결정이 옮겨간다. 아예 구매하지 않는 선택지도 여전히 있지만, 여러 선택지를 비교하고 따지는 데 정신적 에너지를 쏟다 보면 고려 대상에서 제외된다.

마찬가지로, 사람들에게 선택권이 있음을 상기시키는 것만으로도 당신은 원하는 행동을 유도할 수 있다. 제품과 서비스에 관한 메시지 외에 뉴로마케팅Neuromarketing 블로그의 저자 로저 둘리Roger Dooley가 말한 대로 "두 배의 설득 효과를 주는 네 단어"를 넣어보자. BYAF 기법으로 일컬어지는 네 단어는 "But You Are Free, 물론 선택은 자유입니다"이다(Dooley, nd).

먼저 마케팅 요지와 행동을 촉구하는 강력한 메시지를 전달한 후 고객에게 선택권이 있음을 상기해주는 표현으로 마무리하자. 웨스턴일리노이 대학교Western Illinois University의 크리스토퍼 카펜터Christopher Carpenter 교수는 2만 2,000명이 참가한 42건의 연구를 검토하여 BYAF 기법이 성공률을 두 배로 높일 수 있다는 사실을 발견했다(Dooley, nd).

게다가 꼭 그 단어들을 사용할 필요도 없다. "선택은 당신의 몫입니다the choice is yours"나 "마음대로 결정하시면 됩니다It's up to you"도 효과적일 수 있다. 핵심은 통제권을 고객이 쥐고 있음을 강조하는 것이다. 힘을 가진 건 그들이다. 그리고 고객들이 당신의 제안을 승낙한다면, 그건 그들이 그렇게 선택했기 때문이다.

자율성 편향과 팬데믹

전 세계를 휩쓴 코로나19 팬데믹으로 인해 행동과학자들은 인간의 행동을 관찰하고 행동에 영향을 주는 여러 방법을 실험할 수 있었다. 팬데믹과 관련된 뚜렷한 행동과학 원칙은 손실 회피 심리(2장)와 사회적 증거(5장)다. 생명과 소득, 일상 등 팬데믹이 위협한 수많은 것을 잃지 않으려는 욕구는 분명 손실 회피 심리를 자극했다. 또한 사람들은 새로운 코로나바이러스로 인한 불확실성 때문에 어떻게 행동해야 할지 몰랐고, 그 결과 화장지 비축부터 마스크 착용까지 모든 것을 다른 사람들의 행동을 따라 했다. 그리고 뚜렷한 영향을 준 또 다른 행동과학 원칙이 바로 자율성 편향이다. 전 세계를 비롯해 미국에서도 많은 사람이 강제 봉쇄와 마스크 착용 의무에 항의했다. 그들이 내세운 이유는 다양했지만 코로나 제한 조치가 자율성에 영향을 준 것은 부정할 수 없다. 사람들은 팬데믹 이전에 누린 자율성을 느끼지 못했다. 그리고 상황을 전혀 통제할 수 없다고 생각했다. 크고 광범위한 사항부터 매장에서 물건을 사는 사소한 것까지 여러 면에서 선택이 제한된다고 느꼈다.

마케터라면 이 점을 계획에 반영해야 한다. 당신이 전하는 메시지에 자율성 편향, 그리고 선택과 통제권이 어떻게 작용할지 생각해보라. 사람들에게 선택권을 주는 것은 원래도 현명한 마케팅 전략이지만, 이제 그 중요성은 더욱 커질 수 있다. 고객이 어떤 결정을 하고, 그 결정을 어떻게 내릴지에 관해 통제권을 느끼게 해줄 새로운 방법을 찾는 것도 좋다. 그 방법은 마케팅의 여러 측면 중에서도 사용자 경험과 고객 서비스, 메시지 전달력과 관련이 있다.

또한 일부 고객의 기대와 행동은 코로나 이전으로 절대 돌아가지 않을 수 있음을 명심하자. 2020년 10월에 발표한 맥킨지 조사에 따르면 "코로나19는 디지털 기술의 채택을 몇 년 더 앞당겼다." 기업들은 코로나에 대응하기 위해 "고객과 디지털 채널을 통해 주로 소통"했다(LaBerge et al., 2020). 늘어난 통제권을 누려온 고객들은 계속 유지하고 싶을 것이다. 대표적으로 도로변 픽업과 비대면 배송 같은 새로운 방식이 떠오른다. 마케터들은 팬데믹으로 고객에게 제공해야 할 선택권과 통제권을 유지하는 동시에, 더 많은 권한을 제공한 다른 기업들과 비교·평가된다는 사실도 인식해야 한다.
당신의 마케팅 메시지는 이렇게 자율성을 강조해 타깃의 마음을 사로잡아야 한다.

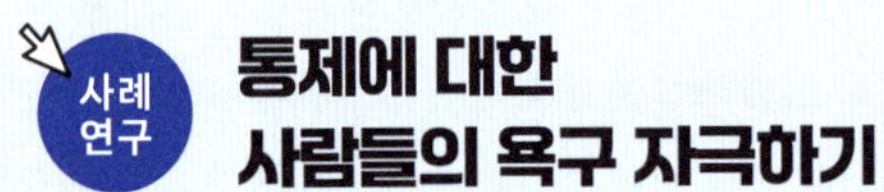

사례 연구 통제에 대한 사람들의 욕구 자극하기

과거 〈새터데이 나이트 라이브Saturday Night Live〉 쇼에서 코미디언 릴리 톰린Lily Tomlin은 전화 교환원 역할을 맡아 이런 대사를 했다. "우리는 별로 신경 안 써. 신경 쓸 필요가 없지. 전화 회사니깐." 쇼에서 이 풍자극이 방영되던 시기에, 미국에는 AT&T라는 단 하나의 전화 회사만이 존재했다. 하지만 1984년, 해럴드 그린Harold H. Greene 판사가 선고한 판결로 AT&T의 독점은 무너졌고, 그 결과 장거리 전화 시장에서 경쟁이 시작됐다(Hershey, 2020).

당시 나는 AT&T의 장거리 전화 고객 유지 프로젝트를 맡은 마케팅 에이전시에 새로 부임한 카피라이터였다. 사람들의 현상 유지 편향 심리와 기존 방식을 유지하려는 관성 덕분에 쉬울 거란 생각이 들겠지만, 몇 가지 걸림돌이 존재했다.

첫째, 소비자와 기업은 이제 어떤 통신망을 사용할지 선택할 수 있었다. 선택과 새로움(9장 참고)은 모두 매우 매력적인 요소다.

둘째, 새로운 장거리 전화 경쟁업체들은 AT&T보다 가격을 낮게 책정해 잠재 고객이 혹할 수 있는 비용 절감 효과를 광고했다. 알다시피 사람들은 돈을 아낄 기회를 놓치기 싫어한다(2장 참고).

셋째, 무엇보다 기존 방식을 유지하려는 관성만으로 부족했다. AT&T를 계속 이용하려는 고객들도 의사를 밝혀야 했기 때문이다. 선택한 회사를 계속 사용해왔더라도 장거리 전화 회사를 직접 지정하는 것이 규칙이었다.

당연히 우리 에이전시는 고객이 AT&T에 남도록 설득하는 여러 캠페인을 기획했다. 기업들이 장거리 전화 회사를 지정하는 마감일이 다가오면서 크리에이티브 디렉터였던 프랭크 패리쉬는 AT&T 선택을 호소하는 마지막 편지 문구를 고심해서 작성하고 있었다.

당시 AT&T의 수신자 목록은 (놀랍게도) 세분돼 있지 않았기 때문에 패리쉬는 메시지가 "피자 가게 주인부터 수백만 달러 기업의 소유주까지 모든 사업주에게 보편적으로 호소해야" 함을 알고 있었다.

어느 날 아침, 회사에 출근한 패리쉬는 마침내 효과적인 편지의 도입부를 생각해냈다고 말했다. 첫 문장은 다음과 같았다. "당신은 중요한 결정을 앞두고 있습니다. 신속하게 움직이지 않으면 다른 사람이 당신을 대신해 결정을 내릴 겁니다."

바로 자율성 편향을 자극한 것이다. 알다시피, 사람들은 자신과 환경에 대한 통제를 원하도록 타고났다. 어떤 사업주가 이렇게 시작하는 편지를 무시할 수 있을까? 자기 삶에 영향을 미치는 결정권을 뺏기고 싶은 사람은 아무도 없다. '신속하게 움직이라'는 문구는 적절한 시급성을 더했다(3장 참고).

메시지는 큰 성공을 거뒀다. 편지의 응답률은 38.6퍼센트에 달했고, 주요 기업들은 AT&T를 계속해서 사용했다. 행동과학 원칙의 강력한 힘을 잘 보여주는 사례다.

이 장을 이해하고 편지의 도입부를 읽으면 자율성의 원칙을 얼마나 간단히 적용했는지 보일 것이다. 이러한 내용을 익힌 후에는 마케팅 과제에 자율성 편향이 분명한 해결책으로 보이는 사례들도 발견할 것이다.

패리쉬의 경우 긴 편지의 대부분은 하루 만에 썼지만, 도입부를 작성하는 데는 2주나 걸렸다고 한다. 여러분은 이 내용을 읽고 부디 조금이라도 시간과 노력을 아끼길 바란다.

선택권과 통제권을 부여하는 방법

AT&T 사례에서는 "내 통제권을 뺏길 수 없다"라는 메시지로 자율성을 강하게 자극했다. 이 외에도 마케터들은 여러 방법으로 메시지에 자율성 편향을 적용할 수 있다.

오래전, 내가 다른 에이전시에서 크리에이티브 디렉터로 일할 때 담당한 사례를 살펴보자. 우리 팀은 다른 방식으로 자율성 편향을 자극해 위성 TV 회사를 위한 매우 성공적인 캠페인을 만들었다.

이 회사는 많은 시청자가 스트리밍 서비스를 선호하며 유료 방송 가입을 해지하는 코드 커팅 환경에서 고객층을 키우려 노력하고 있었다. 조사 결과에 따르면, 사람들이 유료 방송 서비스를 해지하는 주요 원인은 시청하지 않는 많은 채널에 돈을 낸다고 느끼고, 좋아하는 프로그램을 찾을 수 없어서였다. 우리 클라이언트는 더 낮은 요금으로 기본 채널을 제공하는 새로운 프로그램 묶음을 도입하고 있었다. 고객들은 이를 통해 주제별 채널 묶음을 추가해 자신의 TV 프로그램 구성을 맞춤화할 수 있었다.

자율성 편향을 마케팅에 활용할 좋은 기회였다. 자신이 실제로 원하는 채널 묶음을 결정하고 선택할 수 있는 만큼, 보지 않는 채널에 대해 더는 돈을 낼 필요가 없었다. 게다가 시청자는 자신이 원할 때마다 채널 묶음을 추가하거나 바꿀 수 있었다.

이러한 패키지로 매출은 그동안의 기준치보다 52퍼센트 증가했는데, 수년간 진행한 그 어떤 광고보다 높은 수치였다. 선택을 제공해 고객의 손에 통제권을 주는 자율성 편향 메시지를 사용한 것이 성공 비결이었다.

위성 TV 회사의 사례에선 선택이란 개념이 메시지의 핵심 요소였지만, 때로는 마케팅 캠페인에서 보조적인 역할을 할 수도 있다. 예를 들어 내가 담당하던 세무 회사의 마케팅 메시지는 그들의 뛰어난 전문성과 고객에게 주는 안정감 같은 장점에 초점을 두었다.

하지만 우리는 고객이 세금 처리 방식을 선택할 수 있다는 점도 강조했다. 고객들은 세무사와 상담할 수 있으며, 서류를 맡기거나 온라인으로 제출하는 것도 가능했다. 이러한 여러 선택권은 핵심 커뮤니케이션 메시지는 아니었지만, 그 세무 회사와 거래해야 할 또 다른 이유를 제시했다.

선택권을 최대한 활용하라

자율성 편향을 활용하는 또 다른 방법은 선택권이 당신이 아니라 타깃에게 있음을 강조하는 것이다. 구개열 어린이를 위한 자선단체인 스마일 트레인Smile Train은 모금 활동에 이를 탁월하게 구현했다.

자선단체에 기부한 적이 있다면, 한번 기부를 하면 소화전 밸브가 열리듯 더 많은 요청이 밀려드는 걸 알 것이다. 그래서 어떤 사람들은 애초에 기부를 시작하지 않으려 한다. 스마일 트레인은 봉투에 "지금 한 번만 기부해주세요. 다른 기부는 절대 요청하지 않겠습니다"라고 적은 모금 패키지를 보내 이런 저항을 극복했다.

스마일 트레인의 CEO는 이 메시지가 자선단체의 취지도 반영한다고 말한다. 어린이의 삶에 영구적인 변화를 주는 수술인 만큼, 기부자가 한 번만 도와줘도 그 영향은 영원하기 때문이다.

이러한 새 메시지는 시범 프로그램에서 대조군을 72퍼센트 앞질렀다. 앞으로는 기부 요청을 받지 않겠다고 답한 사람이 기부자 중 39퍼센트에 불과했다는 것도 중요한 점이다. 나머지 61퍼센트는 자선단체와의 소통이나 정기적인 보고를 계속 받고 싶어 했다. 이 방식으로 기부금은 늘어나고, 대다수의 기부자에게 다시 모금 요청을 할 수 있음을 확인한 스마일 트레인은 기부자 전체를 대상으로 성공적인 캠페인을 진행했다. 나는 그 성공의 힘이 기부자에게 선택권을 준 것에 있다고 생각한다.

어떤 회사들은 본질적으로 고객에게 선택권이 있는 제품과 서비스를 판매한다. 내가 마케팅을 진행한 온라인 대학들이 그랬다.

나는 학생들에게 많은 결정권이 주어지는 점을 혜택으로 강조하자고 주장했다. 학생들은 온라인 대학에서 자신이 언제, 어디서 공부할지 선택할 수 있었다. 다니는 직장이나 육아에 맞게 학습을 조정하는 것도 가능했다. 정해진 시간에 직접 가야 하는 전통적인 대학과 달리 그들에게는 선택권이 있었다.

이렇게 인간의 자율성 욕구를 자극하는 것은 강력한 동기를 부여하고 판매를 촉진할 수 있다. 주목할 점은 다른 온라인 대학들도 이런 유연성과 선택권을 제공할 수 있지만, 강조하지 않으면 자율성 편향을 촉발해 얻을 이익을 놓친다는 것이다.

선택권을 경쟁력으로 사용하자

선택권을 경쟁력으로 활용할 수 있는 운 좋은 마케터들도 있다. 사업 방식이나 비즈니스 구조가 고객 선택권을 중요하게 제공해 동종 업계 경쟁자들과 차별화되는 것이다.

그런 회사 중 하나가 질리온 그룹Zillion Group이다. 질리온 그룹은 '기업과 개인에게 건강을 위한 선택권을 주는' 헬스케어 기술 기업이다. 그들은 주로 기업 복지제도 형태로 건강과 웰니스 회복 프로그램을 제공해 사람들이 만성질환을 관리하고 예방하도록 돕는다. 당뇨병과 고혈압 같은 질환을 집중해서 살피고, 이러한 질환을 물리치기 위해선 건강한 음식을 선택하고 적정 체중을 달성해야 한다고 권고한다. 하지만 이 두 가지를 항상 지키기란 쉽지 않다.

질리온 그룹과 일하며 나는 행동 변화를 이끄는 그들의 접근 방식에 깊은 인상을 받았다. 보통 체중감량을 위해서는 사람들에게 칼로리를 계산하고 식사량을 관리하도록 요구할 것이란 생각이 든다. 따라야 할 수칙과 음식에 관한 엄격한 목록이 있어 어떤 음식은 즉시 금지하는 게 예상되는 그림이다. 즉, 그 분야의 다른 회사들처럼 그들도 결과 달성을 위해 지켜야 할 엄격한 시스템을 밀고 나갈 듯 보였다.

하지만 질리온 그룹의 방식은 달랐다. 그들은 고객의 선택을 프로그램에 중요한 요소로 포함했다. 고객들은 질리온의 코치들과 함께 어떤 것에 초점을 둘지 우선순위를 정하고, 도달하고 싶은 목표를 선택했다.

예를 들어 체중 감량을 위해 식단에서 디저트를 제외하는 대신, 자신에게 맞는 맞춤형 방식을 만들어 이틀에 한 번은 디저트를 건너뛰는 것부터 선택하는 것이다. 마찬가지로 체중을 감량해야 하는 고객은 우선 꾸준히 숙면하는 것에 중점을 두고, 그 목표를 달성한 후에 식단을 바꿀 수도 있다.

질리온 그룹의 CEO이자 대표인 셰릴 모리슨 도이치Cheryl Morrison Deutsch의 말처럼 이 회사는 "사용자들이 건강한 습관을 지속하도록 개인의 선택과 선호를 지원하는 데 중점을 둔다." 도이치는 "개인의 생활 방식 선택을 중시하고, 디지털과 인간의 활발한 상호작용"으로 사람들의 웰빙을 개선하고 실질적인 행동 변화를 이끈다고 덧붙였다.

도이치 대표의 말을 듣고 나는 행동과학 원칙 중 우선 자율성 편향을 접목해보자고 제안했다. 인간의 타고난 욕구를 자극할 수 있는 만큼 고객의 선택권과 권한을 적극적으로 강조하자고 제안한 것이다. 이 방법이 질리온 그룹을 정형화된 방식을 사용하는 다른 기업과 차별화해줄 것이라고 덧붙였다. 그들의 프로그램이 행동과학의 혜택을 본 것처럼 마케팅에서도 그런 효과를 꾀할 수 있다.

질리온처럼 선택권을 경쟁우위로 내세운 곳이 또 있다. 65세 이상의 미국 거주자는 연방 의료보험 프로그램인 메디케어Medicare에 익숙할 것이다. 그리고 메디케어가 부담하는 것은 의료비용 중 80퍼센트만이고 나머지 비용은 개인이 지불해야 한다는 사실을 잘 알 것이다.

이런 이유로 대부분의 사람은 나머지 비용을 충당하기 위해 메디케어 서플리먼트 보험이나 메디케어 어드밴티지 보험을 든다. 두 상품의 큰 차이점 중 하나는 메디케어 서플리먼트 보험에 가입한 사람은 메디케어를 허용하는 어떤 의사든 자신이 선택할 수 있다는 점이다. 반면 메디케어 어드밴티지 상품은 일정한 의사 그룹으로 보통 제한을 둔다.

나는 메디케어 서플리먼트와 어드밴티지 보험 시장에 있는 회사들을 모두 도운 적이 있다. 그리고 메디케어 서플리먼트 상품을 마케팅할 때는 다른 보험에서 허용하지 않는 의사 선택권을 항상 강조했다. 이러한 선택권은 가격과 더불어 결정에 매우 중요하게 작용한다. 사람들은 자신이 통제할 수 있길 원한다. 그리고 건강 문제에서는 그런 욕망이 특히 더 강하다.

자율성 편향으로 더 많은 지출을 유도하는 법

메디케어 보험 사례에서 의사를 선택할 권리가 있는 서플리먼트 보험은 일정한 그룹의 의사로 제한되는 어드밴티지 보험보다 비싸다. 이처럼 사람들은 통제감을 위해 더 큰 비용을 지불한다. 다음의 사례들도 마찬가지다.

- 비행기 좌석을 직접 선택하기 위해 더 많은 돈을 낸다. 좌석을 고를 수 없는 티켓은 그보다 저렴할 것이다.
- 호텔 예약을 변경할 수 있는 옵션에 더 큰 비용을 낸다. 취소와 환불이 가능한 객실은 요금이 더 높을 수 있다.
- 더 많은 돈을 주고 100칼로리씩 포장된 간식을 구매해 한 번에 섭취하는 칼로리를 통제한다. 과자나 사탕을 대량으로 구매하는 것이 경제적이지만, 이는 좀 더 주의와 자제가 필요하기 때문이다.
- 광고 없이 자신이 선택한 음악을 스트리밍하기 위해 더 비싼 비용을 낸다.
- 등받이가 고정된 것보다 세 가지 각도로 선택할 수 있는 비치 의자에 돈을 더 낸다.
- 더 큰 비용을 내고 '플로트 다운Float down' 옵션이 포함된 고정 금리 주택담보대출을 받는다. 이 옵션을 사용하면, 금리가 정해진 후에도 시장 금리가 하락하면 조정할 수 있는 선택권이 주어진다.

너무 많은 선택지는 좋지 않다

너무 많은 선택지는 오히려 마케팅에 역효과를 줄 수 있다. 사람들은 처음에는 여러 선택지 중 고를 수 있다고 좋아하지만 쉽게 결정하지 못한다. 그래서 아예 선택하지 않거나, 결정을 내린 후 잘못 선택했다고 후회하기도 한다.

심리학자 쉬나 아이엔가Sheena Iyengar와 마크 레퍼Mark Lepper가 진행한 유명한 실험을 살펴보자. 이들은 슈퍼마켓에 진열대를 설치해 사람들이 잼

을 시식하게 했다(Geerts, 2017). 어떤 날은 진열대에 각기 다른 잼 24개를 놓았고, 6개의 잼만 진열한 날도 있었다.
24개의 잼을 진열했을 때는 많은 사람이 시식했지만, 실제로 구매한 경우는 적었다. 그러나 6개의 잼을 진열했을 때는 구매율이 10배나 높았다.
마케터는 의사결정을 유도할 만큼 충분한 선택지를 제공하되, 고객이 벅찰 정도로 많이 제공하지 않도록 주의해야 한다.

마케팅에 자율성 편향을 적용하는 현명한 방법

- "선택하세요", "선택은 여러분에게 달려 있습니다", "선택권을 되찾으세요"와 같이 권한과 관련된 표현을 사용하라.
- 무료 선물이나 서비스 수준, 보상 유형과 제품의 성능 수준 등 고객이 원하는 사항을 선택할 수 있도록 하자.
- 자율성을 강조하는 슬로건을 생각하라(예: 버거킹의 유명한 슬로건 "원하는 방식으로 즐기세요Have it your way"를 떠올려보자).
- 고객이 색상이나 디자인 등 특정 요소를 선택할 수 있게 하자. 이렇게 함께 만들어가는 방식은 소유효과(2장 참조)뿐 아니라 자율성 편향도 자극할 수 있다.
- 하나가 아닌 두세 가지 제품이나 서비스의 선택지를 제시하자.
- 명확하고 쉽게 식별할 수 있는 선택지를 제공해야 한다. 선택지 간에 무엇이 다른지 쉽게 알 수 없으면 결정하기 힘들다.
- 선택지를 제공할 때는 색상과 위치, 크기를 활용해 당신이 원하는 방향으로 사람들이 결정하도록 유도하자.
- 선택의 과부하를 줄이기 위해 유사한 아이템은 그룹이나 범주

로 묶자.

- 가장 중요한 기능이나 선택지를 강조하고 다른 부분은 드롭다운 메뉴나 링크로 제공하자.
- 긍정적인 판매를 이끄는 두 가지 선택지를 제시해 선택의 착각 현상을 활용하자(예: 파란색 코트와 초록색 코트 중 어느 것을 구매하시겠어요? 목요일과 금요일 중 언제 배송을 받으시겠어요?).
- 가능하다면 진행률을 표시해 완료까지 시간과 정보가 얼마나 필요한지 알려주자. 그러면 고객은 통제감을 느낄 수 있다.
- 과도한 절차와 취소를 일부러 어렵게 만드는 다크패턴을 피하자. 이는 사람들이 상황을 통제할 수 없다고 느끼게 한다.
- 뒤로 가기, 되돌리기, 결제 전 확인 버튼을 통해 고객에게 통제할 수 있는 권한을 주자.
- 접근이 쉬운 도움과 안내(예: 전화, 문자, 이메일, FAQ, 평가 도구, 다양한 페르소나를 활용한 사용법 예시)를 제공해 고객들이 통제감을 느끼며 구매를 결정하게 하자.

결론

사람들은 자율성을 갈망한다. 당신의 고객은 통제하고 싶고, 적어도 자신에게 권한이 있다고 느끼고 싶어 한다. 그러한 감정을 끌어내려면 명확한 선택지들을 제시하고 당신이 판매하는 제품과 서비스에 고객이 의견을 내거나 맞춤화할 기회를 제공하자.

다음 장에서 살펴보겠지만 이러한 전략은 일관성의 원칙을 유발하는 부수적인 이점도 있다.

요약

1. 사람들은 통제하고 싶고, 자신과 관련된 사항을 결정하고 싶은 타고난 욕구가 있다.
2. 선택지가 주어지면 고객은 통제감을 느낀다.
3. 하나의 선택지만 제공할 경우, 구매 결정은 미뤄지거나 없던 일이 될 수 있다.
4. 연구는 두 가지 선택지가 있으면 하나만 있을 때보다 바로 구매하는 확률이 더 높음을 보여준다.
5. 고객에게 행동을 요청하면서 자유롭게 결정할 수 있음을 상기해주면(BYAF 기법), 당신이 바라는 행동을 할 가능성이 높아진다.
6. 전 세계가 팬데믹의 제약에서 벗어난 만큼 자율성 편향을 자극하는 것은 마케터들에게 더욱 중요한 전략이다.
7. 고객에게 통제감을 주고, 직접 결정할 기회가 사라질 수 있음을 알리고, 선택지를 제공하는 것 모두 자율성 편향을 유발하는 방법이다. 당신의 제품이나 서비스는 고객에게 본질적으로 권한을 준다는 사실을 자연스럽게 강조하는 것도 좋다(특히 경쟁자가 동일한 주장을 할 수 없을 때).
8. 마케터는 사람들에게 많은 통제권을 주는 제품과 서비스에 더 높은 비용을 부과할 수 있다.
9. 선택권은 결정을 이끌지만, 너무 많은 선택지가 주어지면(선택 과부하) 오히려 결정이 힘들어진다.
10. 자율성 편향을 자극하기 위해 마케터는 "선택권을 되찾으세요", "선택하세요"와 같이 권한을 부여하는 표현을 사용하고, 하나가 아닌 여러 선택지를 제시하는 것이 좋다. 고객이 맞춤형 결정을 내리도록 권한을 주고, 방해 요소를 없애 절차를 쉽게 하는 것도 좋은 방법이다.

08 일관성의 원칙과 자이가르닉 효과

#Consistency principle #Zeigarnik effect #Sales loyalty

사람들은 한번 한 선택을 끝까지 마무리하려 한다

사람들은 일단 결정을 내리면, 정신적 에너지를 아끼기 위해 대개 그 결정을 계속 유지한다. 즉, 마케터가 한번 '승낙'을 받으면, 다음에도 승낙을 얻을 가능성이 높다는 의미다. 특히 처음의 요청 사항이 비교적 적을 때는 가능성이 더욱 높아진다. 마케터는 일관성의 원칙을 이용해 최종 요청 사항에 도달하고, 훨씬 쉽게 긍정적인 답변을 얻을 수 있다.

마케터는 많은 것을 알고 있어야 한다.

제품의 소구점과 이상적인 고객, 마케팅 투자 대비 수익 계산 방법 같은 일반적인 사항뿐 아니라, 잠재 고객이 구매할 시기와 재구매 가능성이 높은 고객, 고객의 지출을 늘릴 방법 같은 좀 더 세밀한 정보도 알아야 한다.

어떤 면에서는 일종의 독심술사가 돼야 한다. 쉬운 일은 아니다. 전설적인 백화점 창업자인 존 워너메이커John Wanamaker도 "내가 광고에 쓰는 돈의 절반은 낭비다. 문제는 그 절반이 어느 쪽인지 알 수 없다"라고 말했다.

구매자의 행동을 예측하는 데는 완전한 답이 존재하지 않는다. 물론 마케터들은 워너메이커가 살던 시대보다 훨씬 많은 도움을 받는다. 예를 들어 시장조사 부서는 고객의 의견을 듣는 프로그램을 운영하거나, 고객 선호도 정보를 얻기 위해 정기적인 포커스 그룹을 진행할 수 있다. CRM 시스템으로 고객과 판매 후 지원팀과의 모든 상호작용을 추적하며 일반적인 문의와 불만, 칭찬을 파악하는 것도 가능하다. 혹은 소셜 미디어를 모니터링하고 심리를 분석해 타깃이 당신의 활동을 어떻게 생각하는지 단서도 찾을 수 있다.

정교한 모델과 알고리즘을 개발한 예측 분석이나 데이터 과학 그룹을 통해 고객과 그들의 예측된 행동을 지속적으로 관찰하는 것도 가능하다. 또한 순고객추천지수(NPS)부터 고객의 디지털 기록까지 모든 것을 모니터링할 수 있으며, 계속 발전하는 AI와 머신러닝의 혜택을 누릴 수도 있다. 따라서 당신은 적절한 시기에, 적절한 사람에게, 적절한 메시지를 전달하는 더 빠르고 정확한 방법을 계속 제공받는 셈이다.

하지만 당신이 꼭 알아야 할 것이 더 있다. 이 원칙으로 당신은 고객이 언제 구매하거나 재구매할지, 혹은 더 많이 살지 예측할 수 있다. 실제로 고객이 그런 행동을 하도록 이끌 수도 있다. 사회과학자들은 이를 일관성 편향의 원칙이라고 부른다. 이제 이 원칙이 얼마나 강력하고 효과적인지 살펴보자.

사회과학자들은 사람들이 한번 어떤 행동이나 태도를 취하면 계속해서 일관성을 유지하려는 경향이 있음을 발견했다.

일관성의 원칙은 자신을 설득시킨다

이전 행동을 지속하는 것은 정신적 에너지를 아끼는 흔한 의사결정의 지름길이다. 《설득의 심리학》의 저자 로버트 치알디니는 일곱 가지 영향력의 원칙 중 하나로 일관성을 제시하며 이렇게 말한다. "우리는 어떤 문제에 일단 마음을 정하면, 굳은 일관성으로 달콤한 마음의 여유를 누린다. 그 문제에 대해 더는 깊이 생각할 필요가 없기 때문이다."

일관성을 유지하기란 어렵지 않다. 더는 생각과 분석이 필요 없으니 말이다. 일관성을 지키는 게 옳다고도 느껴진다. 어떤 일을 반복하거나 같은 방식으로 할 때 느끼는 편안함도 있다. 일에서나 개인적으로나 쉽게 말을 바꾼다는 비난 때문에 당혹해할 일도 없다. 사람들은 자신이 말한 것을 끝까지 밀고 나가며 약속을 지키는 사람으로 보이고 싶다.

두 고전적인 행동과학 실험은 일관성이 얼마나 강력한 개념인지 잘 보여준다. 먼저 심리학자 조너선 프리드먼Jonathan Freedman과 스콧 프레이저Scott Fraser가 캘리포니아에서 진행한 실험을 살펴보자(MacNaught, 2014). 이 실험에서 연구자는 교통안전을 홍보하는 지역사회 회원으로 분하여 집마다 돌아다녔다. 그는 집주인들에게 공공 서비스 캠페인의 일환으로 안전운전을 홍보하는 표지판을 앞마당에 설치해달라고 요청했다. 그러면서 형편없이 쓰인 대형 표지판이 멋진 집 앞에 놓인 사진을 예시로 보여주었다. 표지판은 집 앞마당을 크게 차지해 출입구가 완전히 가려질 정도였다.

짐작했겠지만 집주인 대다수는 이 제안을 거절했다. 그들은 표지판을 설치하면 시야를 방해하고, 집값을 떨어뜨리며, 1~2주의 설치 기간 동안 이웃들을 화나게 할 것으로 생각했다. 그저 터무니없는 요청이라고 여겼을 수도 있다. 이유가 무엇이든 요청을 받은 집주인 중 17퍼센트만이 표지판을 설치하는 데 동의했다.

하지만 이야기는 끝나지 않았다. 표지판에 매우 호의적인 집주인들이 있었다. 실제로 이 호의적인 사람 중 4분의 3 이상은 앞마당에 표지판을 설치하겠다고 했다. 무엇이 달랐을까?

이들은 약 2주 전 연구원에게 창문이나 자동차에 안전운전을 홍보하는 약 8센티미터 크기의 작은 사인을 걸어달라는 요청을 받은 적이 있고, 이에 동의했다. 그리고 연구원이 다시 찾아와 새 표지판 설치를 요청하자, 그중 76퍼센트가 그 요청에 동의했다. 왜? 바로 일관성 때문이다.

그것이 자신이 이전에 취한 행동이나 입장과 일관성이 있었다. 자신은 현재 이런 문제에 행동하는 사람이라고 인식하는 관점과 일치했다. 즉, 이들은 의사결정의 지름길에 의존했다. 스스로 상황을 쉽게 만든 것이다. 다른 집주인들과는 다르게 승낙할지 말지 깊게 고민하지 않았다. 자신의 앞마당에 공익 광고판을 설치하는 장단점을 객관적으로 따져보지 않았다. 오히려 이전 결정과 비슷해서 안심을 주는 선택을 따랐다.

이 사례로 알 수 있듯이, 일관성의 원칙을 유도할 때는 더 큰 요청에 앞서 먼저 작은 요청에 동의하게 이끌어 분위기를 조성하는 것이 좋다. 다음 실험에서 연구자들은 사람들이 작은 요청이라 생각해 동의한 후 실제로 훨씬 큰 요청인 걸 인지해도 일관성을 유지함을 발견했다.

사람들은 자신의 말과 계획을 고수한다

토마스 모리아티Thomas Moriarty가 이끈 이 실험은 뉴욕의 한 해변에서 진행됐다(Dutton, 2015). 연구자는 해변에 놀러 온 사람으로 분해 피험자의 자리에서 1.5미터 정도 떨어진 곳에 비치 수건을 깔았다. 그런 다음 라디오를 꺼내 큰 소리로 록 음악을 들었다.

몇 분 후, 연구자는 근처에 있는 사람들 쪽으로 가 이렇게 물었다. 대조군에는 "실례합니다. 혼자 왔는데 성냥이 없네요. 라이터 있으신가요?"라고 물었고, 실험군에는 "실례합니다. 잠깐 산책하러 가는데 제 물건 좀 지켜봐주실 수 있나요?"라고 물었다. 사람들은 그러겠다고 했다.

짧은 대화 후, 연구자는 수건 위에 놓아둔 라디오를 크게 틀어놓고 산책로로 향했다. 잠시 뒤 도둑 역할을 맡은 다른 연구자가 그 쪽으로 걸어가 라디오를 집어 들고는 '라디오 주인'이 간 방향과 반대 쪽으로 빠르게 달아났다.

어떤 일이 일어났을까? 당신이라면 어떻게 행동했을 것 같은가? 물건을 지켜봐달라고 요청받지 않은 대조군에서는 도둑을 막으려 소리치거나 직접 쫓아간 경우가 20번 중 4번밖에 되지 않았다. 하지만 산책할 동안 지켜봐달라는 요청을 받은 실험군에서는 20명 중 19명이 반응했다. 이들은 라디오 주인에게 약속한 사람들이었다.

물론 약속할 당시에는 자신이 진짜 도둑을 막아야 할 거란 생각을 전혀 못 했을 것이다. 기껏해야 갈매기 몇 마리 쫓아내는 정도겠거니 했을 것이다. 하지만 실험 결과가 보여주듯, 사람들은 일단 약속하면 이에 부응해야 한다고 느낀다.

이 실험을 통해 자신의 의지를 표명할 뿐 아니라 그 실행 방법도 명확히 설명할 때 더욱 일관성이 높아짐을 알 수 있다. 《사이언티픽 아메리칸》에 실린 수프리야 시알Supriya Syal과 댄 애리얼리의 글에 따르면 행동과학자 데이비드 니커슨David Nickerson과 토드 로저스Todd Rogers는 "실행을 위한 구체적인 계획을 세우도록 도우면 투표율이 증가한다"라는 사실을 발견했다(Syal and Ariely, 2016).

과학자들은 단순히 사람들에게 투표할 생각인지 묻는 것보다 "언제, 어디서, 어떻게 투표할 것인지"와 같은 계획을 세우게 할 때 실제로 투표에 참여하는 사람이 더 많다는 사실을 증명했다. 두 저자는 "단순히 사람들에게 의향을 묻는 것보다 구체적으로 계획을 세우게 하는 것이 두 배 이상 효과적이었다"라고 말한다.

또한 "구체적인 계획을 세우면 삶의 여러 영역에서 목표를 행동으로 더 쉽게 옮긴다"라는 과학적 연구 결과도 언급했다. 따라서 당신의 고객이 어떤 행동을 취하길 바란다면, 그 일을 위한 계획을 세우도록 하자. 그들의 의지를 자세히 설명하도록 돕자.

별 의미 없는 동의로 행동을 이끈 사례

마케터는 때때로 요청과 전혀 관련 없는 것에 동의하도록 유도해 행동을 이끌 수 있다.

2017년 나는 텍사스주 오스틴에서 열린 권위 있는 SXSW 콘퍼런스에 두 번째로 초청받았다. 날씨는 따뜻하고 화창해 이른 봄처럼 느껴졌다. 콘퍼런스의 분위기는 에너지와 혁신으로 활기가 넘쳤고, 내 강연은 많은 청중을 모으며 성공적으로 진행됐다. 상당히 기분이 좋았다.

트리니티 거리 쪽으로 걸어가자, 그린피스 티셔츠를 입은 한 젊은 여성이 클립보드를 들고 다가오는 게 보였다. 처음 든 생각은 이

렜다. '앗, 안 돼! 분명 청원서에 서명하라고 할 거야.'

그린피스나 그들이 하는 일에 반대하는 것은 아니다. 그저 방해받지 않고 나의 다음 강연에 빨리 가고 싶을 뿐이었다. 하지만 그 젊은 여성을 피하려고 길을 건너는 건 무례한 행동 같았다. 그래서 그녀가 다가오는 건 받아들이되, 긴 대화에는 휘말리지 않기로 결심했다.

여성은 가까이 다가오며 미소 지었다.

"날씨가 참 좋네요. 그렇죠?"

"네, 맞아요." 나는 동의했다.

이번엔 내 목에 걸린 SXSW 배지를 향해 고개를 끄덕이며 그녀가 물었다. "콘퍼런스에서 좋은 시간을 보내고 계신가요?"

"네, 아주 좋습니다." 나는 답했다.

"잠시 시간을 내 위기의 바다거북을 돕는 청원서에 서명해주실 수 있나요?" 그녀가 또 물었다. 차마 거절할 수 없다고 느꼈다.

"그러죠…." 나는 말했다. 그녀는 내게 클립보드를 건네주며 바닷속 무시무시한 플라스틱 쓰레기에 대해 이야기하기 시작했다. 그리고 곤경에 빠진 바다 생물들의 가슴 아픈 사진을 가리키며 생생한 메시지를 전달했다.

"매달 10달러씩 도와주실 수 있을까요?" 그녀는 덧붙였다. "신용카드도 됩니다." 나는 자연스럽게 동의해버렸다.

그렇다면 여러분은 궁금할 것이다. 불과 몇 분 전의 내 결심은 대체 어떻게 된 걸까? 그 모금인을 피하려 길을 건널까 고민하던 마음에서 어떻게 매달 기부하겠다고 신용카드를 내밀게 됐는지 말이다 (아직도 계속 기부 중이다).

행동과학자들은 이 모든 것이 바로 첫 질문에서 시작했다고 말할 것이다. 그 젊은 여성은 날씨가 좋다는 데 내가 동의하도록 만들었다. 그런 다음 기분이 좋다고 말하도록 이끌었다. 두 대답 모두 바다거북의 위기와는 아무런 관련이 없었지만, 그녀가 정말 요청하고 싶은 사항에 동의하도록 발판을 마련한 것이다.

치알디니는 이렇게 설명한다. "이 전략에서 숨은 이론은 이렇다. 자신이 잘 지내고, 기분 좋다고 단언한 이들은 (그것이 평범한 사회적 교류일지라도) 좋다고 인정한 상황에서 인색하게 구는 것이 맞지 않다고 느낄 것이다." 그는 이 기법을 실제로 시장에서 테스트했을 때 반응이 두 배로 증가했다는 연구 결과를 인용했다.

다르게 표현하자면 그 모금자는 내게 일련의 '승낙(공개 선언)'을 끌어냈고, 그에 따라 나는 계속해서 긍정적으로 답을 할 수밖에 없었다.

물론 승낙과 일관성 외에도 다른 요인들이 작용했다. 우선 날씨가 정말 좋았다. 빈민 구호 비영리단체인 보르겐 프로젝트는 날씨가 화창할 때 사람들이 더 기부하는 경향이 있다고 말한다. 또한 신용카드로 기부금을 낼 수 있어 돈을 내야 하는 불편함을 덜어준 것도 요인으로 작용했다. 그리고 마지막으로 내 신용카드를 사용한 만큼 원할 때 기부를 자유롭게 취소할 수 있는 권한도 있었다(7장 참고). 당연히 취지가 좋은 점도 작용했다. 좋은 일이라고 믿지 않았다면 이러한 요인들도 별 소용없었을 것이다.

사례 연구

일관성과 자동차 보험

계속 관심을 보이지 않는 타깃을 어떻게 당신의 제품으로 바꾸라고 설득할 수 있을까? 한 손해보험사가 내가 일하던 에이전시에 이 흥미로운 과제를 들고 찾아왔다. 그들은 자동차 보험을 특정 단체의 회원(동문회, 전문가 협회 등)에게 특별 할인 혜택을 제공하는 방식으로 마케팅했다.

이 회사는 다른 단체에서는 상당한 성과를 거뒀지만, 한 단체와는 아무리 노력해도 결과를 얻기 힘들었다. 바로 레즈비언과 게이, 양성애자, 트랜스젠더(LGBT)의 권리를 지지하는 단체였다.

보험사가 어떤 메시지를 전해도 이 단체에서 상품에 가입하는 회원은 많지 않았다. 그 결과, 회사는 이 단체를 프로그램에서 제외하려 했고 당연히 그들은 저항했다. 보험사는 상황을 반전시킬 답이 있을 거라 기대하며 우리 에이전시를 찾아왔다. 우리는 기꺼이 응했다.

과제를 깊이 파고들면서 우리는 여러 방법을 탐색하고 제외했다. 먼저 사람들은 같은 아이템을 다른 사람보다 비싸게 주고 사기 싫어하는 만큼(2장 참고) 비용 절약을 강조하는 법을 생각해봤다. 단체 할인을 받으면 그만큼 돈을 적게 낼 수 있다. 하지만 클라이언트는 할인액이 그리 크지 않으며, 더 저렴한 자동차 보험을 판매하는 회사가 많다고 주의를 주었다.

단념하지 않고 우리는 뛰어난 고객 서비스와 단체 할인을 함께 묶어 강조하는 방법을 떠올렸다. 이 보험사는 고객 만족도 점수가 매우 높았던 만큼 할인 가격과 고객 만족을 결합하면 설득력 있는 제안이 될 것으로 생각했다.

하지만 문제는 운전자가 사고를 당해 기존 보험사에 보험금을 청구하지 않는 한 그 회사의 서비스가 부족한지, 우리 클라이언트의 제안이 더 나은지 알 수 없다는 것이었다. 어쨌든 그들도 지금 보험사에 가입할 때 서비스가 좋다고 들었을 것이고, 그에 반하는 경험이 없다면 현재 상태를 유지할 가능성이 높다(11장 참고).

그다음 살펴본 논리적 영역은 단체와의 관계였다. 이 할인은 특정 단체의 회원에게만 제공됐지만(3장 참조), 할인 금액이 크지 않은 점을 생각할 때 그리 특별한 요소가 아님을 이미 알고 있었다. 하지만 우리는 특정 단체와 함께하고 이를 지지하는 데 분명 의미가 있다고 생각했다. 안타깝게도 들은 바에 따르면 다른 보험사들은 그동안 LGBT 커뮤니티에 더 적극적으로 광고했고, 그 결과 많은 가입자를 얻었다.

우리 클라이언트가 이 단체를 대상으로 판매하는 데 왜 그토록 어려움을 겪었는지 알 수 있었다.

마침내 우리는 일관성에 기초한 상당히 강력한 접근법을 생각해냈다. 타깃에게 전달하는 메시지는 이렇게 시작했다. "이 편지를 받은 대부분의 사람과 마찬가지로 당신은 성소수자의 권리를 지지하는 기업과 함께하는 것이 중요하다고 믿을 것입니다." 일관성을 유도하는 장치를 마련한 것이다. 이들은 성소수자의 권리를 지지하는 특정 단체에 속해 있기 때문에 그 메시지를 받았다(개인정보 보호를 위해 클라이언트는 마케팅에 단체명을 구체적으로 언급하지 않았다).

그런 다음 어떤 회사들은 단순히 마케팅에 유리하다는 이유로 LGBT 커뮤니티를 타깃으로 삼기도 한다고 말했다. 클라이언트의 경쟁자들을 물리치기 위한 장치였다. 우리는 다른 회사의 보험에 가입하는 것이 실제로 타깃의 가치와 의도, 행동과 일치하지 않을 수 있다는 생각을 심고 싶었다.

그리고 그들과 가치가 일치함을 보여주기 위해 우리 클라이언트가 LGBT 인권 보호 활동을 지원해온 기록과 관련 커뮤니티에서 받은 인정들을 제시했다. 자동차 보험의 장점에 관해서는 그 후에 자세히 설명했다.

이 접근법은 효과가 있었다. 마침내 성공적인 메시지를 찾은 것이다. 성과는 이전에 비해 56퍼센트나 높았다. 우리 클라이언트는 할인 프로그램에 이 단체를 계속 포함했을 뿐 아니라, 그들을 대상으로 하는 캠페인 예산도 늘렸다. 일관성의 메시지가 연결 다리가 된 셈이다.

일관성의 원칙을 효과적으로 사용한 세 기업

이 자동차 보험 클라이언트는 일관성의 원칙을 적용해 보험사 선택에 있어 타깃의 가치관과 일치하는 방향성을 강조했다. 우리는 이 회사의 보험을 선택하는 것이 타깃의 가치와 신념에 부합하는 행동이라고 포지셔닝했다.

마케터는 다른 방식으로도 일관성 편향을 유도할 수 있다. 다음의 세 클라이언트는 구매 과정의 각기 다른 단계에서 일관성의 원칙을 성공적으로 적용해 고객의 행동을 이끌었다.

의사들을 위한 상해보험

의료 전문가에게 상해보험을 직접 판매하는 한 회사는 아무리 시도해도 상품에 절대 가입하지 않는 그룹이 있음을 발견했다. 우리는 이 그룹을 시장성이 없다고 단념하기보다 일반적인 구매 요청을 더 작은 요청으로 바꿔 커뮤니케이션에 일관성의 원칙을 적용해 보기로 했다.

이 의사들에게 전문 분야의 보험 의사결정에 관한 짧은 설문지를 보내며, 그들이 동료들을 대표하는 그룹으로 선정됐다고 한 것이다. 설문조사의 질문은 이들이 상해보험의 중요성을 인식하도록 구성했다.

예를 들어 한 질문은 목이나 허리 통증(그들의 전문 분야에서 흔히 발생하는) 때문에 일시적으로나 영구적으로 진료를 중단한 의사를 아는지 물었다. 또 다른 질문은 만약 상해로 일을 할 수 없게 됐을 때, 재정적 어려움 없이 얼마나 오래 병원을 유지할 수 있는지 물었다.

의사들의 약 10퍼센트가 설문에 답했는데 이들이 우리 클라이언트에 응답한 것은 그때가 처음이었다. 설문에 응답한 후 의사들은 보험 가입 권유를 계속해서 받았다. 우리는 그들이 상해보험 가입의 타당성을 보여주는 설문조사에 답했다면, 가입을 거절하는 것이 일관성에 어긋날 거라고 판단했다.

그해 말 우리 클라이언트는 연간 판매 목표를 25퍼센트나 초과 달성했는데, 이는 과거에는 한 번도 응답하지 않았던 이 의료진들의 가입 덕분이었다.

지역은행의 입출금 계좌

한 소규모 지역은행 클라이언트는 기존 고객 중 특정 고객층과의 거래를 더 늘리고 싶어 했다. 그러나 더 많은 지점과 막대한 광고 예산을 가진 대형 은행들과의 경쟁은 점점 치열해졌다.

이 클라이언트는 타깃 고객층이 대출이나 정기예금 같은 업무는 가깝고 편리한 지역은행을 선호하지만, 다른 재정적인 상황에서는 자기 은행을 고려하지 않을 거라고 예상했다. 클라이언트의 목표는 이들이 입출금 계좌를 개설해 은행과의 거래를 넓히는 것이었다.

우리는 일관성의 원칙을 유발하는 메시지를 도입부에 담아 이 고객들에게 보냈다. 이 메시지는 그들이 이미 이 은행의 고객임을 상기시켰다. 사람들이 정신적 에너지를 절약하는 지름길을 선택해 고심 없이 자연스럽게 결정하도록 고안한 것이다. 그런 다음 우리는 입출금 계좌를 개설해 은행과의 거래를 넓힐 때 매력적인 세 가지 장점을 설명했다. 캠페인은 이 지역은행의 역사상 가장 큰 성공을 거뒀다.

온라인 뉴스 서비스 구독

한 콘텐츠 발행 클라이언트는 전자뉴스 서비스의 무료 체험 가입자를 유료 가입자로 전환하는 데 어려움을 겪고 있었다. 우선 사람들이 온라인으로 뉴스 비용을 내는 데 익숙하지 않다는 점이 문제였다. 또한 굳이 구독하지 않아도 최신 정보를 제공하는 다른 무료 정보처를 찾을 수 있다는 것도 장애물이었다.

우리는 클라이언트와 함께 일관성을 자극하는 제안과 메시지를 담은 이메일 캠페인을 만들었다. 이메일의 제목은 이랬다. "고객님이 무료 체험에 동의하셨던 만큼 특별히 25퍼센트 할인 혜택을 드립니다." 또 한 번 고객의 '동의'를 받겠다는 의도였다. 무료 체험에 동의했던 만큼 할인된 구독에 다시 동의해주길 바랐다. 그 후에 정가 판매를 추진할 수 있도록 말이다. 또한 독자들이 좋아하는 기고자와 스포츠 기자의 글을 읽고, 수상에 빛나는 신뢰도 높은 기사를 계속 구독하라고 권장했다.

점진적으로 요청을 늘리는 이 접근법으로 응답률은 두 자릿수를 기록했다. 캠페인은 무료 체험 가입자 중 상당히 많은 사람을 다음 단계로 이끌어 결국 유료 가입자가 되게 설득했다.

매번 바로 구매를 요청하지 말자. 때로는 최종 요청을 하기 전에 작은 승낙이나 '일련의 동의'를 확보하는 것이 좋다.

마케터들이 일관성 편향을 이끄는 다양한 방법

일관성을 이끌기 위해 마케터들은 매우 간단한 방법이나 좀 더 정교한 방법을 사용할 수 있다. 한 번의 커뮤니케이션을 시도할 수도 있고, 여러 차례에 걸쳐 진행할 수도 있다. 목표도 즉각적인 동의, 여러 번의 승낙, 혹은 추후 성과를 거둘 약속 등 다양할 것이다.

기업의 사회적 책임을 중시하는 온라인 소매업체 탐스 웹사이트에는 "나는 환원하는 회사를 사랑한다"고 적힌 팝업 박스와 두 개의 버튼이 보인다. 한쪽에는 "동의한다", 다른 쪽에는 "동의하지 않는다"라고 적혀 있다. "동의한다"를 클릭하면, 그들의 사명을 요약한 문장과 고객이 되어달라고 요청하는 화면이 뜬다. 그러면 방금 환원하는 기업을 지지한다고 표명한 만큼, 사이트를 나가 다른 곳에서 쇼핑하는 게 일관성이 없다고 느껴질 것이다.

명절이 되면 나는 클라이언트에 선물을 보내기 위해 프리미엄 선물 업체인 해리앤데이비드Harry&David를 이용한다. 매년 이 회사는 내가 전년도에 누구에게 어떤 선물을 보냈는지 목록을 보내줘 훨씬 수고를 덜어준다. 그러면 그해에 다시 해리앤데이비드를 사용할 확률도 높아진다. 그리고 나는 여전히 같은 사람들에게 (몇몇은 예전만큼 우선순위가 아닐지라도) 선물을 보낼 것이다.

어느 가을날, 미국의 철도 회사인 암트랙Amtrak이 이메일을 보내 곧 두 배 적립 프로모션을 진행할 예정이라고 알렸다. 그리고 프로모션 기간에 기차 이용 시 두 배 적립을 받도록 사전 등록을 하라고 요청했다. 이것이 암트랙의 첫 번째 작은 요청이었다. 표를 실제로 구매하거나 여행을 계획할 필요도 없었다. 나중에 추가 포인트를 받을 자격이 있다고 말만 하면 됐다.

두 배 적립 프로모션이 시작되자, 그들은 또다시 이메일을 보내 이미 등록을 마쳤으니 여행을 떠나면 된다고 알렸다. 이것을 당연한 순서로 포지셔닝한 것이다. 사전 등록으로 인해 내가 여행을 떠날 확률도 높아졌다.

어느 더운 여름밤, 보스턴 교외에서 나는 친구 킴 보먼과 저녁 식사를 하고 있었다. 킴은 혁신적인 민관협력 단체인 보스턴 여성노동위원회Boston Women's Workforce Council의 상임이사다. 이 단체는 중대하면서도 단기간에 해결될 수 없는 문제들인 도시의 성별·인종별 임금 격차를 없애기 위해 애쓰고 있다.

이야기를 나누며 킴은 보스턴과 인근 지역의 고용주들에게 서명을 받는 '100퍼센트 인재 협약' 프로그램에 대해 언급했다. 그녀는 C레벨 임원들이 협약에 서명하면 성별과 임금 평등을 향한 회사의 장기적인 헌신이 더욱 강해진다고 설명했다. 그러면서 "우리는 가능한 그 약속을 문서로 받아 기록으로 남긴다"라고 덧붙였다. 고용주는 협약에 서명하면 협약 인증마크를 사용할 수 있는데, 이는 그들의 약속을 알리고 강화할 뿐 아니라 사회적 증거의 지표로도 쓰인다(5장 참조).

증표는 일관된 행동을 이끈다

고용주들은 보스턴 여성노동위원회와의 협약에 서명한 후 인증마크를 사용할 수 있다.
이는 평등을 위한 그들의 약속을 알리고 이를 더욱 공고히 해준다.

인지부조화의 힘

사람들은 자신의 말과 행동이 일치하기를 원한다. 특히 공개적으로 한 말은 더욱 그렇다. 이 두 가지가 일치하지 않으면 인지부조화를 경험할 수 있다. 그러면 마음이 불편해진다. 마음뿐 아니라 몸도 괴롭다. 그 결과, 사람들은 자신이 한 말과 일치하도록 행동을 바꾸는 경우가 많다.

로버트 치알디니는 이렇게 표현했다. "약속을 직접 종이에 쓰면 특별한 일이 일어난다. 사람들은 자신이 쓴 약속을 지키려 노력한다."

마케터들은 이렇게 인지부조화를 싫어하는 인간의 성향을 이용할 수 있다. 예를 들어 한 와인 단체는 트위터 경연대회를 열어 사람들에게 가장 좋아하는 와인과 음식의 조합을 트위터에 올리라고 요청했다. 부상으로는 기념품 가방을 준다고 했다. 이에 누군가가 자신은 브루스케타를 먹을 때마다 특정 회사의 레드와인을 곁들인다고 올렸다고 상상해보자. 그 사람은 기념품 가방을 받을 수도, 못 받을 수도 있다. 하지만 앞으로는 브루스케타를 주문할 때마다 그 레드와인을 마셔야겠다고 생각하는 자신을 발견할 것이다. 자신이 그렇다고 말했기 때문이다.

이와 유사하게, 한 소프트웨어 회사는 비즈니스 종사자들을 대상으로 자사 제품의 리뷰 콘테스트를 진행했다. 우승자는 그들의 사무실에 사용할 소프트웨어 세트를 받을 수 있었다. 어떤 사람이 뽑히길 기대하며, 동료에게 언제나 이 회사의 소프트웨어를 추천한다고 썼다고 해보자. 콘테스트에서 우승하든 못 하든, 이제 그는 공식적으로 이 회사를 추천한다고 선언했다. 다음번에 동료가 물어오면 그가 어떤 소프트웨어를 추천할 것 같은가?

자이가르닉 효과: 완성 욕구 이용하기

행동과학자들은 사람들이 완결된 과제보다 미완성 과제를 더 잘 기억한다는 사실을 발견했다. 사람들은 그 미완성 과제가 완료될 때까지 초조해한다. 이 원리를 우리는 자이가르닉 효과라고 부른다. 종업원들이 음식을 내갈 때까지 고객들의 주문을 기억한다는 사실을 처음 발견한 심리학자 블루마 자이가르닉Bluma Zeigarnik의 이름을 딴 것이다. 하지만 일단 음식이 나가면, 그들은 누가 무엇을 주문했는지 잊어버렸다.

자이가르닉 효과는 극적인 장면으로 끝난 TV 시리즈가 휴지기를 가질 때도 적용된다. 사람들은 상황이 어떻게 될지 계속 궁금해한다(6장 참조). 자이가르닉 효과는 오브시안키나 효과Ovsiankina Effect와 함께 작용할 수 있다. 이는 시작한 일을 미완성으로 남기지 않고 끝마치려는 욕구를 뜻한다. 실제로 USC와 와튼의 연구자들은 10개 중 2개가 미리 찍힌 적립 쿠폰이 빈칸이 8개인 적립 쿠폰보다 전부 채울 가능성이 높음을 발견했다. 필요한 구매 횟수는 동일한데도 말이다(Nunes and Dreze, 2006).

고객 적립 쿠폰 외에도 마케터들은 다른 방식으로 자이가르닉 효과를 유발할 수 있다. 한 번은 비스타프린트Vistaprint 웹사이트에서 명함을 디자인한 적이 있다. 하지만 구매하지는 않았다. 며칠 후, 그들은 내게 디자인한 명함 사진과 함께 구매를 완료하라고 상기시키는 이메일을 보냈다.

앨런 로젠스팬Alan Rosenspan은 자신의 저서 《통제 괴물의 고백Confessions of a Control Freak》에서 수상에 빛나는 CIT 그룹의 B2B 다이렉트 메일 캠페인을 소개한다. 금융 서비스 기업인 CIT 그룹은 두 번의 우편으로 윌리 메이스Willie Mays가 사인한 야구공과 미키 맨틀Mickey Mantle이 사인한 야구공, 그리고 3개의 야구공이 담길 공간과 각 이름이 표시된 진열대를 보냈다.

행크 에런Hank Aaron이 사인한 세 번째 야구공을 얻기 위해 수신자들은 CIT 그룹과의 미팅 일정을 잡아야 했다. 수신자 명단을 잘 선정했다면, 이는 완성하고 싶은 욕구를 자극해 영업 상담을 이끈 매우 효과적인 방법이라고 볼 수 있다.

자이가르닉 효과와 오브시안키나 효과를 이끄는 강력한 방법

- 구매를 요청하기 전에 먼저 투표나 설문조사에 참여하게 하자.
- 팔로우와 좋아요, 리트윗, 시청을 요청하는 것은 승낙을 이끄는 쉬운 방법들이다.
- 첫 단계에서는 백서나 안내서 다운로드, 짧은 동영상 시청, 이메일 뉴스레터 가입처럼 가벼운 활동을 요청하자.
- 제품 출시나 이벤트 등록에 앞서 잠재 고객들이 사전 등록으로 관심을 표시하도록 유도하라.
- 무료 체험 멤버십과 입문용 키트, 무료 기본형 서비스를 제공해보자. 이는 소유효과를 자극할 뿐 아니라(2장 참고), 일관성의 원칙을 촉발하여 다음 요청을 위한 토대를 마련한다.
- 사람들이 구매하기 전에 '시승'하거나 체험할 기회를 주자.
- 만족 보장이나 반품 정책으로 구매를 이끌자.
- 고객이 이전에 현명하게 당신의 제품을 구매했거나, 당신의 요청을 '승낙'한 적이 있음을 알려주자. 일단 개입하면 이를 유지할 가능성은 높아진다.

- 잠재 고객의 가치와 당신의 가치가 어떻게 조화를 이루는지, 당신의 제품이 그들이 중요하게 생각하는 가치를 어떻게 지원하는지 강조하자.
- 청원서에 서명을 받아 타깃이 관심과 지지를 공개적으로 선언하도록 하자.
- 장바구니에 들어 있는 상품을 알리는 이메일을 보내고, 구매를 완료하라는 메시지를 보내라. 혹은 잠재 고객이 본 제품이 현재 할인 중이거나 재고가 얼마 남지 않았다는 사실과 새 기능과 컬러, 사이즈가 추가됐음을 알리자.
- 최근에 고객이 구매한 제품에 잘 맞는 추가 상품과 제공한 서비스의 업그레이드 옵션을 마케팅하라.
- 당신의 웹사이트를 둘러봤지만 구매하지 않고 떠난 잠재 고객을 다시 유도하자.
- "체험하기 vs. 가입하기, 시작하기 vs. 구매하기, 다음 단계로 넘어가기 vs. 등록하기"처럼 (사람들을 겁먹게 하는) 단호하고 결정적인 표현 대신 부드러운 언어를 사용하자.

결론

사람들은 놀라울 정도로 일관적이다. 일단 결정을 내리면 다시 검토하려 들지 않는다. 마케터들은 우선 가벼운 요청에 타깃이 '승낙'하도록 이끌어 판매를 유도한다. 그러면 그다음에 큰 요청에도 깊이 생각하지 않고 다시 승낙할 가능성이 높기 때문이다.

게다가 사람들은 무언가를 시작하면 그것을 완수하고 싶은 강한 충동을 느낀다. 다음 장에서 살펴보겠지만, 미완성으로 남겨두지 않으려는 욕구는 미지의 상태를 벗어나려는 욕구와 유사하다. 그리고 두 가지 욕구 모두 행동을 이끄는 강력한 원동력이다.

요약

1. 고객은 일단 어떤 결정을 내리거나 태도를 보이면 일관성을 유지하고 싶어 한다.
2. 일관된 결정을 내리면 정신적 에너지를 아끼고, 변덕스러운 사람으로 보이지 않을 수 있다.
3. 고객의 작은 약속은 더 큰 약속을 위한 토대다.
4. 구체적인 실행 계획을 세우도록 이끌면 그 사람은 그 일을 완수할 가능성이 높아진다.
5. 모금을 요청하기 전에 먼저 상대가 기분이 좋다고 말하도록 유도하자.
6. 회사의 가치와 고객의 가치가 일치하는 부분을 강조하며 일관성을 자극하자.
7. 부담 없는 가벼운 요청으로 시작하자. 먼저 고객에게 작은 '승낙'을 받은 후 요청의 강도를 높이자.
8. 타깃이 당신에게 '승낙'한 적이 있음을 상기시키는 표현을 사용하라.
9. 설문에 답하거나, 청원서에 서명해달라고 요청하면서 먼저 동의를 끌어내자.
10. 사람들은 공개적으로 선언하면 인지부조화를 피하기 위해 말과 일치하도록 행동을 조정한다. 사람들은 자신의 말과 행동이 일치하길 바란다.
11. 자이가르닉 효과의 힘을 활용하라. 완료하지 않은 구매와 장바구니에 남아 있는 상품, 시작한 일을 끝내기까지 남은 단계를 알려주자.
12. 고객에게 제품이나 서비스 체험 기회를 제공하면 구매할 가능성이 높아진다. 구매한 후에는 추가 상품이나 업그레이드 옵션을 제시하자.

09 정보 격차 이론

#Information gap #Curiosity #Need to know

호기심과 알고 싶은 욕구로 고객을 움직이자

궁금한 것을 알아내려는 인간의 욕구는 매우 강력한 원동력이 될 수 있다. 행동과학자들에 따르면 사람들은 자신이 이미 아는 것과 여전히 궁금한 것 사이에 격차가 있을 때, 그 간격을 메우기 위해 행동을 취한다. 마케터들은 답을 찾고자 하는 타깃의 욕구를 강력한 도구로 사용해 행동을 이끌 수 있다.

당신이 말을 끝내기도 전에 사람들의 동의를 이끌 한 단어는 무엇일까? 제품을 "구매할 생각이 없다"라고 주장한 사람들을 구매해야 한다고 설득할 방법은? 혜택이 있더라도 추후 발생하는 제품을 지금 바로 구매하도록 유도하려면 어떻게 해야 할까?

이러한 질문에 관한 답을 알고 싶다면 당신은 호기심 많은 마케터다. 호기심은 이 업계에서 일할 때 매우 유익한 자질이다. "호기심이 고양이를 죽였다Curiosity killed the cat"라는 오래된 속담은 잠시 잊어도 좋다. 어차피 이 시점에서는 별로 신경 쓰지 않겠지만 말이다.

그런데 당신은 고양이 속담의 뒷이야기가 있는 걸 아는가? 누군가 그다음에 이어지는 문장을 말하는 걸 들어본 적이 있는가? 고양이 속담의 뒤에는 의미를 완전히 바꿀 수 있는 문장이 등장한다.

들어본 적이 없다면 곧 다음 문장을 알려주겠다. 그뿐만 아니라, 앞의 세 가지 질문에 대한 답도 알게 될 것이다.

이 두 문장으로 책을 더 읽고 싶어졌는가? 궁금증을 풀기 위해 앞으로 나올 단어들에 집중하면서 책을 읽어갈 동기가 더 강해졌는가?

만약 그렇다면 당신은 바로 정보 격차 이론의 힘을 경험한 것이다. 그리고 그 힘이 꽤 강력하다는 걸 느꼈을 것이다. 신경경제학자 조지 로웬스타인George Loewenstein이 주창한 정보 격차 이론Information gap theory은 사람들이 이미 알고 있는 것과 여전히 알고 싶어 하는 것에 격차가 있을 때, 그 간격을 줄이기 위해 행동한다는 것을 말한다.

간격을 줄이기 위해 행동한다는 마지막 문장이 중요하다. 왜? 마케터는 사람들이 행동하길 바라기 때문이다. 마케터는 사람들이 열고, 클릭하고, 사고, 또 사길 바란다. 그런 행동에 동기를 부여하는 무엇이든 당신에게는 강력한 도구가 된다.

정보 격차 이론이 바로 그런 도구 중 하나다. 나는 이 장을 시작하면서 의도적으로 흥미를 돋울 질문들을 배치했다. 그리고 유명하지만, 그다음 문장은 잘 알려지지 않은 호기심에 관한 격언을 언급해 좀 더 궁금증을 부추겼다. 내 의도는 당신이 궁금해할 몇 가지 주제를 거론하고 현재 지식의 격차를 강조해 모르는 답을 찾기 위해 계속 책을 읽도록 유도하는 것이다.

카피라이팅 교육 및 컨설팅 회사인 카피해커Copyhackers의 설립자 조애나 위비Joanna Wiebe는 "호기심 격차를 이용해 방문자들의 클릭을 유도해야 할까?"라는 자신의 블로그 글에서 이러한 접근 방식을 설명한다. "카피라이터나 마케터로서 당신의 임무는 방문자들이 계속 관심을 가지도록 (너무 많은 불편함을 일으키지 않으면서) 정보 격차를 메우는 일을 최대한 늦추는 것이다…. 사실상 애태우게 만드는 것이다(Weibe, 2014)."

자, 이제 궁금증을 해결할 답을 계속 기다린 당신의 인내심에 보상할 차례다. 호기심은 고양이를 죽였지만 "만족스러운 답이 고양이를 되살렸다Satisfaction brought it back."

또한 당신의 말이 다 끝나기도 전에 동의를 이끌 한 단어를 알고 싶다면, 13장을 참고하자. 당신의 제품을 살 생각이 없다고 말하는 이들에게 사실은 구매해야 한다고 설득하려면, 15장을 보자. 그리고 혜택이 즉시 나타나지 않더라도 제품을 구매하게 만들려면 17장을 확인하자.

하지만 여유를 가지자. 먼저 정보 격차 이론을 이용해 판매를 높이는 효과적이고 과학적으로 입증된 방법들을 알아볼 것이기 때문이다.

> **궁금증이 해소되면 기분이 좋아진다. 이는 실제로 뇌의 보상 중추를 활성화한다.**

정보 격차는 행동하게 하는 원동력이 된다

로웬스타인(1994)은 "호기심은 강력한 동기를 부여한다"라고 말했다. 사람들은 궁금한 것이 생기면 알아내고 싶어 안달한다. 타깃은 당신의 정보에 호기심을 느낄 때 알고 싶은 강렬한 욕구를 느낀다. 그런 욕구가 바로 당신이 바라는 곳, 즉 계산대 앞에 서게 이끄는 것이다.

로웬스타일은 이렇게 설명한다. "호기심이 지식을 향한 배고픔과 같다면, '약간의 정보'를 접하는 것은 그러한 배고픔을 더 증폭시킨다. 반면 많은 정보를 접해 호기심이 줄어드는 것은 포만감을 느껴 더는 먹고 싶어 하지 않는 것과 같다. 정보 격차 이론에서 호기심의 대상은 본능적으로 끌리는 보상 자극이다. 즉, 만족감을 줄 것으로 기대되는 미지의 정보다. 쥐가 먹이라는 보상을 위해 노력하는 것처럼 인간은 (그리고 고양이나 원숭이 같은 다른 종도) 자신이 궁금한 정보를 찾기 위해 애쓸 것이다."

다시 말해, 사람들은 호기심을 채우기 위해 노력한다. 궁금할수록 더 적극적으로 행동할 것이다. 그리고 정보를 얻으면 만족감을 느낀다.

로웬스타인이 참여하고 강민정이 이끈 2008년의 한 실험을 살펴보자. 연구자들은 fMRI 기계 안에 있는 피험자들에게 상식 퀴즈를 보여주었다(Kang et al., 2008). 피험자들은 조용히 대답을 생각해 보고, 자기 답에 대한 확신과 정답을 알고 싶은 호기심의 정도를 나타내도록 요청받았다. 연구자들은 불확실성(어떤 주제에 대해 약간은 알지만, 자세히는 알지 못할 때)이 호기심을 유발하며, 호기심을 느낄 때 뇌의 보상 영역이 활성화되는 것을 발견했다.

2021년에 《영국 심리학회 리서치 다이제스트The British Psychological Society Research Digest》에 실린 유아들을 대상으로 한 연구에서도 비슷한 결과가 나왔다. "아이들은 알고 싶은 정보에 공백이 있을 때 그 주제에 대해 더 많이 배우려는 동기를 얻는다. 이는 아이들의 학습에 최적의 지점이 있음을 의미한다. 주제에 흥미를 느낄 만큼 어느 정도는 알지만, 따분할 만큼 많이 알지는 못하는 지점이다(Reynolds, 2021)."

분명 모르는 것을 알아내려는 욕구는 인간의 본능이다. 마케터는 이러한 욕구를 이용해 고객의 호기심을 적절히 자극할 수 있다. 고객들이 어느 정도 알고 흥미를 느끼지만, 아직 깊게는 모르는 주제를 부각해야 한다.

타깃이 대답을 확신할 수 없는 질문을 던지거나 흥미로운 주제에 대한 현재 지식을 보완하는 정보를 제공한다면, 당신은 그들을 자극할 수 있다. 그냥 행동하는 정도가 아니라 신속하게 움직이도록 말이다. 완성하고 싶은 욕구(6장 참조)와 유사하게 정보 격차 이론은 타깃의 즉각적인 반응을 이끈다. 사람들은 일단 자신의 정보 격차를 인식하면 그 간격을 빠르게 메우고 싶어 한다.

이와 관련해 흥미로운 이야기를 살펴보자. 연구자들은 짧은 꼬리 원숭이와 물 보상 실험에서 비슷한 결과를 발견했다. 원숭이들은 정보가 없는 것보다 있는 것을 선호하고, 최대한 빨리 정보를 받길 원하는 강력한 행동 선호도를 보였다(Bromberg-Martin and Hikosaka, 2009). 연구자들은 정보의 유무가 원숭이가 궁극적으로 받는 보상의 크기에는 영향을 주지 않았으며, "원숭이들이 정보를 하나의 보상 그 자체로 여겼다"라고 결론 내렸다. 무언가를 알아내야 한다는 기분은 사람뿐 아니라 영장류도 공유하는 같은 충동인 듯하다. 무언가를 분명히 아는 것은 기분 좋은 일이다.

질문을 던질 때는 신중하게

회사 연말 파티가 끝난 2008년 12월의 어느 날 아침, 나는 미국 금융 위기의 희생양이 됐다. 당시 다니던 에이전시의 비용 절감 방침으로 인해 회사를 떠나야 했던 것이다.

너무 좋아하는 일을 잃은 것에 잠깐 슬퍼한 후, 그날 오후부터 바로 새 일자리를 찾기 시작했다. 그러나 불경기였던 만큼 상황은 좋지 않았다. 그리고 몇 달 후, 마케팅 초년 시절의 동료였던 리앤의 연락을 받고 무척 기뻤다. 그녀는 자신이 일하는 에이전시의 시간제 계약직 크리에이티브 디렉터 자리에 면접볼 생각이 있는지 물었다. 그들 역시 경제 위기의 여파로 크리에이티브 디렉터가 없는 상황이었다.

정규직 일자리를 제안하는 에이전시가 없었기에 나는 면접을 간절히 원했다. 그래서 에이전시의 사장 닐이 전화를 걸어 자리를 제안했을 때, 기쁘고 감사한 마음으로 수락했다.

일을 시작하고 몇 주 후, 그 광고 에이전시의 모기업인 인쇄 회사의 영업 임원이 전화를 걸어왔다. 그는 "나를 정규직으로 만들 방법이 무언인지"를 논의하기 위해 약속을 잡고 싶다고 했다. 모든 일정을 제쳐둘 만큼 내 관심을 사로잡는 핵심 질문이었다. 매우 흥미로운 질문이었지만 내게는 해답이 없었다. 즉 정보 격차 이론의 아주 훌륭한 예시라고 할 수 있다.

영업 임원은 미팅에서 내가 전 회사에서 같이 일했던 클라이언트를 연결해주면 좋겠다는 아이디어를 제시했다. 그가 더 많은 영업 실적을 올리면 회사의 실적도 좋아질 것이고, 그러면 정규직 크리에이티브 디렉터를 고용할 수 있는 금전적 여유가 생길 거라는 근거였다. 어느 정도 일리는 있었지만 내가 기대한 대화와는 거리가 멀었다.

솔직히 말해 그가 이전 고객 명단을 요청하기 위해 만나고 싶다고 했다면, 그렇게 열 일을 제쳐두고 나가진 않았을 것이다. 역시 그는 노련한 영업인이었다. 알고 했든 모르고 했든, 그는 정보 격차 이론의 작용 방식에 대한 높은 이해를 보여주었다. 어느 정도까지는 말이다.

그는 내가 그 계획에 뜨뜻미지근한 반응을 보이고, 처음과는 전혀 다른 기분으로 미팅을 마쳤을 거라는 점은 미처 생각하지 못했을 것이다.

마케터들은 호기심을 사용하는 전략과 그에 따라 정보 격차를 일으키는 방식에 주의를 기울여야 한다. 당신이 약속한 것을 지키자. 그러고 싶은 유혹이 들더라도 오해의 소지를 남겨선 안 된다. 낚시성 광고는 금물이다. 고객과 잠재 고객을 화나게 하거나 실망하게 하는 위험을 감수하지 마라.

오히려 역효과를 내기 때문이다. 그러면 향후 그 대상에게 마케팅할 때 정보 격차 접근법은 무용지물이 될 것이다. 게다가 당신과 타깃 간의 신뢰는 회복이 힘들 정도로 무너질 수 있다.

돈에 관한 질문

모든 사람이 금전적인 결정을 편하게 느끼지는 않는다. 사실 돈은 많은 사람에게 부담스러운 주제이기도 하다. 그래서 내가 일하던 에이전시에 한 클라이언트가 고정지수형 연금 마케팅을 도와달라고 찾아왔을 때, 우리는 전략 수립이 매우 중요하다고 판단했다.

고정지수형 연금은 고객에게 은퇴 대비 정기적인 소득을 제공하는 보험 상품이다. 이 상품의 수익률은 S&P500 종합지수 같은 시장지수와 연동되어 있다. 고객이 연금에 투자한 원금은 손실되지 않지만, 얻을 수 있는 수익에는 제한이 있다. 이 캠페인의 목표는 타깃이 담당자에게 상품을 문의하도록 유도하는 것이었다.

크리에이티브 팀은 이해하기 쉬우면서도 매력적인 응답 요소가 담긴 최적의 메시지를 찾기 위해 몇 가지 아이디어를 살펴봤다. 한 가지 옵션은 "고정지수형 연금으로 은퇴 후 원활한 현금흐름을 만드는 법"을 주제로 메시지를 개발하는 것이다. 적절하고 매력적인 장점이었다. 하지만 고정지수형 연금이라는 용어에 익숙하지 않은 타깃이 자신과 관련 없는 메시지라고 생각할까 봐 우려됐다.

또 다른 접근법은 "검증된 노후 자금 투자법, 놓치고 있진 않나요?"라는 메시지로 다가가는 것이다. 손실 회피(2장 참) 심리를 잘 반영하고, 흥미도 일으키는 메시지다. 그러나 타깃의 금융 지식이 적은 것으로 평가된 만큼, 자신이 이미 여러 경제적 기회를 놓쳤다고 자포자기할까 봐 걱정했다. 또한 '큰 돈을 굴리는 이들'은 아니었기 때문에 그런 기회를 놓친 것에 개의치 않을 수도 있었다.

최종적으로, 우리는 정보 격차 이론이 효과가 있다고 판단했다. 그래서 "당신은 정기예금보다 높은 수익률을 얻으면서 노후 자금을 계속 보존할 수 있나요?"라는 메시지로 캠페인을 만들었다. 우리는 타깃에게 친숙할 은행 상품인 정기예금을 인용했으며 타깃이 바라는 두 목표, 즉 노후 자금을 얻는 것과 보호하는 것을 모두 강조했다. 그리고 타깃의 지식에 중요한 격차가 있음을 보여주었다. 캠페인은 성공적이었다.

⚠ 주의

잠재 고객이 이미 답을 알고 있는 질문을 던지지 말자. 대신, 잠재 고객이 어느 정도 아는 주제(전문가도 문외한도 아닌 수준)에 관해 질문을 던져 관심을 끌자.

정보 격차 이론의 실제 사례

전시 기획자가 호기심을 이용해 관람객을 이끈 방법

당신이 치과의사들을 위한 전시 박람회 부스를 마련했다고 상상해보자. 주변에는 최신 도구와 장비뿐 아니라 치과 시공 서비스를 판매하는 전시 부스들로 가득하다. 반면, 당신은 그들의 관심 주제가 아닌 생명보험과 상해보험을 판매한다. 어떻게 치과의사들을 당신의 부스로 오게 만들 수 있을까?

좋은 선물을 나눠줄 수도 있다. 하지만 그러면 사람들이 모여도 '선물만 받고 떠나는' 결과가 나오기 십상이다. 다른 방법으로 정보 격차 이론을 이용할 수 있다. 바로 우리가 사용한 전략이다.

보험의 혜택에 중점을 두는 대신 우리 크리에이티브 팀은 마케팅에 적용할 흥미로운 정보를 찾았다. 치과의사들의 관심을 불러일으킬 만한 정보였다. 바로 사람들이 5년에서 7년 치의 수입을 대체할 만한 충분한 생명보험을 지녀야 한다는 경험 데이터다.

이 데이터를 바탕으로 "당신의 5에서 7을 찾아라"는 주제가 탄생했는데, "보험에 관해 알아보세요"보다 확실히 더 흥미로운 접근이었다. 메시지는 5년에서 7년 치 수입을 보험으로 보장하는 게 좋지만, 치과의사는 일반 대중보다 더 금액이 높아야 함을 시사했다. 그리고 보험 지수를 의미하는 IQ Insurance Quotient 테스트를 통해 자신의 5년에서 7년 치 수입을 고려한 보험을 확인해보라고 권했다.

전략은 효과적이었다. 치과의사들은 5에서 7이 무엇이고, 왜 자신의 직업은 금액이 더 높은지, 각자의 보험 지수는 얼마인지 알고 싶어 부스를 찾았다. 가장 좋은 점은 치과의사들이 부스를 찾아 5에서 7 보험 지수 테스트로 호기심을 충족했을 때, 영업사원들은 보험을 늘리도록 권유할 수 있는 최상의 기회를 얻었다는 것이다. 또한 박람회가 끝나고 보험사가 연락을 취할 때 고객의 머릿속엔 보험이 더 필요하다는 생각을 가장 먼저 떠올렸을 것이다(15장 참조).

미 해군이 단서 찾기로 고용을 이끈 사례

이제 당신이 암호를 만들고 해독하는 미 해군의 암호 연구 부서에서 일한다고 상상해보자. 당신이 할 일은 고도로 전문화된 이 업무에 적합한 지원자를 찾아 끌어들이는 것이다. 이상적인 지원자는 똑똑하고 결단력 있는 문제 해결사여야 한다. 매우 구체적인 유형의 사람을 원하지만, 적합한 지원자를 찾기란 쉽지 않아 보였다.

광고 에이전시인 캠벨 이월드Campbell Ewald는 이를 훌륭하게 해결했다. 해군 암호학자들은 암호를 만들고 해독하는 일을 한다. 비슷한 사고를 지닌 지원자를 원하는 만큼 정보 격차를 줄이는(즉, 암호학자들이 하는 일) 전략을 모든 캠페인에 사용한 것은 어쩌면 당연해 보였다.

캠벨 이월드는 대왕오징어 프로젝트Project Architeuthis라는 대체현실 게임을 개발하는 방법을 제시했다. 이 게임은 '불가사의한 적이 최고 비밀 무기의 수석 설계자를 납치하는' 내용으로 시작한다(Ewald, nd). 그들은 가상의 인물들로 페이스북 페이지와 트위터 계정을 만들었는데, 주인공 마리아는 적의 함선에 몰래 탑승한 것으로 추정되는 해군 암호학자였다.

함선에 탑승한 마리아는 18일 동안 소셜 미디어를 통해 '암호화된 메시지와 복잡한 퍼즐, 암호 문자, 속기 문자 등'을 보냈다. 타깃들은 혼자 혹은 그룹으로 과제를 해결하고, 게임에서 이기기 위한 단서를 찾아야 했다.

정보 격차 이론을 매우 과감하지만 적절하게 사용한 혁신적인 캠페인이었다. 퍼즐을 해결하고 암호를 푸는 걸 좋아하는 사람들, 다른 사람들보다 미지의 정보를 찾는 데 강한 동기를 느끼는 타깃에게 딱 맞는 방법이었다. 캠페인은 큰 성공을 거두었다. 캠벨 이월드 에이전시는 대왕오징어 프로젝트로 해군의 암호 연구 지원자를 목표치보다 많이 모았다고 전했다. 그리고 캠페인은 뛰어난 전략과 창의성, 성과를 기리는 마케팅 업계의 국제 에코 어워드 쇼Echo awards show에서 다이아몬드 에코상을 수상했다.

새로움이라는 도파민

사람들은 새로운 것에 끌린다. 새로운 레스토랑에 가고, 낯선 장소로 여행을 떠나며, 최신 아이폰을 사기 위해 줄을 선다. 유행이 변하면 새 옷을 사고, 최근 개봉한 영화를 보러 간다. 아이들은 새로운 장난감에 끌리며 어른들도 새로 산 제품을 과시하고 싶어 한다.

새롭고 참신한 것에는 거부할 수 없는 무언가가 있다. 물론 오랫동안 꾸준히 좋아하는 제품과 서비스도 있다. 자신에게 익숙하고 편안하고, 쉬운 것들 말이다. 그러한 것들은 예상할 수 있기 때문에 놀랄 일도, 실망할 일도 없다. 그런데도 새로운 것에는 분명한 매력이 있다.

사람들이 변덕스럽거나 쉽게 산만해지거나, 만족을 몰라서가 아니다. 인간이기 때문이다. 인간은 새롭고 참신한 것을 갈망하도록 태어났다. 새로운 것을 발견하면 뇌의 보상 중추가 활성화된다. 보상 중추는 기분을 좋게 만들어주는 화학물질인 도파민을 분비한다. 그 결과, 사람들은 끊임없이 새로운 것을 찾는다. 새로운 것을 발견했다고 느낄 때 도파민이 다시 분비되기 때문이다. 과학자들은 그것이 호기심을 유발하고 정보를 찾게 이끈다고 말한다.

실제로 《뉴런Neuron》에 발표된 한 조사에서 연구자들은 "새로움은 뇌가 탐색하고 보상을 찾도록 자극한다"라고 주장했다(Dean, 2019). 연구자들은 실험에서 피험자들에게 서로 다른 사진을 보여주고 그들의 뇌 반응을 관찰했다. 대개 얼굴이나 야외 풍경처럼 평범하고 일반적인 사진이었다. 연구자들은 그 사이에 예상치 못한 새로운 사진을 의도적으로 끼워 넣었다.

이렇게 하자 뇌의 보상 중추가 활성화되고 도파민이 분비되는 것을 볼 수 있었다. 연구자들은 뇌의 특정 영역이 "새로움에 반응하며, 사진이 얼마나 참신하냐에 따라 반응의 강도가 달라진다"라고 밝혔다.

신경과학자 러셀 폴드랙Russell Poldrack은 이렇게 말한다. "뇌는 오래된 것을 무시하고 새로운 것에 집중하도록 만들어졌다. 우리가 어떤 것에 관심을 둘지 결정할 때 새로움은 매우 강력한 동기로 작용한다." 그는 덧붙여 "진화론적 관점에서도 이는 매우 타당한 주장이다. 매일 주변의 똑같은 것을 인식하는 데 시간과 에너지를 낭비하고 싶지 않기 때문이다"라고 설명한다(Poldrack, 2011).

우리의 초기 조상들을 생각해보면, 새로움이 그들의 삶에 어떤 역할을 했는지 알 수 있다. 그들은 새로운 음식과 도구, 환경 등 많은 경험을 시도해야 했을 것이다. 이렇게 새로운 정보를 찾고자 하는 욕구는 초기 인류의 생존에 도움을 주었다. 그리고 오늘날 이 욕구는 현재를 살아가는 우리를 움직인다.

그래서 '새로움'이라는 개념이 마케터에게 중요하다. 바로 그 단어가 그 사람의 정보에 격차가 있음을 즉시 알려준다. 무언가 새롭다면 그건 경험해보지 못한 미지의 영역이다. 그리고 그 사실만으로 제품이나 서비스를 매력적으로 만들 수 있다.

사람들은 새로움이란 단어를 보면 들뜨고 즐거운 경험을 기대한다. A.K. 프라딥Pradeep 박사가 저서《바잉 브레인》에서 말했듯 "새로움은 흥미와 놀라움, 매력을 배가하며, 구매 결정에도 영향을 준다(Pradeep, 2010)." 그리고 이것이 카피블로거Copyblogger가 'New'를 영어 광고문에서 가장 설득력 있는 다섯 단어 중 하나로 꼽은 이유다. 로저 둘리가 저서《그들도 모르는 그들의 생각을 읽어라》에서 그것을 '마법의 단어'라고 부른 이유도 인간의 뇌는 새로움의 매력에 끌리도록 타고났기 때문이다.

새로움은 어떻게 판매할까

사람들은 새로운 것에 반응한다. 그것이 꼭 완전히 새로울 필요는 없다. 다음 두 사례에서 보듯 단순히 그 대상에게 새로운 것이거나 기존 제품이나 서비스가 새롭게 변형된 형태일 수도 있다.

기존 제품의 새 버전으로 엄청난 판매를 견인한 사례

첫 번째 사례는 레지던트 의사들에게 새로운 상해보험을 소개하려던 회사다. 수년간 이 업계는 의사와 레지던트들을 같은 방식으로 대하며 동일한 자격 기준으로 동일한 종류의 보험을 소개했다. 의사와 레지던트 모두 상해보험이 필요하지만 그들의 상황은 꽤 다르다. 의사들은 더 높은 급여를 받는 만큼 더 높은 보장 한도의 보험 상품에 가입할 수 있다.

반면 급여가 더 낮은 레지던트는 그러한 보장 혜택을 받을 자격이 되지 않는다. 그 결과, 많은 혜택을 받을 수 없으며 특히 경력 초기에 장애를 입어 진료를 할 수 없게 된다면 자기를 돌볼 만큼 충분한 보장을 받지 못한다.

이 회사는 레지던트들을 위해 현재 수입과 관계없이 월별 보장 혜택을 더 많이 받을 수 있는 신제품을 소개했는데, 기존 상품을 새롭게 변형한 것이었다. 변형된 상품은 타깃이 이전에 제공받은 상품과 다른 점이 있음을 의미했다.

상품의 홍보를 위해 다방면의 채널을 활용하고 고객과의 여러 접점을 늘리는 캠페인이 진행됐다. 캠페인 문구는 "지금까지는", "소개하며", "마침내", "새로운" 같은 단어를 광고 제목이나 이메일 제목, 도입부처럼 많이 읽히는 커뮤니케이션 부분에서 강조했다. 한 이메일에서는 새로운 정보임을 부각하기 위해 회사가 최초로 선보이는 제안임을 알리며 끝맺기도 했다.

레지던트 의사들은 매우 바쁘고 보험이 그들에게 크게 중요한 주제가 아님에도 불구하고, 캠페인 메시지는 타깃에게 성공적으로 전달됐다. 그리고 같은 타깃을 겨냥한 이전 캠페인에 비해 614퍼센트 증가한 판매를 달성해 사람들이 새로움에 끌린다는 사실을 또 한 번 증명했다.

새로운 정보로 관심을 끈 서비스형 소프트웨어 회사

두 번째 사례는 서비스형 소프트웨어 회사다. 이 회사는 소규모 기업들에 마케팅 구독 서비스를 판매했다. 기업들의 온라인 마케팅 개선을 도와 해당 지역에서 검색하는 잠재 고객의 눈에 띄게 해주는 서비스였다.

회사는 이를 위해 모바일과 검색엔진 마케팅에 최적화된 고객의 웹사이트를 구축하고, 다양한 디렉터리에 비즈니스를 등록하고, 온라인 평판 관리와 소셜 미디어 관리까지 담당하며 네 가지 영역의 서비스를 제공했다.

그러나 대부분의 소규모 사업주는 온라인 마케팅 없이 주변 소개만으로 비즈니스를 키울 수 있다고 생각했다. 리드 생성 서비스에 별로 좋은 경험을 하지 못한 소규모 사업자들도 있었다. 이런 서비스는 대개 3~4곳의 경쟁업체와 잠재 고객 정보를 공유하고, 실제 거래 성사 여부와 관계없이 돈을 지불해야 했기 때문이다. 회사가 제공하는 마케팅 구독 서비스가 이와 다르다 해도, 사업주들은 익숙한 리드 생성 서비스와 혼동할 수 있었다. 마지막으로 일부 소규모 사업주들은 온라인 마케팅에 드는 시간과 돈이 그만한 가치가 있다고 여기지 않았다.

회사는 이러한 장애물을 극복하는 캠페인을 내걸어야 했다. 타깃의 관심을 재빨리 사로잡고, 구독 서비스의 구매를 이끄는 강력하고 간결한 주장이 담긴 캠페인 말이다.

그들은 타깃에게 보내는 맞춤형 시장 평가서를 핵심 요소로 잡고 캠페인을 시작했다. 이 자료에는 타깃의 상품에 관한 평균 구글 검색 횟수, 구글 검색 순위, 웹사이트 성과 지수 같은 새로운 정보가 들어 있었다. 또한 타깃의 비즈니스가 지닌 성장 잠재력에 관한 정보도 제공했다. 소규모 사업주들은 이 평가서를 우편물로 받아보거나 실시간으로 정보가 업데이트되는 온라인 링크로 확인할 수 있었다.

당연히 사업자들은 흥미를 느꼈다. 그들이 어디서도 접해보지 못한 정보였기 때문이다. 새로운 정보에 중점을 둔 이 캠페인은 적중했다. 회사는 이전 캠페인보다 40퍼센트 더 많은 잠재 고객을 확보했다. 그뿐 아니라, 맞춤형 링크는 개인별 평균 3.3회의 방문을 기록하며 37퍼센트의 전환율을 거뒀다. 새로운 정보의 매력은 정말 강렬했다.

정보 격차 이론과 새로움을 활용하는 법

- '누가, 무엇을, 언제, 어디서, 어떻게, 왜'로 광고 제목과 이메일 제목, 티저 문구, 요점을 시작한다. 기자들은 독자를 끌어모으기 위해 이 기법을 사용하며, 이는 마케터들에게도 효과가 있다. 로버트 블라이Robert Bly는 《절반의 비용으로 반응률을 두 배로 올리는 방법How to Double Your Response Rates at Half the Cost》에서 이러한 흥미롭고 구체적인 내용이 타깃이 글을 계속 읽고 구매하게 만든다고 말한다.
- 육하원칙을 이용할 때는 타깃에게 매력적이어야 한다는 점을 잊지 말자. 예를 들어 "왜 우리는 훌륭한 서비스를 제공하는가"보다 "당신은 어떤 혜택을 누릴 수 있는가"가 매력적이다.
- "최고, 최악, 가장, 마지막, 최대, 유일" 같은 최상급 표현을 사용해 정보 격차 심리를 유도한다. 디지털 마케팅 플랫폼인 아웃브레인Outbrain의 연구에 따르면 부정적인 최상급 표현이 긍정적인 최상급 표현보다 더 효과가 좋았다.
- 이야기를 시작하되 결론을 늦춰 계속 읽도록 유도하자.
- 제목에 생략 부호를 사용하라(예: 그리고 승자는…). 2021년 5월 월드데이터의 연구에 따르면 이 기법은 B2B 마케터의 이메일 오픈율을 31퍼센트, B2C 마케터의 오픈율을 28퍼센트 높였다(Worldata, 2022).
- 질문을 던지거나 생각에 이의를 제기하며 사람들의 호기심을 자극하자. 반대 의견을 취하는 것도 방법이다.
- 타깃이 앱이나 게임을 통해 자신에 대해 무언가를 발견할 기

회를 제공하자. 그들이 흥미 있을 만한 주제여야 한다.

- 사람들이 좋아하는 주제에 관해 자신의 지식을 측정할 수 있는 퀴즈를 만들자.
- 정보를 제공할 때 숫자 목록을 사용하자(예: 최고의 서비스형 소프트웨어 업체 10곳)
- 광고 헤드라인이나 타이틀, 이메일 제목, 티저 등에 "새로운"이란 단어를 강조하자. "새로운"과 비슷한 다른 단어들도 사용할 수 있다. "소개하며, 발표하며, 지금, 마침내, 곧, 혁신적인, 등장하며, 최신의, 떠오르는, 최초의, 드디어" 같은 단어들 말이다. 동사로는 "배우다"보다 "발견하다"를 사용하는 것이 좋다. "배우다"는 힘들게 느껴지지만 "발견하다"는 흥미롭게 느껴지기 때문이다.
- 새로운 정보로 커뮤니케이션을 시작하라. 새 소식을 먼저 부각하자.
- 쉽게 눈에 띄도록 강조 표시나 부호, 여러 시각적 요소로 새로운 제품과 기능, 확장된 부분을 알리자.
- 새 상품을 강조하기 위해 웹사이트나 마케팅 커뮤니케이션에 별도의 영역을 만들자.
- 기존 제품의 새로운 용도를 찾아 마케팅하라.

결론

호기심은 강력한 원동력이다. 새로운 정보를 발견하면 뇌가 도파민을 분비해 기분이 좋아지기 때문이다. 그 결과, 사람들은 새로운 소식과 정보를 알고 싶어 한다. 마케터는 정보 격차를 부각하면서 고객과 잠재 고객의 관심과 참여를 높일 수 있다. 이들은 알고 싶은 본능적 욕구를 따르며 답을 찾아야 한다는 의무감을 느낄 것이다.

또한 사람들은 외부 권위자의 말에 순응해야 한다는 의무감도 느낀다. 다음 장에서 살펴보겠지만, 이 역시 마케터가 활용할 수 있는 인간의 타고난 행동이다.

요약

1. 정보에 격차가 있으면 사람들은 그 간격을 없애기 위해 행동한다.
2. 사람들은 자신의 호기심을 충족해 만족을 얻고 싶어 한다.
3. 새로운 것을 발견할 때, 우리의 뇌는 기분 좋은 감정을 만드는 도파민을 분비한다. 인간은 정보를 추구하도록 타고났다.
4. 커뮤니케이션에 정보 격차를 사용하는 마케터들은 약속한 바를 지켜야 한다. 오해의 소지를 남기거나 미끼로 활용해선 안 된다. 이는 오히려 역효과를 줄 수 있다.
5. 정보 격차를 강조할 때는 타깃이 어느 정도 알지만, 깊은 지식은 없는 주제로 선택하자.
6. 당신이 제시하는 정보를 상대의 호기심을 자극하는 방식으로 구성하라.
7. 고객들은 새롭고 참신한 것에 끌린다.
8. 새로움은 흥미와 매력을 더하고 구매 결정을 이끈다.
9. 육하원칙과 최상급 표현, 숫자 목록, 질문, 퀴즈, 도전적인 문장, 만족 지연을 통해 정보 격차를 유발하자.
10. "새로운, 발표하는, 마침내, 곧, 최초의, 발견하다" 같은 용어를 사용해 새로움을 표현하라. 신제품과 제품의 새로운 용도를 강조하고, 참신한 것을 부각하라.

10

권위 원칙

#Authority principle #Prompt responses

권력을 이용하라

행동과학자들에 따르면 인간은 권위를 존중하고 그에 반응하도록 길들어졌다. 따라서 권위 원칙을 활용하면 무의식적인 행동을 유도하고 경쟁사의 마케팅 메시지와 차별화할 수 있다.

그들은 다양한 채널을 이용하는 쇼핑객이 단일 채널만 이용하는 쇼핑객보다 더 가치 있다고 설명한다. 또 그들은 후속 이메일의 제목과 광고 우편물의 봉투 티저 문구만 바꿔도 더 많은 반응을 이끌어낼 수 있다고 주장한다. 고객의 과거 행동이 미래의 행동을 예측하는 최고의 지표라고 말한다.

물론 마케터인 우리는 그들을 믿는다. 그런데 대체 '그들'이 누구인가? 그들은 우리가 의지하고 지식이 많다고 믿는 사람들이며, 곧이곧대로 따르는 정보를 제공하는 사람들이다. 그리고 결정을 내릴 때 그들의 축적된 경험은 기준점이 된다. 그들은 우리의 시간과 노력을 절약해주며, 올바른 결정을 하고 있다는 확신을 준다. 마치 그것이 누군가의 시행착오나 몇 달간의 힘든 조사 끝에 나온 결정인 듯 말이다.

마케터들을 이렇게 다른 사람의 노력을 통해 얻는 것을 좋아할 뿐 아니라, 이에 익숙해져 있다. 우리는 '그들'의 말에 의존해 마케팅 결정을 내리고, 전략을 합리화하며, 캠페인을 설득한다. 누군가 이의를 제기하면 이렇게 준비된 대답을 전달한다. "네, 하지만 그들은 이 방법이 효과가 있다고 합니다." "음, 그들이 말하길 그렇게 하면 반응이 저조할 거라고 하네요." 그리고 솔직히 말해, 이러한 방법은 마케터들에게 큰 도움이 됐다. 여러분은 일하는 동안 다른 사람들에게 들은 내용을 바탕으로 수백, 아니 수천 가지의 결정을 내릴 것이다. 제목과 블로그 게시물 작성법처럼 세세한 결정을 비롯해, 좀 더 중요한 결정까지 말이다. 하지만 그 모든 결정의 공통점은 바로 그것이 옳은 방법이라고 들었다는 것이다. 특히 누구에게 들었는지가 결정적으로 작용한다.

왜? 당신이 그들에게 권위를 줬기 때문이다. 정보는 출처가 중요하다. 그 출처에 따라 당신은 정보에 의문을 제기할지, 완전히 무시할지, 바로 받아들일지 결정한다. 당신이 권위자라고 생각한 이들은 그 정보의 최초 발견자일 수도 있고, 단순히 그 정보를 정리해 전달하는 사람일 수도 있다. 하지만 그들은 당신이 신뢰하고 믿는 사람들이다. 그 사람들을 개인적으로 알 수도 있지만 모를 때가 더 많을 것이다. 그저 아는 정도거나 이름을 들어봤을 수도 있다. 그들이 속한 기관을 잘 알거나 직함이나 직업만으로 신뢰하기 충분하다고 판단할 수도 있다. 이것이 권위가 작용하는 방식이다.

특정한 단서들로 우리는 그들을 권위자나 해당 분야의 전문가로 받아들인다. 그래서 그들의 말에 귀를 기울이고, 더 신뢰하며, 그들이 말하는 대로 행동할 가능성이 높아진다. 이는 인간의 타고난 반응이다.

어린 시절부터 우리는 권위를 인정하고 존중하도록 배웠다. 부모님부터 시작해 선생님, 코치, 교통 안전요원, 인명 구조요원, 학교 버스 운전사, 캠프 상담사, 가족 주치의, 그 외에 아이의 삶을 구성하는 수많은 어른까지, 따라야 하는 사람들 틈에서 자랐다. 그 결과, 성인이 될 즈음에는 권위에 적절하게 반응하는 것이 우리 안에 깊이 새겨졌다. 권위자가 제시하는 방향은 우리의 신속한 의사결정을 도우며, 실제로 그럴 때가 많다. 정보나 설명의 출처가 권위 있는 인물일 때 사람들은 논쟁하거나 이의를 제기하려 들지 않는다. 그 내용을 받아들이고 그에 따라 행동하려 한다. 따라서 당신은 마케팅에 이 권위의 원칙을 적용해야 한다. 더 나아가 타깃이 참고하고 싶은 '그들'이 되는 것도 좋은 방법이다.

행동과학자들은 인간이 권위에 반응하는 강력한 욕구가 있음을 밝혔다. 마케터들은 이를 유리하게 활용할 수 있다.

사람들은 권위에 순응한다

많은 과학적 연구는 인간이 권위에 반응함을 보여준다. 과학자들은 사람들이 그렇게 행동하도록 타고났다고 믿는다. 물론 모든 사람이 항상 권위에 반응하는 것은 아니다. 하지만 일반적으로 사람들은 권위자들이 요청하는 대로 따르는 경향이 있다. 실제로 2016년 4월호《경제적 행동 및 조직 저널Journal of Economic Behavior and Organization》에 실린 흥미로운 실험 결과는 마지막 문장에 '요청'이라는 단어를 사용하는 것이 적절함을 보여준다. 권력과 권위를 지닌 사람들은 행동을 끌어내기 위해 반드시 명령하지 않아도 된다.

이 특별한 실험에서 두 사람은 길더스라는 가짜 돈을 가지고 게임을 했다(Karakostas and Zizzo, 2016). 게임을 하는 동안 각 플레이어는 다른 플레이어의 길더스를 파괴할지 말지 결정해야 했다. 연구자들은 권위자(여기선 실험 진행자)가 플레이어에게 유용할 테니 상대방의 돈을 줄이라고 직접적이지만 정중하게 요청하자, 자세한 이유를 설명하지 않아도 파괴율이 두 배 이상 증가함을 발견했다. 그들은 "그 요청을 명령식으로 표현할 때는 파괴율의 증가 폭이 그렇게 크지 않았다"고 강조했다.

또한 상대의 돈을 줄이며 "이 실험의 과학적 목적을 달성하는 데 도움이 된다"라고 정중한 요청에 이유를 덧붙이자, 따르는 사람의 비율은 70퍼센트까지 올라갔다(순응을 이끄는 근거 제시에 관해서는 13장에서 더 다루겠다). 연구자들은 "권위자의 말에 순응하는 것은 행동을 이끄는 강력한 동인"이라고 결론지었다. 즉, 권위 있는 사람이 누군가에게 특정 행동을 하라고 제안하면 이를 따를 때가 매우 많다는 의미다.

물론 이 실험은 가짜 돈을 사용하는 게임이므로 실험 진행자가 요청하는 게임 방식에 순응한 것이 대수롭지 않게 느껴질 수 있다. 하지만 권위를 측정하는 이전의 실험에서도 인간은 본능적으로 권위에 순응하는 성향을 보였다. 그리고 이번에 살펴볼 실험은 게임의 형태가 아니었다. 이 실험에서 사람들은 권위자의 가벼운 요청과 특정한 방식으로 행동하라는 더 강력한 권고에 모두 복종했다. 이 실험의 참가자들은 단순히 상대 참가자의 가짜 돈을 없애는 수준이 아니라 다른 사람에게 고통을 가한다고 생각하도록 유도됐다.

스탠리 밀그램의 충격 실험

이 실험은 1960년대에 예일 대학교의 스탠리 밀그램Stanley Milgram이 이끌었다. 실험 참가자들은 징벌에 의한 학습효과 연구에 참여한다는 명목 아래 모집됐다. 참가자와 연구원은 큰 전기충격 기계가 있는 방에 앉았다. 기계에는 30개의 스위치가 있었는데, 이 스위치는 15볼트에서 시작해 단계적으로 450볼트까지 충격을 가할 수 있었다. 스위치에는 '가벼운 충격'부터 '위험: 극심한 충격'까지 이어지다가 ×××로 표시된 라벨이 부착돼 있었다.

무작위로 교사 역할을 배정받았다고 생각한 참가자들은 손목에 전극을 붙이고 의자에 묶인 옆방의 '학습자'가 들을 수 있게 단어의 조합을 읽도록 지시받았다. 사실 이 학습자들은 실험 참가자가 아니라 연구팀의 일원이었다.

참가자들은 먼저 단어 조합들을 읽은 후, 조합의 첫 번째 단어와 네 개의 다른 단어를 읽었다. 그러면 학습자는 그 네 개의 단어 중 어떤 것이 정답인지 맞혀야 했다. 참가자들은 답이 틀리면 충격을 주고, 틀릴 때마다 전압을 높이라고 지시를 받았다. 학습자는 정해진 타이밍에 일부러 틀린 답을 말하도록 따로 지시받은 상황이었다. 학습자들은 전압이 300볼트 수준에 도달하면 고통으로 비명을 질렀을 뿐만 아니라 벽을 두드렸고, 결국에는 아예 조용해졌다.

짐작했겠지만, 실험 참가자들은 옆방에서 들리는 비명과 벽을 치는 소리를 들은 후 책임 연구원에게 도움을 청했다. 하지만 연구원은 실험에 계속 참여하라고 지시했다. 또한 학습자가 침묵하는 것도 오답으로 여겨 충격을 주라고 했다. 책임 연구원은 참가자들이 계속 실험에 참여하도록 "계속하세요", "실험을 위해선 계속 진행해야 합니다", "당신이 계속 참여하는 것이 절대적으로 중요합니다"라고 말한 다음 마지막으로 "다른 선택의 여지는 없습니다. 계속 참여해야 합니다"라고 덧붙였다.

밀그램의 보고에 따르면, 40명의 참가자 중 26명이 연구 담당자의 지시에 완전히 복종해 450볼트와 ×××라는 표시가 붙은 최대 전압까지 충격을 주었다. 밀그램은 학습자가 벽을 두드린 300볼트에 도달할 때까지 참가자 중 누구도 거부한 사람이 없다는 사실에 주목했다. 15볼트에서 시작된 충격은 이후 15볼트씩 증가해 300볼트에 도달했을 때 참가자들은 이미 20번의 충격을 가한 상태였다.

방에 있는 권위자의 지시를 따르긴 했지만 많은 참가자가 괴로워했다. 밀그램은 참가자들이 "땀을 흘리고, 몸을 떨고, 말을 더듬었으며 입술을 깨물거나 신음하고, 손톱을 꾹 눌렀다"라고 보고했다.

권위의 힘

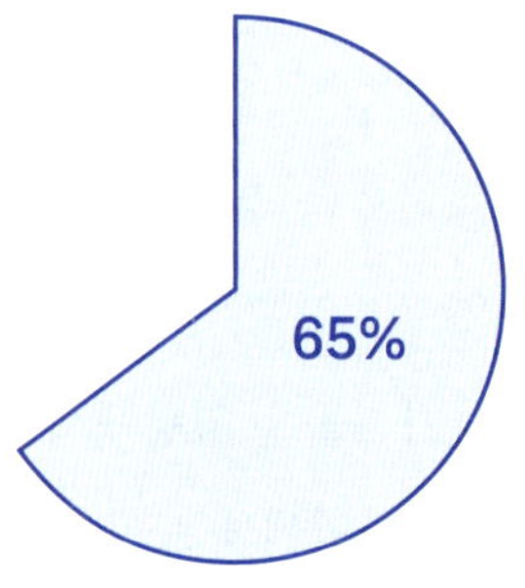

밀그램은 65퍼센트의 실험 참가자가 최대 전압인 450볼트에서 ×××까지 전기충격을 계속 가했다고 말한다.

그는 이러한 반응이 "예외적인 행동이 아니라 참가자들에게 전형적으로 보였다"라고 말했다. 그런데도 밀그램의 관찰대로 "참가자들은 복종했다." 이는 "많은 사람에게 복종이 뿌리 깊게 새겨진 행동 경향일 수 있음을 시사한다(Milgram, 1963)."

밀그램 연구와 유사한 결과의 실험들

그 후에도 여러 연구자가 권위가 가진 강력한 영향력을 조사하기 위해 비슷한 실험을 진행했다. 2009년 3월 미국심리학회American Psychological Association 보고서에 따르면 사회심리학자인 제리 버거Jerry M. Burger 박사는 밀그램의 실험을 변형해 진행했고, 그 실험보다 아주 근소하게 낮은 수준의 순응률을 얻었다고 밝혔다(Mills, 2009). 2018년 7월 《행동과학자Behavioral Scientist》의 기사에 따르면 다리우스 돌린스키Dariusz Dolinski가 이끈 또 다른 유사한 연구는 더 높은 순응률을 얻기도 했다(Greenwood, 2018). 같은 기사에는 2012년 《유럽 응용심리학저널European Review of Applied Psychology》에 실린 프랑스 텔레비전 게임 쇼에 관한 보고서도 언급됐는데, 이들 역시 비슷한 실험을 진행해 똑같이 높은 수준의 순응률을 얻었다.

이 실험에서 특히 주목할 점은 텔레비전 게임 쇼 진행자가 그 상황에서 권위자로 여겨졌다는 것이다. 지위와 호칭은 권위의 강력한 잠재적 지표다. 하지만 다른 지표도 있다. 밀그램은 자신의 "권위에 관한 복종 연구Behavioral Study of Obedience"에서 권위를 나타낸 여러 지표를 언급했다. 우선 예일 대학교와 그 '엄청난 명성'이 지표로 작용했다. 또한 연구원의 '근엄'한 모습과 '회색의 기술자 가운'도 권위를 나타냈다. 세 번째는 연구 자체가 과학적 탐구 발전의 일환이었고, 참가자들이 이를 '가치 있는 목적'으로 여겼을 것이라는 점이다. 이렇게 권위는 다양한 수단으로 전달된다. 당신은 고객의 구매를 끌어내기 위해 고객에게 충격을 가할 생각은 없을 것이다. 하지만 권위의 원칙을 적절하게 사용한다면 사람들의 타고난 순응을 유도할 수 있다.

능력을 전시해 권위 보여주기

보스턴 대학을 졸업한 후 내가 처음 입사한 회사는 멀린 애드버타이징이었다. 나는 홍보 보조 겸 작가로 마케팅 세계에 발을 들였다. 그리고 9개월 후, 일부 클라이언트들이 사업을 축소하자 해고당했다. 그래도 나는 그 9개월을 사랑했다. 그래서 13년 후 멀린애드버타이징으로 돌아가 기쁜 마음으로 다이렉트 마케팅 크리에이티브 서비스를 총괄할 수 있었다. 당시 멀린 애드버타이징은 다이렉트 마케팅 분야에 두 번 진출을 시도하다 철회한 상황이었다. 그들은 본질적으로 종합 광고 에이전시였고, 매우 뛰어난 성과를 거두고 있었다. 하지만 사업적인 이유로 다시 다이렉트 마케팅 서비스를 제공하겠다고 결정했다.

그렇게 나는 이 멋진 회사로 돌아올 수 있어 기뻤다. 단, 이번에는 아웃사이더의 입장이었다. 종합 광고 에이전시 사람들은 브랜드를 구축하고, 재미있는 TV 광고를 제작하고, 재치 있는 문구를 작성하는 데 능하다. 다이렉트 마케팅 업무를 하는 이들은 다른 방식으로 일한다. 다른 세계에서 일한다는 표현이 더 적절하겠다. 나는 지난 12년간 다른 세계에서 일하다 이제 완전히 종합 광고 에이전시의 환경으로 돌아온 셈이었다.

새로운 동료들은 나를 경계하는 듯했다. 이해할 수 있었다. 클라이언트 담당자들은 자기 고객을 보호하려 한다. 그들에게 다이렉트 마케팅 캠페인처럼 새로운 것을 시도하라고 조언하고 싶어 하지 않는다. 좋을 거라는 확신이 없는 한 말이다. 이 뛰어난 회사에서 자리를 차지하기 위해 최고의 기량을 발휘해야 하는 크리에이티브 담당자들은 다이렉트 마케팅 크리에이티브를 어떻게 받아들여야 할지 잘 몰랐다.

한동안 난감했다. 내 일에 대한 지식이 없는 이들에게 내 전문성을 어떻게 설득할 수 있을까? 심지어 우리가 쓰는 용어들도 서로 다른 의미를 지니는 듯한 상황에서 말이다. 캠페인의 반응에 관해 얘기할 때 나는 걸려온 전화와 사용된 쿠폰, 생성된 리드, 이와 유사한 지표들을 생각했다. 반면 그들은 이를 주로 클라이언트나 시장의 반응으로 이해했다.

그러던 어느 날, 나는 우리의 공통 언어를 깨달았다. 이 광고 회사는 업계에서 많은 인정을 받은 만큼 매년 광고 시상식에서 수많은 트로피와 상패를 끌어모았다. 나 역시 이전 회사들에서 일할 때 받은 상패와 액자에 든 인증서를 모아두었다. 그래서 몇 상자를 가져와 내 책상 뒤쪽의 벽에 걸었다. 나를 만나러 내 사무실로 들어오는 사람들은 그 상들에 시선이 갈 수밖에 없었다.

친구들을 농담 삼아 이를 '권력의 벽'이라고 부르기도 했다. 그 상들은 확실히 권위를 전달해주었다. 그리고 지금도 나는 그 방식이 동료들에게 내 능력을 쉽게 보여줬다고 믿는다. 상은 전문성을 투영하며 독립적인 제3자의 인정을 담고 있다. 이 광고회사가 참여한 시상식과 다른 곳에서 받은 상이라도 상관없었다. 상은 능력을 증명한다. 그리고 이는 내 권위의 객관적인 척도가 돼주었다.

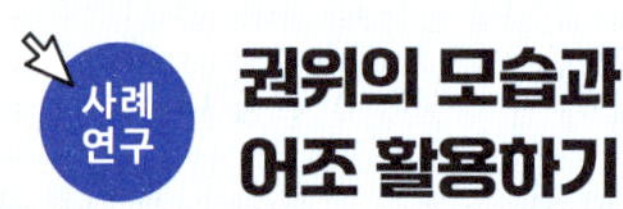

권위의 모습과 어조 활용하기

미디어 이론가인 마셜 매클루언Marshall McLuhan의 유명한 말처럼, 때로는 매체가 곧 메시지다. 내가 일하던 에이전시에 상당히 어려운 B2B 과제를 들고 찾아온 한 클라이언트의 사례가 바로 그랬다. 이 클라이언트는 펀드 운용사였고, 그들의 타깃은 개인 투자자들에게 뮤추얼 펀드를 판매하는 재무 설계사들이었다.

재무 설계사가 선택할 수 있는 뮤추얼 펀드는 수천 개에 달하는 만큼 이 분야의 경쟁은 치열했다. 재무 설계사들은 펀드의 성과뿐 아니라 운용사에 대한 인식, 상품에 대한 자신의 이해, 그리고 그 회사와의 전반적인 신뢰와 편안함을 기준으로 상품을 선택할 때가 많았다.

문제는 재무 설계사들이 보통 모닝스타Morningstar 같은 제3의 업체에서 제품 정보와 조사 결과를 얻는다는 것이었다. 그러면서 우리 클라이언트의 브랜드와는 협력관계를 맺지 않았고, 그들에게 새로운 상품과 서비스를 쉽게 전달할 상황도 주어지지 않았다. 사실 그들에게 접근하는 것이 상당히 어려웠다. 매우 바쁜 전문가들이다 보니, 기존에 관계를 맺고 있던 영업 담당자와 직접 소통하는 것을 선호했다. 하지만 현실적으로 영업 담당자들이 연락할 수 있는 재무 설계사 수는 한정적이었다.

그래서 우리 클라이언트는 웹사이트에 비밀번호가 설정된 재무 설계사 전용 섹션을 만들었다. 그곳에서 재무 설계사들은 원하는 시간에 최신 상품과 성과 정보를 비롯해 여러 도구와 리더십 콘텐츠를 확인할 수 있었다. 그러나 실제로 사용하는 사람은 드물었다. 따라서 우리의 임무는 전용 섹션의 월 등록 건수를 두 배로 늘리는 방법을 찾는 것이었다. 쉽지 않은 과제였다.

우리 팀은 여러 가지 방법을 고민했다. 우선 사이트에 등록하면 재무 설계사들의 실무에 유용하다는 걸 강조하는 방법을 생각해보았다. 펀드 정보와 리더십 콘텐츠에 바로 접근할 수 있는 만큼 전용 섹션에 등록하는 것은 실제로 경쟁력을 제공할 수 있었다. 맞는 말이지만, 재무 설계사들은 이미 여러 곳에서 펀드 정보와 리더십 콘텐츠를 얻기 때문에 이 접근법이 그들의 관행을 바꿀 만한 설득력은 없다고 판단했다.

또 다른 접근법은 손실 회피 강조였다(2장 참조). 이 방법은 비밀번호가 설정된 전용 사이트에서만 볼 수 있는 여섯 가지 유형의 정보를 나열한 다음, 금융 전문가들에게 등록하지 않으면 이러한 정보에 접근할 수 없다고 경고하는 것이다. 하지만 클라이언트가 이전에도 정보의 접근성을 홍보했다가 성공하지 못한 만큼, 손실 회피 전략이 그다지 효과가 없을 거란 생각이 들었다.

희소성 원리의 두 축 중 하나인 독점성을 이용하는 방안을 생각해보기도 했다(3장 참조). 우리는 재무 설계사들에게 사이트에 접근할 특별한 권한을 얻었으니, 간단히 등록만 하면 된다는 초대장을 보내자고 제안했다. 권한에 관한 생각을 고취하고, 이를 무언가 특별한 것으로 포지셔닝하는 것이다. 가능성이 있는 아이디어였다. 그러나 재무 설계사들이 이 초대장을 일종의 영업 행위로 볼 수 있고, 그러면 관계에도 좋지 않다는 의견이 나왔다.

마침내 우리 팀은 권위 원칙을 유도하는 접근법을 생각해냈다. 재무 설계사들은 늘 시간에 쫓기는 만큼 메시지는 간결하게 전달하기로 했다. 사이트가 제공하는 편리한 정보와 알찬 내용을 자세히 다루기보다 단순히 재무 설계사가 취해야 할 행동, 즉 사이트 등록에 초점을 두기로 했다.

그리고 이러한 메시지의 전달 매체로 모서리가 접착된 통지문 형태를 선택했다. 이는 주로 세무 양식과 개인 식별 번호, 급여 명세표, 기타 공식 통지서에 사용되는 우편물 형태였다. 여러 우편물 중에서도 눈에 확 들어오는 권위 있는 패키지였다. 또 전형적인 광고 우편물과는 다르게 무게감 있는 단순한 흑백 색깔을 사용했다. 메시지는 매우 간결하게 핵심만 짚었다. 진지한 어조로 재무 설계사에게 해당 펀드 운용사가 특정 날짜를 기준으로 아직 그들의 등록을 받지 못했다고 알렸다. 그런 다음 재무 설계사를 위한 전용 사이트에서 완전한 권한을 얻으려면 등록이 꼭 필요하다고 고지했다.

전체 메시지는 감사 문구를 포함해 여섯 문장 정도였다. 그러나 공식 문서로 보이는 통지문 형태는 그 진지한 여섯 문장에 강렬한 효과를 더했다. 사이트의 월 등록 건수는 두 배가 아니라 폭발적으로 늘었다. 이전 캠페인에 비해 673퍼센트나 높은 성과였다.

사실 반응이 너무 뜨거워 운영팀이 필요한 후속 과정을 처리할 수 없을 정도였다. 클라이언트는 밀린 속도를 따라잡을 때까지 다음 차수의 우편물 발송을 지연해야 했다. 이것이 권위 원칙의 힘이다. 사람들은 공식 문서처럼 보였기 때문에 주목하고 우편물을 열었다. 진지한 어조와 메시지도 응답을 이끌었다. 자신의 우편함에 도착한 통지문을 보고 재무 설계사들은 그것을 열어 요청 사항에 따라야 한다는 강한 의무감을 느꼈다.

SPP가 권위 원칙을 활용한 방법

메시지를 전달할 때 마케터는 권위 원칙을 활용하는 방법을 전략적으로 생각해야 한다. 같은 메시지라도 누가 전달하느냐에 따라 다르게 인식될 때가 아주 많다. 고객은 메시지를 평가할 때 내용과 맥락을 모두 고려하며, 여기에는 정보의 출처도 포함된다.

자동차 보증 서비스 회사인 SPP Service Payment Plan는 권위 원칙을 영리하게 활용한 회사다. 그들은 자동차 보증 계획을 홍보하는 대규모 이메일 캠페인을 기획해달라고 우리 HBT마케팅을 찾아왔다. 운전자들은 대개 자동차 수리 비용을 충당하기 위해 이 서비스를 구매한다. 특히 자동차 제조사의 보증 기간이 만료되면 더욱 그렇다. SPP는 타깃이 자동차를 구매한 대리점에서 그들에게 이메일을 보내는 아이디어를 생각해냈다. SPP의 사장인 찰리 하이멘Charlie Hymen은 이렇게 말했다. "운전자는 자신의 자동차를 판매한 직원이나 대리점을 그 자동차에 대한 권위자로 여길 것입니다. 따라서 그들의 조언을 따를 가능성이 높죠."

이런 맥락에서 볼 때 대리점의 딜러(고객에게 어떤 차량을 판매했는지 알고, 차량의 서비스를 계속 제공할 수 있는 사람)는 사실 권위 있는 존재다. 우리는 SPP를 위한 이메일 캠페인에서 이러한 권위자 지위를 활용했다. 이메일에는 고객이 비용을 아끼고 실수를 피할 수 있게 돕는 조언과 대리점에서 흔히 접하는 자동차 수리와 그 비용, 자동차 보증 계획에 가입하는 최적의 시기를 비롯해 그 딜러의 권위를 강화해주는 관련 정보들을 담았다.

당신이 자동차 보증 서비스 가입 요청을 받았다고 상상해보자. 그런데 가입하라는 주체가 당신과 아무 접점이 없고 당신의 자동차도 본 적이 없는 생소한 회사다. 이번에는 당신이 아는 대리점에서 이메일을 받았다고 상상해보자. 당신에게 서비스 받으러 오라는 알림을 보내고 할인 계획을 알려주던 그 대리점에서 자동차 보증 서비스에 가입하라고 추천한다. 당신은 누구의 말에 귀를 기울이겠는가? 《설득의 심리학》의 저자인 로버트 치알디니는 이렇게 말했다. "적합한 권위자가 주는 정보는 우리가 행동을 결정할 때 유용한 지름길을 제공한다."

⚠ 주의

맥락 속 권위자를 활용하지 않는 것은 실수다. 권위자는 누구나 아는 이름일 필요가 없다. 그들이 일하는 곳과 지닌 경험만으로도 권위자로 여겨질 수 있다.

다양한 형태의 권위를 보여주는 4가지 사례

- 마케터들이 권위의 원칙을 적용하기 위해 권위자를 떠올리는 것은 자연스러운 일이다. 그리고 좋은 출발점이기도 하다. 마케팅에서 적절한 권위자의 활용은 판매 촉진에 도움을 준다. 의사, 판사, 대학 교수, 산업계의 거물, 전문가 집단, 대형 리서치 회사, 베스트셀러 작가, 노벨상 수상자 등 일반적으로 인정받는 권위자를 생각해보자. SPP의 사례처럼 메시지의 맥락상 영향력을 지닌 권위자도 고려할 수 있다. 또한 전문 분야의 유명인과 그들이 홍보하는 제품이나 서비스가 직접적인 연관이 없더라도, 사람들은 그 유명인을 권위자로 생각할 수 있다(제5장 참고).
- 특정 분야의 전문가는 권위자의 또 다른 형태로 개인이나 단체가 될 수 있다. 예를 들어 와인에 관한 정보를 찾는 사람들은 로버트 파커Robert Parker나 와인 스펙테이터Wine Spectator 100대 목록을 참조한다. 미국의 유명 라이프스타일 잡지인 《굿 하우스키핑Good Housekeeping》의 인증마크와 글로벌 보험 전문 신용평가사인 AM 베스트A.M. Best의 신용 등급 평가, 미국의 대표 소비

자 전문지인 《컨슈머 리포트Consumer Reports》와 유명 미디어 매체가 어떤 역할을 하는지 떠올려보자. 모두 전문성으로 권위자가 된 분야별 전문가의 예라고 볼 수 있다. 당신의 타깃은 이들을 특정 분야에 대해 잘 아는 객관적인 전문가로 여길 것이다. 예를 들어 내 친구 조앤은 해변가에 있는 한 여름용 콘도를 살지 말지 고민 중이었다. 조앤의 부동산 중개인은 그녀가 사지 않으면 자신이 그 콘도를 사겠다고 했고, 조앤은 구매하기로 마음을 굳혔다.

- 경찰, 조종사, 보안요원 등 제복을 입은 사람들은 권위자로 여겨질 때가 많다. 2019년 3월 《오리건 뉴스Oregon News》에 실린 기사에 따르면, 보안요원 복장을 한 두 남자가 웰스파고 은행Wells Fargo Bank의 야간 현금 투입구에 '고장' 표시를 세워두고는 아무 의심 없던 고객에게 수백 달러를 받아 달아났다. 보안요원의 제복만이 아니다. 뉴욕을 방문한 내 친구 샤론과 콜린은 다른 운전자와 주차 분쟁에 휘말렸다. 내 친구들은 근처 차고에서 차를 옮겨야 하는 친구 린을 위해 길가의 좋은 주차 자리를 맡고 있었다. 그런데 그들이 서 있는 동안 다른 운전자가 멈춰 후진하기 시작했다. 친구들이 이미 맡은 자리라고 설명하려 할 때 린이 차를 몰고 와 주차를 시작했고, 두 차는 서로 대치하게 됐다. 다른 운전자가 움직이지 않자, 샤론은 문제를 해결할 만한 권위자를 찾기 위해 길을 나섰다. 그러고는 근처 호텔의 벨보이와 함께 돌아왔다. 내가 샤론에게 왜 그 사람을 선택했는지 묻자, 경찰은 보이지 않았고 그래도 벨보이는 제복을 입고 있다는 생각이 들었다고 말했다.

- 소품으로 권위를 전달할 수도 있다. 가죽 제본의 법서, 액자에 든 졸업장, 안전요원의 호루라기, 행진하는 사람의 확성기 등이 모두 좋은 예다. 봉투나 편지에 새겨진 인장 역시 권위를 암시할 수 있다. 이와 유사하게, 글만 적힌 이메일은 진지함과 권위를 전달하기도 한다. 사람의 옷차림도 권위를 드러낸다. 영국의 기금 모금 컨설팅 회사인 브라이트 스팟Bright Spot은 무단 횡단하는 남성을 대상으로 한 텍사스 연구자들의 실험을 언급한다. 그 남자는 정장에 넥타이를 맨 차림일 때도 있었고, 좀 더 격식 없는 복장일 때도 있었다. 연구자들은 그 남자가 정장을 입고 있을 때, 세 배나 더 많은 보행자가 그를 따라 차도를 건넜다고 밝혔다.

마케팅에서 권위 원칙을 활용하는 강력한 방법

- 의사, 변호사, 사장, 이사, 학장 등 중요한 직함을 활용하라. 이런 직함이 광고용 우편물의 코너 카드(주로 발신자 주소를 표시하는 봉투의 왼쪽 상단 모서리)나 이메일 발신자, 또는 당신이 보내는 커뮤니케이션 서명에 사용될 때 특히 강력하다. 창의력을 발휘할 수도 있다. 예를 들어 당신 회사의 대표가 광고용 우편물이나 이메일에 서명하고 싶지 않다고 한다면, 대표의 사무실에서 전달하는 것처럼 보내라. 몇 년 전, 나는 기업들이 직원들에게 배포하는 건강 소식지를 마케팅하는 일을 맡았다. 의사가 쓴 건강 소식지로 우리는 발신자 주소란에 이 의사의 이름과 직함을 항상 사용했다.

- 당신의 제품과 서비스, 회사가 비즈니스 간행물이나 전문 저널에 실리거나 인기 잡지나 블로그, TV 뉴스 프로그램에 소개되면 반드시 언급하라.
- 회사와 창업자, 제품이 받은 상이나 인정을 모두 부각하자(예: 테드 연사, 포브스 기고가, 멘사 회원, 뉴욕타임스 베스트셀러 작가, 노벨상 수상자, CES 혁신상 수상자). 예를 들어 내 친구 에이미 슈롭은 ONE80 비주얼이라는 시각디자인 스튜디오를 공동으로 소유하고 있다. 나는 ONE80 비주얼을 추천할 때 그들이 얼마나 뛰어난지 알려주기 위해 에미상 수상자임을 항상 언급한다.
- 당신의 웹사이트와 랜딩 페이지에 안전 결제와 승인된 결제 배지를 표시하자. 이러한 표시는 당신의 권위 형성에 도움을 줄 수 있다.
- Inc. 500+이나 아마존 베스트셀러, 타깃이 인식할 수 있는 업계나 산업 순위에 당신의 회사가 포함된 것을 강조하자.
- 당신의 인지도가 낮다면 잘 알려진 브랜드와 협력하자. 잠재 고객은 그 브랜드가 당신을 보증한다고 여길 것이다(공동 발표, 후원, 파트너십).
- 당신이 얻은 인정이나(예: 무디스 등급, 미슐랭 스타) 속한 협회(예: 거래개선협회Better Business Bureau)를 강조하라.
- 사업에 종사한 기간, 회사가 보유한 특허 수, 고객 수, 혹은 당신이 창업한 성공적인 회사나 출시한 제품을 부각하자.
- 당신의 권위를 구축하기 위해 배경 정보를 언급하자(예: 근무한 회

+ 경제 잡지 Inc.가 발표하는 미국에서 가장 빠르게 성장하는 500대 비상장 기업 순위

사, 수년간의 연구 경험, 지도받은 전문가, 아이비리그 학교, 취득한 학위).

- 복장과 자신감 있는 자세, 소품으로도 권위를 전달할 수 있다(예: 전환율 분석 전문가인 브라이언 매시Brian Massey는 자신의 웹사이트에 흰색 실험실 가운을 입은 사진을 내걸었다. 내 사업 동반자로 HBT마케팅을 이끄는 존 시슨John Sisson은 '나는 비합리적인 존재다'라는 배지를 고객 미팅에 자주 착용하며, 행동과학 분야의 전문성을 표현한다).
- 당신을 전문가로 포지셔닝하는 콘텐츠를 만들어라(예: 오르빗 미디어 스튜디오의 앤디 크레스토디나Andy Crestodina는 "블로그 디자인 방법: 100대 마케팅 블로그의 13가지 모범 사례"라는 제목의 글을 썼다).
- "세계적으로 유명한, 인정받은 전문가, 확실한 권위, 검증된, 오랜 시간 증명된, 업계 최고, 정립된, 대표 브랜드, 자주 인용되는, 수상에 빛나는"과 같은 표현을 사용하라.
- 긍정적인 별점 후기를 부각하라.
- 전문 서비스업에 종사한다면 당신이 서비스를 제공한 유명 고객을 강조하자.
- 상황이 적절하다면 권위 있는 인물이나 소품의 사진을 활용할 수 있다(예: 마케팅 자료에 의사나 청진기 사진을 넣은 직원 건강보험 회사).

결론

권위자와 해당 분야의 전문가에게 의존하는 것은 빠른 의사결정의 지름길이다. 당신의 고객이나 잠재 고객은 그들 덕분에 자신의 시간과 노력을 아낄 수 있다고 생각할 것이다. 사람들은 보통 이런 권위자들은 지식이 많으므로 그들의 말을 들어야 한다고 믿는다.

권위 있는 인물 외에도 마케터는 권위를 보여주는 상징을 활용해 순응과 신뢰를 높일 수 있다. 전문가와 권위자는 쉽게 의사결정을 할 수 있도록 도와주며, 이는 인간이 추구하는 방식이다.

고객의 의사결정을 돕는 또 다른 방법은 당신이 바라는 선택지를 사람들이 가장 매끄럽게 선택할 수 있도록 환경을 만드는 것이다. 다음 장에서는 이를 위해 선택 설계를 활용하는 방법을 살펴볼 것이다.

요약

1. 사람들은 권위를 인식하고 존중하도록 타고났다.
2. 당신의 고객들은 권위자의 말을 더 잘 듣고, 그가 요청하는 것을 따르는 경향이 있다.
3. 과학적 연구에 따르면 사람들은 권위에 복종해야 한다는 의무감을 느낄 때가 많다.
4. 마케터들은 반응을 유도하기 위해 커뮤니케이션에 권위 있는 인물이나 상징을 활용할 수 있다.
5. 권위 있어 보이고, 그렇게 들리는 마케팅 커뮤니케이션은 순응을 이끈다.
6. 권위자는 널리 인정받은 인물일 수도, 그 상황에서 중요한 역할을 하는 사람일 수도 있다. 마케팅 메시지를 개발할 때 맥락 속 권위자를 간과하지 말자. 타깃이 권위 있다고 생각하는 인물을 선택하는 것이 중요하다.
7. 고객은 빠른 의사결정을 위해 권위자가 제공한 정보를 참고할 것이다.
8. 마케터들은 캠페인에 권위자와 분야 전문가, 유니폼, 그 외에 권위를 보여주는 소품을 활용해 전문성을 강조하고 권위를 전달할 수 있다.
9. 중요한 직함과 언론 보도, 수상 경력, 신뢰를 증명하는 배지, 등재 목록, 그동안 받아온 인정을 마케팅 메시지에 포함해 권위를 부각하자.
10. 권위를 보여주는 복장과 상징을 마케팅에 고려하자.
11. 특정 주제에 깊은 전문성을 보여주는 콘텐츠를 제공해 당신이나 회사를 권위 있는 존재로 포지셔닝하라.

11 선택 설계와 현상 유지 편향

#Choice architecture #Status quo bias #Inertia

사람들의 행동을 설계하는 법

사람들은 에너지를 써 행동하기보다 현상을 유지하고 싶어 한다. 마케터에게는 암울한 소식이다. 하지만 현상 유지 편향 심리를 이용해 고객에게 바라는 바를 기본 행동이나 최소 저항 경로로 제시하는 방법이 있다. 마케터는 신중하게 선택을 설계함으로써 행동하지 않으려는 심리를 실제 행동으로 이끌도록 이용할 수 있다.

지금까지 이 책의 각 장을 이어서 읽었다면, 당신은 고객과 잠재 고객에게 영향을 주는 여러 방법을 발견했을 것이다. 사람들이 B2B, B2C 구매 결정을 내릴 때 감정이 어떤 중요한 역할을 하는지 확인했으며(1장), 손실 회피 심리(2장)를 비롯해, 특별하다는 느낌(3장), 받은 호의에 보답하지 않을 때의 죄책감(4장), 다른 사람과 비슷한 행동을 할 때의 안정감(5장) 등과 같이 행동을 이끄는 감정에 대해 살펴봤다.

당신은 이야기가 감정을 자극하는 이상적인 수단이라는 점도 발견했다(6장). 또한 사람들이 자율성을 원하고(7장), 일관성 있게 행동할 때 편안해하며(8장), 호기심이 생기면 알고 싶어 한다는 점(9장)을 배웠다. 바로 앞 장에서는 권위자에 대한 강한 복종 심리에 대해 알게 되었다.

자, 당신이 이렇게 순서대로 책을 읽었다면 행동에 영향을 미치는 또 다른 방법을 접한 셈이다. 사회과학자들은 이를 선택 설계라고 부른다. 연구자들에 따르면 선택을 제시하는 방식은 실제로 개인의 결정에 영향을 미친다. 나는 이 책에서 행동과학의 원리를 특정한 순서로 제시하고, 그에 따라 각 장에 번호를 붙이도록 선택했다. 순서대로 이 책을 읽었다면 당신은 내 선택 설계에 영향을 받은 것이다. 물론 이 방식대로 꼭 책을 읽을 필요는 없으며, 어떤 독자들은 마음대로 읽는다는 사실도 잘 알고 있다. 그래도 괜찮다. 원하는 장의 내용을 자유롭게 살펴봐도 좋고, 책의 맨 뒤에 참고문헌이 있으니 관련 정보도 쉽게 찾아볼 수 있다.

하지만 순서대로 읽었다면 내 선택 설계에 영향을 받은 셈이다. 마찬가지로 마케터가 정보와 선택을 제시하는 방식은 고객의 행동에 영향을 준다. 랜딩 페이지의 영역을 구성하는 방식부터 제품 디자인 방식까지 모든 것이 신중하게 선택 설계를 활용할 기회다.

《넛지》의 저자 리처드 탈러와 캐스 선스타인은 이렇게 말한다. "'중립적'인 디자인은 없다."

당신이 정보를 보여주고 선택을 제시하는 방식은 고객과 잠재고객의 최종 결정에 영향을 준다. 여기에는 당신이 제공하는 선택지의 수, 선택 목록을 나열하는 순서, 당신의 디자인과 시각적 단서가 강조하는 정보, 다양한 선택지를 설명할 때 선택하는 단어, 주문하는 과정에서 편리성의 유무와 같은 요소들이 포함된다.

언뜻 보기에 별로 중요하지 않게 느껴져도 신중하게 생각해봐야 할 부분이다. 뒤에서 살펴보겠지만 이런 요소가 마케팅 성과에 상당한 영향을 미친다는 사실이 과학적으로 증명됐기 때문이다. 물론 사람들은 자신의 선호도와 과거 경험에 근거하여 선택을 내리지만, 거기에는 다른 요인들도 작용한다. 그리고 선택 설계는 상당히 중요한 요인이다.

연구에 따르면 사람들은 결정을 내릴 때 선택지가 제시되는 방식에 영향을 받는다. 따라서 선택지를 구성하는 방식은 중요하다.

설계에 따라 사람들의 결정이 달라진다

탈러와 선스타인은 저서에서 "선택 설계자는 사람들의 결정 과정에 환경을 구성하는 역할을 맡는다"라고 말한다. 이어서 "사소하고 별로 중요하지 않아 보이는 세부 사항이 사람들의 행동에 결정적인 영향을 미친다"라고 설명한다. 여러 연구가 이것이 사실임을 증명한다. 그들은 책에서 에릭 존슨Eric Johnson과 댄 골드스타인Dan Goldstein이 진행한 장기 기증률 연구를 언급한다(2003). 온라인으로 장기 기증 의사를 물었을 때 79퍼센트의 사람들이 승낙했다. 하지만 새로 옮긴 주는 장기 기증 미동의가 기본 조건인 만큼, 기증을 원하면 상태를 변경해 동의해야 한다고 하자 동의율은 42퍼센트에 불과했다.

반대로 새로 옮긴 주에서는 기본 조건이 장기 기증 동의이고, 원하지 않으면 적극적으로 거부 의사를 밝혀야 할 경우 82퍼센트의 사람이 기증자로 남았다. 이는 중립적인 상황(특정한 기본 조건이 없는)에서 나온 79퍼센트의 동의율보다도 높고, 동의 의사를 밝혀야 하는 조건에서 나온 42퍼센트의 동의율보다 상당히 높은 결과였다. 탈러와 선스타인이 말했듯 "공공 부문과 민간 부문의 많은 조직이

기본 조건이 지닌 엄청난 힘을 경험해왔다."

독일의 연구자들은 기본 조건이 결정에 미치는 영향을 뒷받침하는 온라인 연구를 진행했다. 이 연구는 2014년 12월호 《행동의사결정 저널Journal of Behavioral Decision Making》에 실린 "선택 설계의 체계적인 조사: 넛지 기법이 언제, 왜 작용하는지 이해하기"에서 언급됐다(Szaszi et al., 2014). 이 연구는 독일 가정을 대상으로 "더 높은 가격을 주고 재생 에너지를 구매할지 여부"를 측정했다(Ebeling and Lotz, 2015).

연구는 동의 의사를 밝혀야 하는 옵트인Opt-in 조건에서는 참가자 중 단 7퍼센트만이 더 비싼 재생 에너지를 선택했다고 밝혔다. 그러나 거부 의사를 밝혀야 하는 옵트아웃Opt-out 조건에서는 70퍼센트나 되는 사람이 재생 에너지를 선택했다. 이 연구는 마케터가 사람들을 특정한 방향으로 유도하고 싶다면, 기본 조건을 주의 깊게 고려해야 함을 보여준다.

설명과 순서, 새로움, 이미지와 편리함 모두 개인의 선택에 영향을 준다

물론 기본 조건이 선택을 설계하는 유일한 방법은 아니다. 수식어와 사람들이 선택지를 접하는 순서 역시 결정에 영향을 줄 수 있다. 노스 웨일스의 학교 구내식당에서 수행된 한 연구는 선택 설계로 아이들이 과일을 더 많이 먹게 유도할 수 있음을 발견했다. 구내식당 라인에 과일을 다른 디저트보다 앞에 배치하고, '초강력 귤'처럼 아이들이 끌릴 만한 수식어를 사용하면서 말이다(Marcano-Olivier et al., 2019).

또 다른 실험은 에스컬레이터 대신 더 건강한 대안으로 여겨지는 계단을 사용하도록 사람들을 자극할 수 있음을 보여주었다. 폭스바겐의 후원을 받아 스웨덴 스톡홀름에서 수행된 이 재미있는 연구는 오덴플란 지하철역의 밖으로 이어지는 계단을 커다란 피아노 건반으로 바꿔놓았다. 밟을 때마다 실제로 음이 연주되는 계단이었다. 실험 기획자들은 이 멜로디 계단으로 기존보다 66퍼센트 더 많은 사람이 계단을 이용하게 됐다고 밝혔다(Bates, 2009).

세 번째 실험은 전자상거래 사이트의 스플래시 페이지+에 표시된 배경이 쇼핑객의 제품 선택에 영향을 미칠 수 있음을 보여준다(Mandel and Johnson, 2002). 이 실험에서 사람들은 구름이 그려진 파란 배경과 동전이 그려진 초록색 배경 중 하나를 보았다. 구름 배경을 본 쇼핑객들은 편안함을 느꼈고, 그 결과 더 편안하고 비싼 소파를 선호하는 경향을 보였다. 동전 이미지를 본 쇼핑객들은 비용을 떠올렸고, 이에 저렴한 소파를 선택하는 모습을 보였다.

마지막으로 행동경제학자들은 미래의 행동을 쉽게 선택하는 방법을 제공하고, 이를 자동 상태로 전환해 많은 사람이 그 행동을 지속하도록 이끌 수 있음을 보여주었다. 2004년 리처드 탈러와 슐로모 베나치Shlomo Benartzi는 직원들의 은퇴 자금과 관련된 실험을 진행했다.

직원 중에는 회사의 퇴직연금 상품에 절대 가입하지 않거나, 가입은 했지만 납부 금액을 바꾸지 않는 사람들이 있었다. 둘 다 최적의 저축 상황은 아니었다.

+ 본 사이트가 열리기 전 판촉이나 홈페이지 안내용으로 사용되는 페이지

탈러와 베나치는 이런 행동을 바꾸기 위해 '미래를 위한 저축Save More Tomorrow, SMarT'이라는 프로그램을 만들었다. 직원들이 "미래 급여 인상액의 일부를 퇴직연금에 할당하기로 미리 약속"하도록 제안하는 프로그램이었다. 이 프로그램에 가입한 직원들은 회사의 퇴직연금 프로그램에 내는 금액을 다음 급여 인상 이후 일정 비율만큼 늘리는 데 동의했다. 미리 정한 최대 금액에 도달할 때까지 납입액이 급여 인상 시마다 일정 비율만큼 자동으로 증가하는 방식이었다.

탈러와 베나치는 "행동 경제학을 활용해 직원 저축을 늘리기"라는 논문에서 SMarT 프로그램을 세 회사에서 테스트했고, 그 중 첫 번째 회사(가장 오래 네 번의 급여 인상 동안 운영한)에서 권유받은 직원의 78퍼센트가 프로그램에 가입했고, '대다수'는 계속 유지했다. 그리고 SMarT 프로그램 참가자의 평균 저축률은 40개월간 3.5퍼센트에서 13.6퍼센트로 증가했다고 밝혔다.

탈러와 베나치는 "SMarT 프로그램은 사람들이 저축을 계속 미루는 행동 경향(즉 미루기와 관성)을 그대로 포착해 이를 활용한다"라고 말했다.

선택 설계가 작용하는 이유

이러한 연구들은 사람들의 행동 결정에 선택 설계가 큰 영향을 줄 수 있음을 보여준다. 다른 많은 연구도 이 결과를 뒷받침한다. 마케팅 담당자에게 특히 유용한 내용이다. 앞서 살펴본 것처럼, 연구 결과는 기본 조건이 특히 중요함을 보여준다. 사람들은 현재 상태를 유지하려는 성향이 있기 때문이다. 예를 들어 제조사가 세팅해

둔 기본 설정대로 노트북과 휴대전화를 사용하며 절대 바꾸지 않는 지인들을 한번 떠올려보자. 이에 대해 탈러와 선스타인(2009)은 다음과 같이 말한다. "다양한 맥락에서 기본 조건은 특별한 넛지의 힘을 지닌다. 소비자들은 옳든 그르든, 그것이 기본 조건의 설정자가 암묵적으로 지지하는 선택지라고 느끼기 때문이다." 이는 소비자들이 마케터가 설정한 기본 조건을 같은 이유로 받아들일 수 있음을 시사한다.

한 선택지를 더 재밌거나 새롭게 보이도록 선택을 설계하는 것도 마케터들이 사용할 수 있는 방법이다. 고객들의 관심을 끄는 동시에, 새로움을 원하는 인간의 욕구를 자극할 수 있다(9장 참조).

또 다른 효과적인 선택 설계 방법은 마케터가 바라는 선택지를 쉽고, 단순하고, 유익하고, 노력이 거의 필요 없다고 포지셔닝하는 것이다. 이 모든 요소가 고객에게 꽤 매력적으로 느껴질 가능성이 높다. 왜 그럴까? 탈러와 선스타인이 강조했듯, 고객들은 일반적으로 "복잡한 세상을 바쁘게 살아가므로 모든 선택에 관해 깊이 생각할 여유가 없기" 때문이다. 그 결과, 그들의 결정은 선택 설계에 좌우될 때가 많다.

하지만 선택 설계가 사람들에게 행동을 강요하는 의미는 아님을 꼭 명심하자. 사람들은 항상 다른 선택을 내릴 수 있어야 한다. 즉 장기 기증 프로그램을 거부하고, 더 저렴한 연료를 택하고, 에스컬레이터를 탈 수 있으며, 다른 소파를 사고, 퇴직연금 프로그램에 가입하지 않는 등 자유롭게 선택할 권한이 있어야 한다.

선택 설계로 세 자선단체에 기부하게 된 사례

나는 '쇼그Shog'라는 운동을 좋아한다. 쇼그는 스플릿과 조깅을 조합한 단어로, 인정하고 싶지 않지만 전자에 더 비중을 둔 운동이다. 그래서 회사의 회계 담당자인 작은 몸집의 메건이 보스턴 마라톤 대회에 나간다고 했을 때, 당연히 깊은 인상을 받았다. 메건은 이 대회의 악명 높은 하트브레이크 언덕(내가 살던 곳과 매우 가까운)을 달릴 뿐 아니라, 그녀가 자원봉사 하는 단체의 모금을 돕고 있었다. '백 온 마이 피트Back on My Feet'라고 불리는 이 자선단체의 사명은 전국의 노숙자 문제를 해결하는 것이었다. 매우 훌륭한 명분인 만큼 나는 메건의 달리기를 기쁜 마음으로 후원했다.

몇 달 후 나는 다른 에이전시에 다니는 전 동료 레슬리에게 이메일을 받았다. 그녀는 남편이 어떠한 날씨에도 이틀 동안 168마일을 자전거로 달려야 하는 '팬 매스 챌린지Pan Mass Challenge'에 참가한다고 말했다. 레슬리는 유방암 생존자였고, 팬 매스 챌린지는 그녀가 치료받았던 다나-파버 암 연구소의 암 연구와 치료를 위한 기금 모금을 도왔다. 레슬리는 이메일에 유방암 진단을 받은 후의 경험과 후속 검진을 받을 때의 감정 등에 대해 함께 적었다. 주저 없이 나는 그녀의 남편이 참여하는 자전거 경주 행사에 기부를 약속했다.

두 동료 모두 마케터였지만 모금 요청에 어떠한 선택 설계도 작용하지 않았다. 그들은 그저 자기 일을 언급했고 나는 좋은 취지를 돕고 싶었다. 그리고 대회에 직접 참가할 만한 체력은 안 되는 만큼 금전적 도움을 선택했다. 그리고 이 지점에서 선택 설계가 등장한다. 나는 그들에게 각각 100달러를 기부하기로 했다.

백 온 마이 피트 서약 페이지에는 100달러와 더불어 내 기부금의 관리 처리 비용으로 추정되는 4.50달러의 수수료가 더해져 총 104.50달러가 표시돼 있었다. 공정하게도 4.50달러의 수수료 옆에는 작은 주황색의 '편집' 링크가 있었고, 그 링크를 클릭하면 수수료를 제거하고 원래 약속한 100달러로 총금액을 조정할 수 있었다. 하지만 총 104.50달러 아래 커다란 주황색의 '지금 기부하기' 버튼이 보였고, 아주 간편히 클릭할 수 있는 만큼 나는 버튼을 눌렀다. 눈 깜짝할 사이에 메건에게 약속한 '백 온 마이 피트' 후원금 104.50달러가 내 신용카드에서 결제됐다.

반면 팬 매스 챌린지 서약 확인 페이지를 열자, 정보가 다르게 표시돼 있었다. 내 후원금 100달러와 함께 총액 100달러가 표시돼 있었고 그 아래에 작은 빈칸이 보였다. 빈칸을 체크하면 기부에 대한 신용카드 수수료를 추가한다는 문구가 있었다. 그러나 나는 체크하지 않았다. 두 기부 모두 가치 있다고 생각했고, 둘 중 한 동료를 더 아낀 것도 아니라는 점을 강조하고 싶다. 나는 그저 많은 정신적 에너지를 쓰지 않고 빠르게 움직였을 뿐이다. 그 결과, 행동과학자들이 발견한 대로 행동했다. 거부하지도, 승낙하지도 않았다. 그저 단순한 것을 선택하고 기본 조건을 따른 것이다.

첫 번째 사례에서 나는 기부 처리 비용을 위해 조금 더 금액을 냈다. 그것이 가장 빠르고, 쉽고, 힘들일 필요 없는 행동이었기 때문이다. 두 번째 사례에서 같은 이유로 나는 금액을 더 내지 않았다. 많은 생각을 하지 않고 그냥 행동했을 뿐이다. 그 결과, 선택 설계에 영향을 받은 선택을 내렸다. 나중에 행동과학에 관한 마케팅 프레젠테이션을 위해 랜딩 페이지 사례를 수집하면서 비로소 내 행동을 깨달았다.

그래서 이제는 기부할 때마다 어떤 종류의 선택 설계가 페이지에 사용되는지 확인해본다. 내 마케팅 프레젠테이션을 본 건지는 모르겠지만, 팬 매스 챌린지가 접근 방식을 바꾼 게 눈에 들어왔다. 가장 최근 기부 확인 페이지에는 내 기부금과 신용카드 수수료, 그리고 그 수수료를 포함한 총금액이 나와 있다. 그리고 페이지 하단에 빈칸과 함께 다나 파버 암 연구소가 신용카드 수수료를 내길 원하면 체크하라는 문구가 적혀 있다. 혹시 궁금할지 몰라 알려주자면 나는 빈칸에 체크하지 않았다.

몇 년 전 친한 친구의 어머니가 돌아가셨을 때, 나는 또 하나의 탁월한 선택 설계를 발견했다. 친구의 어머니가 알츠하이머로 세상을 떠났고, 나는 알츠하이머협회Alzheimer's Association에 기부하기로 마음먹었다. 만약 장례식에 꽃을 보낸다면 100달러 정도를 썼을 테니, 100달러를 기부하는 것이 좋을 것 같았다. 하지만 사이트에 들어가니 기부금 선택지가 60달러에서 바로 120달러로 넘어가고, 100달러는 없었다. 원하면 금액을 따로 입력할 수 있는 빈칸도 있긴 했지만, 짐작했듯이 나는 그렇게 하지 않았다. 100달러를 기부하려면 더 큰 노력이 필요하기 때문이다. 120달러는 원래 계획한 기부금 100달러에 근접한 금액이었기에 그냥 120달러 버튼을 클릭했다. 그리고 많은 사람이 이렇게 행동했을 것으로 생각한다. 실제로 마지막으로 페이지를 확인했을 때도 기부금 선택지에 100달러 없이 동일했다.

모금에 작용하는 선택 설계

세액공제 대상 기부금은 102.45달러입니다.

100달러는 다나-파버 암 연구소에 기부되며, 2.45달러는 신용카드 수수료 2.45퍼센트에 해당하는 비용입니다.

□ 팬 매스 챌린지가 기부금의 2.45퍼센트에 해당하는 신용카드 수수료(2.45달러)를 내길 원하시면 체크해주세요.

내가 빈칸에 체크하지 않는 이상(자선단체가 비용을 내라고) 신용카드 수수료는 자동으로 내 기부금에 더해진다.

설명회 참석률을 높이기 위한 선택 설계

5장에서 우리는 판매하기 어려운 보험 상품의 성공적인 다중채널 캠페인에서 사회적 증거가 어떤 역할을 했는지 살펴보았다. 이 캠페인은 이 외에도 다양한 행동과학 원리를 활용했다. 기억하겠지만, 클라이언트는 선택형 직장 복리후생 프로그램의 하나로 직원이 돈을 개인적으로 부담하는 보험 상품(장애, 사고, 중병 등을 보장하는)을 판매했다. 따라서 직장에서 열리는 설명회는 판매 과정에 매우 중요한 요소였다. 다양한 종류의 보험과 그 유용성에 관해 설명할 수 있기 때문이다.

일반적으로 직원들은 인사부가 보내는 이메일을 통해 이

설명회에 관한 정보를 받는다. 이메일에는 보험회사 직원이 특정 날짜에 방문하니, 설명회에 참석해 많은 내용을 알아보고 관심이 있으면 보험에 가입하라고 권유하는 내용이 담겨 있다. 클라이언트의 목표 중 하나는 이 설명회에 가능한 한 많은 직원이 참여하게 하는 것이었다. 우리 에이전시는 직원 참여율을 최대로 높이는 방안을 고민했다.

물론 한 가지 방법은 권위 원칙(10장 참고)을 활용하여 설명회에 꼭 참석하도록 지시하는 것이다. 하지만 고용주로서는 선택형 복지 프로그램을 소개하는 자리에 직원들이 꼭 와야 한다고 요구하기 꺼려질 듯했다.

또 다른 방법은 간식과 음료를 제공하며 설명회를 좀 더 편안한 모임으로 프레임(12장 참고)하는 것이었다. 대부분의 직원은 잠깐의 휴식 시간을 환영할 것이고, 내 경험상 사람들은 직장에서 제공하는 무료 음식을 좋아한다. 그러나 이 접근법은 설명회의 목적과 일관성이 없는 느낌이었다. 또한 많은 직원이 그저 간식을 먹겠다는 생각으로 참여할 가능성이 높았는데, 이는 그들이 메시지를 수용하기에 적절한 마음가짐이 아닐 수 있음을 의미했다.

특정한 종류의 보험을 위한 설명회였던 만큼, 손실 회피 심리(2장 참조)도 고민해 보았다. 그러나 이는 회의 참석보다는 보험 판매에 중점을 둔 관점으로 보였다. 이런 점을 고려한 후, 정보 격차 이론(9장 참조)을 활용해 사람들이 잠재적 위험과 그 위험에서 자신을 보호하는 방법을 모른다는 사실을 강조하는 방법을 생각했다. 물론 자신이 다치거나 병에 걸릴 수 있다고 생각하고 싶은 사람은 없겠지만, 정보 격차 이론을 제대로 사용한다면 효과적일 듯했다.

하지만 결국 클라이언트와 우리 에이전시는 권위 원칙과 비슷하면서도 선택 설계를 활용한 다른 방법을 찾았다. 직원들은 인사팀에게 그들의 복지가 중요한 만큼, 보험 회사 담당자와의 미팅을 마련했다는 이메일을 받았다. 이메일에는 설명회의 날짜와 시간, 장소가 적혀 있었다. 심지어 '캘린더에 추가' 버튼도 있었다. 또한 사정이 생겨 제안된 시간에 참석할 수 없으면 일정을 다시 잡을 수 있는 링크도 있었다.

이제 설명회에 참석하는 것이 간단해졌다. 최소 저항 경로가 마련된 것이다. 모든 것이 마련된 만큼 직원들은 그저 미팅에 참석하기만 하면 됐다. 사실 일정을 다시 잡는 게 더 번거로울 지경이었다. 그 결과, 설명회 참석자 수가 418퍼센트나 급격하게 늘어났다. 선택 설계를 현명하게 적용한 덕분이었다.

선택 설계로 구독자 수를 늘린 전문지

선택 설계에 관해 마케터들은 선택이 제시되는 방식이 고객의 결정에 영향을 준다는 사실을 명심해야 한다. 다음 사례는 이를 잘 보여준다. 강력한 구독 관리 시스템을 오랫동안 견고하게 유지해 왔지만 점점 효율이 떨어지는 상황에 놓인 한 전문지가 있었다. 그들은 내가 일하던 에이전시에 도움을 요청했다. 우리의 계획은 가장 효과적인 메시지를 확인해 그대로 유지하면서 개선할 부분을 찾는 것이었다.

우리는 즉시 두 방법을 떠올렸다. 우선 가격 표시 방식을 수정했다. 기존 메시지에는 정가를 표시한 상자 아래에 특별 할인 금액이 적힌 상자가, 또 그 아래에는 구독자가 내야 할 최종 가격 상자가 표시돼 있었다. 세 개의 금액 상자가 수직으로 배치된 것이다.

우리는 중간 상자를 제거했는데, 이 방식은 원래 가격과 할인 가격의 차이를 더 분명하게 보여주었다. 가격 메시지가 더 명확해진 것이다. 그다음 방법은 결제와 관련이 있다. 기존 메시지에서는 구독자에게 두 가지 선택지를 제공했다. 신용카드로 결제하거나 그 외의 결제 수단으로 20달러 더 비싸게 구독하는 방법이었다. 우리는 두 선택지를 함께 보여준 기존의 방식을 바꿔 신용카드를 기본 결제 방식으로 정하기로 했다. 박스 안에 신용카드 결제를 강조하고, 그 외 결제 수단은 신용카드 결제 상자 아래 작은 칸을 만들어 체크하도록 했다. 이렇게 하면 사람들은 신용카드로 결제하고, 주문 페이지를 열어 살펴보기가 더 간편했다.

클라이언트가 이 방법을 시도하자 구독률은 18~21퍼센트 증가했다. 더 중요한 점은 신용카드로 결제하는 구독자가 많아졌다는 점이다. 과거 경험으로 클라이언트는 신용카드로 결제할 때 구독 유지율과 정가로 구독하는 비율이 더 높아짐을 알고 있었다. 선택 설계에 몇 가지 작은 변화만 주었는데도 의미 있는 결과를 거둔 것이다.

주의

가장 낮은 가격부터 제시하지 마라. 가장 높은 가격을 먼저 보여주자. 최고가는 다른 모든 가격을 평가하는 기준점이 되어 결과적으로 다른 가격을 더 매력적으로 보이게 한다.

인기가수의 선택 설계 활용법

2021년 가을, 스포티파이 팬들은 스트리밍 서비스에서 앨범을 들을 때 달라진 점을 경험했다. 기존에는 앨범이 자동으로 랜덤 재생됐다면, 트랙 리스트 순서대로 자동 재생되도록 바뀐 것이다.

NPR 리포트에 따르면 이는 영국의 싱어송라이터인 아델Adele의 요청 때문이었다. 아델은 "아티스트가 많은 생각과 고민을 담아 앨범의 트랙 리스트를 구성하는 데는 다 이유가 있다. 이야기를 전하는 예술인만큼 우리가 의도한 대로 그 이야기를 들어야 한다"라고 말했다고 한다(Cills, 2021).

아델의 요청으로 이제 앨범들은 아티스트가 설계한 순서대로 자동으로 재생된다. 이전에 스포티파이의 청취자들은 순서대로 노래를 들으려면 자동 랜덤 재생 아이콘을 꺼야 했다. 이제 랜덤 재생을 선호하는 청취자들은 그 아이콘을 켜는 추가적인 단계를 진행해야 한다. 자동 랜덤 재생은 더는 기본 조건이 아니다.

현상 유지 편향 활용하기

흔히 "변화는 좋다"라고 말하지만, 이러한 생각이 항상 쉽게 받아들여지는 것은 아니다. 실제로 인간은 습관의 동물임을 스스로 증명해왔다. 새로움을 추구하고(9장 참고), 시작한 무언가를 미완성으로 남기기 싫어하지만(8장 참고), 자신이 가진 것이나 행동 방식을 바꾸지 않으려 할 때가 많다. 모든 것이 그 자리에 있길 원한다. 탈러와 선스타인의 관찰처럼 "사람들은 여러 가지 이유로 현재 상황을 고수하려 한다."

그 이유 중 하나는 익숙함이다. 사람들은 자신이 알고 의지할 수 있는 것에 편안함을 느낀다. 또 다른 이유는 상실에 대한 두려움이다. 새로운 것을 시도했는데 마음에 들지 않으면 만족감을 주던 기존 제품이나 서비스를 저버린 듯한 기분이 든다. 자신이 아는 것을 고수하면 이런 잠재적 상실을 막을 수 있다.

프로젝트나 제품, 대의에 많은 시간과 노력, 돈을 투자한 것도 이유로 작용한다. 자신이 큰 노력을 쏟은 만큼 바꾸기가 더 어렵다. 또 다른 이유는 단순히 습관이나 편리함 때문일 수 있다. 일단 익숙해지면 생각과 고민 없이 반복하는 게 자연스러운 일이 된다.

윌리엄 새뮤얼슨William Samuelson과 리처드 제크하우저Richard Zeckhauser(1988)는 이런 행동을 '현상 유지 편향'이라고 이름 붙였다. 두 사람은 일련의 실험에서 "현상 유지 사고는 피험자의 의사결정에 일정한 방향으로 중요한 영향을 미쳤다"고 밝혔다. 그리고 "사람들은 다양한 의사결정에서 상당한 현상 유지 편향을 보였다"고 덧붙였다.

실험에서 일부 피험자는 큰돈을 상속받았다고 상상해보라는 요청을 받았다. 그들은 네 가지 포트폴리오 중 하나에 그 돈을 투자해야 했다. 다른 피험자들에게도 같은 상황을 줬지만 한 가지 차이점이 있었다. 네 가지 투자 상품 중 그 상속금이 현재 들어 있는 포트폴리오를 알려준 것이다. 이것이 바로 현재 상태였다.

연구자들은 피험자들에게 그들이 적절한 금융 지식을 보유하고 있으며, 네 가지 포트폴리오에 따라오는 세금이나 수수료는 없다고 가정하라고 말했다. 실험을 마친 후, 새뮤얼슨과 제크하우저는 피험자들이 현재 가입된 상품에 강한 선호도를 나타냈다고 보고했다.

마케터는 고객 충성도와 유지율을 높이기 위해 현상 유지 편향 심리를 이용할 수 있다. 사람들이 당신의 제품이나 서비스를 얼마나 오랫동안 사용했고 관계를 지속해왔는지 상기시켜라. 당신과 거래를 지속하는 현 상황을 유지하는 것이 간편하고, 추가적인 노력이 필요하지 않음을 강조하자. 또는 경쟁자로 바꾸면 만족감을 느끼지 못하고 당신이 제공해온 편의성을 놓칠 수 있음을 암시하자.

통신사의 현상 유지 편향

내 동료인 팻 피터슨은 고객을 되찾기 위해 현상 유지 편향을 이용해 매우 효과적인 메시지를 만들었다. 그녀는 최근 다른 통신사로 옮긴 고객들이 돌아오도록 설득하려 했다. 그래서 "변화는 좋은 일이다"라는 제목 아래, 회사를 바꿔 직접 비교한 후 기존의 통신사가 얼마나 더 나은지 경험했으니 좋은 일이라는 메시지를 전달했다. 그런 다음 다시 돌아오고 싶은 사람들을 위한 환영 혜택을 제안했다. 그러자 실제로 많은 고객이 익숙하고 오랫동안 사용해온 기존의 통신사로 돌아왔다.

금융 마케터의 현상 유지 편향 활용 사례

한 금융 서비스 회사는 자사에 계좌가 있는 401(k) 퇴직연금 보유자들에게 이메일을 보내야 했다. 이 고객들은 기존에 퇴직연금 계좌를 시작한 회사를 오래전 떠난 것으로 보였다. 그 계좌는 1년간 아무 활동이 없었고, 고객들은 그곳에 돈이 있다는 사실조차 잊었을 수 있다.

당연히 금융 회사는 고객들이 그 돈을 그대로 보관하기를 원할 것이다. 하지만 그들은 고객들에게 퇴직연금 계좌를 상기시킴으로써 정반대의 일이 일어날 위험을 무릅썼다. 이메일을 읽고 고객들은 가장 먼저 돈을 떠올릴 것이고, 그러면 다른 퇴직연금 계좌로 옮길지 고민할 수 있다. 새 직장에서 시작한 퇴직연금 계좌로 말이다.

우리는 고객들이 계좌에 돈을 그대로 보관하도록 현상 유지 편향을 자극하는 언어를 사용했다. 고객들에게 퇴직연금 계좌를 알리는 일련의 이메일을 보내 어떻게 운영되는지 확인해보라며 계속해서 은퇴자금을 모으는 훌륭한 방법일 것이라고 안심시켰다.

이메일에는 랜딩 페이지로 연결되는 링크도 들어 있었다. 이 링크를 방문하면 세금 없이 안전하게 고객의 자산이 늘어나고 있다는 메시지가 바로 나왔다. 또한 고객들이 따로 취할 일은 없지만 계좌를 검토하거나 다른 방안을 논의하기 위해 직원과 상담하길 원하면 그것도 가능하다고 적었다. 이메일에는 전화번호와 약속 일정을 잡는 버튼도 포함돼 있었다. 요컨대 고객들은 자신의 돈이 원래 있던 곳에 잘 있고, 전혀 문제가 없다는 메시지를 받은 것이다. 즉 고객들은 아무것도 할 필요가 없었다.

선택 설계와 현상 유지 편향을 활용하는 방법

- 당신이 원하는 것을 기본 선택지로 고객에게 프레임하라.

- 고객에게 바라는 행동을 대중적이고 매력적인 것으로 포지셔닝하라.
- 최소 저항 경로로 고객에게 바라는 행동(등록, 특정 서비스 가입, 제품의 재구매 등)을 바로 이끌자.
- 당신이 고객에게 원하는 행동은 쉽게, 원하지 않는 행동은 어렵게 만들자. 예를 들어 기존 구매 버튼 옆에 원클릭 옵션을 배치하면 고객이 필요한 제품을 추가하기 쉽게 만들 수 있다.
- 당신이 바라는 대로 고객이 행동하는 데 방해가 될 수 있는 요소나 장애물을 제거하라.
- 기본 조건을 신중하게 설정하자. 어떠한 설계도 중립적일 수 없는 만큼 마케팅 목표에 맞게 기본 조건을 설정하라.
- 이메일 목록에 포함하기, 업데이트 받기, 신용카드 수수료 내기(모금) 등과 같이 원하는 선택사항을 기본 조건으로 설정해두자.
- 고객이 당신 회사와 함께한 기간을 커뮤니케이션에 명시하라.
- 관성을 유리하게 활용하자. 고객이 '아무것도 하지 않는 것'이 실제로 당신이 원하는 결과가 되도록 이끌자.
- '변동이 거의 없는' 제품이나 환경을 만들자. 예를 들어 은행은 입출금 계좌 고객을 확보하는 데 집중하고, 구독자 기반 회사는 자동 갱신을 위해 신용카드를 등록하게 이끌어야 한다.
- 고객을 움직이게 하는 강력한 이유나 매력적인 동기를 제공해 현상 유지 편향을 극복하자.

결론

선택을 제시하는 방식은 사람들의 결정에 상당한 영향을 준다. 옵트인, 옵트아웃, 기본 조건은 모두 선택에 영향을 미친다. 인간은 적극적으로 바꾸기보다 그대로 두는 것을 선호하기 때문이다. 고객은 자연스러운 흐름에 따르거나, 더 쉽거나 주어진 선택을 따르는 성향을 보일 것이다. 마케터는 이러한 성향을 제공하는 선택지와 제시하는 방식에 반영해야 한다.

당신이 바라는 행동으로 고객을 이끄는 또 다른 방법은 그들이 그렇게 결정하는 집단의 일원이라고 규정하는 것이다. 다음 장에서 살펴보겠지만, 사람들은 자신이 특정 그룹에 속한다고 생각하면 그에 따라 행동하기 시작한다.

요약

1. 마케터가 선택지를 제시하는 방식은 고객의 결정에 영향을 미친다. 이를 선택 설계라고 부른다.
2. 선택 설계는 당신이 제공하는 선택의 수와 순서, 디자인과 시각적 단서가 관심을 이끄는 정보, 다양한 선택지를 설명하는 방식과 관련이 있다.
3. 고객은 선호도와 이전 경험만을 가지고 구매를 결정하지 않는다.
4. 당신이 설정한 기본 조건은 고객의 결정에 상당한 영향을 준다. 사람들은 거부 의사를 밝히거나 동의 의사를 밝히는 대신 자연스러운 흐름, 즉 기본 조건을 따르는 쪽을 택한다.
5. 사람들은 기본 설정을 고수하는 경향이 있다. 연구에 따르면 그들은 기존 조건을 암묵적인 지지로 여긴다.
6. 당신이 바라는 선택지를 재미있고 쉽게 보이게 만들면 선택될 가능성이 커진다.
7. 사람들은 보통 선택지를 충분히 생각할 시간이 없다. 그래서 장애물이 가장 적은 최소 저항 경로를 택한다.
8. 선택 설계를 적용할 때, 마케터들은 절대 고객의 선택을 강요해선 안 된다. 고객은 항상 다른 선택을 할 수 있어야 한다.
9. 장애물을 제거하고 선택지를 단순화하자.
10. 고객은 지금 그대로의 현 상태를 유지하고 싶어 한다. 익숙함과 손실 회피 심리, 이미 투자한 시간과 노력, 습관이 작용하기 때문이다.
11. 현상 유지 편향을 이용해 고객 충성도와 유지율을 높일 수 있다.
12. 현상 유지 편향을 극복하기 위해서는 강력한 이유나 동기가 필요하다.

12

라벨링과 프레이밍

#Labeling #Framing #See things your way

사람과 상황 규정하기

마케터가 타깃과 제품을 설명할 때 사용하는 용어는 구매 결정에 영향을 미친다. 사람들은 어떤 집단에 속한다고 규정되면 그 집단과 동일하게 행동한다. 판매를 늘리기 위해서는 타깃을 당신의 제품이나 서비스를 당연히 구매할 집단의 일원으로 규정하라. 그리고 그 제품이나 서비스를 설명할 때는 더 매력적이거나 고객이 새로운 관점으로 보도록 프레이밍하는 단어를 사용하자.

당신이 원하는 대로 사람들이 행동한다면 마케팅이 훨씬 쉬워질 것이다. 그렇지 않은가? 아주 단순하게 당신은 판매자고 그들은 구매자니 이에 맞게 행동하면 된다. 판매자는 팔고 구매자는 사는 거다. 그러니 그저 신용카드를 건네면 끝!

하지만 안타깝게도 마케팅은 그렇게 쉽지 않다(아니라면 당신이 지금 왜 이 책을 읽고 있겠는가?). 사실, 정말 좋은 제품이나 서비스라 해도 마케팅에는 장애물이 존재한다. 당신이 파는 물건이 필요하다고 타깃을 설득해야 한다. 무엇보다 지금 필요하다는 확신을 줘야 한다. 반면 이미 사람들이 원하는 무언가를 판매한다 해도 그들이 당신에게 구매하도록 설득하는 과정이 필요하다. 익히 경험했겠지만, 잠재 고객을 당신에게서 뺏기 위해 혈안인 경쟁사들은 수두룩하다.

당신은 제품과 서비스를 최상의 선택으로 포지셔닝하기 위해 열심히 노력할 것이다. 하지만 때로는 그마저도 역효과를 낼 수 있다. 예를 들어 사람들은 들리는 모든 것을 믿지 말라는 주의를 들을 때가 많다. 일반적으로는 좋은 조언이지만 마케터에게는 불리하다. 당신의 설명만큼 제품이 좋을지 의심할 수 있기 때문이다. 이런 상황에서는 사회적 증거(5장 참조)나 권위 원칙(10장 참조), 스토리텔링의 힘(6장 참조)과 같은 행동과학의 원칙을 사용하는 것이 좋은 방법이다.

요점은 이렇다. 당신은 마케팅 메시지를 접하는 고객의 관점에서 그들의 생각을 항상 염두에 두어야 한다. 하지만 노련한 마케터들은 한 걸음 더 나아간다. 행동과학을 활용해 잠재 고객의 머릿속에 생각을 심는 것이다. 특정한 행동과학 기법으로 타깃이 메시지를 즉각적으로 수용하고 제품이 필요하다고 믿도록 만들 수 있다. 이전에는 필요 없다고 생각한 제품의 구매를 이끌 정도로 말이다. 행동과학자들은 이 기법을 라벨링이라고 부른다.

마케터들은 라벨링을 이용해 행동을 유도할 수 있다. 자신이 특정 집단에 속한다고 들은 사람은 그 구성원들이 하는 방식으로 행동하기 시작한다.

라벨을 붙이는 순간 그런 사람이 된다

사람들은 한 집단의 일부로 분류되면 그 집단의 특징을 취하기 시작한다. 집단의 다른 구성원들과 일치하게 행동하는 것이다. 원래 자신이 해당 집단에 속한다고 생각하지 않던 상황에서도 마찬가지다. 다시 말해 잠재 고객이 자신을 특정하게 인식하지 않았다고 해도 적절한 라벨링으로 머릿속에 생각을 심어주면 그들의 행동은 그

것에 맞게 바뀔 수 있다.

누군가에게 구매를 요청하기 전에 그들이 당신의 제품이나 서비스에 적합한 사람이라고 제시하자. 특히 그 제안에 라벨링을 사용하면 잠재 고객은 자신을 그렇게 규정할 수 있다. 라벨링은 당신이 바라는 대로 사람들이 자신을 보게 이끄는 강력한 도구다. 도나 L. 로버츠Donna L. Roberts 박사는 말한다. "무언가 진짜라고 믿을 때, 우리는 태도와 행동으로 그것을 드러낸다. 라벨링의 영향을 받지 않는 사람은 없다. 라벨링 이론에 따르면, 우리의 정체성과 행동은 자신이나 타인이 우리를 설명하는 용어로 결정되고 영향받는다(Roberts, 2019)."

라벨링의 결과

앨리스 타이보트Alice Tybout와 리처드 옐치Richard Yalch(1980)는 시카고에서 실시한 연구에서 이를 증명했다. 지역 선거를 앞두고 그들은 유권자 그룹과 "정치적 성향, 다가오는 선거 이슈에 대한 지식, 과거의 정치적 행동, 선거 투표 의향, 투표에 관한 생각, 인구통계학적 특성"에 관해 이야기를 나누었다. 그 후 그들은 대화를 나눈 이들을 두 그룹 중 하나에 무작위로 배정했다. 한 그룹은 "평균적 투표 확률을 가진 보통 시민"으로, 다른 그룹은 "평균 이상의 투표 확률을 지닌 훌륭한 시민"으로 규정했다. 다시 말하지만 이런 라벨링은 임의로 부여했다.

그러나 일주일 후 선거가 열리자, 훌륭한 시민으로 규정된 이들의 투표율이 15퍼센트나 더 높게 나왔다. 연구자들은 "훌륭한 시민으로 규정된 사람들은 보통 시민 그룹보다 자신을 투표자로 인식하는 성향을 보였다"라고 결론지었다.

《설득의 심리학》(2006)의 저자 로버트 치알디니는 라벨링의 효과를 보여주는 또 다른 실험을 언급한다. 이 실험은 암 자선단체에 기부를 요청받은 두 집단을 대상으로 진행됐다. 기부를 요청하기 일주일 전, 연구자들은 두 집단 중 한 집단의 사람들에게 한 주간 착용할 암 인식 배지를 제공했다. 그 후 기부를 요청했을 때 이 그룹에 속한 사람들은 훨씬 더 많이 기부했다. 배지가 라벨링 장치로 작용해 사람들로 하여금 자신이 그 취지를 지지한다고 생각하게 한 것이다.

라벨링은 주장의 동의 여부에도 영향을 줄 수 있다. 독일에서 시행된 한 실험에서 연구자들은 특정 정당의 지지자들이 정당의 라벨이 붙은 주장에 그렇지 않은 주장보다 더 쉽게 동의한다는 사실을 발견했다(Neumann et al., 2020). 반면 그 정당을 지지하지 않는 사람들은 정당의 라벨이 붙은 주장보다 라벨이 없는 주장에 더 쉽게 동의하는 경향을 보였다.

연구자들은 "똑같은 정치적 주장을 어떻게 라벨링하는지에 따라 유권자의 동의가 바뀌었다"라며 사람들은 단순히 그 출처에 근거해 아이디어에 동의 유무를 결정할 수 있다고 밝혔다.

미국에서도 비슷한 사례가 있다. 미국에서는 죽은 사람의 재산을 상속받을 때, 재산의 가치가 일정 금액을 초과하면 상속인이 그에 대해 세금을 내야 한다. 이 세금은 전통적으로 상속세라고 불렸다.

그러나 이 세금을 반대하던 공화당에서 이를 사망세로 부르기 시작했다. 《비즈니스 인사이더Business Insider》의 기사에 따르면 공화당의 메시지 컨설턴트가 진행한 포커스 그룹에서 "상속세라고 부를 때는 68퍼센트의 사람들이 이 세금에 반대했지만, 그가 사망세로 명칭을 바꾸자 그 수치가 78퍼센트까지 치솟았다"라고 했다. 분명 라벨링은 세금에 관한 사람들의 반응에 영향을 미쳤다. 실제로 기사는 "곧 사람들이 선택하는 용어가 어느 정당을 지지하는지 나타내는 지표가 됐다"고 언급했다(Abadi, 2017).

누군가를 규정하는 것은 자신에 대한 인식과 그에 따른 행동에 영향을 준다. 게다가 라벨링 기법을 이용해 정보를 전달하면 반응에도 영향을 미칠 수 있다. 마케터는 이런 발견을 활용해 원하는 행동으로 고객을 이끌어야 한다. 당신이 요청하려는 사항과 일치하는 방식으로 고객을 라벨링하자. 그리고 제시하는 모든 판매 논거가 고객이 동의할 만한 사람이나 조직에서 나온 것인지 신경 쓰자.

제품에도 라벨을 붙여라

텍사스주 댈러스 외곽에 콜린 스트리트 베이커리Collin Street Bakery라는 제과점이 있다. 이 제과점의 대표 제품은 과일 케이크다. 과일 케이크를 먹어본 이들은 곧 사랑에 빠져 단골이 될 정도다. 그래서 예상할 수 있듯 이 제과점의 과제는 새로운 고객이 과일 케이크를 시도해보도록 유도하는 것이었다. 과일 케이크는 종종 농담거리가 되는 디저트다.+

제과점의 마케팅 컨설팅을 맡은 게리 헤너버그Gary Hennerberg는 몇

+ 미국에서 연말 선물로 많이 주고받으나 높은 당도와 퍽퍽한 식감 때문에 선호하지 않는 디저트 종류

가지 조사를 통해 사람들이 이 제과점의 당과 제품들은 좋아하지만, 과일 케이크라는 단어에는 흥미가 떨어짐을 발견했다. 그리고 제과점의 과일 케이크가 매우 특별한 종류의 피칸으로 만들어짐을 알게 됐다. 이에 아이디어를 얻은 그는 이 디저트를 과일 케이크가 아닌 전통적인 텍사스 피칸 케이크로 부르자고 제안했다. 제과점이 새로운 이름을 시도하자 우편 주문이 무려 60퍼센트나 증가했다. 과일 케이크의 요리법도 가격도 그대로였다. 제품을 어떻게 부르고 소개하는지가 달랐을 뿐이다.

추가적인 연구도 제품 설명이 사람들의 생각에 영향을 준다는 가설을 뒷받침한다. 메뉴 항목 설명과 관련된 한 실험에서 연구자들은 '할머니의 주키니 쿠키'나 '촉촉한 이탈리아식 해산물 필레' 같은 라벨이 판매량을 27퍼센트 증가시키고 음식과 레스토랑에 대한 사람들의 인식과 재방문 의향을 높인다는 사실을 발견했다 (Wansink et al., 2002).

이 사실을 염두에 두고 나는 케이프 코드에 있는 레스토랑 중 내가 가장 좋아하는 매사추세츠주 프로빈스타운의 랍스터 팟Lobster Pot으로 향했다. 이 레스토랑은 가족이 운영하는 곳이었고, 나는 '숀의 유명한 특제 블러디 메리'라고 메뉴에 표기한 것이 간단하게 '블러디 메리'보다 판매에 도움이 된다고 생각하는지 궁금했다. 오빠 숀과 함께 레스토랑의 프런트에서 일하는 줄리는 그렇다고 답했다. "사람들은 '숀의 유명한'이라는 설명을 본 후 한번 맛봐야겠다고 말해요. '대회에서 우승한 팀의 클램 차우더'도 마찬가지죠." 줄리는 그녀의 남동생이자 요리사인 팀의 이름을 붙인 수프를 언급하며 말했다.

설명이 차이를 만든다

숀의 유명한 특제 블러디 메리 ························ $12

보드카에 검은 통후추, 레몬 껍질과 페페론치노를 섞은
수제 블러디 메리 믹스

프로빈스타운의 랍스터 팟은 라벨링을 효과적으로 사용해 블러디 메리를 설명한다.

라벨링이 불러온 스노볼 효과

여름에 나는 대부분의 주말을 해변에서 보낸다. 어느 토요일 오후도 헤링코브 해변에서 친구들을 만나 수영과 일광욕을 즐기고 있었다. 이 아름다운 해변은 뉴잉글랜드에서 최고로 꼽히지만, 모래 위에 돌이 많다는 한 가지 단점이 있었다. 그래서 파도를 타러 내려가거나 수영 후 수건을 덮으러 돌아올 때마다 비틀거리며 걸어야 했다. 물에서 나온 사람들은 해변가의 무자비한 돌에 부드러운 발바닥이 닿을 때마다 몸을 비틀고, 꼬고, 아파했다. 이미 파라솔 아래에 돌아와 편히 쉬는 이들은 연민과 즐거움이 뒤섞인 표정으로 바라봤다.

한번은 내가 수건을 덮으러 돌아오는 모습을 보고 친구 아네트가 말했다. 내가 달리기 선수의 다리를 가졌다고 말이다. 앞 장에서 언급했듯이, 나는 한번도 내가 운동선수 유형이라고 생각해본 적이 없다. 내가 가장 좋아하는 운동은 '쇼그'로, 날씨가 괜찮을 때 아침마다 주로 하는 셔플과 조깅의 중간쯤 되는 운동이다. 반면 아네트는 운동선수다. 게다가 달리기 선수다. 그런 그녀가 내게 달리기 선수 같다고 한다면 그럴만한 이유가 있을 것이다. 그래서 그날 해변에서 집으로 돌아온 후 거울에 비친 내 다리를 유심히 보며 말했다.
"그러니깐 이게 달리기 선수 다리란 말이지."

하지만 그날부터 뭔가 달라졌다. 나 자신을 '쇼그 운동하는 사람'보다는 '초보 달리기 선수'로 생각하기 시작한 것이다. 나는 매일 3마일씩 뛰며 시간을 재고, 속도를 높이기 위해 노력했다. 소셜 미디어 페이지에 방금 끝낸 달리기에 관한 글을 올리기 시작했고, 등록비를 내고 처음으로 5킬로미터 달리기 대회에도 신청했다.

아마도 마케팅 관점에서 가장 주목할 점은 내 구매 결정의 변화일 것이다. 과거에는 보기 좋고 가격이 합리적이라면 어떤 운동화든 괜찮았다. 그런데 이제는 '최고급 여성용 운동화'를 사고 싶었다. 나는 러닝화를 전문으로 파는 가게에 가서 한 켤레 맞췄다. 그렇게 운동화에 예전보다 훨씬 많은 돈을 지출한 후, 러닝용 반바지도 추가로 구매했다.

내 운동과 구매 행동 변화는 모두 아네트가 부여한 달리기 선수 명칭으로 시작됐다. 이전에는 나를 그렇게 생각하지 않았지만, 아네트가 라벨을 붙인 것이 변화를 만들었다. 어떤 집단에 속한다는 말을 들었기 때문에 나는 그 집단의 구성원과 비슷한 방식으로 행동하기 시작했다. 라벨이 자기 인식과 그에 따른 행동에 영향을 준 것이다.

사례 연구 라벨링을 사용해 효과적으로 제품을 판매한 제휴 금융사

당신이 판매하는 제품이 구매자보다 구매자의 최종 사용자에게 혜택을 준다면 어떤 마케팅 메시지를 전달해야 할까? 이는 내가 보스턴 지역의 에이전시에서 일할 때 맡은 과제였다.

클라이언트는 임플란트 같은 선택적 진료를 받는 환자들에게 치과의사가 제안할 수 있는 금융 프로그램을 제공했다. 대부분 보험으로 처리하기 힘든 비용인 만큼 이러한 대출은 비싼 치과 치료비용을 부담하는 데 유용했다.

클라이언트가 표적으로 삼은 대부분의 치과는 이미 환자를 위한 금융 프로그램을 갖추고 있었다. 그리고 일반적으로 한번 상품을 결정하면 다시 검토하려 들지 않았다. 게다가 치과 관리자들은 모든 환자 대상 금융 프로그램이 기본적으로 동일하다고 생각했다.

효과적인 마케팅 메시지가 필요한 상황이었다. 우리 크리에이티브 팀은 몇 가지 방법을 모색했다. 먼저 금융 프로그램에 가입하는 치과에 무료 점심을 제공하는 아이디어를 생각해보았다. 무언가를 제공하는 것은 매우 매력적인 만큼 좋은 방법이 될 수 있다. 특히 무료라면 더욱 그렇다. 하지만 우리는 치과 관리자와 의사들이 매우 바쁘다는 걸 잘 알고 있었다. 그리고 이미 금융 솔루션을 보유했을 확률이 높은 만큼, 우리 클라이언트의 서비스가 시급히 필요해 보이지 않았다. 따라서 핵심 메시지로 무료 점심을 내세우는 것이 관성을 극복하고(11장 참고), 가입을 유도하기엔 충분하지 않다고 판단했다.

클라이언트의 서비스가 치과의 현재 금융 솔루션보다 좋은 점을 강조하는 방법도 생각해보았다. 이 상품은 환자 대출에 대한 승인율이 높았고, 수수료는 경쟁사보다 낮은 편이었다. 설득력 있는 주장이지만 큰 반응을 끌어내기에는 너무 이성적인 이유였다. 사람들은 보통 감정적인 이유로 결정을 내리고 이성적인 이유로 합리화한다(1장 참고). 우리는 이러한 이성적 이유 외에 다른 소구점이 있어야 한다고 생각했다.

결국 우리 팀은 무료 점심 제공과 가입해야 하는 이성적 이유를 소구점으로 제시하는 강력한 방법을 모두 취해보기로 했다. 하지만 핵심 메시지에는 환자를 우선시하는 사람으로 타깃을 규정하는 라벨링을 적용했다. 치과의사나 관리자를 그렇게 라벨링해 기반을 마련한 것이다. 그러면 그들은 높은 환자 대출 승인율로 빠른 진료를 받게 해주는 유익한 금융 서비스에 관심이 없다고 말하기 힘들어진다. 감정적인 요소를 실은 라벨링으로 타깃이 그에 부합하게 행동하도록 이끈 것이다. 타깃은 실제로 그렇게 행동했으며, 이 메시지는 클라이언트의 이전 마케팅보다 64퍼센트 높은 성과를 이끌었다.

기업의 라벨링 전략

마케터는 메시지와 부합되게 타깃의 생각을 이끄는 라벨을 선택해야 한다. 당신의 제품이나 서비스를 당연히 구매하는 집단의 구성원이라고 자신을 생각하도록 유도하자. 나는 여러 클라이언트의 커뮤니케이션에 다음과 같이 라벨링을 적용한 바 있다.

- 타깃을 지역의 유망사업으로 라벨링한 비즈니스 서비스업체
- 타깃을 항상 사랑하는 이들을 돌보는 사람으로 라벨링한 생명보험 회사
- 타깃을 은퇴자금에 자신감을 느끼고 싶은 이들로 라벨링한 금융 서비스 회사

일단 타깃이 그 라벨을 받아들이고 동일시한다면 그들이 취해야 할 행동은 자명하다. 예를 들어 당신이 항상 가족을 생각하는 사람이라면 생명보험에 가입할 수밖에 없다. 당신이 세상을 떠난 후에도 사랑하는 이들이 재정적으로 힘들지 않도록 말이다.

라벨링도 강력한 기법이지만 고객의 행동을 이끌기 위해 마케터들이 사용할 수 있는 관련된 행동과학의 원칙이 또 하나 있다. 바로 프레이밍이다.

프레이밍은 인식을 바꾼다

행동과학자들은 무언가를 설명하고 프레이밍하는 방식이 사람들의 결정에 영향을 준다고 주장한다. 《생각에 관한 생각》의 저자

대니얼 카너먼은 "동일한 정보라 해도 제시하는 방식에 따라 다른 감정을 불러일으킬 수 있다"라고 설명한다. 그리고 《넛지》(2011)의 저자인 탈러와 선스타인은 "어떻게 설명하냐에 따라 선택은 달라진다"라고 말한다.

즉 당신은 마케팅 메시지에 사용하는 단어가 고객의 반응에 큰 영향을 준다는 사실을 기억해야 한다. 마케터는 타깃이 이해하기 쉽고, 그들에게 의미 있고, 새로운 방식이나 적어도 당신이 원하는 방식으로 생각하게 이끄는 표현을 선택해야 한다.

심리학자 엘리자베스 로프터스Elizabeth Loftus는 단어의 선택이 얼마나 중요한지 증명하는 실험을 수행했다(Loftus and Palmer, 1974). 이 실험에서 로프터스는 사람들에게 자동차 사고 동영상을 보여주고 자동차들의 속도를 추정해보라고 지시했다. 그녀는 질문에 몇 가지 다른 동사를 사용했는데 결과는 의미심장했다.

일부 사람들에게 '자동차가 박살났을 때Smashed의 속도'를 예상해보라고 묻자, 시속 40.8마일이라는 추정치가 나왔다. 반면 어떤 이들에게는 '자동차가 부딪쳤을 때Contacted의 속도'를 예상해보라고 물었다. 그러자 수치는 시속 31.8마일로 떨어졌는데 이는 28퍼센트가 넘는 차이다. 모두가 동일한 동영상을 시청했고, 같은 질문을 받았다. 유일하게 다른 점은 그 질문에서 사용한 동사였다. 질문의 프레이밍이 매우 중요함을 보여준 실험이다.

캐나다 소프트웨어 기업 언바운스Unbounce의 연구원들도 프레이밍 효과를 실험했다. 그들은 온라인 추첨 행사를 설명할 때, 판촉Promotion보다 경품Sweepstake으로 프레이밍하는 것이 50퍼센트 더 높은 성과를 낸다는 사실을 발견했다. 비슷한 두 단어를 사용했지만 결과는 매우 달랐다.

마지막으로 또 다른 실험에서 연구원들은 다이어트하는 사람들이 건강한 이름으로 프레이밍된 간식을 더 많이 먹는다는 것을 발견했다. 연구원들은 똑같은 간식을 과일 사탕Fruit Chews이나 쫀득한 사탕Candy Chews으로 소개했다. 다이어트 중인 사람들은 간식의 성분표를 읽고 어떤 종류인지 정확히 인식했음에도, 과일 사탕이라고 프레이밍했을 때 더 많이 섭취했다(Irmak et al., 2011).

마케터들은 온라인 행동 유도 문구CTA를 통해 프레이밍 전략을 활용할 이상적인 기회가 있다. 그 기회는 바로 '예/아니요' 버튼을 사용할 때 찾아온다. 핵심은 '예'를 선택하지 않는 것이 어리석음을 강조하는 방식으로 '아니요'를 프레이밍하는 것이다. 예를 들어 한 버튼은 "예, 지금 보고서를 원합니다", 다른 버튼은 "아니오, 경쟁자 동향을 알 필요 없습니다"라는 식으로 표현하는 것이다. 선택지를 이런 식으로 프레이밍하면 잠재 고객은 '아니요'를 선택하기 훨씬 어려워진다. 뉴 뉴로마케팅 블로그에 실린 연구에 따르면, 적절하게 '예/아니오' 버튼을 프레이밍하자 전환율이 40퍼센트에서 최대 125퍼센트까지 증가했다(Van Bommel, 2016). 누군가 놓칠 수 있는 것을 강조해 선택지를 프레임하면, 손실 회피 심리(2장 참조)를 유발해 긍정 응답으로 이끌 수 있다.

효과적으로 프레이밍하는 방법

프레이밍이 마케팅 문구에 들어가는 표현에만 국한된 것이 아님을 기억하자. 퍼센트와 가격을 다룰 때도 프레이밍은 중요한 전술이다. 마트에서 당신은 95퍼센트 무지방 요거트, 아이스크림, 다진 고기를 접해봤을 것이다. 대신 용기에 5퍼센트의 지방이 들어 있다고 적혀 있다면 소비자의 반응이 어떨지 상상해보라. 이와 유사하게, 당신은 연간 총액이 아닌 월 단위로 표시된 가격을 쉽게 볼 수 있다. 당연히 마케터들은 총금액을 모두 먼저 받고 싶을 것이다. 하지만 당장 120달러가 든다고 하는 것보다 월 10달러라고 프레이밍하는 것이 잠재 고객은 훨씬 감당할 수 있다고 느낀다.

게다가 행동과학 연구에 따르면 적은 금액이어도 이를 강조하는 것이 효과적이다. 특히 특정 유형의 고객에게는 더욱 그렇다. 한 실험은 사람들에게 상품을 더 빨리 받으려면 특급 배송비를 내야 한다고 말했다(Rick et al., 2008). 배송비는 5달러 또는 단돈 5달러로 표기됐는데 '단돈'이라는 표현을 추가했을 때 20퍼센트 더 많은 사람이 배송비를 내겠다고 했다. 연구자들은 이들을 씀씀이가 헤픈 이들과 달리 돈을 아끼는 사람으로 분류했다고 언급한다. 이러한 구분은 중요하다. "돈을 아끼는 사람들이 돈을 낭비하는 사람들보다 3 대 2 비율로 더 많기" 때문이다. 이는 당신의 고객 중에서도 가격 민감성이 높은 사람이 더 많을 수 있음을 의미한다.

하지만 스탠퍼드 대학의 연구자들은 상품을 가격이나 저렴함의 측면보다 상품과 관련된 경험이라는 측면에서 프레이밍하는 것이 효과적일 때가 많음을 발견했다(Mogilner and Aaker, 2009). 연구자들은 이렇게 말한다. "상품과 관련된 경험은 개인적인 유대감을 형성하는 만큼 시간을 언급하면 일반적으로 더 호의적인 태도와 많은 구매로 이어진다."

연구자들은 다섯 번의 실험을 통해 이런 결론에 도달했다. 가장 특이한 실험은 여섯 살짜리 아이 두 명과 세 개의 다른 표지판이 있는 레모네이드 가판대, 샌프란시스코의 공원이 등장한다. 레모네이드 가판대의 표지판은 10분마다 바뀌었고, 이에 공원을 지나가는 사람들은 다양한 메시지를 접했다. 한 표지판에는 "잠깐 시간을 내어 C&D의 레모네이드를 즐겨보세요"라고 적혀 있었다. 다른 표지판에는 "저렴한 비용으로 C&D의 레모네이드를 즐겨보세요"라고 적혀 있었다. 세 번째 표지판에는 "C&D의 레모네이드를 즐겨보세요"라고만 적혀 있었다. 사람들은 음료수를 살 때 "1달러에서 3달러 사이에서 자유롭게 비용을 내라"고 들었는데, 이 금액에는 로고가 새겨진 플라스틱 컵도 포함돼 있었다. 레모네이드를 구매한 후, 그들은 짧은 고객 만족도 조사에 참여해달라는 요청을 받았다.

연구자들은 표지판에 잠깐 시간을 내어 즐기라는 표시가 있을 때 가장 많은 사람이 레모네이드를 구매하러 왔음을 발견했다. 그들은 또한 더 많은 비용을 냈으며, 고객 만족도 조사에서도 이 레모네이드에 더 호의적인 태도를 보였다. 연구자들은 "실제 비즈니스 상황에서 여러 소비자를 대상으로 진행한 이 실험은 비용보다 시간을 언급하는 것만으로도 동일한 제품을 더 매력적이고 사랑받는 제품으로 만들 수 있음을 보여준다"라고 결론지었다.

⚠ 주의

타깃이 당신의 제품이 너무 비싸거나, 필요하지 않거나, 경쟁 회사의 상품과 비슷하다고 생각한다면 그들의 판단 기준을 조정하자. 이를 통해 타깃의 생각과 행동을 바꿀 수 있다.

때로는 상품을 재프레이밍하고 포지셔닝해야 한다

프레이밍은 당신의 제품이나 서비스에 대한 사람들의 생각을 바꾸고 싶을 때 쓸 수 있는 효과적인 도구다. 특히 사람들이 당신의 제품을 잘 알고, 그래서 자신은 필요 없다고 생각할 때 더욱 그렇다.

경력 초기에 재프레이밍으로 이런 저항을 극복한 멋진 사례를 경험한 적이 있다. 당시 나는 소규모의 다이렉트 마케팅 에이전시에서 일하고 있었다. 카리스마 있던 젊은 창업자는 야심만만하고 똑똑했다. 그는 유명한 일류 기업들을 고객으로 영입하고 싶어 했지만 그런 기업들과 일하고 싶은 에이전시는 수두룩했다. 그리고 각 기업은 이미 안정된 대형 다이렉트 마케팅 에이전시와 함께하고 있었다. 즉, 그들이 창업자의 제안을 거절할 이유는 명백했다.

그래서 이 창업자는 기업에 다가갈 때 자신의 회사를 다이렉트 마케팅 에이전시라고 소개하지 않았다. 대신, 그는 다양한 분야를 아우르는 마케팅 회사라고 프레이밍했다. 그것은 분명 사실이었다. 이 에이전시는 성공적인 제휴 마케팅 프로그램을 구축하고, 기업을 홍보하는 데 필요한 모든 다이렉트 마케팅 자료를 만들었다. 이런 식으로 잠재 고객에게 서비스를 프레이밍한 것은 기회로 이어졌다. 이미 사용하고 있는 에이전시와는 다른 성격의 회사라고 생각하게 만든 것이다. 잠재 고객들은 창업자가 설명한 서비스를 제공하는 에이전시는 고용하고 있지 않았기에 관심을 갖기 시작했다.

그 후 에이전시는 좋은 성과를 거두었고 수많은 일류기업을 고객으로 영입했다. 창업자가 성공을 거둔 데는 여러 이유가 있겠지만, 나는 처음에 회사를 프레이밍한 방식이 큰 역할을 했다고 생각한다. 그 당시에도 매우 현명한 전략이라고 느꼈던 기억이 난다. 마케팅에서 행동과학의 힘을 깨닫기 훨씬 전인데도 말이다.

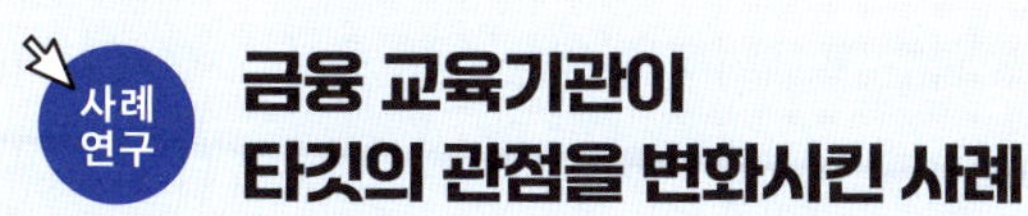

금융 교육기관이 타깃의 관점을 변화시킨 사례

일단 대학에 입학한 학생들은 공부하고 사람들과 어울리는 데 많은 시간을 보낸다. 그러나 학자금 대출 만기 후 어떻게 상환할지는 별로 관심을 두지 않는다. 이와 관련해 내 마케팅 경력에서도 손꼽히는 흥미로운 과제를 맡았다. 의뢰인은 대학생들의 금융 지식에 중점을 둔 미국 기관으로 학생들이 학자금 대출을 제때 갚도록 돕는 것이 궁극적인 목표였다.

이 기관은 대학생들이 학자금 대출 상환을 준비하도록 여러 노력을 펼쳤지만 기대만큼 성공을 거두지 못했다. 그래서 우리 에이전시를 찾았고, 우리는 메시지를 다르게 프레임해 보기로 했다. 그들이 진 빚에 중점을 두기보다 학생들이 학비 마련 방법을 찾도록 지원하는 프로그램이라고 프레임한 것이다. 우리는 학생들의 상황에 더 많이 공감하는 프레임을 사용해 그들의 관심을 끌고 장학금과 인턴십, 취업 지원과 같은 다른 요소들을 설명했으며, 학자금 대출 상환 계획에도 도움을 줄 수 있었다. 그 결과, 캠페인 활성화율은 두 배로 증가했고 학생들의 참여도도 치솟았다.

프레이밍에 성공한 3가지 사례

몇 년 후 약 8,000마일 떨어진 곳에 있는 한 맥주 양조 회사가 이 금융 교육기관과 동일한 프레이밍 기법을 사용했다. 그들의 과제는 상당히 달랐다. 뉴질랜드 산 라거맥주인 DB 엑스포트의 판매를 늘리는 것이 당면한 과제였다. 광고 에이전시인 콜렌소 BBDO는 이를 해결하기 위해 프레이밍 기법을 사용했다. 맥주 마시는 행위를 세상을 구하는 일로 프레이밍한 것이다.

DB 맥주공장은 맥주 양조 과정에서 남은 효모로 바이오연료인 브루트롤리엄Brewtroleum을 만들었다. 그리고 이 맥주를 많이 마실수록 석유를 대체할 깨끗한 대체물이 생성되고, 대체 연료가 생성될수록 더 많은 차량에 공급할 수 있다고 강조했다. 2018년 《오스트레일리언스 마케팅Australian's Marketing》 잡지에 실린 기사는 "DB 엑스포트 양조장에서 나온 11만 6,000톤의 효모 찌꺼기를 활용해 초기 두 번의 생산 과정에서 33만 리터의 브루트롤리엄을 만들었고, 이를 통해 7만 5,000킬로그램의 탄소가 대기로 배출되는 것을 막았다"고 전한다. 기사는 많은 광고상을 받은 이 캠페인을 이렇게 요약했다. "DB 엑스포트 브루트롤리엄은 맥주 소비에 관한 인식을 바꾸었다. 이기적인 탐닉에서 환경보호에 앞서는 이타적인 행동으로 말이다." 또한 맥주 판매 역시 어려운 시장 환경 속에서도 10퍼센트나 증가했다. 정말 마케터들이 인정할 만한 프레이밍 사례다.

또 다른 훌륭한 프레이밍은 탬슨 웹스터의 사례에서 찾아볼 수 있다. 작가이자 마케팅 컨설턴트인 탬슨 웹스터는 커리어 초기에 체중 관리 프로그램 회사인 웨이트 와처스Weight Watchers의 팀장으로 부업을 했다. 그녀가 코칭한 사람 중에는 '주로 밤에 먹는다'는 사람들이 있었다. 그들은 낮 동안은 체중 관리 프로그램이 허용하는 점수를 주의 깊게 확인하면서 식사를 조절했지만 저녁에는 계속 무언가를 먹어야 한다고 느꼈고, 하루 허용 점수를 초과할 때가 많았다.

그래서 탬슨은 하루를 재구성했다. 프로그램에 참여한 사람들에게 하루 24시간을 밤에 시작하라고 말한 것이다. 그녀는 이렇게 설명한다. "아침부터 점수가 누적된다고 프로그램에 전혀 명시한 적이 없어요. 24시간을 어떻게 구성하든 '하루'라는 데 모두 동의할 수 있었죠."

이렇게 창의적으로 하루를 프레이밍한 방법은 효과가 있었다. 참가자들은 필요하다면 밤에 어느 정도 음식을 먹는 자유를 누렸고, 통제력이 있는 낮에 좀 더 엄격하게 식단을 조절했다(Webster, nd).

대형 장거리 전화 회사의 일을 맡으면서, 나는 동료들이 시간을 다른 방식으로 영리하게 재구성한 사례를 접했다. 고객이 서비스를 취소하려 전화를 걸면 콜센터 직원들은 60분의 무료 장거리 전화 서비스를 제공해 고객이 계속 남도록 해야 했다. 하지만 그래도 서비스를 취소하려고 하면 콜센터 직원들은 유연한 대응 전략으로 전환했다. 그들은 회사가 장거리 전화를 1시간이나 무료로 이용할 수 있는 기회를 제공하면 계속 서비스를 유지할 것인지 물었다. 60분과 1시간은 같은 시간이지만 이런 식으로 제안을 프레이밍해 꽤 많은 고객을 계속 보유할 수 있었다.

라벨링과 프레이밍 활용 전략

- 당신이 추구하는 행동과 일치하는 라벨로 잠재 고객을 지칭하자. 예를 들어 당신이 고급 조리도구를 판매한다면 잠재 고객을 식도락가나 미식가라고 불러라. 마찬가지로 중요한 고객은 우수 고객으로 라벨링하자. 마케팅 전략가인 그레고리 시오티Gregory Ciotti가 말했듯 "'보통' 등급의 소비자들은 별 영향을 받지 않지만 '최상위' 소비자로 라벨링된 사람들은 더 많이 구매하는 경향을 보인다(Ciotti, nd)."
- 사용할 라벨을 선택할 때는 타깃이 그 라벨에 불쾌해하지 않도록 주의하자. 민주당 지지자를 충성스러운 공화당 지지자라고 부르거나 채식주의자를 고기를 좋아하는 미식가로 부르는 것은 금물이다.
- 타깃을 높이 치켜세우는 라벨은 효과가 좋다. 사람들에게 특성을 부여하는 라벨도 그렇다. 자선단체가 잠재 고객을 관대한 사람으로, 의류 브랜드가 타깃을 트렌드세터로 부르는 것처럼 말이다. 비즈니스 콘퍼런스는 잠재적인 참석자를 영향력 있는 임원으로 라벨링할 수 있다.
- 제품과 서비스의 명칭을 지을 때는 시장의 다른 제품이나 서비스와 차별화하고 고객에게 매력적으로 느껴지도록 라벨링 기법을 고려하자. '신청 양식Application'과 '빠른 승인 요청서Quick Decision Form'가 주는 어감의 차이를 생각해보자.
- 프레이밍 기법을 사용해 사람들이 제품과 서비스, 필요성에 대해 생각하는 관점을 바꾸자. 내가 본 흥미로운 사례는 방향제

판매 회사였다. 방향제 하면 보통은 불쾌한 냄새를 감추는 용도를 떠올린다. 그러나 이 회사는 방향제를 사용하면 방마다 여러 지역의 향을 낼 수 있어서 즉각적으로 휴가를 경험하는 것과 비슷하다고 프레이밍했다.

- 타깃이 기존 고객이라면 당신 회사와 거래를 중단하는 것을 변화의 위험과 그로 인해 잃을 수 있는 요소에 맞춰 프레임하자. 타깃이 잠재 고객이라면 그대로 머무르면 당신이 제공하는 모든 것을 얻지 못하기 때문에 현재에 머무는 위험 요소에 초점을 두고 메시지를 프레임하자.
- 잠재적인 약점을 더 긍정적인 시각으로 볼 수 있도록 재프레임하라. 예를 들어 비좁은 식당은 친밀한 식당으로, 제품의 기본 버전은 복잡한 추가 기능 없이 필요한 기능을 모두 갖춘 것으로 프레이밍할 수 있다.
- 프레이밍을 사용해 기존 고객과 잠재 고객의 사고방식을 바꾸자. 예를 들어, 당신의 서비스 가격을 비용이 아닌 투자로 일컫자. 또는 유명 연사 없이 콘퍼런스를 개최해야 한다면, 매번 같은 연사의 비슷한 내용이 아닌 실제 실무자들의 성공 사례를 자세히 접하는 콘퍼런스로 프레이밍할 수 있다.

결론

라벨링과 프레이밍을 활용하면 타깃의 구매 가능성을 높일 수 있다. 라벨링은 고객이 자신을 바라보는 방식에 영향을 주고, 프레이밍은 고객이 상품을 바라보는 관점을 바꾼다. 라벨링과 프레이밍 모두 무의식적인 구매 결정을 끌어낼 수 있다. 사람들은 자신이 속한다고 들은 집단과 일치하는 방식으로 행동할 것이다. 그리고 제품이나 서비스에 대한 특정한 인식과 생각을 유도하는 프레이밍된 메시지에 반응한다.

예를 들어 사람들은 마케터가 자신을 트렌드세터라고 지칭했기 때문에 막 출시된 제품을 구매할 수 있다. 혹은 마케터가 영원히 유행할 고전적인 제품이라는 프레임을 붙였기 때문에 오래된 제품을 구매할 수도 있다. 이 각각의 사례에서 '때문에'라는 단어는 설명에 핵심적인 역할을 했다. 다음 장에서는 이유를 제시하는 방식이 어떻게 무의식적인 동의를 이끌고, '때문에(왜냐하면)'라는 단어가 왜 중요하게 작용하는지 살펴보자.

요약

1. 고객을 어떤 집단에 속한다고 규정하면, 그들은 그 집단과 일치하는 방식으로 행동할 것이다.
2. 사람들은 이전에는 자신에게 적용되지 않는다고 생각한 라벨이라도 불쾌하게 느껴지지 않는 한 받아들인다.
3. 라벨은 자신을 바라보는 방식과 그에 따른 행동을 바꿀 수 있다.
4. 정보의 출처를 어떻게 라벨링하느냐에 따라 사람들의 반응이 달라진다.
5. 제품을 지칭하는 방식은 고객의 인식에 영향을 준다.
6. 당신이 고객에게 바라는 행동과 일치하는 방식으로 잠재 고객을 라벨링하자.
7. 동일한 정보를 다르게 프레이밍하면 정보에 대한 반응이 달라질 수 있다. 예를 들어 사람들은 95퍼센트 무지방 제품은 원하지만 5퍼센트 지방 제품은 꺼린다. 저렴한 제품은 특가로, 오래된 제품은 고전적인 제품으로 프레이밍할 수 있다. 한정된 서비스를 제공하는 회사는 전문업체로 프레이밍하자.
8. 제품을 설명하는 단어를 신중히 선택하자. 이는 타깃의 인식과 행동에 영향을 미친다.
9. '예/아니오' 버튼을 사용할 때 '아니오' 버튼에는 '예'라고 응답하지 않을 때의 결과를 문구로 넣어라.
10. 고객이 제품을 사용하는 경험과 절약하는 비용의 관점에서 프레이밍을 시도해 비교해보자. 제품의 경험을 강조한 프레이밍은 감정적인 반응을 자극한다.
11. 프레이밍을 사용하여 사람들이 새로운 관점이나 마케터가 원하는 방식으로 생각하도록 이끌어라.

13 무의식적 순응 반응

#Automatic compliance triggers #Reasons #Increasing action

행동에 이유를 붙여라

행동과학자들에 따르면 사람들은 이유가 수반된 요청에 더 순응하는 경향이 있다. 따라서 마케터는 고객이 그들의 메시지에 반응해야 하는 이유를 (너무 명백하다고 생각할 때도) 꼭 포함해야 한다. 그리고 표현과 그래픽 같은 여러 수단을 통해서도 사람들의 무의식적인 반응을 이끌 수 있다.

왜 포커스 그룹[+]을 항상 신뢰할 수 없는지 아는가? 그들이 말하는 구매와 비구매의 이유와 광고에 반응하거나 반응하지 않는 이유가 잘못된 정보일 때가 많기 때문이다. 의도적인 건 아니다. 교활하게 속일 생각으로 포커스 그룹에 참가한 것도 아니다. 그런데도 정보는 정확하지 않고, 마케터인 당신은 결국 잘못된 데이터를 사용하게 된다.

그렇다면 사람들이 그러는 이유는 뭘까? 왜 질문에 솔직하게 답하지 않는 걸까? 사생활 침해라고 느끼는 걸까? 아니면 거울 뒤에 마케터들이 있다는 사실을 알고 당황해서? 다른 참가자의 의견에 압도돼 그룹에서 가장 힘센 사람의 말을 따르는 걸까? 아니면 그저 친절한 마음으로 마케터가 듣고 싶은 말을 하는 걸까?

모두 좋은 추측이다. 이런 요소들은 포커스 그룹의 반응에 어느 정도 영향을 줄 순 있다. 그러나 훌륭한 연구자나 포커스 그룹 관리자는 보통 이런 변수들을 통제할 수 있는 만큼, 이는 중요하게 작용

\+ 특정 주제에 관해 소비자의 의견을 듣기 위해 진행하는 소규모 집단 인터뷰

하지 않는다. 그렇다면 다시 질문으로 돌아가 보자. 포커스 그룹 참가자들은 왜 우리에게 거짓말을 하는가? 그들은 돈을 받고 참여한다. 검토를 통해 해당 주제에 적합한지도 확인받았다. 그렇다면 왜 관리자의 질문에 진실하게 대답하지 않는 걸까?

여기서부터 흥미로워진다. 참가자들은 자신이 솔직하게 말한다고 생각한다. 임무를 잘 수행하고 있으며, 질문과 자료에 진실한 의견과 반응을 전달한다고 느낀다.

이는 사람들이 실제로 자신의 행동 이유를 잘 모를 때가 많기 때문이다. 1장에서 보았듯 우리는 인지하지 못하는 요소들에 영향을 받는다. 왜 그렇게 구매를 결정했는지 안다고 믿지만 사실은 그렇지 않을 때가 많다. 행동과학자 수잔 웨인쉔크Susan Weinschenk(2019)는 이렇게 말했다. "연구에 따르면 우리가 내리는 크고 작은 결정은 무의식적으로 일어나며 감정에 영향을 받는다."

그러나 대부분의 결정이 무의식적으로 일어나도, 사람들은 자신의 행동 이유를 잘 안다고 생각한다. 그 결과, 질문을 받으면 자신이 진실이라고 믿는 이유를 말한다. 하지만 그 정보는 마케터들에게 크게 유용하지 않다. 세계적인 광고 회사인 오길비앤드매더Ogilvy and Mather의 설립자 데이비드 오길비David Ogilvy는 이렇게 말했다. "사람들은 느낀 대로 생각하지 않고, 생각한 대로 말하지 않으며, 말한 대로 행동하지 않는다(BrainSigns, 2019)."

그럼에도 불구하고 사람들은 이유가 있어서 자신이 행동한다고 생각하고 싶은 강력한 욕구가 있다. 그리고 자신에게 통제권이 있다고 느끼고 싶은 욕구도 강력하다(7장 참조). 그 결과, 인간은 그 행동의 적절한 이유를 본질적으로 만들어낸다. 예를 들어 분실한 열쇠 꾸러미를 찾으며 이런 생각을 한 적이 있을 거다. '아, 내가 여기에 열쇠를 둔 이유가 분명 있을 텐데….' 우리의 뇌는 실질적인 이유가 아니더라도, 상황과 이치에 맞는 방식으로 빠진 정보를 채워 넣는다. 사람들은 자기 행동의 이유를 만들고 싶어 한다. 이는 연구자에게는 별로 좋지 않은 소식일 수 있으나(내가 실제 시장 테스트를 선호하는 이유다), 마케터들에게는 꽤 희소식이다.

마케터의 목표는 사람들이 행동을 취하게 만드는 것이다. 행동과학 연구에 따르면 당신이 누군가에게 행동의 이유를 제시하면 그들은 그렇게 움직이는 경향을 보인다. 즉, 왜 구매하고 응답해야 하는지 이유를 제시하면 원하는 고객의 반응을 얻을 수 있다는 의미다. 사람들은 그렇게 행동해야 할 이유가 있다고 느낄 것이고, 그 결과 무의식적으로 반응할 수 있다.

마케터는 특정한 메시지를 통해 사람들이 큰 고민 없이 무의식적으로 요청에 동의하거나 순응하도록 유도할 수 있다.

행동할 이유를 만들어주어라

로버트 치알디니는 《설득의 심리학》에서 '무의식적인 순응 반응'을 이끄는 특정 요소들을 설명한다. 그는 이런 반응 패턴을 '테이프가 돌아가는 기계적인' 반응에 비유한다. 마치 버튼을 누르면 녹음

된 말이나 기계적인 행동이 나오는 것처럼 말이다.

그런 자동적인 순응 반응을 유도하는 단어 중 하나가 바로 '때문에(왜냐하면)'이다. 치알디니는 이렇게 말한다. "인간 행동에는 유명한 원칙이 있다. 누군가에게 호의를 바랄 때 그 이유를 제시하면 성공할 가능성이 높아진다." 연구를 통해 '때문에(왜냐하면)'라는 단어로 그 이유를 제시하면 요청자가 원하는 반응을 유도할 수 있음을 알 수 있다(Langer et al., 1978).

한번 상상해보자. 당신은 도서관에서 서류를 들고 복사 차례를 기다리고 있다. 당신의 순서가 돼 종이를 복사기에 올려놓는 순간 낯선 사람이 다가와서 자기가 먼저 복사할 수 있냐고 묻는다. 어떻게 하겠는가? 아마도 그날 자신의 일정과 기분 같은 요소에 그 대답이 달려 있다고 생각할 것이다. 그럴 수도 있다. 하지만 정중한 요청이었다는 가정 아래, 그 사람이 부탁할 때 사용한 특정 단어로 결과가 달라질 수 있을까?

랭어의 실험에 의하면 그렇다. 랭어는 실험자에게 복사기를 막 사용하려는 사람에게 다가가 이렇게 말하도록 지시했다. "실례합니다. 5장 정도 분량인데 복사기를 먼저 사용해도 될까요?" 그러자 요청을 받은 사람 중 60퍼센트가 먼저 복사하도록 허락했다. 이 결과를 기준점으로 생각하자. 이번에 랭어는 실험자에게 그 요청을 다른 두 방식으로 표현하도록 지시했다. "실례합니다. 5장 정도 분량인데 복사기를 먼저 사용해도 될까요? 왜냐하면 제가 복사를 좀 해야 해서요." 혹은 "실례합니다. 5장 정도 분량인데 먼저 복사기를 사용해도 될까요? 왜냐하면 제가 상황이 좀 급해서요"라고 말이다.

마지막 버전을 보면서 이렇게 요청을 구하면 많은 사람이 먼저 복사하라고 허락했을 것이란 짐작이 간다. 실제로 수치는 60퍼센트에서 94퍼센트로 증가했다. 어쨌든 실험자는 급한 상황이라고 하지 않았는가?

놀라운 점은 실험자가 "왜냐하면 제가 복사를 좀 해야 해서요"라고 요청했을 때의 반응이다. 94퍼센트보다는 작지만 무려 93퍼센트의 사람들이 승낙했다. 복사기 앞에 줄 서 있던 사람들은 모두 복사해야 했다. 커피나 마시려고 줄 서 있던 게 아니다. 랭어는 '왜냐하면'이라는 단어가 사람들이 생각 없이 승낙하게 만드는 신호 역할을 했다고 판단했다. 랭어는 "사람들은 정보를 충분히 평가한 다음 실행하는 것이 아니라, 상황적인 신호에 따라 행동할 때가 더 많다"라고 설명했다.

엘렌 랭어의 복사기 실험에서 이유를 들어 요청하자 순응률은 크게 증가했다. 이유 같지 않은 이유를 제시했을 때도 순응률은 기

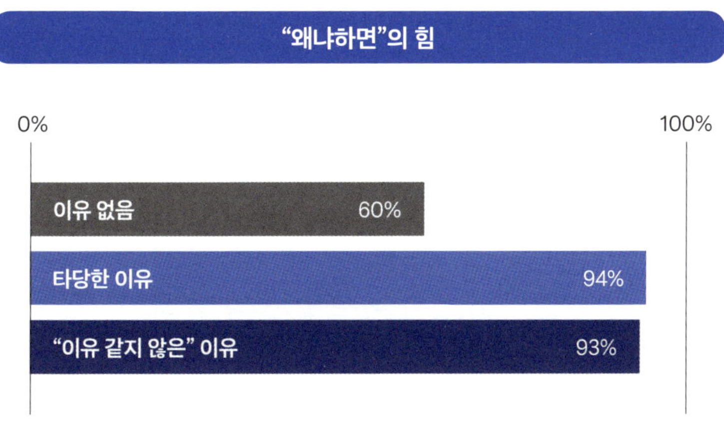

엘렌 랭어의 복사기 실험에서 이유를 들어 요청하자 순응률은 상당히 증가했다. 이유 같지 않은 이유를 제시했을 때도 순응률은 기준치인 60퍼센트에 비해 93퍼센트를 기록하며 높은 결과를 보였다.

준치인 60퍼센트에 비해 93퍼센트를 기록하며 더 높은 결과를 보였다.

랭어는 요청의 이유를 제시하고 '왜냐하면'이라는 단어로 신호를 주는 것이 승낙을 얻는 강력한 방법임을 보여줬다. 하지만 마케터들이 말도 안 되는 이유로도 원하는 행동을 이끌 수 있다고 생각하기 전에 랭어의 후속 실험을 살펴보자.

이 실험에서 복사 분량은 5장에서 20장으로 늘어났고, 이는 더 부담스러운 요청이었다. 사람들은 타당한 이유에는 기준치인 24퍼센트에 비해 더 높은 42퍼센트의 순응률을 보였다. 그러나 '이유 같지 않은' 이유를 제시했을 때는 순응률이 증가하지 않았다.

이는 마케터가 사람들에게 행동을 요청할 때 이유를 제시하되, 그 이유가 타당해야 함을 시사한다. 또한 요청할 때는 '왜냐하면'이라는 단어를 의도적으로 넣는 것이 좋다. 그렇게 할 때 당신은 타깃에게 더 쉽게 승낙을 끌어낼 수 있을 것이다.

어떤 이유를 만들어야 할까

여러분이 9장을 읽었다면, 경제 침체기에 소형 에이전시의 크리에이티브 디렉터 자리를 승낙한 내 이야기를 기억할 것이다. 나는 대형 에이전시에서 크리스마스 무렵 해고당한 후, 파트타임으로 일할 수 있는 것에 감사했다. 그리고 얼마 후 모기업의 영업 임원이 풀타임 전환을 논의하자고 연락했을 때 기뻤지만, 결국 의미 없는 제안이었던 것도 기억날 것이다. 하지만 이 이야기는 해피엔딩으로 끝났다.

대부분의 에이전시와 마찬가지로 이 작은 회사는 불황에 맞서 사업을 키우기 위해 고군분투했다. 똑똑하고 재능 있는 직원들이 클라이언트에게 좋은 서비스와 효과적인 크리에이티브를 제공했지만 경쟁 환경은 점점 치열해졌다. 소규모 클라이언트를 좇지 않던 대형 에이전시들도 갑자기 관심을 보이기 시작한 것이다. 소형 에이전시들은 클라이언트를 유치하기 위해 가격을 낮춰야 했다. 그리고 잠재 고객에게 에이전시를 선택해야 하는 강력한 이유를 제시하는 것이 더욱 중요해졌다.

에이전시의 닐 사장은 내게 그 이유를 함께 고민해달라고 요청했다. 우리는 몇 가지 이유를 생각해보았다. 우선 큰 에이전시 경험을 소형 에이전시의 가격으로 제공한다는 아이디어를 떠올렸다. 대부분의 직원이 유명한 대형 에이전시에서 일한 경험이 있었기 때문에 타당한 주장이었다. 하지만 안타깝게도 몇몇 경쟁 기업 역시 그런 주장을 할 수 있었다.

우리는 모기업과 연계하는 방법도 생각해보았다. 모기업은 인쇄와 제작 서비스를 제공하고 있었으므로, 인쇄와 우편물에 접근성이 뛰어난 에이전시로 포지셔닝할 수 있었다. 이런 이유를 제시할 수 있는 경쟁사는 드물었다.

그러나 잠재 고객이 디지털 업무를 다루는 에이전시를 찾는다면, 우리가 디지털 서비스를 제공하지 않는다고(제공하는 데도) 생각할 수 있었다. 또한 오프라인 작업을 원해도 모기업이 지닌 인쇄 기종에서만 작동하도록 디자인하기 때문에 우리가 제시하는 콘셉트가 제한적이라고 우려할 가능성이 이었다. 실제로는 아니지만 가능한 인식이었다.

닐과 대화를 이어가던 중 나는 문득 아이디어가 떠올랐다. 우리 모두 행동과학에 관심이 많고 이를 매우 중요하게 여겼다. 지난 몇 년간 나는 이 분야에 대해 지식을 쌓으며 우리 팀의 크리에이티브 작업에 적용하려고 노력했다. 그리고 결과는 꽤 성공적이었다. 나는 닐에게 내가 만약 에이전시를 운영한다면(훗날 HBT마케팅의 공동 창업자가 되는 것을 예고하듯) 우리를 선택해야 하는 이유를 행동과학을 접목한 마케팅으로 만들겠다고 답했다.

닐은 그 아이디어를 받아들였다. 우리 모두 마케팅에 행동과학을 적용하는 것이 타당하다는 확신이 있었다. 비슷한 주장을 하는 경쟁사도 없었다. 그리고 그것이 우리를 고용해야 하는 강력한 이유가 된다고 생각했다(마케팅 캠페인의 투자 비용을 고려할 때, 우리는 '왜냐하면' 뒤에 타당한 이유가 나와야 함을 잘 알았다. 클라이언트는 "왜냐하면 우리는 마케팅을 제공합니다" 같은 이유로 에이전시를 고용하지 않을 것이다).

우리가 제시한 이유는 효과가 있었을까? "성공은 모두 자기 공이라 주장하고, 실패는 누구도 책임지지 않는다"라는 격언이 있다. 따라서 이 한 가지 이유를 성공의 유일한 동인으로 볼 순 없을 것이다. 하지만 후에 회사 매각을 앞두고 닐은 36개월 동안 에이전시의 사업이 100퍼센트 이상 성장했다고 보고했다. 그리고 이 에이전시는 미국의 35대 다이렉트 마케팅 회사로 선정됐다.

⚠ 주의

잠재 고객이 응답해야 하는 이유가 명백하다고 판단해 이를 언급하지 않는 것은 실수다. 사람들은 이유를 언급해야 당신이 요청하는 행동을 할 것이다. 그러니 항상 이유를 제시하자.

사례 연구

한 지역은행이 고객에게 계좌 개설을 제안한 '이유'

은행은 사람들이 입출금 계좌를 개설하길 원한다. 일단 계좌를 만들면 고객으로 남을 가능성이 높다. 고객이 자동 이체나 온라인 요금 납부 같은 서비스를 개설하거나 은행의 체크카드를 이용하면 더욱 그렇다. 다른 은행으로 바꾸기 번거로워지기 때문이다.

소규모 지역은행은 대형 은행보다 고객을 유치하기 어려운 편이다. 대형 은행은 광고와 마케팅 예산이 더 많고 다양한 서비스를 제공한다. 따라서 한 지역은행이 내가 일하던 에이전시에 입출금 계좌 고객의 유치를 도와달라고 했을 때, 우리는 영리한 전략이 필요하다고 생각했다.

우리는 즉시 지역적 관점에서 생각해보았다. 이런 은행의 지점은 잠재 고객이 접근하기 편리한 거주지 근처에 있고, 직원들도 지역사회에 익숙할 것이다. 하지만 그것이 소규모 지역은행에 계좌를 개설할 만큼 매력적인 이유라는 확신이 들지 않았다. 대행 은행도 곳곳에 ATM기를 보유하고 있고, 온라인 뱅킹으로 지점의 위치는 중요도가 낮아졌다. 또한 지역사회에 대한 이해는 대출이나 주택담보대출을 받을 때는 유리하게 작용할 수 있지만, 입출금 계좌 개설과는 무관해 보였다.

다음으로 우리는 은행의 강점을 이유로 내세우는 방법을

생각했다. 이 은행은 고객이 새 입출금 계좌를 개설하면 일정 금액을 예치해준다는 제안을 하고 있었다. 경쟁력 있는 제안이지만 그것만으로 입출금 계좌를 다른 은행으로 바꿀 만큼 특별한 혜택은 아니었다.

당연히 우리는 뛰어난 고객 서비스에 초점을 두는 것도 고려했다. 하지만 뛰어난 서비스를 제공한다고 주장하지 않는 비즈니스가 어디 있겠나? 물론 끔찍한 서비스를 경험하고 은행을 바꾸는 고객도 있겠지만, 그런 상황을 직접 겪지 않는 이상 만족스러운 서비스 약속은 뻔한 마케팅 약속처럼 들릴 가능성이 높았다.

경쟁 환경을 평가하면서 우리는 몇몇 대형 은행이 최근 수수료를 인상한 것을 발견했다. 우리 클라이언트도 고객에게 수수료는 부과했지만 인상할 계획은 없었다. 이를 중심으로 강력한 메시지를 개발할 수 있겠다는 생각이 들었다. '이유'를 구상하면서 우리는 금융기관보다는 사람에게 초점을 맞추는 것이 효과적이라고 판단했다. 그래서 대형 은행들이 수수료를 인상할 것이기 때문에 주변 이웃들처럼 타깃도 어느 은행에 입출금 계좌를 만들지 고민할 것이라는 주요 메시지를 개발했다.

주변 이웃을 언급하여 타깃과 비슷한 사람들이 계좌를 바꾸고 있음을 암시하며 사회적 증거를 더한 것이다(5장 참조). 그리고 이 문제를 이미 고민하고 있을 거라고 제시해 그 생각을 실제로 타깃의 머릿속에 자리 잡게 했다.

또한 수수료를 인상하지 않는다는 직접적인 메시지를 사

용하지 않은 만큼, "지금은 그렇지만 나중에 올리겠지"라는 잠재 고객의 냉소적인 반응도 방지할 수 있었다. 우리는 의심될 만큼 좋은 이유는 제시하지 않기로 했다. 그다음 이어지는 마케팅 문구에서는 낮은 수수료를 유지하기 위한 은행의 노력과 잠재 고객에게 전하는 혜택을 소개하며 입출금 계좌를 개설하기 적합한 기회라고 설명했다. 방법은 효과가 있었다. 클라이언트는 기존 대비 고객 수가 31퍼센트 증가했다고 전했다.

믿을 만한 근거가 필요할 때

이제 당신은 이유를 제공하면 사람들이 요청에 더 순응한다는 사실이 과학적으로 근거가 있음을 깨달았을 것이다. 더 큰 요구 사항(예를 들어 5장에 비해 20장 복사처럼)은 "왜냐하면 복사를 좀 해야 해서요" 같은 단순한 이유가 아닌 타당한 이유가 필요하다는 것도 알았다. 마케터가 고려할 또 다른 요소는 믿을 만한 근거를 제공해야 한다는 것이다. 이유를 제시했을 때 의문이 제기되면 잠재 고객은 멈칫하게 되고, 당신은 원하는 무의식적인 반응을 이끌 수 없다.

이런 상황을 생각해보자. 나는 우비를 파는 상점을 운영한다. 그리고 사람들이 우비를 사길 바라는 만큼 50퍼센트 할인을 구매의 이유로 제시한다. 언뜻 생각하면 매력적인 요인처럼 들린다. 하지만 이는 역효과로 이어지기도 한다. 잠재 고객은 우비에 문제가 있어서 반값에 파는 건지 의심이 든다. 혹은 스타일이 너무 오래됐거나,

질이 떨어지는 건 아닌지 우려하기도 한다.

하지만 내가 반값에 우비를 사라고 하는 것은 다가오는 여름 상품 공간을 마련하기 위해 봄 상품을 매장에서 빼야 해서라고 설명한다면 이유와 믿을 만한 근거를 제시한 셈이다. 그러면 사람들은 할인에 의구심을 갖지 않고, 내가 손해 보는 비용으로 그들은 좋은 가격에 구매하는 것이라고 생각할 것이다. 처음에 우비를 너무 많이 구입했거나 봄에 비가 오지 않아 수요가 적었다고 판단할 수도 있다. 어느 쪽이든 사람들은 내가 제시한 구매의 이유, 즉 할인에 대해 의구심을 품지 않을 것이다.

모든 이유에 믿을 만한 근거가 필요한 것은 아니다. 핵심은 잠재 고객의 생각에 당신을 대입해보고, 그들의 관점에서 마케팅 메시지를 평가해보는 것이다. 만약 당신의 메시지나 제안에 "그럴듯하네. 하지만…"이라는 반응이 나올 것 같다면 배경 설명, 즉 믿을 만한 근거를 제시해 이를 제거해야 한다. 좋은 이유에 믿을 만한 근거로 확신을 줘 당신이 원하는 무의식적인 순응을 이끌 수 있다.

무의식적인 반응을 유도하는 5가지 방법

'왜냐하면'이라는 단어를 사용해 이유를 제시하면 사람들의 결정에 영향을 주고 자동적으로 당신의 말에 동의하도록 할 수 있다. 마케터는 이 외에도 다른 방법들을 사용해 타깃의 행동을 유도할 수 있다. 그리고 당신의 메시지를 읽고 믿는 것도 타깃에게 바라는 주요 행동 중 하나다.

쿠폰의 점선은 독자를 유혹한다

쿠폰은 사람들은 끌어들인다. 광고 조사 회사인 로퍼 스타치 월드와이드Roper Starch Worldwide는 쿠폰이 있는 광고가 그렇지 않은 광고보다 13퍼센트 더 많은 독자를 끌어들인다는 사실을 발견했다. 쿠폰에 담긴 실질적인 내용과는 관계없다. 사람들은 점선으로 표시된 쿠폰에서 유용한 것을 찾는 데 너무 익숙해진 만큼 자동으로 관심을 쏟는다. 나는 잠재 고객이 특정 정보를 읽길 간절히 원한다면, 그 정보가 할인에 관한 것이 아니더라도 점선 안에 표시하라고 클라이언트에게 조언한 적이 있다. 연사로 참여한 콘퍼런스에서도 이에 대해 언급했는데, 마침 청중석에 있던 대형 비영리단체 직원 한 명이 이를 주의 깊게 들었다. 그는 사무실로 돌아가 이 방법을 시도했고 매우 만족스러운 결과를 얻었다. 그리고 우리 회사를 고용하기까지 했다.

쿠폰은 관심을 끌고 사람들을 끌어당기는 것 외에도 마케터에게 또 다른 이점을 제공한다. 신경경제학자 폴 잭(Dooley, 2012)에 따르면 쿠폰을 받은 온라인 쇼핑객은 행복과 사랑, 신뢰의 감정과 관련된 호르몬인 옥시토신이 급증한다.

실제로 그의 연구는 이러한 옥시토신의 증가가 사람들이 키스할 때보다 더 높았음을 보여준다! 따라서 쿠폰은 구매를 촉진할 뿐만 아니라 브랜드에 관한 고객의 사랑과 신뢰의 감정을 유발할 수 있다.

사진과 그래프, 등식은 신뢰도를 높인다

고객이 당신의 마케팅 문구를 믿게 하고 싶다면 사진과 함께 제시하자. 뉴질랜드의 연구자들은 사진과 함께 실리면, 사진이 없을 때보다 사람들이 문구를 더 신뢰한다는 것을 발견했다. 연구자가 사람들에게 "마카다미아 견과류는 복숭아와 같은 진화 계통에 속한다"라는 문장을 보여줄 때, 견과류 사진을 함께 보여주면 사람들은 이 문구를 더 진실하다고 생각했다. 제공된 마카다미아 견과류 사진이 그 주장의 진실성을 보여주는 증거가 아니라 해도 사진의 존재 자체가 그런 효과를 만들어낸 것이다.

그래프와 차트는 정확성을 보여준다

사진 외에도 마케팅 문구의 설득력을 높이는 방법이 있다. 코넬 대학교의 연구자들이 수행한 유사한 연구는 글과 함께 그래프를 추가하면 신뢰도가 더욱 높아진다는 사실을 발견했다(Tal, 2015). 연구자들은 피험자에게 감기 치료제로 개발 중인 신약에 대한 글을 읽어보라고 했다. 문구는 길지 않았다. 연구자들에 따르면 보도자료나 광고에 등장하는 정도의 분량이었다. 어떤 사람들은 그래프가 포함된 정보를 읽었고, 다른 사람들은 그래프가 없는 정보를 읽었다.

연구자들은 피험자에게 신약의 효능이 어떨 것 같은지 물었다. 그 결과, 그래프 없이 정보만 주어졌을 때는 68퍼센트가 효과적일 거라고 대답했지만, 그래프가 포함됐을 때는 그 비율이 무려 97퍼센트로 증가했다.

중요한 점은 그래프가 어떤 추가적인 정보도 제공하지 않았다는 것이다. 글로 된 정보를 이해하기 쉽게 보여준 것도 아니다. 그저 과학적인 진실성을 암시했을 뿐이다. 그래프가 글에 곁들어지자 사람들은 그 정보가 정확하다고 생각했다. 연구자들은 이렇게 말한다. "그래프에는 과학적 후광이 있다. 우리는 그래프를 과학과 객관성으로 연결 짓는다. 그 결과, 그래프는 정보에 진실의 후광을 비춰준다. 사소한 그래프라도 포함되면 주장의 설득력이 크게 높아진다."

물론 그래프를 넣기 위해 정보를 조작해서는 안 된다. 하지만 당신이 제시하는 내용이 차트나 그래프로 표현하기 적합할 때가 있다. 그때 차트나 그래프를 만들어 마케팅 메시지와 함께 제시하면, 잠재 고객은 자신이 읽은 내용을 사실이라고 가정한다. 우리 팀은 구독자를 늘리려는 신문사를 위해 이 방법을 사용했다. 막대그래프를 만들어 신규 구독자가 가입 할인을 통해 지불하는 비용과 일반 구독 비용을 비교해 보여준 것이다. 7년 후, 메시지는 일부 변했지만 그들은 여전히 이 방법을 사용하고 있다.

수학 등식은 신빙성을 더한다

그래프와 차트의 과학적 효과와 유사하게 자료에 등식을 더하면 사람들은 그 내용을 더 믿는다(Eriksson, 2012). 킴모 에릭손Kimmo Eriksson은 두 과학 논문의 초록과 관련된 실험을 진행했다. 한 초록에는 주제와 무관한 다른 논문에서 발췌해 문맥상 맞지 않는 문장을 넣었다. 다른 초록에는 무의미한 등식을 삽입했다. 그런 다음 연구 보고서에 익숙한 석사 학위자들에게 초록을 읽고 연구의 질을 평가해달라고 요청했다.

실험 결과, 사람들은 무의미한 등식을 넣은 초록에 더 높은 점수를 주었다. 그러나 수학과 과학, 기술, 의학 분야에 석사 이상의 학위를 지닌 이들의 결과는 달랐다. 그들은 두 초록을 비슷한 수준으로 평가했다. 에릭슨은 전문적인 수학 지식이 부족한 사람들에게 "수학의 사용은 지나친 경외감을 준다"라고 결론지었다.

마케터는 이렇게 수학에 대한 사람들의 경외심을 활용할 수 있다. 당신의 제품이나 서비스가 마케팅 메시지에 등식을 포함하는데 논리적으로 적합하다면 이 연구는 그것이 좋은 방법임을 시사한다. 그리고 등식은 당신의 문구에 신빙성을 더해줄 것이다.

전후 비교 사진은 효과를 전달한다

마케팅 메시지의 설득력을 강화하는 또 다른 방법은 사용 전후 사진이나 결과 사진을 더하는 것이다. 이 사진들은 제품의 효과를 즉각적으로 보여준다. 문구를 읽지 않아도 사람들은 당신이 약속하는 바를 눈으로 볼 수 있다. 사진은 시각적 증거로 작용해 당신의 약속을 더 구체적으로 보여준다.

그러나 이 방법을 사용할 때는 사진의 위치를 잘 선정해서 강력한 효과를 전달해야 한다. 브리티시컬럼비아 대학교University of British Columbia와 싱가포르 국립대학교National University of Singapore의 연구자들은 사진의 위치가 사람들에게 미치는 영향을 살펴보는 실험을 진행했다(Chae et al., 2013).

이 실험에서 사람들은 여드름 크림, 벌레 퇴치제, 섬유 유연제 등 다양한 제품의 사진을 보았다. 연구진은 실험 결과를 이렇게 말한다. "광고에서 원인과 결과를 보여줄 때는 그 공간적 거리가 제품 효과에 관한 소비자 판단에 영향을 줄 수 있다. 제품의 사진(여드름 치료제)과 잠재적인 결과(매끈한 얼굴) 사진의 거리가 가까울수록 소비자들은 제품이 더 효과 있다고 판단했다."

다시 말해, 모든 조건이 동일하다면 고객들은 '사용 전후 사진'이나 '제품 사진과 결과 사진'이 가깝게 위치할 때 주장에 더 믿음이 간다고 무의식적으로 생각한다는 것이다.

투입 편향은 어떻게 무의식을 이끄는가

행동과학자들은 사람들이 어떤 것에 투입된 시간과 노력의 양을 그것의 품질을 보여주는 지표로 사용할 때가 많음을 밝혔다. 투입 편향이라고 하는 이 심리는 가치를 평가하는 단순한 방법이다. 투입된 양이 곧 결과물의 품질이라고 보는 것이다. 물론 프로젝트에 들어간 시간과 에너지가 결과물과 직접적인 관계가 있을 수도 있다. 문제는 그러지 않을 때도 있지만, 사람들은 이를 잘 구별하지 못한다는 것이다. 그 결과, 투입된 노력의 양이 많을수록 결과물도 좋다고 무의식적으로 판단한다.

연구자들은 전자잉크와 광학 스위치에 관한 프레젠테이션을 보는 실험을 통해 이를 증명했다(Chinander and Schweitzer, 2003). 연구자들은 사람들에게 잉크 프레젠테이션은 만드는 데 8시간 34분, 광학 스위치 프레젠테이션은 37분이 걸렸다고 말했고, 그 반대로 말하기도 했다. 그런 다음 10점 척도로 프레젠테이션을 평가해달라고 요청했다. 연구자들은 주제와 관계없이 오랜 시간을 들여 준비했다고 한 프레젠테이션이 훨씬 높은 점수를 받았음을 발견했다.

잉크 프레젠테이션이 더 오래 걸렸다고 들은 사람들은 이에 높은 점수를 주었고, 같은 프레젠테이션이지만 시간이 적게 걸렸다고 들은 사람들은 일관적으로 낮은 점수를 주었다. 프레젠테이션은 동일했지만, 그들이 들인 노력의 양이 달랐다. 그리고 그것이 차이를 만들었다. 사람들은 자신이 객관적인 척도로 평가한다고 생각하지만, 항상 그렇지는 않다. 이 실험은 실제 제품 외에 다른 것에 영향을 받지 않는다는 사람들의 생각과 실상이 다름을 보여준다.

이렇게 무의식적으로 투입된 노력과 결과를 동일시하는 경향은 마케터에게는 기회일 수 있다. 제품과 서비스를 만드는 데 걸린 시간과 노력을 언급함으로써 당신의 제품과 서비스에 대한 인식의 가치를 높이는 것이다. 이를 간결하게 언급하고 항상 사람들은 당신보다 자신에게 관심이 많음을 기억하자. 예를 들어 "여러분에게 가장 편안한 제품을 제공하기 위해 100가지 이상의 구성을 시험해보았습니다"라는 메시지는 간결하면서도 고객에게 초점을 맞추는 동시에 투입 편향 심리를 자극한다.

이유와 무의식적인 순응 유도장치를 마케팅에 활용하는 방법

- 당신에게는 명백해 보여도 고객이 반응해야 하는 이유를 반드시 말하자.
- 좋은 이유를 제시하되, 아주 대단할 필요가 없음을 기억하자. 예를 들어 사람들에게 구독하면 백만장자가 될 거라는 경제 뉴스레터는 대단한 이유를 내세웠지만, 그 약속을 실제로 입증하기는 힘들다. 하지만 뉴스레터를 읽으면 돈에 대한 지식

이 늘기 때문에 구독하는 것은 좋은 이유이며, 진실하다. "독자들의 만족도가 매우 높다"라는 이유를 드는 것도, 특히 구독이 무료거나 저렴하다면(부담스러운 요청이 아닌) 적절할 수 있다.

- 당신의 이유를 사회적 증거(5장), 소유 효과(2장), 정보 격차 이론(9장), 권위의 원칙(10장) 같은 행동과학의 원칙과 연결하라. 경제 뉴스레터를 계속 예로 들면, 잠재 고객에게 당신과 비슷한 사람들이 뉴스레터가 유익하다고 말했고, 당신은 회원으로 읽을 권한이 있고, 다음 호에는 일반인이 저축액을 두 배로 늘리는 방법을 공개하고, 《머니 매거진Money Magazine》이 꼭 읽어야 하는 신문이라고 꼽았기 때문이라는 식의 이유를 들 수 있다.
- 이유를 시기와 연결해서 제시하라(예를 들어 자선단체는 "이번 달에 기부하면 매칭으로 모든 기부액이 두 배가 됩니다"라고 제시할 수 있다).
- 이유를 개인화하라(예시: 당신은 새로운 고객이기 때문에, 당신과 같은 고객들이 요청했기 때문에).
- 마케터는 '왜냐하면' 외에도 많은 단어로 이유를 제시할 수 있다. '까닭에, 그 결과, 때문에, 그래서, 따라서' 같은 단어들을 시도해보자. 내 동료인 미셸 마르티노는 다음과 같은 강력한 도입부로 인수 제안서를 시작한다. "이전 메일들에 아직 응답을 안 하셨는데, 그 이유를 알 것 같습니다."
- 반대 의견을 상쇄하기 위해 '이유'를 사용하라(예시: 우리 회사는 이 지역에 새로 자리 잡았지만, 직원들은 모두 10년 이상 살아온 만큼 지역적 특성에 익숙합니다).
- 도입부에 이유를 명시해 당신의 요청을 바로 정당화하자(예시: 고객님과의 지속적인 소통을 위해 이메일 주소를 요청합니다).

- 이유와 그 배경을 설명해주는 믿을 만한 근거를 함께 제시하자.
- 메시지의 핵심 문구를 점선으로 표시해 관심을 집중시키자.
- 적절하다면 마케팅 자료에 사용 전후 사진을 싣자. 제품이나 서비스가 사용 전후 사진에 적합하지 않다면 당신의 고객이 되기 전의 괴로운 모습과 되고 난 후의 행복한 모습을 보여줄 수 있다. 사람들은 캡션을 대개 읽는 만큼 사진에 캡션을 꼭 다는 것도 잊지 말자.
- 적절한 등식이나 도표, 그래프로 당신의 메시지를 뒷받침하라. 등식, 도표, 그래프로 쉽게 만들 수 있는 내용을 찾아보자.
- 당신의 제품을 개발하는 데 걸린 오랜 시간과 조사한 양, 투입된 노력, 개발에 참여한 사람들의 수를 강조하는 글머리 기호나 표시를 넣어 투입 편향 심리를 자극하자(예시: 10년간 개발해온, 손으로 직접 만든, 3대륙에 걸쳐 1,000명 이상의 임원 의견을 수렴한).

결론

이유를 제시하면 당신이 원하는 대로 사람들이 무의식적으로 결정하게 만들 수 있다. 사람들은 행동의 이유를 들으면 요청된 행동을 그냥 따를 때가 많다. 흥미롭게도 그 이유가 꼭 완벽할 필요는 없다. 예를 들어 연구 결과는 사람들이 '왜냐하면'이라는 단어를 들으면 다음 말을 처리하기도 전에 동의하기 시작한다는 것을 보여준다.

그렇다고 해서 마케터들은 단어의 중요성을 과소평가해서는 안 된다. 다음 장에서 살펴보겠지만, 어떤 단어들의 조합을 선택하느냐에 따라 판매 성공의 여부가 달라질 수 있다.

요약

1. 사람들은 자신의 행동에 이유가 있다고 생각하길 원한다.
2. 왜 그런지 이유를 제시하면 고객은 당신이 요청하는 대로 행동할 가능성이 크다.
3. '왜냐하면'이라는 단어를 사용해 이유를 제시하면 무의식적인 순응을 이끌 수 있다.
4. 당신이 제공하는 이유가 반드시 완벽할 필요는 없다. 가벼운 요청(짧은 동영상 시청 같은)은 그저 간단한 이유(왜냐하면 유익합니다)만으로도 사람들의 동의를 이끌 수 있다. 좀 더 부담스러운 요청(제품 구매)을 할 때는 타당한 이유(왜냐하면 준비시간을 30퍼센트 줄여줍니다)를 제시하는 것이 중요하다.
5. 이유를 구성할 때는 그 이유가 얼마나 차별점이 있고 동기를 부여하는지 생각하자.
6. 때로는 이유와 더불어 그 배경을 설명하는 믿을 수 있는 근거를 함께 제시하라.
7. 이유에 다른 행동과학의 원칙과 시기, 개인적인 요소를 적용해 작성하는 것이 좋다.
8. 마케터들은 이미지와 사용 전후 사진을 넣거나 주요 메시지를 쿠폰의 점선으로 표시하고, 그래프와 등식이 제공하는 과학적 후광효과를 이용해 고객이 자연스럽게 메시지를 읽고 믿도록 이끌 수 있다.
9. 사람들은 제품이나 서비스를 만드는 데 들인 시간과 노력을 그 제품이나 서비스의 실제 품질을 보여주는 지표로 여긴다. 이러한 투입과 결과물은 연관이 있을 때도 있지만 항상 그런 것은 아니다. 하지만 사람들은 이러한 정보에 의존해 단순히 결정을 내린다.
10. 마케터들은 제품과 서비스 개발에 들인 노력을 언급하며 투입 편향을 자극해 제품이나 서비스가 높은 가치로 인식되게 유도할 수 있다.

14 인지적 유창성

#Marketing copy #Language #Impact

기억에 남는 카피라이팅 작성하기

마케터들은 같은 정보를 다양한 방식으로 전달할 수 있다. 하지만 그중에서도 더 많은 이점을 제공하는 방식이 있다. 특정 단어와 구절을 선택하면 메시지를 더 기억에 남고, 믿을 수 있고, 설득력 있게 만들 수 있다.

단어는 중요하다. 가끔은 마케팅에 기본적인 개념만 제시해도 괜찮다는 생각이 들 것이다. 마케팅 메시지가 필요한 정보를 전달하는 한, 다른 유의어를 찾아보고 수식어를 바꿀 필요가 없다고 생각할 수 있다.

어쨌든 청중은 알아듣는다. 그들은 자신이 마케팅 문구를 읽고 있음을 인지한다. 그리고 그 문구가 문학적으로 경이로운 작품이나 해변에서 읽기 좋은 베스트셀러처럼 들리길 기대하지 않는다. 그렇지 않은가? 그들이 알고 싶어 하는 것(기본적으로 당신이 파는 제품과 관심을 가져야 하는 이유)을 제공하고, 그다음 광고와 이메일, 편지, 블로그 포스트, 영상 대본 작업으로 넘어가면 충분하지 않을까? 장사꾼과 헤밍웨이의 중간 정도를 공략해 글을 작성하고, 오타나 정확성에 문제가 없는지 확인하는 정도면 되지 않을까?

그렇지 않다. 물론 고객들은 소설과 동일한 기준으로 마케팅 문구를 보진 않을 것이다. 하지만 그건 중요하지 않다. 마케터가 단어가 중요하다는 사실을 기억해야 하는 진짜 이유는 그래야 더 성공적인 마케팅 문구가 나오기 때문이다. 고객이 당신을 명문가라고 생각하길 바라서? 아니다. 당신이 바라는 대로 고객이 행동하도록 이끌기 위해 사용하는 표현에 주의를 기울여야 한다.

단어는 강력한 동기부여의 힘이 있다. 5장에서 재떨이를 조각상 받침대로 표현해 모두가 만족한 사례를 기억할 것이다. 12장에서는 '단돈'이라는 수식어가 주는 강력한 힘을 보았다. 역시 같은 장에서 우리는 라벨링과 프레이밍이 지니는 놀라운 효과를 발견했다. 단어의 힘은 여기서 그치지 않는다. 마케팅 문구에서 단어의 선택은 타깃이 반응하는 방식에 큰 영향을 미칠 수 있다. 그들이 읽고 듣는 것은 사실적인 정보를 전달할 뿐 아니라 해석과 뉘앙스, 함축적인 의미를 상기시킨다. 우리의 어조가 실제 말보다 더 많은 것을 암시하는 것처럼 당신은 단어를 선택하고 대체하며 숨은 의미를 전달할 수 있다.

단어는 함축적 의미와 명시적 의미를 지닌다. 명시적 의미는 단어의 실제 정의다. 하지만 함축적 의미는 범위가 훨씬 넓으며, 긍정과 부정의 의미를 모두 지닐 수 있다. 예를 들어 당신은 제품의 가격이 '합리적Affordable'이거나 '저렴Cheap'하다고 표현할 수 있다. 두 단어 모두 상품이 고가는 아님을 암시하지만, 각각의 함축적인 의미는 다르다. 또한 상품의 다른 기능을 좀 더 긍정적인 의미를 전하는 '특별한Unique'으로 표현하거나, 그 느낌이 덜한 '특이한Odd'으로 표현할 수도 있다. 고객을 부르는 단어도 손님, 회원, 구독자, 쇼핑객 모두 가능하지만, 각 명칭 모두 조금씩 다른 의미를 전달한다.

마케터는 사람들이 쉽게 수용하는 문구를 작성할 수도, 이해하기 위해 노력이 필요한 문구를 만들 수도 있다. 자연스럽게 눈길을 끄는 단어나 특정한 감정을 일으키는 단어, 읽는 이를 짜증 나게 하거나 멀어지게 만드는 단어를 선택할 수도 있다. "당신은 잘못된 사이즈를 입력했습니다"의 능동 표현과 "잘못된 사이즈가 입력됐습니다"의 수동 표현이 주는 차이를 생각해보자.

하지만 무엇보다 당신은 같은 정보를 제공하는 다른 비슷한 문장보다 더 기억에 남고, 마음을 움직이고, 설득력 있는 문장을 만들 수 있다. 마케팅 자료에 어떤 단어를 사용하는지가 중요한 이유다. 당신이 선택한 단어는 그저 전달만 하지 않는다. 단어는 판매를 촉진시킨다. 물론 실패할 때도 있다.

운율을 맞춘 문구는 기억에 잘 남을 뿐 아니라, 더 진실하다는 느낌을 준다. 이런 효과 때문에 운율이 있는 슬로건을 사용하는 것은 마케터들에게 분명 이점이 있다.

운율의 설득 효과

단어 선택의 가장 흥미로운 영향을 보여주는 것은 이튼-로젠 현상Eaton-Rosen Phenomenon이나 키츠 휴리스틱Keats heuristic으로도 알려진 운율의 설득 효과다. 운율의 설득 효과를 이용하여 문구를 작성하면 청중이 그 메시지를 더 잘 기억하고, 신뢰하며, 자신의 결정에 확신을 갖게 할 수 있다. 그렇다면 이런 마케팅 3연승을 어떻게 거둘 수 있을까? 바로 운율이 맞는 단어를 선택하는 것이다.

운율이 있는 구절이 더 기억하기 쉽다는 사실은 놀라운 일이 아니다. 그러나 매튜 맥글론Matthew McGlone과 제시카 토피바흐시Jessica Tofighbakhsh는 2000년 9월호 《사이콜로지컬 사이언스Psychological Science》에 기고한 연구에서 운율의 추가적인 효과를 제시한다. 연구자들은 잘 알려지지 않은 격언을 골라 운율에 맞는 단어를 운율에 맞지 않는 단어로 바꿨다. 예를 들어 "비수는 원수를 하나로 묶는다woes unite foes"는 "비수는 적을 하나로 묶는다woes unite enemies"로 바꾸고, "맑은 정신이 감추는 것, 술이 드러내는 것what sobriety conceals, alcohol reveals"은 "맑은 정신이 감추는 것, 술은 가면을 벗긴다what sobriety conceals, alcohol unmasks"로 수정했다.

그런 다음 사람들에게 두 쌍의 격언을 보여주고 정확성을 평가해달라고 요청했다. 연구자들은 운율이 맞는 격언을 사람들이 더 정확하고 진실한 것으로 평가했다고 밝혔다. 그들은 인간의 뇌가 운율이 맞는 구절을 더 쉽게 처리한다는 사실을 언급하며 "운율이 원활한 처리를 높이는 효과 때문"이라고 결론지었다. 뇌는 무언가를 더 쉽게 처리할 때 그것이 옳다고 느낀다. 그리고 무언가 옳다고 느끼면 그것이 맞다고 쉽게 가정해버린다.

연구자들은 이렇게 덧붙였다. "우리는 오래된 속담이라는 한정된 영역에서 운율의 설득 효과를 살펴봤지만, 현대 커뮤니케이션에서도 이는 분명 적용된다. 그들은 이어서 1995년 O. J. 심슨 재판에서 유명해진 조니 코크런Johnnie Cochran 변호사의 말을 인용했다. "장갑이 맞지 않으면 유죄라는 주장도 맞지 않다If the glove doesn't fit, you must acquit."

최근 사례

운율의 설득 효과를 보여주는 최근 사례는 2020년 코로나19 팬데믹 시기에 오길비컨설팅이 영국의 국민보건서비스NHS를 위해 만든 캠페인이다(Jenkins and Buck, 2020). 오길비컨설팅 팀은 "여러 과제에 걸쳐 효과적이고 실용적이며 행동과학의 통찰력을 반영한 아이디어를 신속하게 실행"해야 하는 임무를 받았다.

과제 중 하나는 NHS 나이팅게일 병원(코로나 환자를 치료하기 위해 설립한 임시 병원 중 최초 병원)의 직원들이 "12시간 근무 동안 충분한 수분을 섭취하도록" 하는 것이었다.

오길비 팀은 "1번에서 3번 사이의 소변 색깔을 유지하세요"라는 제목의 수분 보충 포스터를 제작했다. 포스터에 소변 색깔을 설명하는 여덟 가지 색상을 보여주며 "소변 색깔이 4번에서 8번 사이라면 수분을 보충하기 위해 10분 안에 물을 마시세요"라고 상기시켰다. 또한 포스터에 운율의 설득 효과를 활용하여 눈에 띄는 문구도 실었다. "바르게 마시고, 바르게 생각하라Drink Right, Think Right"는 문구를 물컵 사진 옆에 배치해 의료진에게 탈수가 명료한 사고 능력을 저해할 수 있음을 알린 것이다.

아마 마케팅에서 가장 운율을 잘 살린 효과적인 사례는 커피 광고에서 찾을 수 있을 것이다. 프록터앤드갬블의 전 부사장 피트 카터Pete Carter는 광고 잡지인 《컨테이저스Contagious》와의 인터뷰에서 이렇게 말했다. "초창기 폴저스 커피Folgers Coffee는 꽤 많이 뒤처진 2위 브랜드였습니다. 그러다 '아침에 눈을 떠서 가장 좋은 건 잔에 담긴 폴저스 커피The best part of waking up is Folgers in your cup'라는 문구를 기억하시죠? 이 캠페인을 시작한 후, 맥스웰 하우스Maxwell House에 맞서 성장하기 시작하더니 결국 추월했습니다. 그 후로도 매년 3~4퍼센트씩 성장했죠. 심지어 주인이 바뀐 지금도 여전히 그 캠페인은 진행 중입니다(Dodd, 2021)."

운율은 인지적 유창성을 돕는다

행동과학자들은 인간의 뇌가 정보를 처리하는 것이 얼마나 쉬운지를 논할 때 인지적 유창성Cognitive fluency, 즉 정보 처리의 유창성으로 이를 표현한다. 운율이 있는 문구는 정보를 처리하기 쉬우므로 인지적 유창성이 더 뛰어나다고 여겨진다. 당연한 이야기지만, 과학자들은 사람들이 더 생각하기 쉽고 이해하기 쉽다고 느끼는 것을 선호한다는 사실을 발견했다. 선호할 뿐 아니라 사람들은 그럴 때 자신의 결정력에 더 확신을 가졌다.

반면 UX 연구원 콜린 롤러Colleen Roller(2011)에 따르면 무언가 생각하기 쉽지 않다고 느낄 때, 즉 무언가 매끄럽지 않은 상황일 때 그 혼란은 "멈춰서 상황을 재고하게 만드는 인지적 경고로 작용한다." 제품을 구매하거나 서비스를 신청하려다 멈추는 것이다.

다행히도 마케터는 메시지에 약간의 운율을 넣는 것 외에도 커뮤니케이션의 인지적 유창성을 높이는 다른 방법을 사용할 수 있다. 방법은 크게 두 유형으로 나뉜다. 커뮤니케이션에 사용하는 단어와 그 단어를 배치하고 표현하는 방식으로 인지적 유창성을 높일 수 있다. 단어를 선택할 때는 읽는 이를 혼란스럽게 하거나, 사전을 찾을 필요가 없는 쉬운 단어를 사용해야 한다. 실제로 연구에서는 생소한 용어가 수익에 부정적인 영향을 준다는 것을 보여준다.

프린스턴 대학교의 심리학자 애덤 알터와 대니얼 오펜하이머Daniel M Oppenheimer가 2003년에 수행한 연구에 따르면, 주식 용어의 발음 용이성은 실제로 주식시장의 성과에 영향을 미쳤다(Boutin, 2006). 연구자들은 발음이 쉽거나 어려운 주식의 이름과 종목 코드를 살펴보았다. 그리고 발음하기 쉬운 주식들이 상장 초기에 더 좋은 수익률을 보인 것을 발견했다. 기업 규모와 산업 등의 요인을 고려한 후에도 결과는 마찬가지였다.

오펜하이머는 "이 연구는 사람들이 가장 이성적이길 원하는 투자에 관해서도 정신적 지름길을 택한다는 것을 보여준다"라고 말했다. 이름이 발음하기 쉬운지에 따라 주식을 선택한다고 주장하는 사람은 거의 없을 것이다. 그런데 정확히 그런 일이 일어났다. 인지적으로 유창한 이름은 뇌에 쉽게 받아들여지는 만큼 좋은 선택처럼 느껴졌다.

청중을 혼란스럽게 하지 않는 명료한 단어 선택의 중요성을 보여주는 또 다른 예는 애플에서 찾아볼 수 있다. 디지털 미디어인 《매셔블Mashable》의 기사에 따르면(Binder, 2021), 애플은 팟캐스트의 행동 유도 문구를 '구독Subscribe'에서 '팔로우Follow'로 바꾸기 시작했다. 무슨 이유일까? '구독'은 사람들에게 비용이 든다는 암시를 주기 때문이다. 기사는 시장 분석 회사인 에디슨 리서치의 말을 인용했다. "팟캐스트를 듣지 않는 사람들의 47퍼센트가 팟캐스트를 '구독'하는 데 비용이 든다고 생각했다." 애플은 '구독'을 '팔로우'란 단어로 바꿔 잘못된 인식을 바로잡고자 했다. 그리고 그 결과, 상당한 수의 청취자를 더 많이 유치할 수 있었다.

정보를 어떻게 보여줄 것인가

인지적 유창성을 위해서는 선택하는 단어뿐 아니라 그것을 보여주는 방식도 중요하다. 어수선한 배치와 빽빽한 글씨, 알아보기 힘든 서체는 메시지를 이해하기 어렵게 만들 수 있다. 즉, 마케터들은 광고, 편지, 이메일에 많은 정보를 쑤셔 넣고 싶은 충동과 긴 글에 특이한 글꼴을 사용하고 싶은 유혹을 떨쳐내야 한다. 다음 두 연구가 보여주듯 특이한 글꼴은 관심을 끌 순 있지만, 가독성을 떨어뜨리기도 한다.

송현진과 노버트 슈바르츠Norbert Schwarz는 운동법과 관련된 실험을 진행했다(Song and Schwarz, 2008). 참가자들은 에어리얼Arial처럼 읽기 쉬운 글꼴이나 브러시Brush 같이 읽기 어려운 글꼴로 적힌 운동법에 관한 인쇄물을 받았다. 그런 다음 운동을 하는 데 얼마나 걸릴 것 같은지, 그리고 이 운동법을 자신의 생활에서 실천할지 아닐지 생각해야 했다.

읽기 쉬운 글꼴로 쓰인 운동법을 읽은 사람들은 운동을 마치는 데 약 8분이 걸릴 것으로 추정했다. 하지만 읽기 힘든 글꼴로 쓰인 운동법을 읽은 사람들은 그보다 거의 2배인 15분이 걸릴 것으로 추정했다. 운동법을 쉽게 읽은 사람들은 일상생활에서 실천하겠다고 답하는 비율도 높았다. "사람들은 운동법을 뇌에서 쉽게 처리한 것을 실제로 수행하기도 쉽다고 잘못 해석했다"고 연구자는 말한다. 다시 말해, 무언가 읽기 어렵다면 사람들은 그것을 실행하는 것도 힘들다고 생각한다는 것이다.

예일 대학교와 서던캘리포니아 대학교 연구자들이 진행한 또 다른 실험은 구매 결정과 관련해 비슷한 결과를 보여준다(Novemsky et al., 2007). 연구자들은 사람들에게 읽기 쉬운 글꼴과 읽기 어려운 글꼴로 인쇄된 두 종류의 전화기 설명문을 보여주었다. 그런 다음 사람들에게 전화기를 고르거나 구매 결정을 미루고 계속 살펴볼 수 있는 선택권을 주었다. 읽기 쉬운 글꼴의 설명문을 읽은 참가자 중에는 17퍼센트만이 구매 결정을 미뤘지만, 읽기 어려운 글꼴의 글을 읽은 사람들 중에는 41퍼센트가 구매를 보류했다. 이렇게 마케터가 정보를 보여주는 방식은 고객의 구매 결정에 영향을 미친다. 제품 설명문이 읽기 어려우면, 사람들은 그 제품 자체가 사용하기 어렵다고 가정할 수 있다.

예전에 카탈로그에서 인공 크리스마스트리를 본 기억이 난다. 설명에는 트리의 조립이 매우 간단하다고 적혀 있었는데, 이런 종류의 제품을 살 때 매우 중요한 사항이다. 하지만 읽기 어려운 이탤릭체에 검정 배경에 흰색으로 쓰인 설명 문구는 매우 다른 메시지를 전달했다. 나는 카탈로그 디자이너가 일을 제대로 못 했다는 생각이 들었다.

마케터들은 단순히 글꼴만 글자의 가독성에 영향을 주는 것이 아님을 유념해야 한다. 글자의 색과 그 글자가 등장하는 페이지나 화면 색상 간의 대비도 차이를 만든다. 그리고 그러한 가독성의 차이는 신뢰도에 영향을 준다. 한 연구에서는 흰색 배경 대비 문구의 색상을 변경해 더 읽기 쉽거나 어렵게 하는 실험을 진행했는데, 사람들은 읽기 쉬운 문장을 더 진실하다고 생각하는 경향을 보였다(Reber and Schwarz, 1999). 마케터라면 당연히 고객이 메시지를 진실하고 투명하다고 여기길 바랄 것이다.

글꼴 선택과 인지적 유창성

How to complete the exercise in Brush

How to complete the exercise in Arial

고객들은 읽기 힘든 형태의 글꼴로 된 정보는 실행하기도 어렵다고 생각한다. 따라서 가독성 좋은 글꼴을 선택하는 것이 좋다.

전문 용어, 어려운 단어, 기술 용어에 주의하자

일반적으로 메시지는 간단하고 이해하기 쉽게 전달해야 한다. 특히 마케터들은 B2B 타깃에게 글을 쓸 때, 혹은 설명하는 제품과 서비스가 전문적이고 과학이나 기술적인 요소가 많을 때 더 주의해야 한다. 업계 전문 용어나 약자를 쓰기 쉽기 때문이다. 때로는 어떤 단어나 용어가 너무 익숙해 마케터 자신에게는 전문 용어처럼 느껴지지 않을 수도 있다. 그래서 이를 경계하는 것이 매우 중요하다.

베스트셀러 《마음을 빼앗는 글쓰기 전략》의 저자 앤 핸들리Ann Handley는 전문 용어와 업계 용어를 이렇게 설명한다. "이들은 온라인 비즈니스 문서에 사용되는 화학 첨가물과 같다. 가끔 한두 개 사용하는 것은 괜찮을지 몰라도, 너무 많이 사용하면 독성이 발생한다."

어려운 단어와 기술 용어를 사용해 청중에게 깊은 인상을 주려는 행동 역시 피해야 할 실수다. 마케터들은 이런 것이 자신을 전문가로 포지셔닝한다고 생각하지만 오히려 역효과를 가져올 수 있다. 청중들이 그러한 용어에 익숙하거나 교육 수준이 높아도 마찬가지다.

로마에서 진행된 한 흥미로운 연구는 이를 뒷받침한다. 이탈리아 국립연구위원회의 알레한드로 마르티네즈Alejandro Martinez와 스테파노 맘몰라Stefano

Mammola는 2021년에 "전문 용어가 과학 논문의 인용 횟수를 줄인다"라는 제목의 논문을 발표했다. 연구자들은 2만 1,486편의 자료를 분석한 후 제목이나 초록에 전문 용어를 많이 사용한 논문들이 실제로 동료 과학자에게 더 적게 인용됨을 발견했다. 다시 말해 과학자들조차도 다른 과학자의 전문 용어를 다루지 않으려는 경향을 보였다. 실제로 이 논문의 저자들은 '불가피'한 상황에만 전문 용어의 힘을 빌리도록 권장했다(Martinez and Mammola, 2021).

과학 연구논문에서도 전문 용어의 사용이 부정적이라면 일반 대중과의 커뮤니케이션에는 어떤 영향을 줄지 생각해보자. 2020년 오하이오 대학교의 연구 역시 어려운 용어의 사용이 긍정적이지 않다고 주장한다(Shulman, et al., 2020). 이 연구는 자율 주행차와 같은 주제에 대해 전문 용어를 사용한 기사를 읽은 사람들이 전문 용어를 사용하지 않은 동일한 기사를 읽은 사람들에 비해 과학적 관심을 덜 보였다고 보고했다.

대니얼 M 오펜하이머 박사가 이끈 또 다른 연구의 결과도 어려운 단어를 피하는 것이 바람직하다고 말한다(Lebowitz, 2015). 연구자들이 9자 이상의 모든 단어를 더 짧은 동의어로 대체해 논문 초록을 간결하게 정리하자, 사람들은 글이 이해하기 쉬우며 저자가 더 똑똑하다고 평가했다. 마지막으로, 2012년 법률 커뮤니케이션을 다룬 크리스토퍼 트뤼도Christopher Trudeau의 연구는 교육 수준이 높은 사람일수록 쉬운 단어를 선호한다는 사실을 보여준다. 게다가 주제가 복잡할수록 단순한 단어를 선호하는 경향은 더 커졌다.

따라서 어려운 단어나 과학적 용어를 청중이 기대한다거나 그런 단어가 당신을 더 유식하게 보이도록 할 거란 생각은 금물이다. 사람들을 설득하려면 먼저 당신이 전달하는 내용을 확실히 이해하도록 해야 한다. 즉, 명확한 소통이 중요하다. 그리고 연구는 그것이 단순하고 리듬감 있는 단어에서 시작됨을 보여준다.

운율의 설득 효과로 비즈니스 홍보하기

마케팅 에이전시에게 상당히 어려운 과제가 자사 광고 제작이다. 마케터들은 "구두 수선공의 아이들이 맨발로 다닌다"라는 농담을 하며 클라이언트 일로 너무 바빠서 정작 자사를 홍보할 시간은 없다고 말한다. 또한 막상 홍보하려고 해도 막막한 느낌이 든다.

존 시슨과 내가 HBT마케팅 회사를 창업했을 때가 딱 그런 상황이었다. 사실 우리는 초창기에 여러 클라이언트의 업무로 상당히 바빴다. 하지만 새로운 에이전시인 만큼 잠재 고객이 살펴볼 수 있는 웹사이트를 빨리 개설해 더 많은 비즈니스를 영입해야 한다는 걸 잘 알고 있었다. 웹사이트를 구상하며 우리는 두 가지를 명확히 했다. 간단해야 하고, 회사의 강점인 행동과학 기법을 어느 정도 보여줘야 한다는 것이었다.

어떤 비즈니스 웹사이트든 무슨 일을 어떻게 할지에 관한 내용이 담겨야 한다. 화이트보드에 계획을 구상하면서 우리는 프로세스를 세 단계로 정리했다. 그다음 과제는 이를 가장 효과적으로 전달하는 것이었다. 그렇게 하려면 접근 방식과 우리 회사를 고용할 때 기대할 수 있는 점을 설명하고 다른 경쟁사와 무엇이 다른지 강조해야 했다.

우리의 과제에 필요한 사전 조사, 이를 해결하는 행동과학을 적용한 마케팅 전략과 창의적인 실행 개발, 마지막으로 후속 캠페인을 위한 결과 분석으로 3단계를 정리했다. 이제 웹사이트에 이를 효과적으로 보여줘야 했다. 짐작했겠지만 우리는 여러 아이디어를 고민하고 보류했다. 예를 들어 간결하면서 두운을 맞춘 문구인 "발견,

발전, 발굴Discover, Deploy, Distill"을 생각했다. 또 다른 아이디어는 "현재 행동Current Behavior, 원하는 행동Desired Behavior, 미래의 행동Future Behavior"으로 우리 회사명에도 포함된 B(행동을 의미)를 반복해서 사용하는 안이었다.

마침내 우리는 효과가 있다고 판단한 일련의 문구를 결정했다. 그 문구는 기억에 잘 남았고, 행동을 유도하는 단어로 시작했으며, 마케팅에 대한 우리의 행동과학 기반 접근 방식을 잘 보여주었다. 설립 후 얼마 뒤, HBT마케팅은 우리의 3단계 프로세스를 "환경을 평가하기, 뇌를 자극하기, 성과를 측정하기Assess the Terrain, Trigger the Brain, Measure the Gain"란 문구로 광고를 시작했다. 우리는 운율의 설득 효과를 이용했고, 그 결과 타깃에게 계속 더 각인되고 신뢰받을 수 있었다. HBTmktg.com에서 접근 방식 페이지를 방문하면 여러분도 그 문구를 볼 수 있다.

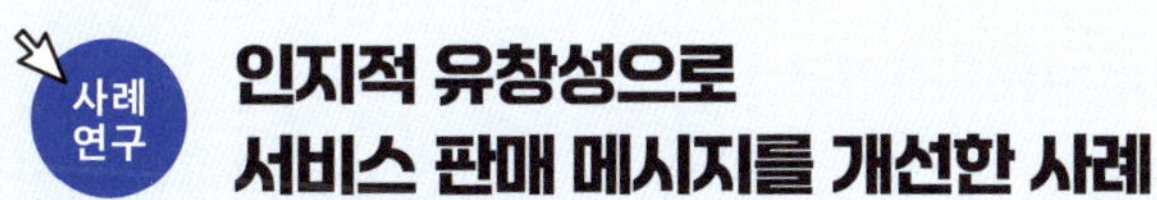

인지적 유창성으로 서비스 판매 메시지를 개선한 사례

제품을 나눠주는 것조차 효과가 없을 땐 어떤 방법을 써야 할까? 한 대형 연구 자문 회사가 내가 일하던 에이전시에 요청한 과제였다. 그 회사는 고객이 정보에 입각한 결정을 내리도록 돕는, 기술 동향 분석 서비스의 무료 체험권을 제공하고 있었다.

통상적으로 이 서비스를 이용하려면 회사가 가입하고, 사용을 원하는 직원이 비용을 지불해야 했다. 무료 체험 회원권은 특정 연구와 분석 보고서, 기타 정보를 보는 권한을 30일간 제공해 잠재 고객을 영입하기 위해 고안됐다.

잠재 고객은 고객의 웹사이트를 방문해 배너 광고를 보고 이 무료 체험 회원권을 발견할 것이다. 하지만 가입해도 문제는 곧 발생한다. 클라이언트의 설명에 따르면 이 무료 체험 회원권에 가입한 잠재 고객의 거의 절반이 가입 후 30일 전에 탈퇴했다. 고객을 영입하기 위한 체험권의 기능이 무용지물이었던 것이다.

등록 과정을 분석해보니, 무료 체험권으로 잠재 고객이 얻을 수 있는 정확한 혜택에 관해 혼돈이 있었다. 어떤 사람들은 분석가와의 연락을 포함해 이 연구 자문 회사가 제공하는 모든 정보에 완전히 접근할 수 있다고 생각했다. 서비스 사용 방법을 잘 몰라 자신이 원하는 동향과 참고 사례를 찾는 데 실패한 잠재 고객들도 있었다.

무료 체험 프로그램의 설계자들은 관련 세부 사항을 적절하게 소통하고 있다고 확신했지만, 실상은 다른 듯했다. 프로그램의 인지적 유창성을 개선해야 한다고 판단한 우리 팀은 이 점을 염두에 두고 작업을 시작했다.

배너 광고와 이메일 문구 변경이 큰 차이를 만들다

배너 광고는 당연히 문구를 실을 공간이 많지 않다. 따라서 광고에 등장하는 단어들은 간결하고 정확해야 한다. 웹사이트의 배너 광고 단어들을 검토한 후 우리는 핵심 전략을 변경했다. 잠재 고객에게 서비스를 "경험하세요Experience"라고 초대하는 대신 "한번 시도해보세요Give it a try"라고 문구를 변경한 것이다. '경험'이라는 단어가 오해를 불러일으키고, 모든 서비스 권한과 자료를 제공한다는 암시를 줄 수 있다고 판단했기 때문이다. 우리는 "시도해보세요"란 표현이 모든 리더십 연구 포트폴리오에 접근할 순 없지만, 잠재 고객에게 샘플을 체험해보는 기회라는 기대 수준을 설정한다고 생각했다.

이 회사는 사이트에 가입하면 사용법과 더불어 무료 체험 서비스 이용을 권장하고, 궁극적으로 유료 가입자로 전환을 이끄는 일련의 이메일들을 전송해왔다. 우리는 기존의 이메일을 검토한 후 더 명확한 단어들로 수정했다. 첫째, 두 개의 이메일로 나눴다. 하나는 가입자를 환영하는 내용으로, 다른 하나는 서비스 사용법에 대해 자세한 지침을 제공하는 이메일로 구분했다. 이런 식으로 정보를 나누면 이해가 더 쉬우며, 신규 가입자가 당황하지 않고 서비스를 이용할 수 있다.

둘째, "세계적인 연구의 맞춤형 샘플"과 "대표적인 연구 보고서 30개까지 바로 열람 가능"과 같은 문구를 사용했다. 서비스의 가치와 더불어 체험적인 성격을 정확히 전달한 것이다. 덧붙여 캠페인에 개인화, 손실 회피(2장 참고), 사회적 증거(5장 참고)의 요소를 적용했고, 체험 종료 3일 전에 멈췄던 유료 전환 요청을 종료 후 일주일까지 연장했다. 잠재 고객이 더 여유 있게 고민할 수 있는 시점에 정보를 다시 상기시키는 것이다.

셋째, 잠재 고객이 원하는 내용을 찾기 힘들 때를 대비해 회사 담당자의 이메일과 연락처 정보를 넣었다. 우리는 커뮤니케이션의 인지적 유창성을 높이고 잠재 고객이 도움을 얻는 방법을 제시함으로써 무료 체험권의 핵심 성과 지표가 향상되길 바랐다. 그리고 실제로 성과를 이뤘다. 우리가 조정한 부분은 작았지만, 결과는 상당했다. 클라이언트는 단어의 미세한 조정을 통해 마케팅 투자 대비 10배의 이익을 거뒀다고 전했다.

카피라이팅의 법칙

마케터들은 운율이 맞는 문구 외에도 다른 언어적 장치나 도구를 이용해 메시지의 효과를 높일 수 있다. 이런 장치는 당신의 문구를 잘 기억하고 이해하기 쉽게 해주며, 결과적으로 타깃의 행동을 이끈다.

두운과 반복은 메시지를 더 기억에 남게 한다

모두 같은 소리로 시작하는 일련의 단어를 사용하는 두운은 독자들의 관심을 끌기 좋은 도구다. 단어가 같은 방식으로 시작할 때 사람들은 이를 인지한다. 두운은 방금 읽은 것을 더 기억에 남게 해주는 영리하고 전략적인 방법이다. 흥미롭게도 사람들이 문구를 소리 내서 읽지 않아도 두운은 효과적이다. 읽을 때 그들의 머릿속에 단어가 들리기 때문이다. 연구에 따르면 소리 내서 읽든 안 읽든 두운이 들어간 구절은 더 오래 기억에 남는다(Haury, 2017).

이 글을 쓰면서 내 친구 거트가 속해 있는 한 그룹이 떠올랐다. 디바스 언코르크드Divas Uncorked라는 여성 와인교육 그룹이다. 이 단체의 슬로건은 "여유롭게 음미하는 여성들Sisters who sip"로 두운을 멋지게 사용했다. 또 다른 예는 내가 재보험 전문 회사를 위해 쓴 이메일 캠페인이다. 회사에서 보내는 모든 이메일 끝에 "신뢰 있는 답변을 신속하게Fair answers fast"라는 두운 문구를 붙여서 고객들이 어떤 서비스를 제공받을 수 있는지 기억하게 도왔다.

반복도 두운과 비슷한 효과를 준다. 반복이란 어떤 단어나 구절이 리듬과 강조를 위해 반복되는 것을 뜻한다. 반복은 정보에 관심을 끌고, 정보가 고객의 뇌에 더 깊이 자리 잡게 한다. 기본적으로 사람들은 어떤 것을 자주 듣거나 읽을수록 그 내용에 더 익숙해진다. 행동과학자들은 어떤 것이 친숙하게 느껴질 때, 사람들이 그 내용을 더 믿고 긍정적으로 생각하는 경향이 있음을 발견했다.

예를 들어 면도기 구독 서비스 기업인 달러 셰이브 클럽Dollar Shave Club의 "셰이브 타임. 셰이브 머니Shave Time. Shave Money" 광고 문구를 떠올려보자. 미국 해병대United States Marines는 "소수의 병사. 자랑스러운 병사. 해상의 병사The few. The proud. The marines"라는 슬로건을 사용한다. 버라이즌 와이어리스Verizon Wireless는 광고에서 "지금 내 말 들려요?Can you hear me now?"라는 문구를 여러 번 반복한다. 이 모든 것이 마케터가 반복을 사용해 핵심을 전달하고, 사람들의 기억에 오래 남게 이끈 사례들이다.

직유와 은유는 정보의 이해를 돕는다

사람들이 참고할 만한 기준이 없는 제품을 소개하거나 고객이 이해하기 어려운 서비스를 마케팅한다면 직유나 은유를 사용하는 것도 좋은 방법이다. 모두 두 가지를 비교하는 방법이다. 직유는 '같이'나 '처럼'을 사용해 비교하는 반면, 은유는 그 단어들을 사용하지 않고 비유와 유사성, 또는 특성이 같은 점을 시사한다. 직유나 은유는 추상적인 제품이나 서비스를 더 구체적이고 접근하기 쉽게 만드는 강력한 방법이다. 그리고 고객에게 새롭고 색다른 관점을 제시한다. 실제로 사람들은 은유적인 표현을 보면 뇌의 여러 부분이 평소보다 활성화되어 설명 대상에 대한 인식이 바뀐다.

이 두 문학적 장치는 마케터가 평범한 제품에 흥미롭고 감정적인 요소를 불어넣는 데 도움을 줄 수 있다. 마치 이야기처럼 상상력을 자극하는 것이다. 예를 들어 레드불Red Bull이라는 에너지 음료 광고를 본 적이 있다면 "레드불이 날개를 달아줘요Red Bull gives you wings" 라는 은유적인 문구가 기억날 것이다. 혹은 보험회사 스테이트팜State Farm의 메시지를 접했다면 "스테이트 팜은 좋은 이웃처럼 당신의 옆에 있습니다Like a good neighbor, State Farm is there"라는 직유를 사용한 문구를 보았을 것이다. 직유와 은유는 고객의 심적 이미지 형성에 도움을 주고, 이는 메시지에 설득력을 더해준다.

동음이의어의 재밌는 사례

마케터들이 관심을 가져야 하는 또 다른 문학적 장치는 동음이의어의 효과다. 동음이의어는 발음은 같지만, 의미와 철자가 다른 단어다. 예를 들어 Write와 Right처럼 말이다. 연구자들은 사람들이 한 단어를 들으면 동음이의어인 다른 단어와 그와 관련된 모든 행동을 떠올릴 수 있음을 발견했다.

한 실험은 사람들에게 여행 블로그 게시물을 제시했다. 일부 그룹은 게시물의 끝에 'So long(안녕)'이라는 단어를 보았고, 다른 그룹은 'Bye Bye(안녕)'이라는 단어를 보았다(Decision Lab, nd). 연구자들은 그런 다음 새로 오픈하는 레스토랑에 손님이 가격을 정할 수 있는 저녁 상품이 있다고 전하며, 두 사람을 위한 저녁 식사에 얼마를 낼 의향이 있는지 물었다.

'So long'으로 끝나는 블로그 게시물을 읽은 참가자들은 평균적으로 30달러 미만의 금액을 낼 의향이 있다고 대답했다. 그러나 'Bye Bye'라고 끝난 동일한 게시물을 읽은 사람들은 평균적으로 45달러가 조금 넘는 금액을 내겠다고 답했다. 연구자들은 'Bye'라는 단어가 'Buy(구매)'를 떠올리게 해, 저녁 식사 패키지에 더 많은 돈을 지불할 마음이 들게 했다고 말한다.

마케터에게 여러 가능성을 열어주는 실험 결과다. 예를 들어, 당신이 업계 선두 프로그램과 경쟁하는 다이어트 상품을 만들었다고 상상해보자. 당신의 다이어트 프로그램은 제한 식품이 적고, 식사량을 측정하거나 끊임없이 칼로리를 계산할 필요가 없어서 이용이 간편하다. 이제 당신의 다이어트 프로그램에 이름을 붙일 차례다. 'Way Less Work Diet Plan(고생을 줄여주는 다이어트 프로그램)' 같은 이름이 어떤 영향을 줄지 생각해보자. 시장에 나와 있는 다른 프로그램보다 훨씬 간편하다는 의미를 전달할 뿐 아니라 'Weigh(몸무게)'도 줄여줄 거란 생각이 들게 한다.

주의

'나, 우리, 우리 회사, 우리 제품' 같은 단어에 지나치게 의존하지 말자. '당신'이라는 단어로 마케팅 메시지를 시작해보자. 그래야 읽는 이의 관심을 끌어당길 것이다.

마케팅 메시지의 효율을 끌어올릴 핵심 단어

마케팅 문구에는 특별히 설득력을 더해주는 핵심 단어들이 있다. 당신은 이 단어들을 자주 사용하고 광고 제목과 이메일 제목, 소제목, 도입 문장처럼 사람들이 많이 읽는 부분에 배치해야 한다.

9장에서 우리는 뇌를 자극하는 단어인 '새로운'을, 13장에서는 무의식적인 순응의 힘을 지닌 '왜냐하면'을 살펴봤다. 하지만 마케터들이 언어 무기고에 숨겨야 할 다른 세 가지 대형 무기가 있다.

첫 번째 무기는 '당신You'이다. 사람들은 그 어떤 이보다 자기 자신에게 관심이 많다. 그 결과, 무언가를 읽거나 훑어볼 때 그들의 시선은 '당신'이란 단어에 끌린다. '나', '나를', '우리 제품', '우리 회사' 같은 단어들은 대충 넘길 것이다. 그래서 나는 클라이언트에 '나'와 '우리'보다 '당신'이라는 단어를 훨씬 자주 사용하라고 말한다.

내 친구 톰 샤피로Tom Shapiro는 그의 책 《리드 생성을 제고하라Rethink Lead Generation》에서 비슷한 조언을 한다. "당신의 웹사이트가 전환과 리드를 극대화하길 원한다면 웹사이트를 방문자의 관점(그래서 내가 얻는 게 뭐야?)에서 구성해야 한다." 그는 '나'를 중심으로 한 표현과 글을 '당신'을 강조하도록 바꾸라고 권한다.

카피라이팅 전문 컨설팅 플랫폼인 카피블로거 역시 가장 설득력 있는 다섯 단어 중 하나로 '당신'을 꼽았다. 그들은 실제로 상대의 이름을 사용할 것을 권하는데, 나도 전적으로 동의한다. 이메일이나 광고용 우편물 같은 커뮤니케이션은 다른 방법보다 이를 적용하기 쉽다. 하지만 개인에 맞춘 커뮤니케이션을 할 수 없을 때 가장 좋은 대안은 '당신'이라는 단어다. 타깃은 그 단어가 자신의 이름을 대신한다고 인식하고 그에 따라 행동할 것이다. 만약 모든 마케팅 메시지를 한 단어로만 시작해야 한다는 제한이 있다면, 나는 '당신'을 선택할 것이다.

둘째, 다음으로 강력한 마케팅 단어는 '상상하다Imagine'이다. 이 단어는 독자가 머릿속에 이미지를 그리게 하는 매우 효과적인 단어다. 일단 자신이 무언가 하는 모습(당신의 제품을 사용하는 모습)을 떠올린다면, 실제로 그 행동을 실행할 확률이 높아지기 때문이다(17장 참고). 상상이라는 단어는 지금 현실에서 벗어난 장면으로 인식을 전환시켜 받아들이는 사람의 저항을 낮춘다. 상상은 가능성을 열어준다. 그리고 잠재 고객이 원하는 대로 그 가능성을 채우게 한다. 잠재 고객이 그리는 심상 이미지는 그들의 것이다. 잠재 고객은 당신의 제품이나 서비스를 성공적으로 사용하고 기대한 효과를 얻는 자기 모습을 마음속으로 그릴 것이다. 덩달아 기분도 좋아진다. 일단 제품에 좋은 감정을 가지면 당신의 고객이 될 확률이 높아진다.

셋째, 마지막 강력한 마케팅 단어는 바로 '공짜Free'다. 공짜는 강력한 힘을 지닌 단어다. 때때로 마케터들은 이러한 무료 제공에 주저하기도 한다. 그로 인해 브랜드 이미지를 떨어뜨리거나 잘못된 유형의 고객을 끌어들이지 않을까 하는 걱정 때문이다. 물론 그런 가능성을 고려하는 것은 타당하지만, '공짜'라는 단어가 지닌 놀라운 힘과 잘 따져서 판단해야 한다. 《상식 밖의 경제학》의 저자 댄 애리얼리는 책의 한 장을 할애해 이 내용을 설명한다. 그는 공짜라는 말이 사람들에게 감정적 자극을 일으켜 그 제품을 과대평가하게 만든다고 말한다. 그러면 사람들은 이성을 잃고 공짜를 거부하기 어려워지는 만큼 예스를 외칠 수밖에 없다.

마케터들은 이러한 무력 상태를 유리하게 활용할 수 있다. 브랜드 이미지에 부정적인 영향을 미칠지 걱정된다면 할인을 제시하지 마라. 대신, 무료로 추가 혜택을 제공하라. 아니면 사람들이 제품의 가치를 볼 수 있도록 무료 제품의 정상가를 확실히 알려라. 맞지 않는 잠재 고객을 너무 많이 끌어들일까 봐 걱정된다면 제품에 관심 있는 사람들만 좋아할 무료 품목을 구성하자. 제품을 구매하면 더 유익하고 즐겁게 사용할 수 있는 품목을 무료로 제공하는 것도 좋다. 특정 상황에 맞게 공짜를 활용할 수 있는 적절한 방법을 찾자. '공짜'라는 짧은 단어에 담긴 엄청난 힘을 무시하지 말자.

명사와 구체적인 표현의 효과

명사는 구체적이며 고유성을 시사한다. 그리고 마케터들이 바라는 행동을 얻을 수 있도록 돕는다. 예를 들어 캘리포니아에서 투표자를 대상으로 한 실험은 동사에 비해 명사를 사용할 때의 효과를 보여준다(Bryan et al., 2011). 실험 참가자들은 "다음 선거에서 투표자인 것이 당신에게 얼마나 의미가 있나요?" 혹은 "다음 선거에서 투표하는 것이 당신에게 얼마나 의미 있나요?"라는 질문을 받았다.

'투표자'라는 명사를 사용한 질문을 받은 사람들은 95퍼센트 이상이 투표소에 나타났지만, 동사로 질문을 받은 사람들은 82퍼센트에 못 미치는 투표율을 보였다.

연구자들은 명사는 어떤 사람에 대한 이미지를 만들고, 이것이 형성되면 사람들은 그에 상응하는 행동을 한다는 결론을 내렸다. 라벨링과 비슷하게(12장 참조) 명사를 사용해 상대를 지칭하는 것은 단순히 동사를 사용해 당신이 원하는 행동을 말하는 것보다 더 강력하다. 예를 들어, 자동차 마케터는 "새로운 아우디를 소유하시겠습니까?"보다 "새로운 아우디의 소유자가 되시겠습니까?"라고 묻는 것이 더 효과적일 것이다.

구체적인 단어 역시 명사의 한정성과 관련이 있다. 연구에 따르면 구체적인 단어는 추상적인 단어를 사용하는 것보다 행동을 촉진한다(Packard and Berger, 2020). 《소비자 연구저널Journal of Consumer Research》에 따르면 유통업체의 고객 서비스 이메일에서 구체적인 단어(예: 청바지 vs. 바지, 티셔츠 vs. 상의)를 사용하자 사람들이 90일 동안 평균 30퍼센트 더 많이 소비했다고 한다. 마케터는 모호한 단어를 구체적인 표현으로 대체해야 한다. 일반적인 단어보다 구체적인 단어를 선택해야 한다. 그리고 동일한 연구 결과, 직원들이 구체적인 표현으로 응대할 때 고객들은 자신의 말을 귀담아들었다고 느꼈고, 그 결과 만족도도 더 높았음을 유념하자.

카피라이팅의 효과를 극대화하는 방법

- 회사의 태그라인과 행동 유도 메시지, 이메일 제목, 콘텐츠 제

목은 운율을 사용해 작성하자. 예를 들어 "지체 말고 지금 가입하세요Don't delay, sign up today" 같은 행동 유도 문구를 사용하거나, 보험사 내션와이드의 유명한 슬로건처럼 "내션와이드는 당신의 사이드에 서 있습니다Nationwide is on your side"라고 표현할 수 있다.

- 가독성과 명확성을 생각하며 마케팅 메시지를 검토하자. 전문용어는 다른 단어로 바꾸고, 약어나 기술 용어는 꼭 포함해야 하는지 살펴보자.
- 쉬운 단어로 메시지를 전달하라. 문구를 단순하고 이해하기 쉽게 만들자. 빽빽한 문단은 피하고 복잡한 문장을 줄이자.
- 읽는 이가 요점을 잊거나 놓치지 않도록, 혹은 더 신중한 결정을 내리도록 의도적으로 속도를 늦추고 싶다면 어려운 문구를 사용할 수도 있다. 다만, 독자들이 계속 읽게 하려면 상당한 동기부여가 필요하며, 이를 제공하지 못하면 그들을 놓칠 수 있음을 유념해야 한다.
- 고객이 정보를 찾기 쉽게 웹사이트와 마케팅 자료를 만들자. 명확한 범주와 행동 유도 메시지, 정보를 담은 제목과 부제목, 글머리나 번호 기호로 정리된 요약을 사용하자. 문단 사이에 자연스러운 연결 표현을 넣어 글의 흐름을 매끄럽게 하자. 그리고 메시지를 뒷받침하는 시각적 요소를 집어넣자. 모호하지 않고 명확한 것이 좋다.
- 회사 중심이 아닌 고객 중심의 문구를 사용하자. '나', '우리', '우리 회사'가 아닌 '당신'을 주어로 문장을 시작하라. 예를 들어 "우리는 전 제품 라인을 갖추고 있습니다"가 아닌 "당신은

여기서 전 제품 라인을 찾을 수 있습니다"라고 표현하자.

- 잠재 고객의 초기 방어막을 낮추고 싶다면, 당신의 제품이나 서비스를 소유하거나 사용한다고 상상할 수 있게 메시지를 시작하자. 이는 소유효과(2장 참고)도 자극할 수 있다.
- 제안에 "무료"라는 단어를 강조하자. 실제로 월드데이터(2020)의 연구에 따르면, 제목란에 '서비스로 제공되는'이란 표현보다 "무료"를 사용할 때 오픈율이 두 배 높았다.
- 동음이의어를 적용해 메시지 전달을 돕는 기회를 찾자. 예를 들어 광고 에이전시라면 이렇게 말할 수 있다. "When the copy needs to be right, hire us to write it. 효과적인 문구를 원한다면, 우리를 고용하세요."
- 가독성을 고려해 메시지를 구성하자. 읽기 쉬운 글꼴을 선택하고, 배경색과 반전된 형태의 디자인은 몇 개의 단어나 짧은 문장으로 제한을 두라.
- 고객과 잠재 고객을 지칭할 때는 동사보다 명사를 사용하는 것이 좋다. 예를 들어 고객을 '초콜릿을 좋아하는 사람'이 아닌 '초콜릿 애호가'로 부르는 것이다.
- 구체적으로 표현하라. 마케팅 문구에 모호한 용어를 사용하지 말자. 예를 들어 제품을 솔루션이라고 부르면 무슨 제품인지 잠재 고객이 이해할 수 있을까? 그 솔루션이 소프트웨어인지 컨설팅인지, 아니면 다른 무엇인지 의아할 것이다.

결론

당신의 제품과 서비스, 제안, 회사를 설명하기 위해 선택한 단어는 타깃의 반응에 영향을 준다. 운율 있는 문구와 두운, 반복, 직유와 은유, 동음이의어, 구체적인 표현, 주목도를 높이는 단어는 모두 마케팅 메시지에 중요하게 작용하며, 사람들의 관심과 신뢰를 높이고 마음을 사로잡는다.

다음 장에서 살펴보겠지만, 문구로 마케팅 메시지를 전달하는 흐름을 조성하는 것도 중요하다. 이는 즉각적으로 메시지를 거부하려던 타깃을 호의적으로 반응하게 이끌 수 있다.

요약

1. 고객은 운율이 있는 구절을 더 기억하고 신뢰한다.
2. 운율이 있는 구절은 매끄럽게 읽히기 때문에 뇌가 쉽게 처리한다. 뇌에서 쉽게 처리되면 옳게 느껴지는 만큼, 사람들은 그것을 더 진실하게 생각할 때가 많다.
3. 사람들은 막힘없이 읽히는 것을 선호하며, 그럴 때 더 확신을 갖고 의사결정을 내린다.
4. 당신이 선택한 단어와 그것을 마케팅 자료에 배치하는 방식은 모두 인지적 유창성에 영향을 준다.
5. 교육 수준이 높고 전문적인 집단을 대상으로 글을 쓰더라도, 고객과 잠재고객이 이해하고 받아들이기 쉬운 단어를 선택해야 한다.
6. 전문 용어, 약어, 기술 용어, 타깃에게 익숙하지 않거나 혼란을 줄 수 있는 단어 사용은 주의하자.
7. 두운, 반복, 은유, 직유 같은 문학적 장치는 마케팅 메시지를 기억에 남고, 이해하기 쉽게 해준다.
8. 동음이의어는 소리가 같은 다른 단어와 그와 관련된 행동을 상기시킨다. 안녕을 의미하는 Bye-bye나 Goodbye가 사람들이 구매Buy하게 이끌 수 있는 이유다.
9. '당신, 상상, 무료, 새로운, 발견'처럼 강력한 단어들을 활용해야 한다.
10. 명사를 사용해 고객을 부르는 것은 동사를 사용해 그들에게 원하는 행동을 말하는 것보다 효과적이다. 예를 들어 무언가를 소유한 사람이란 표현보다 소유자로 칭하는 것이 좋다.
11. 구체적이고 명확한 표현은 고객 만족도와 매출을 높인다.
12. 마케팅 문구의 인지적 유창성을 높여 효과를 극대화하자. 유용한 문학적 장치를 사용하고, 사람들이 많이 보는 커뮤니케이션 영역에 주목도를 높이는 강력한 단어를 선택하라.

15 가용성 편향

#Availability #Desirability #Triggering

쉽게 떠오른다면 그것은 나에게 중요한 일이다

사람들은 관련 사례가 머릿속에 쉽게 떠오르면, 그 일이 실제로 일어날 가능성이 크다고 느낀다. 따라서 효과적인 마케팅 메시지로 제품이나 서비스가 필요한 상황을 자연스럽게 떠올리게 해주면, 잠재 고객은 자신이 실제로 그런 상황에 부닥칠 수 있다고 느껴 구매를 결심한다.

다음 질문에 한번 답해보자. 매년 상어 공격으로 죽는 사람이 많을까? 아니면 날아온 샴페인 코르크에 맞아 죽는 사람이 많을까? 총기사고와 일사병 중에는? 자동차 사고와 낙상은 또 어떨까? 2021년 나는 이 질문으로 마케팅 웨비나를 시작했고, 대부분의 사람은 상어 공격을 택했다. 함정이라고 생각해 샴페인 코르크를 선택한 사람도 간혹 있었다. 하지만 대부분의 사람은 양자택일 상황에서 보통 전자를 선택한다. 당신의 선택도 그렇다면 혼자가 아니다.

수많은 사람이 이에 동의할 뿐 아니라 과학적으로도 근거가 있다. 사람들이 상어와 총상, 자동차 사고를 각각 답으로 선택한 데는 타당한 이유가 있기 때문이다. 그것은 무언가를 자주 접한 빈도와 관련이 있다. 예를 들어 매사추세츠에 사는 나는 케이프 코드 해변에 갈 때마다 커다란 입안에 뾰쪽한 이빨을 드러낸 상어의 대형 그래픽 표지판을 마주한다. 표지판에는 눈에 띄는 빨간색과 흰색의 경고 표시와 더불어 해안가 얕은 물에 백상아리가 나타나니 주의하라는 문구가 적혀 있다. 심지어 상어 추적 앱Sharktivity app을 내려받아 근처에 상어가 나타나면 경고 메시지를 받으라는 내용도 있다.

나는 그 표지판을 보며 내 친구 케네스 '상어' 키니를 떠올린다. 마케터이자 팟캐스트 진행자, 열정적인 다이버이기도 한 키니는 잠수할 때는 항상 상어가 나타날 수 있으니 주의하라고 조언한다. 이 얘기를 들으면 매사추세츠주뿐 아니라 플로리다주 해안, 심지어 먼 오스트레일리아 바다에서도 상어 공격을 받았다는 뉴스 보도가 생각난다. 그리고 오스트레일리아를 생각하면 마케팅 기조연설을 위해 나를 시드니로 초청한 콘퍼런스 주최자 다니카가 떠오른다. 식사 중 다니카는 자신이 모험 여행 작가로도 일한다면서 호주 남부의 차가운 바닷속 상어 케이지에 잠수해, 그물 장벽만 두고 이 자연의 '살인마'를 마주한 경험을 쓴 적이 있다고 말했다.

그 얘기를 들으면 피터 벤츨리Peter Benchley의 고전 《조스Jaws》를 읽었던 기억이 떠오르고, 수많은 상어 영화와 디스커버리 채널의 상어 특집 방송이 생각난다. 간단히 말해, 내게 영향을 준 상어 관련 내용은 수없이 많다. 그래서 상어 공격과 날아온 샴페인 코르크에 관한 질문을 처음 받았을 때 바로 그런 일이 일어났다. 영향을 받은 것이다. 내 기억 저장소를 잠깐만 떠올려도 상어 공격에 관한 정보는 수없이 많았다.

반면 날아온 샴페인 코르크에 맞아 사람이 죽었다는 내용은 아무것도 없었다. 뉴스 보도, 책, 영화 속 한 장면조차 떠오르는 게 없었다. 그저 결혼식 축배와 새해 기념행사처럼 모두 안전하고 죽음과 관련 없는 활기찬 장면들만 생각났다. 그래서 나는 상어가 정답이라고 확신했다. 지금쯤이면 여러분도 알아차렸겠지만, 이는 사실이 아니다.

놀랍게도 매년 24명 정도의 사람이 날아온 샴페인 코르크에 맞아 죽지만, 상어 공격으로 사망한 사람은 10명에 불과하다(McCall, 2021). 그리고 미국 국립안전위원회(NSC, 2019)의 조사에 따르면, 미국에서는 평생 낙상으로 인한 사망이 자동차 사고로 사망할 확률보다 높다. 또한 실제로는 일사병이 총기 사고로 사망할 확률보다 더 높다고 밝혀, 사람들의 예상이 꼭 들어맞지 않음을 다시금 증명한다. 하지만 그렇다고 해도 사람들이 답을 안다고 가정하는 것을 막을 수 없다. 과학에 따르면 인간은 무언가가 쉽게 떠오르면 그 일이 일어날 확률이 높다고 생각한다. 그리고 그 결과 그에 따라 결정을 내린다.

이런 의사결정의 지름길은 마케터들에게 유리한 기회가 될 수 있다. 판매 제안을 하기 전에 잠재 고객들로 하여금 당신의 제품이나 서비스가 적합한 상황을 떠올리게 유도하며 기초 작업을 하는 거다. 더 빨리 떠올릴수록 그들은 당신이 파는 제품이 필요하다고 생각할 것이다.

이 유용한 전술은 타깃의 거부에 맞서는 훌륭한 무기도 된다. 어떤 잠재 고객은 제품에 관심이 없다고 바로 차단하고 모든 마케팅 메시지를 무시할 수도 있다. 그리고 모든 마케터가 듣고 싶지 않은 말을 한다. "다 갖고 있어서 지금은 필요한 게 없어요." 그러나 이제 이를 격퇴할 수 있는 효과적인 방법이 있다. 당신의 상품이 필요하다는 결론을 타깃이 스스로 내릴 수 있을 때 마케팅은 훨씬 쉬워진다.

어떤 사건이 쉽게 떠오르면 그 일이 더 자주 일어나는 것처럼 느껴진다.

우선
익숙하게 만들어라

사람들은 얼마나 쉽게 사례를 찾을 수 있는지를 그 일이 일어나는 빈도나 확률의 지표로 여긴다. 어떤 일이 잘 떠오르지 않으면 그 빈도가 낮다고 가정하고, 그 결과 자신에게도 발생하지 않는다고 생각한다(그래서 당신이 파는 제품이 필요 없다는 결론에 이른다).

그러나 사례가 쉽게 떠오르고 기억 저장소에서 바로 찾을 수 있으면 흔한 일인 만큼 자신에게 일어날 확률도 높다고 느낀다(판매 증가로 이어짐). 행동과학자들은 이렇게 사람들이 자주 의존하는 의사결정의 지름길을 가용성 편향이나 가용성 휴리스틱으로 표현한다.

많은 연구가 이러한 의존이 얼마나 흔한지 보여준다. 예를 들어 한 실험은 사람들에게 영어에 'ing'로 끝나는 일곱 글자 단어가 더 많은지 여섯 번째 글자가 n으로 끝나는 단어가 더 많은지 물었다(Farnam Street, nd).

사람들은 여섯 번째 자리에 'n'이 있는 일곱 글자 단어를 떠올리기 어렵기 때문에, 'ing'로 끝나는 단어가 더 많다고 생각했다. 그러나 'ing'로 끝나는 모든 일곱 글자 단어는 여섯 번째 자리에 'n'이 있고, Abalone(전복)이나 Unbound(자유의) 같은 단어들도 있다.

여섯 번째 철자의 빈도같이 어려운 걸 물어보지 않아도 가용성 편향을 유발할 수 있다. 우리가 직접 경험한 일로도 가능하다. 대니얼 카너먼은 저서《생각에 관한 생각》에서 부부와 그들의 집안일에 관한 연구를 설명한다. 연구자들은 부부에게 각각 집안일 기여도를 책정해보라고 요청했다.

쉽게 떠오르는 가용성 편향

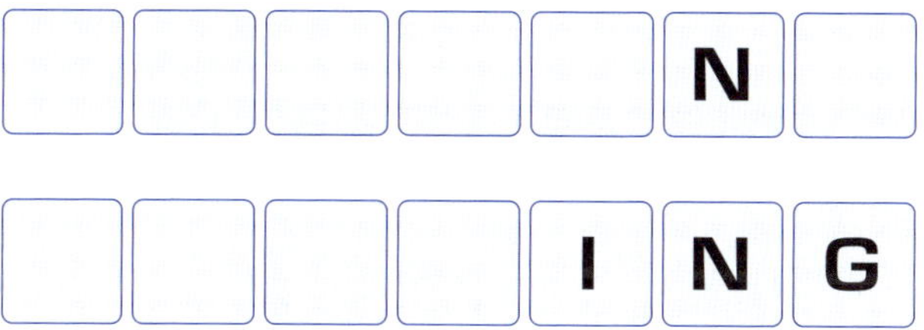

사람들은 여섯 번째 자리에 'n'이 있는 일곱 글자 단어를 생각하기 어려운 만큼 'ing'로 끝나는 단어들이 더 많다고 생각했다.

하지만 부부가 책정한 비율을 합하자 100퍼센트가 넘었는데, 이는 수학적으로 맞지 않는 결과다. 사람들은 자신이 한 일에 비해 배우자가 기여한 사례는 떠올리기 힘든 만큼 비율을 제대로 판단하지 못했다. 자신이 한 집안일은 생생하게 기억했다. 그러나 배우자가 한 집안일은 한집에 같이 살며 경험했어도, 떠올리기 힘들었다.

반면, 무언가가 쉽게 떠오르면 개인의 인식은 왜곡될 수도 있다. 또 다른 실험은 참가자들에게 39명의 이름 목록을 들려줬다(Bar-Hillel, 2001). 한 목록은 남성 20명의 이름과 그들보다 좀 더 유명한 여성 19명의 이름이 들어 있었고, 다른 목록은 여성 20명의 이름과 그들보다 좀 더 유명한 남성 19명의 이름이 들어 있었다. 목록을 들려준 후, 연구자들은 피험자들에게 여성의 이름과 남성의 이름 중 어느 쪽이 더 많았는지 추정해보라고 지시했다.

연구자들은 여성의 이름이 더 유명할 때는 사람들이 목록에 여성의 이름이 더 많다고 답하고, 남성의 이름이 유명할 때는 남성의 이름이 더 많다고 답했음을 발견했다. 유명인의 이름이 더 친숙하게 들리기 때문에(그 결과 피험자들의 기억 속에 더 많이 남은 만큼) 유명한 이름 쪽의 성별이 목록에 더 많다고 판단한 것이다.

가용성 편향에 영향을 주는 빈도, 최근성, 수량

빈도는 사람들의 의사결정 지름길에 영향을 줄 수 있다. 연구자들은 실험에서 두 가지 시나리오를 설명하고, 어느 쪽이 더 가능성이 높은지 말해달라고 요청했다(Bar-Hillel, 2001). 첫 번째는 미국 어딘가에 대규모 홍수가 발생해 1,000여 명의 목숨을 앗아간 시나리오고, 두 번째는 캘리포니아의 지진으로 홍수가 발생해 1,000명이 숨진 시나리오다. 사람들은 지진과 캘리포니아가 밀접한 관련이 있다고 여기는 만큼 두 번째 시나리오가 더 말이 된다고 생각했다. 그러나 논리적으로 보면 홍수로 1,000여 명이 목숨을 잃는 일은 캘리포니아에 지진이 일어나지 않아도 미국 어느 지역에서든 발생할 수 있는 만큼, 두 시나리오 중 더 일어날 가능성이 높을 것이다.

이러한 실험이 보여주듯, 반복적인 정보의 노출은 (그 사람에게 직접적인 영향을 주지 않는 사건일지라도) 사건과 발생 가능성에 대한 사람들의 인식에 영향을 미친다. 예를 들어 처방약 광고를 자주 접한 사람들은 그 약이 치료하는 질병이 실제보다 더 흔하다고 생각하게 된다(An, 2008). 이와 유사하게 약과 관련된 루셀 아이젠만Russell Eisenman의 1993년 연구에 따르면, 사람들은 약물 오남용 실태 조사에서 반대의 결과가 나왔음에도 미국 내 약물 사용이 증가하고 있다고 추정했다(Eisenman, 2013). 연구자들은 약물 사용에 대한 잦은 언론 보도가 사람들의 판단에 영향을 줬다고 생각했다. 사람들은 약물 남용 뉴스가 쉽게 떠오른 만큼 약물 사용이 분명 증가하고 있다고 추측했다.

빈도와 더불어 가용성 편향에 뚜렷한 영향을 주는 것이 최근성이다. 최근의 기억은 더 찾기 쉬운 만큼 사람들은 이를 더 크게 생각한다. 예를 들어 2019년 사우스웨스트 항공의 사고로 승객 한 명이 사망하자 사람들은 비행기 타는 것을 두려워했다. 사우스웨스트 항공사는 이런 두려움 때문에 5,000만 달러에서 1억 달러의 매출 손실을 본 것으로 알려졌다(Boyce, 2022). 비슷한 사고가 일어날 가능성은 매우 낮았지만, 잠재 승객들의 머릿속에는 그 가능성이 훨씬 크게 자리 잡은 것이다.

마지막으로 연구자들은 가용성 휴리스틱의 흥미로운 결과를 발견했다. 정보를 얼마나 많이 떠올릴 수 있는지보다 얼마나 쉽게 떠올릴 수 있느냐가 더 강력한 영향을 미친다는 사실이다(Schwarz, et al., 1991). 실험에서 참가자들은 자신이 단호하게 행동한 순간을 여섯 가지 혹은 열두 가지를 적으라는 요청을 받았다. 그런 다음 자신이 얼마나 단호한 성격인지 판단해보라고 했다. 뜻밖에도 열두 가지 사례를 적으라고 요청받은 사람들은 자신을 그다지 단호하지 않다고 평가했다. 연구자들은 그 이유가 여섯 가지 사례를 생각하긴 쉬울지 몰라도, 두 배나 많은 사례를 떠올리긴 매우 어렵기 때문이라고 설명한다. 사람들은 단호하게 행동한 열두 가지 사례가 쉽게 생각나지 않자, 결국 자신이 그렇게 단호한 사람은 아니라는 결론을 내린 것이다.

그러나 연구자들이 피험자들에게 사례 개수를 떠올리기 힘든 이유를 설명해주자(흘러나오는 음악이 그들의 사고능력을 늦추는 것처럼), 그들은 열두 가지 사례를 떠올리기 힘들다는 이유로 더는 자신이 단호하지 않다는 결론을 내리지 않았다.

가용성 편향을 유발하는 여러 가지 방법

마케터들은 가용성 편향을 유리하게 적용할 수 있다. 제품이나 서비스가 타깃에게 정말 유용할 상황을 떠올리게 하는 것이다. 예를 들어 당신이 지우기 힘든 얼룩을 없애는 제품을 판매한다면, 하얀 셔츠나 식탁보에 레드 와인을 쏟았던 때를 떠올려보라고 유도할 수 있다. 당신의 제품을 썼다면 막았을 나쁜 결과를 경험한 지인을 생각나게 할 수도 있다. 프레젠테이션 교육 프로그램을 판매한다면 대중 앞에서 말하는 것을 두려워하고 연단에 오르면 얼어붙을까 봐 걱정하는 친구나 동료가 있는지 물어보자.

잠재 고객이 최근 뉴스나 소셜 미디어에서 들은 당신의 제품이나 서비스 관련 이야기를 떠올리도록 유도하는 것도 좋은 방법이다. 예를 들어 퇴직연금을 판매한다면 전성기에 많은 돈을 벌었지만, 무일푼으로 최근 사망한 유명 연예인이나 운동선수의 이야기를 언급할 수 있다.

마지막으로 타깃에게 당신의 제품이나 서비스가 가장 유용할 수 있는 세 가지 상황을 떠올려보라고 하자. 혹은 지금 당장은 필요하지 않은 열 가지 이유를 꼽아보라고 하는 방법도 있다. 이유를 열 가지나 떠올리긴 쉽지 않다. 따라서 어느 쪽이든 사람들은 당신의 제품이 필요하다는 결론에 이를 것이다.

핵심은 당신의 제품이 현명한 선택이 될 만한 사건의 발생 가능성을 생각하게 해 가용성 편향을 유도하는 것이다. 대니얼 카너먼은 이렇게 말한다. "나쁜 결과에 대한 사람들의 두려움을 높이는 효과적인 방법은 일이 잘못된 관련 사건을 상기시키는 것이다. 또한 사람들의 확신을 키우는 영리한 방법은 모든 일이 잘 해결된 비슷한 상황을 떠올리게 하는 것이다."

가용성 편향으로 곤란한 상황을 해결한 사례

보스턴에서 카피라이터로 일하던 젊은 시절, 놀라운 일이 일어났다. 내가 당시 일하던 에이전시는 올림픽 기념주화 프로젝트를 맡았다. 그 자체만으로도 꽤 멋진 일이었다. 우리는 사람들이 기념주화를 사도록 이끄는 직접 반응 인쇄 광고를 만들었다. 광고에는 기념주화에 관한 뒷이야기와 아름다운 사진들을 실었다. 그리고 기념주화의 수집 가치와 세밀한 공정, 묘사한 문화와 스포츠 장면을 소개하고, 한정판이 모두 팔리기 전 주화를 소유할 특별한 기회임을 강조했다.

어느 날 아침 에이전시에 출근하니, 크리에이티브 디렉터가 평소답지 않게 초조해하며 통화하는 모습이 보였다. 전화를 마치고 자신의 사무실에서 나온 그는 내게 프리랜서 작가를 추천해줄 수 있는지 물었다. 나는 그러겠다고 답하며 이유를 물었다. 회사가 급한 의뢰를 받았거나 대규모 프레젠테이션에 참여하나 보다 생각하면서 말이다. 그는 방금 올림픽 기념주화 클라이언트가 회의를 위해 작가 파견을 요청했다고 전했다. 회의는 며칠 후 홍콩에서 열릴 예정이었다. 크리에이티브 디렉터는 바로 프리랜서 작가 몇 명에게 연락해봤지만 수확이 없었다고 했다.

"잠깐만요." 나는 믿을 수 없다는 듯 말했다. "프리랜서를 파견한다고요?" 이 좋은 기회를 왜 외부에 맡기는지 이해할 수 없었다. 이제는 그가 어이없어할 차례였다. "왜요?" 그는 당황한 얼굴로 나를 바라보며 말했다. "가고 싶어요?"

당연히 가고 싶었다. 나는 홍콩에 대해 아무것도 몰랐고, 가본 적도 없었다. 사실 여권도 없었다. 그러나 며칠 후 비행기에 올라타 아시아에서 열리는 비즈니스 회의에 갈 생각만 해도 정신이 황홀해졌다. 이런 것이 바로 마케팅 일 아닌가? 놀랍게도 크리에이티브 디렉터는 승낙했고 내게 곧 비행기표를 건네줬다. 이제 여권을 만들고 가방만 싸면 됐다. 다행히 당시에는 보스턴 여권 사무소에서 하루 만에 긴급 여권을 만들 수 있었다.

20시간의 비행 후 호텔에 도착해 잠깐 잠을 자고 다음 날 클라이언트의 사무실로 향했다. 여러 회의가 끝난 후 클라이언트는 자신의 팀 전체를 비롯해 여러 에이전시의 직원들을 저녁 식사에 초대했다. 나는 긴 테이블의 끝에 앉아 있는 또 다른 미국인을 발견했다. 그녀는 뉴욕의 홍보에이전시 소속으로 홍콩에서 일하는 일레인이라고 소개했다.

원래는 그다음 날 하루 종일 일한 후 비행기를 타고 집으로 돌아갈 계획이었다. 그러나 클라이언트가 내게 주말까지 머물다가 다음 주 며칠 더 사무실에 올 수 있냐고 물었다. 물론 가능했다. 금요일 오후 5시가 다가오자 갑자기 주말을 통째로 즐길 수 있다는 생각이 들었다. 나는 일레인이 같이 관광할 수 있길 바라며 사무실 비서에게 연락을 부탁했다. 우리는 주말 동안 홍콩을 함께 돌아다니며 여러 고대 사원과 경치 좋은 전망대, 현지 레스토랑과 외국인 바들을 방문했다. 정말 즐거운 시간이었다. 일레인은 홍콩을 잘 아는 멋진 동료였고, 내가 최고의 시간을 보낼 수 있도록 애써주었다.

마지막 밤이 다가오자 나는 일레인의 친절에 보답하고 싶었다. 내가 묵던 호텔에는 마침 고급 레스토랑이 있었고, 그곳에서 저녁을 대접하기로 했다. 하지만 웨이터가 건넨 와인 리스트를 보고서는 말문이 막혔다. 아는 와인이 하나도 없던 것이다. 보스턴에서 온 젊은 카피라이터로 비즈니스 저녁에서는 와인을 주문해야 한다는 것쯤은 알고 있었다. 그러나 그동안은 경험이 많은 동료가 항상 와인 리스트를 검토하고 와인을 골랐던 만큼 어떤 걸 선택해야 할지 전혀 감이 오지 않았다. 설상가상으로 와인 가격은 미국 달러로 표시되지 않았다.

나의 무지를 드러내고 싶지 않아 멍하니 와인 리스트를 바라볼 때였다. 갑자기 뭐가 보였다. 마치 신이 도운 것처럼 내 눈에 샤토네프 뒤 파프Châteauneuf-du-Pape가 들어왔다. 나는 머릿속으로 그 이름을 소리 내 보았고 이전에 들어본 와인임을 깨달았다. 단지 들어본 적이 있을 뿐 아니라, 대단하다는 평을 들었던 것이 기억났다. 이제 좋은 와인을 주문할 수 있다는 확신이 들었다(내가 감당할 수 있는 비용인지는 확신할 수 없었지만).

당시에는 깨닫지 못했지만 가용성 편향이 나를 구해준 셈이다. 샤토네프 뒤 파프가 친숙하게 들리고 여러 이야기가 매체에서 언급됐기에 나는 좋은 선택이라고 확신할 수 있었다. 사실 그 당시 누군가 내게 좋은 와인을 추천해달라고 하면 이 와인이 쉽게 떠올랐을 것이다. 그리고 일레인과 나는 만족했다. 우리는 홍콩의 고급 레스토랑에서 다양한 음식과 함께 와인의 마지막 한 방울까지 즐겼다.

사례 연구

바코드 리더와 가용성 편향 자극하기

비즈니스 타깃에게 기존 장비를 새롭게 교체하라고 설득하려면 어떻게 해야 할까? 좀 더 구체적으로 "망가지지 않는 한 계속 쓴다"라는 식의 태도를 어떻게 타파할 수 있을까? 우리를 찾아온 새 클라이언트가 제시한 과제였다.

새 클라이언트는 바코드 리더 제조업체였는데, 대형 유통업체의 물류센터에서 일하는 담당자들이 주로 구매하는 머신 비전 제품을 판매했다. 이러한 회사들은 하루에 수천 건의 주문을 선별하고 포장하고 처리해야 하는 만큼 우리 클라이언트의 장비는 라인을 따라 움직이는 물류를 검사하고 식별하는 데 도움을 주었다. 이 특별한 바코드 리더는 여러 장점이 있었다. 경쟁 제품보다 이미지를 더 빨리 처리하고, 보기 힘든 각도에 있는 라벨이나 일정 부분 찢긴 라벨도 읽을 수 있으며, 하드웨어와 움직이는 기계 부품이 적었다.

하지만 이 장비가 성공하지 못한 데는 두 가지 이유가 있었다. 우선 회사가 목표 시장에서 아직 널리 알려지지 않았다는 것이었다. 잠재 고객들은 브랜드를 잘 인식하지 못했다. 극복할 수 있는 문제지만, 확실히 고객의 반응을 얻는 데 걸림돌이 되는 요소였다. 두 번째 이유는 더 심각했다. 타깃들은 매우 정신이 없었고, 변화를 거부했다. 이들은 수년 동안 같은 방식으로 물류 라인을 운영해왔다. 그들에게는 상황을 바꿀 이유가 없었다. 완벽하지는 않아도 장비는 잘 작동했고, 계속 잘 굴러만 가면 그들의 임무는 완료였다.

적합한 방법을 포착하라

제품의 강점과 어려운 상황을 살펴보면서 우리 팀은 새 클라이언트의 마케팅 메시지를 위한 몇 가지 방안을 생각해냈다. 먼저 참신함을 강조하는 방안이 있었다. 사람들은 일반적으로 새롭고 참신한 것에 끌린다(9장 참조). 이 회사와 제품은 타깃에게 새로운 만큼 효과가 있을 거라고 판단했다. 하지만 잠재 고객들은 이런 종류의 장비가 업체마다 상당히 비슷하며 단지 사소한 차이만 있을 뿐이라고 생각했다. 즉, 제품을 신상품으로 소개해도 기존 제품과 약간 다른 버전으로 폄하될 위험이 있었다.

다음으로 우리는 절감에 초점을 두는 방안을 고려했다. 클라이언트의 장비는 하드웨어와 움직이는 부품이 적은 만큼 유지 보수에 큰 비용을 지출할 필요가 없었다. 그러나 문제점은 타깃이 그런 지표에 관심이 없다는 것이었다. 그들의 주요한 책임은 매끄러운 운영이었다. 장비가 약속한 대로 잘 작동한다면 비용 절감도 좋은 선택이다. 하지만 아직 증명되지 않은 새로운 상품을 현재의 프로세스에 도입하는 것은 위험할 수 있었다. 실패하면 더 치명적이기 때문에 그들은 잠재적으로 좋은 제품보다 증명된 제품을 선호했다.

많은 고민 끝에 우리는 적합한 메시지를 찾았다. 타깃을 안주하지 않도록 흔들고, 우리 클라이언트가 고객과 그들의 업무를 이해한다는 사실을 보여주는 방법이었다. 우리는 그들에게 라벨의 바코드가 손상된 상자를 보냈다. 타깃이 본능적으로 반응할 것임을 알았기 때문이다. 찢긴 라벨이 라인에 오면 폐기하고 다시 작업해야 하는 만큼 손상된 라벨은 업무에 지장을 주었다. 심지어 타깃들은 이렇게 폐기된 라벨 더미를 냉소적인 농담으로 노다지 레인이라고 부르기도 했다.

따라서 손상된 라벨을 보면 가용성 편향이 촉발될 것이다. 목표 고객은 자연히 최근 노다지 레인에 온 모든 물품과 그것을 힘들게 처리한 과정을 떠올린다. 그리고 현재 장비가 작동은 하지만, 완벽하진 않다는 사실을 상기한다. 이제 곧 메시지를 읽을 그들의 머릿속에 적절한 생각이 자리 잡을 것이다. 찢긴 라벨 밑에 우리는 이런 라벨은 대개 골칫거리지만 이제는 특별한 해결책이 있다는 문구를 실었다. 공감하는 방식으로 그들의 관심을 끈 후에 새로운 바코드 리더의 장점을 제시한 것이다. 그리고 선물도 제공해 그들이 응답하도록 동기를 부여했다.

이러한 방법이 타깃에게 영향을 주었을까? 제품이 다 거기서 거기고, 새로운 기기를 도입하는 것은 위험하다는 인식을 극복할 만큼? 분명히 그랬다. 클라이언트는 이 캠페인이 목표치의 266퍼센트를 초과 달성하며 높은 성과를 거두었다고 기쁘게 전했다.

⚠ 주의

준비 단계 없이 바로 기능과 혜택을 제시하지 말자. 먼저 가용성 혜택을 자극하면서 메시지를 전달하면 타깃은 그 내용을 더 잘 받아들일 것이다.

가용성 편향을 적용한 6가지 사례

관련 사건이나 사례를 쉽게 떠올릴 수 있을 때 타깃은 당신이 설명하는 일이 일어날 가능성이 더 높다고 느낀다. 그들이 피하고 싶은 상황을 설명하면, 가용성 편향은 손실 회피(2장 참고)와 잘 맞아떨어질 수 있다. 성공적으로 해결된 사례를 설명하면 가용성 편향은 나쁜 일은 타인에게 더 자주 발생한다는 낙관 편향과 결합할 수 있다.

관련 사건이나 사례가 더 쉽게 떠오르는 상황들도 있다. 특히 독특하고, 감정을 자극하는 생생한 사건이나 사례라면 더욱 그렇다. 최근에 일어난 일이거나 들은 이야기라면 더 금방 떠오를 것이다. 마찬가지로 타깃이 개인적 경험이나 반복적인 노출로 그 상황에 매우 익숙하다면 자연히 생각날 확률이 높아진다.

건설장비 회사

한 건설장비 대여 회사가 가용성 편향을 감정적으로 잘 활용한 디지털 광고를 선보였다. 그들은 건설 현장에서 일어난 아찔한 상황을 아주 간결하게 묘사했다. 이 광고는 공사 마감이 코앞인데 굴착기나 가위 리프트 같은 핵심 장비가 고장 난 상황을 보여준다. 그러면 타깃은 이런 상황을 쉽게 인식하고, 그로 인해 발생할 두려움과 스트레스에 공감한다. 그들은 비슷한 상황을 경험했거나 동료의 경험담을 들었을 것이다. 그런 상황으로 인해 전체 업무 일정이 지연되는 상황도 그려진다. 그런 다음 장비회사는 필요할 때 대체 장비를 쉽게 대여해주는 자신을 해결책으로 제시했다. 광고는 잠재 고객들이 이 회사를 과거 이용했으면 좋았을 상황을 떠올리거나 향후 장비 문제가 생겼을 때 이용하는 것을 상상하도록 먼저 유도했다. 그런 다음 그들의 비즈니스를 해결책으로 제시했다.

정치 자금 모금

언젠가 내가 받은 정치 자금 모금 이메일은 가용성 편향을 유발하기 위해 간단한 그래픽 기법을 사용했다. 이메일은 특정 기한 전까지 정치자금을 모으는 목적을 두고 있었다. 그래서 기한 내에 기부한 사람은 모두 후보자와의 저녁 식사에 추첨으로 선정될 수 있다고 제시했다. 그러나 수신자는 이메일 목록에 있는 수많은 이들을 고려할 때, 실제로 선정될 가능성은 매우 낮다고 생각했을 것이다. 이에 대응하기 위해, 이메일에는 8개의 의자가 둘린 둥근 테이블 사진이 포함됐다. 테이블 상석에는 후보자의 이름이 적힌 의자가 있었고, 화살표로 표시된 후보자의 오른쪽 의자에는 예비 기부자의 이름이 쓰여 있었다. 또 다른 화살표로 표시된 기부자의 왼쪽 의자는 그 기부자가 함께 데려올 손님을 위한 자리였다. 사람들은 이 그래픽을 보며 후보자와의 식사 장면을 생생하게 떠올릴 수 있었다. 즉, 그 상황을 상상하도록 도운 것이다. 머릿속에 명확하게 그림이 그려지자 식사 확률은 더 높아 보였다. 그 결과, 많은 사람이 기부에 참여했다.

보험사

입원 일당 보험을 판매하는 한 보험사는 어려운 과제에 직면했다. 한 해 동안 보험을 사용하지 않은 고객들(다행히 병원에 입원할 일이 없던 이들)은 다음 해에 보험을 해지하는 경우가 많았다. 당연히 보험사는 비즈니스를 잃고 싶지 않았다. 그래서 고객들이 보험을 유지하게끔 마케팅 문구에 가용성 편향 장치를 적용했다. 보험사는 고객들에게 보험에 가입한 것이 매우 현명한 선택이라며, 특히 지난해 병원에 입원한 모든 주변인을 떠올려보면 더욱 그럴 것이라고 말했다. 이 말을 들은 고객들은 보험을 사용할 일은 없었지만, 자신도 필요한 상황이 발생했을 수도 있고 여전히 필요하다고 생각하게 됐다.

사이버보안 회사

내 동료이자 재능 있는 작가인 에이미 헌트는 최근에 일어난 사건들을 가용성 편향 장치로 사용했다. 그녀는 사이버보안 회사의 잠재 고객을 창출하기 위해 배너 광고를 만들고 있었다. 물론 사이버 공격에 대비하라고 기업을 설득하기 위해 취할 방법은 여러 가지가 있다. 점점 더 정교해지는 범죄 수법이나 매우 잘 설계된 시스템에도 취약점이 있다는 사실을 강조할 수 있다. 기업이 피해를 입을 때 발생할 비용과 생산성 손실을 다룰 수도 있다. 하지만 에이미는 기술과 정보 시스템 분야의 잠재 고객들이 즉시 반응할 근거를 찾아야 한다고 생각했다. 그래서 현재 일어나고 있는 사건들로 눈을 돌렸다.

저녁 뉴스에는 데이터 유출을 당한 대기업과 고객과 주주의 항의에 관한 내용이 점점 자주 등장했다. 에이미는 이러한 저녁 뉴스에 타깃 기업의 CEO가 나오지 않으려면, 사이버보안 제품이 필요할 것이라고 포지셔닝했다. 이를 보고 타깃은 최근에 그런 일을 겪은 회사를 자연히 떠올렸다. 가용성 편향뿐 아니라 행동의 시급성을 자극하는 전략이었다.

소프트웨어 회사

가용성 편향은 타깃이 자주 문제를 겪거나, 그러한 문제를 경험한 이들을 알고 있을 때 현명한 판매 전략이다. PDF 제품을 판매하는 한 소프트웨어 회사는 바로 이런 전략을 사용했다. 그들은 후발주자였지만, 타깃 고객층에는 자신들의 제품이 더 적합하다고 믿었다. 그래서 이메일로 제품 소개를 바로 시작하는 대신 타깃이 PDF를 사용할 때 불편해도 그냥 참는 부분들을 상기시켰다. 필요하지 않은 기능에 비용을 내거나, 어쩔 수 없이 낮은 사양의 제품을 사용할 것이라고 지적했다. 타깃은 그런 문제 때문에 자신이나 직원들이 불만을 토로한 모든 순간을 떠올리게 됐다. 이러한 기초 작업을 마친 후에야 회사는 신제품의 장점에 관해 설명하기 시작했다.

일간지

마지막으로, 한 주요 일간지는 전자 뉴스레터 구독자를 늘리길 원했다. 그들은 서비스에 만족하는 기존 구독자들이 지인을 위해 선물 구독권을 구매하도록 이끄는 전략을 생각했다. 하지만 그저 구독권이 좋은 선물일 거라고 제시하지는 않았다. 구독권을 좋아할 사람을 아는지도 물어보지 않았다.

대신, 이 언론사의 기사 특성을 고려해 서비스를 반길 사람의 열

가지 특징을 나열했다. 정치 마니아, 여행광, 스포츠팬 같은 표현을 사용해서 말이다. 이렇게 가용성 편향을 적용한 방법으로 기존 고객들은 이런 설명에 들어맞는 지인을 떠올리게 됐다. 일단 그런 후에는 선물 구독권을 좋아할 만한 10명의 사람을 알고 있다는 결론에 쉽게 도달할 수 있었다.

가용성 편향을 사용해 제품을 원하게 만드는 법

- 사람들이 당신의 제품이나 서비스를 사용했더라면 도움이 됐을 상황을 떠올리게 하자.
- 제품이 향후 그들의 일이나 삶에 유용하게 쓰일 상황을 상상하도록 유도하자.
- 한 가지 특별한 부분이 알려질 수 있도록 마케팅에 집중하자. 그렇게 하면 사람들은 그 특정 속성을 생각할 때 당신의 회사를 떠올릴 것이다.
- 일관된 메시지를 지속적으로 전달하자. 제품이나 서비스가 목표 고객에게 친숙하게 느껴지게 해야 한다.
- 당신의 제품을 해결책으로 제시할 수 있는 예시와 사례, 이야기를 마케팅에 포함하자. 예를 들어 여행 보험을 판매한다면 사람들에게 비행기가 지연되거나 수화물이 사라질 때 얼마나 혼란스럽고 큰 비용이 발생하는지 상기시켜라.
- 흔한 관용구를 마케팅 메시지에 녹이자. 예를 들어 당신이 특정 제품의 예비 부품을 판매한다고 해보자. 당신은 사람들이 나중에 준비되지 않은 상황을 피할 수 있도록 지금 예비 부품

을 사길 바란다. 그러면 "우산을 안 챙기는 날 꼭 비가 온다"라는 친근한 상황을 메시지에 녹일 수 있다.

- 판매하는 제품이나 서비스를 현재 일어나는 사건과 연결 짓자.
- 당신의 제품을 소유하는 것이 어떤 기분일지 생생히 상상하도록 유도하자. 그러면 잠재 고객들은 당신의 제품을 더 쉽게 떠올릴 것이다.
- 사람들이 당신의 브랜드에 관해 이야기하게 하라. 더 많이 이야기를 듣거나 접할수록 브랜드를 더 친숙하게 느낄 것이다.
- 마케팅 콘텐츠를 용도에 맞게 다시 사용하며 시장에서 존재감을 넓히자(블로그 게시물의 내용을 트위터에 올리거나, 이메일에 새로운 제목을 달아 다시 보내기 등).
- 고객과 잠재 고객이 있는 곳을 찾아라. 그들이 일상에서 당신의 마케팅 메시지를 접하게 해야 한다. 그들이 있는 다양한 장소에 나타나자. 그리고 리타기팅 기법으로 반복해서 상품을 노출해 고객의 머릿속에 맴돌게 하자.

결론

가용성 편향을 유발하면 잠재 고객들은 당신의 마케팅 메시지를 더 쉽게 받아들일 수 있다. 판매를 요청하기에 앞서 그들이 과거 당신의 제품이나 서비스가 있으면 좋았을 상황을 생각하거나 미래에 제품을 사용하는 모습을 상상하도록 만들자. 마케터들은 잠재 고객이 들은 내용이나 직접 한 경험 등 그들의 머릿속에 부각된 사건들을 활용해 가용성 편향을 유발할 수 있다.

무언가가 부각되면 오래 기억에 남는다. 다음 장에서는 마케팅 메시지를 부각해 고객의 눈길을 끌고 머릿속에 저장되도록 사용할 수 있는 방법을 살펴보겠다.

요약

1. 고객과 잠재 고객은 머릿속에 어떤 사건이 쉽게 떠오를 때, 그 일이 더 자주 일어난다고 생각한다.
2. 관련 사례를 생각하기 어려울수록 그 일이 발생할 가능성이 낮다고 여긴다.
3. 빈도와 최근성은 가용성 편향을 자극하는 요소다. 개인적으로 그런 일을 경험했거나, 그런 경험을 한 지인을 아는 것도 이를 유발할 수 있다.
4. 얼마나 많은 정보를 떠올릴 수 있는지보다 얼마나 쉽게 떠올릴 수 있는지가 큰 영향을 미친다. 예를 들어 타깃에게 당신의 제품으로 얻는 혜택 세 가지를 말해달라고 하는 것이 열 가지를 요구하는 것보다 효과적이다.
5. 누군가에게 제품을 구매하라고 요청하기 전에 먼저 과거에 당신의 제품이나 서비스가 정말 유용했던 사례나 미래에 도움이 될 상황을 상상하도록 해야 한다.
6. 뉴스 기사와 최근 일어난 사건, 흔한 관용구를 제품과 연결해 사람들의 머릿속에 더 쉽게 떠올리게 할 수 있다.
7. 머릿속에서 생생하게 그려지는 것은 가용성 편향을 빠르고 효과적으로 촉발한다.
8. 특히 독특하고 감정을 자극하는 강렬한 사건이나 사례는 타깃의 머릿속에 더 쉽게 떠오른다.
9. 잠재 고객이 당신의 브랜드에 친숙할수록 생각날 가능성이 더 크다.
10. 일관된 마케팅 메시지를 가지고 타깃이 있는 곳에 자주 나타나자. 그렇게 익숙해지면 그들의 머릿속에 더 쉽게 떠올려질 것이다.

16 폰 레스토프 효과

#Marketing communications #Context #Rewards #Unpredictability

의외의 상황과 확률 게임

효과적인 마케팅 프로그램은 넘쳐나는 정보 속에서도 돋보인다. 그리고 그 과정에서 폰 레스토프 효과를 유발한다. 주변 상황과 놀라움, 그리고 보상 추구는 메시지를 부각하는 효과를 지닌다. 하지만 돋보인다고 해서 항상 성공이 보장되는 것은 아니다. 마케터들은 폰 레스토프 효과를 전략적으로 활용해야 한다.

이 글을 쓰는 지금, 내 오른쪽 발목이 부러진 지 정확히 일주일이 지났다. 다행히 딱 한 줄로 금이 갔다는 의사의 소견처럼 회복하면 예전처럼 잘 움직일 수 있을 거다. 하지만 지금은 오른쪽 발을 커다란 회색 보행 부츠(이 시점에서는 오른발에 무게를 실을 수도 없고 보행도 힘들기 때문에 어울리지 않는 명칭이지만)에 넣고 목발이나 무릎 스쿠터에 의지해 절뚝거리며 다닐 수밖에 없다.

이 말을 하는 이유는 바로 지금 내가 살아 숨 쉬는(걷는다는 말은 하지 않겠다) 폰 레스토프 효과Von Restorff Effect의 화신이란 생각이 들었기 때문이다. 독일 정신의학자 헤드윅 폰 레스토프Hedwig Von Restorff의 이름을 딴 폰 레스토프 효과는 주변 상황과 다르거나 두드러지는 것에 주목하는 인간의 성향을 가리킨다.

예를 들어 지난밤 나는 친구 베스가 또 다른 친구인 수의 생일을 축하하기 위해 연 스테이크 만찬에 참석했다. 당연히 우리는 사진도 찍었다. 하지만 사람들은 수의 생일 사진에서 보행 부츠를 신은 나를 주목할 것이다. 보행 부츠는 사진 속 아홉 명과 나를 다르게 보이도록 하기 때문이다. 만약 사진 속 인물들을 전혀 모르는 낯선 사람이 이 사진을 본다면, 한 사람의 다리에 부착된 보행 부츠가 단번에 시선을 사로잡았을 것이다.

폰 레스토프 효과는 우리의 고대 조상들에게 매우 유용했다. 만약 아침에 일어나 동굴 밖으로 고개를 내밀고 주위를 둘러봤을 때 모든 것이 전날과 똑같다면 그것은 좋은 정보다. 모든 상황이 안전하고 안정적일 것이라고, 적어도 전날만큼 안전하고 안정적이라는 걸 암시하기 때문이다.

그러나 주위를 둘러봤을 때 사물이 다르게 보인다면, 즉 이전에 있었던 것이 없거나 새로운 무언가가 들어왔다면 긴장해야 할 수 있다. 그리고 그 당시 그러한 일은 말 그대로 생사가 달린 문제였다. 새롭거나 다른 것을 재빨리 알아차릴 수 있는 능력은 결국 우리 조상의 생존을 도왔다.

수천 년이 지난 지금도, 인간은 여전히 다른 것에 주목하는 본능이 있다. 마케터로서 당신은 그런 점을 유리하게 활용할 수 있다. 경쟁이 치열하다면 폰 레스토프 효과를 활용해서 당신의 마케팅 메시지가 경쟁자들의 맹공격 속에서도 돋보이게 만들자. 이를 활용해 고객이 경쟁자가 아닌 당신의 제품이나 서비스를 선택하도록 유도할 수 있다. 사람들이 중요한 행동 촉구 문구를 놓치지 않도록 활용할 수도 있다.

하지만 폰 레스토프 효과를 제대로 활용하려면 단순히 메시지를 눈에 띄게 만드는 것 이상이 필요하다. 차별화가 항상 판매로 이어지는 것은 아니다. 그런 점에서 똑똑한 마케터들은 경쟁사와 어느 정도 유사성을 나타내는 것이 실제로 합리적임을 인지한다. 예를 들어 모든 경쟁사가 제공하는 혜택을 언급하지 않는다면 잠재 고객들은 당신에게서는 그 혜택을 얻을 수 없다고 단정할 수 있다. 혹은 해당 분야에 새로 진입한다면, 선두 주자와 유사성을 보여주는 것이 그 분야에 적합한 진입자라는 신호를 줄 수도 있다. 하지만 너무 메시지가 유사하면 효과가 없으니 주의하자.

그렇다면 이제 폰 레스토프 효과가 어떻게 작용하고, 어떤 방법으로 마케팅 캠페인에서 효과를 내는지 살펴보자. 메시지를 돋보이게 하는 데는 올바른 방법과 잘못된 방법이 있으며, 당신은 올바른 이유로 메시지가 주목받도록 해야 한다. 즉 폰 레스토프 효과의 위력과 위험성을 모두 인지해야 한다는 의미다.

사람들은 주변과 다른 것에 관심을 기울이고 기억할 것이다. 마케터는 그 다른 것이 당신의 광고와 이메일, 광고 우편물, 기타 마케팅 커뮤니케이션 자료가 되게끔 해야 한다. 그것이 성공을 향한 첫걸음이다.

사람들은 주변과 다른 것에 주목한다

마케팅 콘퍼런스에서 폰 레스토프 효과를 설명할 때, 나는 가끔 깔끔하게 늘어선 검은색 구두 가운데 보라색 운동화가 놓인 사진을 보여준다. 또는 3개의 노란색 원과 1개의 파란색 사각형처럼 단순하고 기하학적인 것을 보여줄 때도 있다.

결과는 항상 같다. 사람들은 보라색 운동화와 파란색 사각형에 집중한다. 모든 것은 주변 상황에 달려 있다. 만약 보라색 운동화가 밝은 색깔의 운동화가 줄지어 놓인 곳에 있다면 똑같은 힘을 발휘하지 못할 것이다. 마찬가지로 파란색 사각형이 파란색 삼각형과 원, 직사각형에 둘러싸여 있다면 그만큼 관심을 끌 수 없다.

행동과학자들은 이것을 고립 효과나 폰 레스토프 효과라고 부른다. 이 명칭은 오래전 헤드윅 폰 레스토프가 진행한 기억력 연구에서 생겨났다. 그녀는 참가자들에게 세 글자로 된 의미 없는 단어들의 목록을 무작위로 주었다. 그 목록 중 한 줄에는 임의의 세 숫자가 적혀 있었다. 다음의 그림처럼 말이다.

폰 레스토프 효과의 실제 사례

btx
mur
630
ghv
trl
hca
jsd

사람들은 주변과 다른 것에 자연스럽게 주목한다.
당신 눈에는 어떤 것이 먼저 들어오는가?

이 목록을 보여주고 잠시 뒤, 목록에서 가장 기억나는 것을 꼽으라고 하자 실험 참가자들은 대부분 숫자를 언급했다.

이 연구는 1930년대 초에 이루어졌지만, 좀 더 최근의 실험들 역시 폰 레스토프 효과의 위력을 잘 보여준다. 예를 들어 2018년 출간된 리처드 쇼튼Richard Shotton의 훌륭한 책《어떻게 팔지 답답할 때 읽는 마케팅 책》을 살펴보자. 책에서 쇼튼은 동료 로라 웨스턴Laura Weston과 진행한 숫자 실험을 언급한다. 연구자들은 15개의 검은색 숫자와 1개의 파란색 숫자 목록을 보여준 후, 참가자들에게 어떤 숫자가 기억나는지 물었다. 쇼튼에 따르면 "참가자들은 눈에 띄는 파란색 숫자를 30배나 더 많이 떠올렸다."

이후 쇼튼과 웨스턴은 또 다른 실험을 진행했는데, 이번에는 마케터에게 더 심적으로 가까운 브랜드 로고를 사용했다. 그들은 피험자들에게 11개의 자동차 브랜드 로고와 1개의 패스트푸드 브랜드 로고를 보여주었다. 연구원들은 "소비자들이 자동차 브랜드보다 패스트푸드 브랜드를 4배 더 언급하는 성향을 보였다"라고 밝혔다.

마지막으로, 2019년 고객 경험 최적화 회사인 AB 테이스티의 로빈 니콜스Robin Nichols가 "고립 효과가 전환율을 높이는 방법"이라는 글에서 언급한 사례를 살펴보자. 그녀는 자사의 전자상거래 고객사를 위해 고립 효과를 적용한 컨버시오 에이전시의 실제 사례를 소개했다. 그들이 고객사의 웹사이트에서 다른 품목보다 한 제품을 더 눈에 띄게 했더니 그 제품의 구매 전환율이 3.4퍼센트나 증가했다고 한다.

메시지가 등장하는 주변 상황이나 그것을 둘러싼 요소는 그 메시지가 얼마나 눈에 띄고 기억에 남는지에 영향을 미친다. 만약 메시지가 주변의 것과 별 차이가 없다면, 당신의 마케팅 메시지는 존재감이 없을 것이다. 하지만 무언가 다른 점이 있다면, 즉 주변 상황과 두드러지거나 다른 그룹과 차별되는 점이 있다면 그 메시지는 관심을 받을 가능성이 훨씬 더 높고, 결과적으로 잠재 고객의 기억에 저장될 것이다.

사람들은 대부분의 시간을 자동 조종 모드로 항해한다. 적극적으로 제품이나 서비스를 찾고 있을 때조차 그들은 여전히 부분적인 관심만 쏟고 있을지 모른다. 따라서 그들의 관심을 끌고 자연스럽게 제품을 선택하도록 이끄는 모든 행동은 비즈니스에 도움이 될 것이다. 크기와 색깔, 시각적 단서를 사용하는 것 모두 메시지를 눈에 띄게 차별화할 수 있다. 목표는 타깃의 관심을 끌기 위해, 관련 없는 무수한 메시지가 난무하는 환경에서 두각을 나타내는 것이다. 또한 경쟁사와 너무 비슷해 보이면 판매에도 좋지 않은 만큼 같은 제품이나 서비스 카테고리 안에서도 돋보이는 것이 중요하다.

폰 레스토프 효과로 인해 잘릴 뻔하다

경력 초기에 나는 처음으로 신용카드 홍보 패키지의 크리에이티브 디렉터를 맡을 기회가 있었다. 신용카드 회사들은 새로운 고객 유치를 위해 광고 우편물을 많이 이용하는 편인데, 이메일과 소셜 미디어가 대세가 아니던 당시에는 그 의존도가 훨씬 더 높았다.

이 신용카드는 시장에 재진입하는 상황이었고, 우리 클라이언트는 새로운 고객 영입에 집중했다. 이러한 상황에 에이전시의 새 클라이언트라는 부분이 더해져 일상적인 업무보다 프로젝트의 부담감은 컸다. 큰 문제는 아니었다. 우리는 그 도전을 환영했고, 클라이언트의 다이렉트 마케팅팀과 함께 일할 수 있어 기뻤다.

우리는 우선 시장에 나와 있는 경쟁사의 신용카드 우편물 샘플을 수집했다. 클라이언트의 목표 고객이 다른 신용카드 회사의 타깃과 매우 비슷할 것으로 생각했기 때문이다. 결국 신용카드 회사가 신용도를 평가하기 위해 사용하는 지표인 FICO 점수 범위 내에 있는 사람들은 한정적이다. 클라이언트의 광고용 우편물을 받는 사람은 다른 회사에서도 받을 가능성이 높았다. 우리는 고객의 관점에서 경험해 보고 싶었다. 그들이 받은 마케팅 메시지와 가입 권유가 담긴 봉투를 직접 살펴보면서 말이다.

그래서 수집한 우편물을 팀이 검토할 수 있도록 회의실 벽에 붙여두었다. 가장 먼저 떠오른 생각은 모든 우편물이 비슷하다는 것이었다. 우편물들은 차별성의 거의 없어 보였다. 물론 로고와 브랜드 색깔은 달랐지만, 그 외의 부분들은 호환이 가능할 정도였다. 대부분의 우편물은 비슷한 혜택들을 제시했고, 전혀 돋보이는 부분이 없었다.

폰 레스토프 효과를 적용할 기회

이를 바탕으로 우리는 폰 레스토프 효과를 활용해보기로 했다. 새 신용카드의 주목도를 높이려면 여러 우편물 중에서 돋보이고 눈에 띄는 패키지를 만들어야 했다. 그뿐 아니라, 일반적인 신용카드 홍보 패키지와 뚜렷이 달라야 했다. 그래야 "또 똑같은 광고 우편물이네!"라는 타깃의 즉각적인 평가를 피할 수 있었다. 안에 든 내용을 이미 안다고 생각하면 그들은 우편물을 열어보지도 않을 것이다.

작업에 착수한 우리 팀은 안 열고 못 배길 봉투를 만들기 위해 온 힘을 다했다. 그리고 기획 회의를 거쳐 유광의 밝은 노란색 6×9 봉투를 선택했다. 그 위에는 어안 렌즈로 촬영한, 독특하게 왜곡된 인물 사진을 실었다. 이 렌즈는 얼굴에 특별히 초점을 맞춰서 독자를 올려다보는 것처럼 보였다. 우리는 타깃의 우편함에서 이런 우편물은 절대 찾아볼 수 없을 거라고 자신했다.

폰 레스토프 효과를 노련하게 적용했다고 확신하면서 우리는 콘셉트를 제시한 후 클라이언트의 반응이 어떨지 기대했다. 하지만 여기서부터 이야기가 예상과 다르게 흐른다. 클라이언트는 타깃이 이런 봉투를 처음 볼 거라는 데는 동의했지만, 우리와의 프로젝트를 중단했다. 그들은 겉봉투에 잠재 고객이 새로운 신용카드를 고민할 때 필요한 정보가 하나도 들어 있지 않음을 지적했다. 봉투에는 프로모션 금리나 표준금리도 표시되어 있지 않았고, 연회비 면제에 관한 내용도 없었다. 사실상 신용카드에 대한 언급이 전혀 없었다. 눈에 띄려 애쓰다 너무 멀리 간 것이다. 그리고 나는 이 업계에서 계속 일할 수 있을지 걱정스러웠다.

이 원칙을 제대로 적용하는 방법

다행히 그 클라이언트는 관대했고 피드백을 반영해 다시 기획할 기회를 주었다. 우리는 꼭 전달해야 하는 필수 요소들을 고려하는 동시에 여전히 다른 우편물과 차별을 두는 방식으로 정보를 전달하기로 했다. 그래서 표준 비즈니스 봉투 크기에 남색과 흰색이 섞인 눈에 띄는 봉투를 선택했다. 봉투에는 프로모션 금리를 홍보하기 위해 0이라는 숫자를 크게 부각했으며, 이 새로운 카드의 차별점을 확인해보라는 티저 문구도 넣었다.

이 기획안은 클라이언트도 마음에 들어했다. 그리고 무엇보다 타깃이 이 우편물에 반응했다는 점이 중요하다. 새로운 카드 회원이 꾸준히 유입된 것이다. 여러 해에 걸쳐 함께 일하며 우리는 7개의 기준 우편물을 만들어 좋은 반응을 얻은 패키지를 이 신용카드사가 번갈아 사용할 수 있게 제공했다. 이 모든 우편물은 신용카드 홍보 우편물의 형식은 갖췄지만, 경쟁 상대와 차별화될 만큼 충분히 달랐다.

이 사례가 주는 교훈은 뭘까? 폰 레스토프 효과의 힘과 위험성을 모두 인지해야 한다는 것이다. 어떤 제품은 내부 내용물에 대한 단서를 제공하지 않고 호기심을 자극해도 괜찮지만, 범주에서 너무 벗어나면 위험한 제품군도 있다. 그리고 이러한 교훈은 광고 우편물뿐만이 아닌 미디어에도 해당한다.

뱀파이어 비디오를 주의하라

직접 반응 TV 광고 일을 하던 초창기 시절, 나는 뱀파이어 비디오를 조심하라는 경고를 받았다. 이는 강력한 이야기와 캐릭터, 시각적 요소로 인해 정작 제품의 주요 메시지는 잊게 하는 TV 광고를 뜻한다. 시청자들은 그 광고와 제품군 정도는 기억하겠지만 브랜드는 기억하지 못할 것이다.

내가 마케팅 업계에 종사하는 만큼 친구들은 최근 자신들이 보고 좋았던 TV 광고를 내게 말해주곤 한다. 하지만 막상 어떤 제품의 광고였는지 물어보면 대답하지 못할 때가 많다. 무언가 다르면 주목받는다. 단, 그 메시지는 전략적으로 달라야 한다. 관심을 끄는 요소가 당신이 파는 제품과 자연스럽게 연결되는 방식이 가장 좋다. 그래야 특정한 마케팅 메시지를 강조할 수 있다.

⚠ 주의

사람들의 관심을 끌고 기억에 남을 매혹적인 광고를 만들면서 제품의 마케팅 메시지와 연결하지 않는 것은 금물이다. 기억에 남아야 하는 핵심 메시지와 연결될 수 있게 눈에 띄는 광고를 만들어야 한다.

편견을 깨고 사실을 인상 깊게 전달하기

사람들이 시청하지 않는다고 생각하는 채널에 TV 광고를 진행하도록 미디어 플래너를 설득하려면 어떻게 해야 할까? 당시 일하던 에이전시에 이런 과제가 떨어졌다. 이 채널은 오리지널 SF 시리즈부터 과학적 탐구와 발견에 관한 프로그램까지 과학의 모든 것을 다뤘다.

그러나 잠재 고객인 미디어 플래너들은 이 채널이 오래된 〈로스트 인 스페이스Lost in Space〉 에피소드를 재방송하거나 마니아층 B급 영화나 틀고, 생소한 특정 주제를 딱딱하고 지루하게 다루는 다큐멘터리를 방영한다고 여겼다.

상대의 생각이 틀렸다고 설득하는 일은 쉽지 않다. 하지만 우리가 할 일은 그뿐만이 아니었다. 잠재 고객이 채널을 잘못 인식하고 있다고 설득할 뿐 아니라, 실제로 광고를 고려하도록 유도해야 했다.

이런 요청을 받으면 먼저 사실부터 짚고 싶은 마음이 든다.

우리는 실제로 프로그램 목록을 제시하고 그들의 인식이 틀렸다고 자세히 설명하는 방법을 생각해보았다. 하지만 그러기 위해선 목표 고객이 먼저 우리 메시지에 관심을 가져야 했다.

이미 그들은 채널에 선입견이 있는 만큼 시간을 들여 관심을 쏟을 것 같지 않았고, 우리의 접근을 그냥 무시할 것처럼 보였다. 또 다른 방법은 미디어 플래너들이 의사결정에 사용하는 정보를 날카롭게 파고드는 것이었다. 우리는 시청자 수와 통계 수치, 시청자들이 선호하는 관심사와 활동을 부각하고 매주 채널의 시청 시간을 강조할 수도 있었다. 시청자들이 얼마나 충성심을 갖고 이 채널의 프로그램들을 사랑하는지 보여주는 후기도 제시하면서 말이다. 하지만 이 모든 요소가 미디어 기획 결정에 중요하더라도 우리 클라이언트는 미디어 플래너들의 초기 고려 대상에서 이미 제외됐기 때문에 무시당할 가능성이 높았다.

과제와 씨름할수록 미디어 플래너의 관심과 참여를 유도하는 것이 우선이라는 점이 분명해졌다. 그들이 이미 우리 클라이언트를 잠재적인 광고 채널에서 제외했다면 무시할 수 없을 정도로 강력한 메시지를 제시해야 했다. 정말 어려운 과제였지만, 우리 팀은 다행히 준비를 마쳤다.

관심을 끌고, 관련성을 반영하고, 핵심을 전달하자

우리는 미디어 플래너들에게 보낼 흥미로운 두 캠페인을 기획했다. 첫 번째 우편물은 은색의 반투명 지퍼백에 담아 발송했다. 반투명 가방 안에는 두개골 엑스레이와 조각이 제거된 곳을 가리키는 손 모양 화살표를 넣었다. 우편물은 L.I. 실험실에서 온 듯 연출했으며, 엑스레이에는 미디어 플래너의 이름을 적었다. 또한 미디어 플래너가 모르는 사이에 그들의 뇌 샘플을 분석용으로 소량 추출해 '민감하게 반응하는지' 살펴보았다는 내용을 담았다. 며칠 후 분석 결과가 우편으로 보내질 거란 내용도 덧붙였다.

얼마 뒤 미디어 플래너들은 커다란 플라스틱 상자를 받았다. 이 상자 역시 L.I. 실험실에서 온 것으로 보였고, 밝은 주황색 스티커 두 개가 붙어 있었다. 각 스티커에는 "분석 결과 동봉", "주의: 의료 장비와 샘플"이란 표시가 있었다. 상자를 연 미디어 플래너들은 현미경과 뇌 샘플 결과를 보여주는 작은 슬라이드 상자, 그 슬라이드를 해석하는 방법에 관한 안내 책자, 그리고 편지 한 통을 발견했다. 편지에는 뇌 조직 분석이 완료됐으니, 현미경으로 슬라이드를 관찰하면서 자신의 머릿속 생각을 확인하라고 적혀 있었다.

현미경으로 슬라이드를 확인한 미디어 플래너들은 현재 주요 뉴스에 등장하는 사건들의 이미지를 볼 수 있었다. 예컨대 복제 기술의 발전이나 화성의 물 발견 같은 최근 보도와 관련된 사진 말이다. 핵심은 그 당시 사람들이 관심을 두고 얘기하던 주제를 다뤘다는 것이다. 분석 결과에는 이런 주제에 관한 TV 프로그램을 즐기는 이들이 수백만 명에 달하며 미디어 플래너 역시 최신 동향에 '민감하게 반응'하는 것으로 나왔다고 밝혔다. 그다음 캠페인에서는 이에 상응하는 우리 클라이언트의 프로그램에 관한 주요 통계치를 제시하고, 이를 시청한 사람들을 강조하며, 행동 촉구 메시지를 전달했다.

이 흥미로운 패키지들은 미디어 플래너의 관심을 사로잡았고, 우리 클라이언트의 프로그램이 시대에 뒤처지거나 소수만 보는 것이 아니라 시의적절하고 대중성도 있음을 알리는 성공을 거뒀다. 미디어 플래너의 판단이 틀렸다고 주장하는 대신, 우리는 프로그램 자체의 매력을 보여주는 메시지를 전달했다. 미디어 플래너들은 우리 클라이언트의 과학 프로그램을 그동안 제대로 판단하지 않았음을 인정했으며, 광고 진행도 고려하기 시작했다. 우리 팀은 단지 돋보이는 데만 초점을 두지 않고, 전달하고자 하는 마케팅 메시지를 효과적으로 강조하게끔 캠페인을 기획했다. 실제로 이 캠페인은 뛰어난 효과와 독창성으로 런던 국제 광고상London International Advertising Award을 받는 영광을 얻었다.

많은 돈을 들이지 않고도 돋보이는 메시지 만들기

방금 설명한 것과 같은 캠페인은 분명 비용이 꽤 든다. 마케터들은 투자에 대한 수익도 꼭 고려해야 한다. 비현실적으로 높은 반응률이 나와야 수익을 내는 캠페인은 시작하지 않는 것이 좋다. 평균 주문 규모나 고객의 평생 가치 같은 지표를 기준으로 판단하자.

TV 채널 클라이언트를 위해 엑스레이와 현미경 광고를 만들었던 에이전시에서 일하면서 우리 팀은 첨단 기술 클라이언트를 위해 폰 레스토프 효과를 효과적으로 활용한 다른 캠페인을 진행했다.

이 캠페인은 흔히 볼 수 있는 전단지 우편물을 사용했다. 그래서 실행이 정말 남달라야 했다. 우리 팀은 이런 방식으로 타깃의 관심을 사로잡았다. 예를 들어 한 우편물은 갈색 종이의 점심 도시락 가방 안에 넣었는데, 우리 클라이언트의 제품이 없으면 B2B 고객은 밖에 나갈 시간도 없어 계속 책상에서 점심을 먹어야 한다는 메시지를 전달했다. 또 다른 우편물은 임시로 덧댄 듯한 붕대에 감아 전달했는데, 이는 B2B 고객이 점점 의존하는 임시방편적인 방법을 우리 클라이언트의 제품이 끝낼 수 있다는 의미를 담았다. 마케팅 메시지를 부각하는 방식으로 관심을 끄는 데 성공한 이 캠페인은 16만 7,975달러의 비용으로 4,000만 달러의 매출을 올렸다.

당신의 이메일을 열어보게 하는 방법

마케터들은 타깃의 이메일 오픈율과 클릭률을 높이는 방법을 계속 찾을 것이다. 제목은 이메일을 여는 데 중요한 역할을 한다. 사람들은 받은 편지함에서 읽어달라고 서로 경쟁하는 제목들을 죽 훑어본다. 따라서 눈에 띄는 제목을 만들면, 당신의 이메일을 확인할 확률이 더 높아질 것이다. 월드데이터의 사장이자 CEO인 내 동료 제이 슈웨델슨Jay Schwedelson은 시장에서 효과적인 방법을 끊임없이 연구한다. 2021년 슈웨델슨은 다음과 같이 이메일 오픈율을 두 자릿수로 증가시키는 방법을 제시했는데, 모두 폰 레스토프 효과를 잘 사용한 전략들이다.

- 제목에 이모티콘을 넣는다. 슈웨델슨은 이것이 B2C와 B2B 이메일에 모두 효과적이라고 말한다. 이모티콘으로 제목을 시작하거나, 시작과 끝부분에 하나씩 넣어 제목의 양쪽에 배치할 수도 있다.
- 제목에 >>>>나 ////같은 특별한 기호를 추가한다.
- 제목의 처음 한두 단어를 대괄호나 소괄호 안에 넣는다.

- 제목에서 한두 단어를 선택해 굵게 표시하자(하지만 제목에 있는 단어의 절반은 넘지 않도록 해야 한다). 그러면 당신이 소리치는 듯한 느낌을 줄 수 있다.
- 제목을 생략기호로 끝내자. 생략을 의미하는 점들이 호기심을 일으킨다. 사람들은 다음에 이어질 내용을 알고 싶어서 당신의 이메일을 열 것이다.
- 제목을 숫자로 시작하되, 숫자는 글자가 아닌 숫자 형태로 쓰는 것이 좋다. 숫자를 글자로 표기하면 받은 편지함의 다른 단어들과 섞여 눈에 띄지 않는다.
- 제목에 있는 한 단어의 철자를 과장해서 표현한다. 예를 들어 Save는 Saaaave로, Long는 Loooonnng으로 쓸 수 있다.
- 발신자는 대문자로 표기한다.

이런 전술을 이용하면 당신의 이메일은 받은 편지함의 수많은 이메일 속에서 눈에 띌 것이다. 사람들은 주변과 다른 것을 알아차리도록 타고난 만큼 제목에 이런 접근법을 몇 가지 적용하면 이메일 오픈율도 높아질 수 있다. 하지만 너무 많은 마케터가 이런 방법을 사용하는 것 같다면 주의하자.

의외성과 불확실한 보상

인간의 뇌는 다음에 무슨 일이 일어날지 예측하도록 설계되어 있다. 따라서 고객은 자신의 예상이 빗나가면 놀랄 것이다. 이러한 의외성은 마케터에게 두 가지 측면에서 유용할 수 있다. 의외성은 사람들의 관심을 끌고 감정을 자극한다. 그 결과, 놀라움을 준 대상은 훨씬 사람들의 기억에 남는다.

마케터들은 문구와 시각적 요소를 조정하면서 고객과 잠재 고객에게 의외성을 주는 메시지를 만들 수 있다. 예를 들어 나는 한 의류업체의 '편안한 옷차림Dressed to chil'이란 제목의 이메일을 받았다. 나는 깜짝 놀랐다. '끝내주는 옷차림Dressed to kill'이라는 표현을 흔히 사용하는 만큼 처음 두 단어를 읽었을 때 다음 단어가 당연히 '킬Kill'이라고 예상했기 때문이다. 세 번째 단어가 'Kill'이 아니라 'Chill'임을 발견한 후 나는 놀랐고, 뇌에는 즉시 기억을 돕는 화학물질인 도파민이 흘러나왔다. 이 의류업체의 마케터는 내 머릿속에 효과적으로 두 가지 생각을 심었다. 이 옷이 내게 잘 어울릴 것 같고(끝내주는 옷차림), 편하게 입을 것 같다(편안한 옷차림)는 생각 말이다. 의외성을 지닌 이 메시지는 실제로 일석이조의 효과를 주었다.

언어학습 앱 듀오링고Duolingo에 익숙한 독자라면 이 기술을 인식할 것이다. 듀오링고는 교습 시간에 일부러 몇 가지 무의미한 문장을 사용한다. 언론인 제인 후Jane C. Hu는 듀오링고의 학습 연구자 신디 블랑코Cindy Blanco와 인터뷰한 뒤 《슬레이트Slate》에 "듀오링고는 왜 이상한 문장을 사용하는가?"라는 기사를 실었다.

"당신의 예상과 실제가 다를 때 뇌는 반응한다. 그러면 당신은 그 대상에 더 관심을 쏟게 된다." 예를 들어 '신부는 여자고 신랑은…'과 같은 문장을 볼 때 당신의 뇌는 '남자'라는 단어를 채울 가능성이 높다. 그러나 듀오링고가 실제로 여기에 사용한 단어인 '고슴도치'는 놀라움을 안겨준다. 그러니 당신은 더 주의를 기울일 수밖에 없다(Hu, 2021).

예상 밖의 이미지 역시 놀라움을 준다. 나는 뉴잉글랜드 소재 은행에서 산타클로스가 북극(혹은 12월의 뉴잉글랜드)의 눈 속이 아닌 햇

살 가득한 해변에 앉아 있는 사진을 본 적이 있다. 소셜 미디어에서 패들보드 위에 물소가 서 있는 사진을 실은 여행 캠페인을 접하기도 했다. 사람 머리가 아닌 커다란 동물 인형 머리를 한 사람을 보여주는 대형 상점의 광고도 있었다. 이렇게 낯선 이미지는 많은 콘텐츠 속에서 우리의 관심을 끌고 관련된 메시지를 더 기억하게 만든다.

불확실한 보상의 역할

사람들에게 놀라움을 주는 또 다른 효과적인 방법은 그들에게 불확실한 보상을 제공하는 것이다. 마케터들의 예상과 달리 불확실한 보상은 확실한 보상보다 더 큰 동기를 부여할 수 있다. 《소비자연구저널》에 실린 시카고 대학과 홍콩 대학 연구자들의 주장에 따르면 사람들은 확실한 보상보다 불확실한 보상을 얻기 위해 더 큰 노력을 기울인다(Shen et al, 2014).

한 실험에서 연구자들은 사람들에게 2분 안에 많은 양의 물을 마시게 했다. 어떤 사람들에게는 그 대가로 2달러를 주겠다고 하고, 다른 사람들에게는 그 일을 완수하면 1달러나 2달러를 주겠다고 말했다. 실험 결과, 불확실한 보상 그룹의 70퍼센트는 할당된 시간 안에 물을 다 마셨지만 확실한 보상 그룹은 43퍼센트만 일을 완수했다.

연구자들은 불확실한 동기화 효과Motivating Uncertainty Effect로 밝혀진 이 행동의 원동력이 보상을 추구하는 스릴에 있다고 말한다. 어떤 보상을 얻을지, 혹은 그 보상을 얻을 수 있을지 없을지가 흥분을 부추기는 것이다. 모두 예측 불가능한 요소가 작용하기 때문이다.

마케팅에 불확실한 동기화 효과를 적용한 두 사례

지역 은행 클라이언트를 위해 우리 팀은 불확실한 동기화 효과를 활용해 고객들이 모바일 뱅킹에 가입하도록 독려했다. 제품을 소개하는 배너 광고와 이메일을 통해 모바일 뱅킹에 가입 시 스마트폰을 얻을 수 있는 경품 추첨 기회를 홍보한 것이다. 우리는 목표치보다 71퍼센트 높은 반응률을 얻었다. 메시지에 부합하는 적절한 보상이었고, 아무런 경품 추첨이 없을 때보다 당첨 기회가 있는 만큼 바로 가입할 동기를 더 많이 제공할 수 있었다.

한 화장품 회사는 이를 더 혁신적으로 적용했다. 그들은 젊은 여성들에게 자사의 화장품을 사용하는 사진을 올려달라고 했다. 참가자들은 회사 웹사이트에 자신의 사진이 걸리는 기회를 얻을 수 있었다. 이 여성들에게는 불확실한 보상이었지만, 회사에는 확실한 이득이었다. 프로모션에 참여하기 위해서는 먼저 이 화장품 회사의 제품을 구입해 발라야 했기 때문이다.

의외성으로 당신의 메시지를 부각하는 방법

- 당신의 제품군이 일반적으로 사용하는 광고와 다른 전략적인 방법을 찾아라. 예를 들어 2022년 슈퍼볼 기간에 코인베이스Coinbase는 60초 내내 화면에 움직이는 QR코드만 나오는 광고를 방영했다. 광고는 엄청난 화제를 모았다. 《컨테이저스》는 "코인베이스의 광고는 슈퍼스타들이 등장하는 세련된 광고들과 달랐기 때문에 더 눈에 띄었다"라고 설명했다. 효과도 좋았다. 광고는 "1분 만에 2,000만 명이 넘는 방문자를 웹사이트로

끌어들여" 회사는 트래픽을 제한해야 할 정도였다(Contagious, 2022).

- 경쟁사들이 항상 색상이 다양한 광고를 한다면 흑백 광고도 고려해보자.
- 타깃이 당신을 볼 거라 예상치 못한 이벤트나 장소, 또는 그들에게 놀라움을 주는 시기를 활용해 메시지 전달해보자.
- 고객이 주목하길 원하는 선택지를 주변의 것보다 살짝 크게 만들거나 색으로 테두리를 치자.
- 행동 촉구 문구는 주변에 공간을 충분히 두어 눈에 잘 띄게 배치하자.
- '한정 수량'이나 '무료'와 같은 주요 메시지에 의외성을 주는 시각적 요소를 사용하자. 별 모양 그래픽Starburst이나 라벨 형태의 강조 표시인 스나이프Snipe처럼 디자인 질서를 깨뜨리는 요소는 사람들의 시선을 끈다.
- 광고용 우편물의 겉면이나 내용물에 스티커 메모를 붙여 관심을 끌자.
- 여러 우편물 속에서 눈에 띌 수 있도록 상자나 통, 질감과 부피가 있는 큰 봉투를 사용하자.
- 독특한 형태로 인쇄 광고를 만들자. 전면 광고를 하되, 내용은 거의 넣지 않는 방법도 있다. 메시지를 강조하는 형태로 콘텐츠를 만드는 것도 좋다. 예를 들어 식료품점은 모든 마케팅 문구를 사과 모양 안에 넣어 진열할 수 있다.
- 광고를 돋보이게 하는 요소를 이미지에 포함하자. 대표적인 사례가 안대를 한 셔츠 모델이 등장한 1950년대 오길비의 고전

적인 광고 '해서웨이 셔츠를 입은 남자'다. 우리 팀은 앞니가 빠진 소년이 웃고 있는 치과 보험 광고를 만든 적이 있다. 안대와 빠진 이는 각각 그 남성과 소년을 사람들이 보통 접하는 광고 속 다른 남성과 소년과 달라 보이게 했다.

- 사람들은 광고에 이미지가 당연히 등장한다고 예상하므로 영상이나 TV 광고의 도입부에 아무것도 없이 단어만 띄어보자.
- 미국에서 방영할 TV나 라디오 광고를 만든다면 영국 억양의 음성을 입혀 주목도를 높이자.
- TV 광고와 영상, 캠페인에 눈에 띄는 시각적 요소와 독특해 보이는 모델을 사용하라.
- '주의, 새로운, 소개하는'과 같이 시선을 사로잡는다고 입증된 단어로 제목을 시작하자.
- 움직임은 관심을 끄는 만큼 이메일이나 소셜 미디어 게시물에 GIF 형식을 적용하자.
- 당신의 디지털 광고를 자사 웹사이트가 아닌 다른 사이트에 게재할 때는 모션 효과를 적용해 주변 콘텐츠보다 당신의 메시지가 돋보이도록 하자.
- 대회, 룰렛 돌리기 게임, 스크래치 당첨 등 불확실한 보상을 제공하는 방법을 사용하자.
- 판매 메시지를 전달할 때 뜻밖의 할인이나 선물로 고객을 놀라게 하자.
- 대중적인 의견이나 생각과 반대되는 제목을 작성하라.
- 수수께끼 같은 제안으로 타깃에게 놀라움을 선사하자.
- 연휴와 마케팅 메시지를 엮어 사람들의 관심을 사로잡자. 연휴

는 일 년의 보통날들과 다른 만큼 사람들은 주목한다.

- 매년 기념할 날은 많다. 당신의 메시지와 부합하는 날을 찾아 보거나 메시지를 그날에 맞게 작성하자. 예를 들어 샤르도네 데이National Chardonnay Day는 레스토랑이나 바, 와이너리, 알코올음료 유통업체가 활용하기에 좋은 기념일이다. 하지만 다른 마케터도 이를 메시지에 활용할 수 있다. 그러면 "샤르도네 데이를 축하하기 전에 먼저 주목해주세요"라는 식으로 메시지를 전달하자.
- 생일이나 기념일 같은 특별한 날을 활용해 관심을 사로잡자. 고객의 생일이나 첫 구매 기념일을 알고 있다면 이를 알려주는 메시지를 보내자. 회사 창립일이나 기념일에 초대할 수도 있다. 더 눈에 띄고 싶다면 반쪽 생일(생일이 6개월 남은 시점)을 축하하는 방법도 있다.
- 광고 제목이나 이메일 제목, 우편물 티저 문구에 연휴나 특별한 날을 강조하자.

결론

전략적으로 눈에 띄는 마케팅은 인지도와 기억, 매출을 증가시킨다. 그러나 너무 다른 마케팅은 역효과를 낳을 수 있다. 당신의 제품과 회사명이 타깃에게 확실하게 각인되게 하자. 그렇지 않으면 경쟁자에게 비즈니스를 뺏기거나 메시지는 전달하지 않고 고객을 즐겁게 하는 데만 그칠 수 있다.

반면, 다른 것에 묻히는 것도 마찬가지로 치명적이다. 당신의 메시지가 전달되는 주변 상황에 신경 쓰자. 의외성을 활용하고 시기를 고려하자. 다음 장에서 살펴보겠지만 시간적 요소를 잘 반영하면 메시지의 반응률도 높아진다.

요약

1. 사람들은 주변과 다른 것을 알아차리도록 타고났다.
2. 단순히 메시지가 돋보인다고 비즈니스로 이어지는 건 아니다.
3. 적절하게 사용하면 폰 레스토프 효과나 고립 효과는 당신의 메시지를 돋보이게 해 구매를 유도할 수 있다.
4. 크기, 색깔, 시각적 요소를 사용해 메시지가 묻히지 않게 하자.
5. 사람들이 당신의 특이한 마케팅에 너무 정신이 팔려 정작 브랜드나 제품은 기억하지 못하는 일이 없도록 하자.
6. 최상의 결과를 위해서는 관심을 끄는 요소가 판매 메시지와 매끄럽게 이어져야 한다.
7. 고객이 당신의 메시지를 접하는 주변 상황을 고려하자. 만약 광고용 우편물을 보낸다면 그날 도착한 여러 우편물과 다르게 보이도록 크기와 모양, 질감 등을 고려해 포장을 선택하라. 이메일을 보낼 때는 받은 편지함의 수많은 이메일 중에서 눈에 띌 수 있도록 제목을 작성하자.
8. 인간의 뇌는 다음에 무슨 일이 일어날지 예측하도록 설계됐다.
9. 단어든 이미지든 예상과 다를 때 타깃은 놀라움을 느낀다. 놀라움은 관심을 끌고 감정을 고조시킨다. 이에 따라 그들은 자신에게 놀라움을 준 대상을 더 잘 기억한다.
10. 행동과학자들은 사람들이 정해진 보상보다 불확실한 보상을 얻고자 하는 동기가 더 강하다는 것을 발견했다. 보상을 추구하는 것이 더 흥미진진하기 때문이다. 마케터는 불확실한 보상으로 고객과 잠재 고객에게 놀라움을 선사할 수 있다.
11. 색깔, 모델, 배치, 크기, 언어, 소품, 소리, 움직임을 적절히 사용해 마케팅 메시지를 전략적으로 차별화하자. 이러면 메시지의 주목도를 높이거나 타깃에게 놀라움을 줄 수 있으며, 둘 다 가능할 때도 있다.
12. 대회나 여러 참여형 이벤트를 통해 타깃에게 불확실한 보상을 제공하자.
13. 휴일과 특별한 날은 일 년의 다른 날들과 자연히 구별되는 만큼 이런 날을 잘 활용하자.

17 시간적 이정표와 시간적 할인

#Temporal landmarks #Temporal discount

시간이 행동에 미치는 영향

행동과학자들에 따르면 사람들은 특정 시기에 새로운 것을 시도하는 데 더 마음이 열려 있다. 이러한 시기에 맞춰 구매를 요청할 수 있는 마케터들에게는 귀중한 정보다. 하지만 시간이 항상 마케터에게 유리한 건 아니다. 즉각적인 이익이 없는 제품과 서비스를 파는 기업은 현재의 이익을 중요시하는 인간의 성향을 먼저 극복해야 한다.

옛말처럼 모든 건 타이밍이다. 마케터들은 분명 타이밍에 많은 신경을 쏟는다. 하지만 그들은 시간에 있어 실질적인 면을 고려할 때가 많다. 제품이나 캠페인 준비 기간이 얼마인지, 프로모션이 일정에 따라 진행되는지, 쿠폰 코드가 유효한지, 마케팅 자료가 성수기에 맞게 준비되는지, 마감일을 놓칠 위험이 있는지와 같이 실질적인 시간을 따진다.

마케터들은 고객과 관련해서도 시간을 생각한다. 다양한 고객층의 평생 가치와 잠재 고객의 첫 구매 신호 등을 고려한다. 구매 직후가 추가 제품이나 업그레이드를 마케팅하고 추천이나 후기를 요청하기 적절한 시기라는 사실, 그리고 당신이 어떤 제품을 판매하느냐에 따라 재구매 시기는 며칠, 몇 주, 몇 달 또는 몇 년으로 달라질 수 있음을 염두에 둘 것이다.

타깃에게 언제 메시지를 보내고, 얼마나 자주 연락해야 하는지도 고민할 수 있다. 이메일 반응률이 가장 좋은 요일과 피해야 하는 요일, 효과적인 TV나 라디오 광고 시간대를 테스트해보기도 한다. 소셜 미디어 게시물이 아침이나 저녁 중 언제 반응이 더 좋은지, 고객의 제안이나 회의 요청을 얼마나 빨리 처리할 수 있는지, 무료 서비스에서 언제 유료로 전환하는 게 좋은지도 따져볼 것이다.

또한 이런 시간을 생각할 때 타깃의 반응도 고려한다. 너무 성급하게 구매를 요청하면 실패할 수 있고, 또 기초 작업에 너무 많은 시간을 투자하면 경쟁사에 잠재 고객을 뺏길 수 있음을 염두에 둔다. 잠재 고객이 세일즈 퍼널과 구매 여정의 어느 단계에 있는지에 맞춰 메시지 전달 시기를 조정하고, 위치 기반 기술을 활용해 고객에게 제안을 보내거나 결제 시점에 프로모션을 제공하는 방식을 시도해보기도 한다. 목표는 고객이 결정을 내릴 준비가 전혀 안 된 시기나 반대로 결정을 내린 직후가 아니라, 반응할 가능성이 가장 높은 시점에 메시지를 접하게 하는 것이다.

따라서 맞다. 마케터는 시간을 생각하는 데 많은 시간을 투자한다. 매우 현실적인 측면에서 시간은 곧 돈이기 때문이다. 마감 기한을 놓치고, 기회를 놓치고, 메시지를 잘못 전달하면 당신은 손해를 본다. 하지만 이렇게 여러 시간적인 요소를 고려해도 그것만으로는 충분하지 않다.

왜 그럴까? 행동과학자들은 고객의 행동에 상당한 영향을 주는 시간에 관한 두 사실을 발견했다. 이는 인간과 시간 간의 흥미로운 관계와 관련이 있다. 이러한 발견에 주의를 기울이면 당신이 원하는 시기에 원하는 행동을 하도록 고객을 이끌 수 있다.

첫 번째 발견은 사람들이 언제 당신의 마케팅 메시지에 반응할 가능성이 높은지 알려준다. 즉, 마케팅 시기를 파악하는 데 유용하다. 두 번째 발견은 사람들이 시간을 바라보는 비이성적인 방식을 보여준다. 이는 사람들이 왜 합리적인 결정을 내리지 못할 때가 많은지 보여준다. 마케터들은 이러한 발견을 이해하면서 사람들이 보이는 의지와 실행 간의 간격을 좁힐 수 있을 것이다.

시간적 이정표는 사람들에게 전환점으로 작용한다. 마케터들은 이 시기에 고객과 잠재 고객이 새로운 경험에 더 개방적이라는 사실을 기억해야 한다.

시간적 이정표를 맞이할 때

모든 날이 똑같이 사람들에게 동기를 부여하진 않는다. 실제로 행동과학자들은 다른 날보다 훨씬 큰 영향을 미치는 날이 있다고 주장한다. 과학자들은 이러한 날을 시간적 이정표라고 부른다. 이는 다른 시기와 구별되는 특별한 의미를 지닌 때를 뜻한다. 그 결과, 사람들은 시간적 이정표를 맞이할 때 행동을 취할 가능성이 더 높다. 시간적 이정표는 흔히 생각하는 연휴처럼 달력에 표시된 날이거나, 생일처럼 개인적인 의미가 있는 특별한 날일 수도 있다. 연구자들은 이런 날들이 마법처럼 강력한 동기를 불어넣는다고 말한다.

생일의 놀라운 효과

다니엘 핑크Daniel H. Pink는 저서《언제 할 것인가》에서 "10년이라는 임의적인 이정표가 끝나갈 때쯤 사람들의 마음속엔 변화를 이끄는 무언가가 일어난다"라고 말한다. 핑크는 이 생각을 뒷받침하는 애덤 알터와 할 허시필드Hal Hershfield의 연구(Alter and Hershfield, 2014)를 인용한다. 이 연구에 따르면 "마라톤에 처음 참여한 사람들의 무려 48퍼센트"가 아홉수인 사람들이었다. 연구는 또한 29세가 30세보다 마라톤에 참여할 확률이 거의 두 배나 높다는 사실을 보여주었다. 49세가 50세보다 마라톤에 참여할 확률은 세 배나 높았다. 10년이 끝나가고 새로운 10년이 시작된다는 것이 이들에게 시간적 이정표로 작용한 것이다.

놀라운 결과지만 마케터인 당신은 마라톤 참여에 동기를 부여하는 얘기에는 별 흥미를 못 느낄 것이다. 하지만 이번에는 생일이 당사자의 행동에 미치는 영향에 관한 연구를 살펴보자. 이 연구는 마케팅과 관련이 있다. 듀크 대학교의 커먼센트랩Common Cents Lab의 행동과학자들은 방을 빌려주려는 베이비붐 세대와 빌리려는 베이비붐 세대를 연결해주는 실버네스트Silvernest라는 온라인 회사와 연구를 진행했다. 2018년 칼라 프라이드Carla Fried가 쓴 "특정 시점에 맞춰 행동을 유도하는 넛지는 효과적인 자극제다"라는 기사에 따르면 실버네스트는 65세가 되기 직전의 사람들을 대상으로 페이스북 광고를 진행했다. 프라이드는 이렇게 기사에서 설명했다.

이 실험의 대조군은 다소 일반적인 메시지를 받았다. "당신은 나이를 먹고 있습니다. 은퇴 준비가 되셨나요? 하우스 쉐어링이 도움을 줄 수 있습니다" 반면, 실험군은 좀 더 연령에 특화된 메시지를 받았다. "당신은 지금 64세로, 65세를 목전에 두고 있습니다. 은퇴 준비가 되셨나요? 하우스 쉐어링이 도움을 줄 수 있습니다."

일반적인 메시지 클릭률이 2.5퍼센트였던데 비해 나이에 특화된 문구는 약 5.5퍼센트의 클릭률을 보였다. 이런 행동을 자극하는 것은 생일뿐만이 아니다. 다니엘 핑크는《언제 할 것인가》에서 추가적인 연구를 언급한다. 연구자들에 따르면 8년 반 동안의 구글 검색을 분석한 결과, "'다이어트' 단어의 검색량이 항상 1월 1일에 급증했는데, 그 수치가 일반적인 날보다 약 80퍼센트 높은 정도였다"라고 한다(Dai et al., 2014). 또한 연구자들은 매월 초기와 매주 첫날에도 검색이 증가한다는 사실을 발견했다.

핑크는 이 연구자들이 진행한 다른 실험의 결과에 따르면 날을 표현하는 방식도 중요하다고 말한다. 3월 20일을 봄의 시작으로 표현하는 것이 3월의 셋째 목요일로 표현하는 것보다 더 강력했다. 새로운 계절의 시작은 시간적 이정표로 작용했다.

시간적 이정표는 새로운 시작을 이끈다

연구자들은 사람들의 심리적 동기가 강화되는 현상을 "새출발 효과Fresh start effect"라는 용어로 설명한다(Dai et al., 2014). 그리고 사람들이 시간적 이정표에서 자신을 다르게 보는 경향이 있음을 발견했다. 이렇게 시간적 이정표는 전환점으로 작용한다. 이제 과거의 나는 떠나보내고 새롭고 더 나은 사람으로 거듭날 나를 마주하는 것이다. 과거의 삶과 실수는 모두 덮고 새로운 나라는 멋진 도화지를 앞에 둔 만큼 무엇이든 도전하고 목표를 달성할 수 있다는 자신감이 충만해진다. 그 결과, 사람들은 새로운 것을 시작하는 데 더 적극적이다. "수요일에 담배를 끊을 거야"라는 말은 드물지만, "월요일부터 담배를 끊을 거야"라는 말은 흔히 들을 수 있는 이유다.

마케터는 이렇게 사람들이 새로운 마음을 갖는 시기, 즉 시간적 이정표를 캠페인에 반영해야 한다. 새해 첫날은 사람들이 깨끗한 마음으로 새로운 출발을 결심하는 날로, 이미 큰 마케팅 기회로 여겨진다. 하지만 연구 결과가 보여주듯 다른 시작일도 강력한 효과를 주는 만큼 당신에게는 더 많은 기회가 있다. 계절과 분기, 학기와 달, 월급날, 한 주의 시작을 생각해보자. 이러한 시기에 사람들은 새롭게 시작하는 마음을 먹는다.

마케터들은 생일과 기념일, 졸업식, 새로운 직업의 시작, 이사, 결혼, 출산, 주택 구입, 은퇴 같은 개인적으로 중요한 사건 역시 간과해서는 안 된다. 이러한 일들은 사람들이 삶의 과거와 미래를 구분해서 생각하는 의미 있는 시기, 즉 전환점으로 작용한다.

시간적 이정표와 수십만 달러짜리 집

보스턴 대학을 졸업한 후, 나는 지인들과 비슷한 선택을 했다. 고향으로 돌아가지 않고 더 큰 도시에서 경력을 시작하기로 결심한 것이다. 그래서 룸메이트를 구한 후 대학 근처의 아파트를 찾는 수천 명의 졸업생들과 합류했다. 우리는 그해 여름 적당한 곳을 찾아 책과 침대, 상자들을 보스턴 대학 외곽의 작은 공간으로 옮겼다.

그리고 다음 해 여름, 두 명의 룸메이트를 더 모아 조금 나은 아파트로 다시 이사했다. 그 후 6년간은 보스턴 지역에서 일하면서 두세 명의 친구와 아파트 빌려서 함께 살았다. 우리는 꽤 잘 지냈다. 룸메이트들은 아주 좋은 친구들이었다. 우리가 살던 아파트는 편안하고 편리했으며 대학원을 졸업하고 구한 첫 아파트보다 훨씬 상태가 좋았다. 같이 분담하던 월세 역시 적당한 가격이었던 만큼, 나는 월급도 일부 저축할 수 있었다. 집을 바꿀 특별한 이유는 아무것도 없었다. 하지만 서른 살 생일이 다가오면서 내 집을 마련해야겠다는 생각이 들었고, 지금이 아파트를 살 때라고 결심했다.

사실 그때는 정말로 아파트를 살 시기가 아니었다. 시장가격이 높았다. 그것도 터무니없이 말이다. 내 예산을 고려하면 원하는 안정적인 동네를 포기하고 부동산 중개인들이 좋게 말해 '상승세'라고 포장한 동네를 살펴봐야 했다. 게다가 룸메이트들이 나를 집주인으로 두고 같이 살고 싶어 해도 큰 아파트를 구매할 여력이 없었다. 다시 말해 좋은 친구들과도 헤어져야 했다. 그리고 대출 상환금이 기존의 월세보다 더 많았기 때문에 광고 에이전시(매우 안정적인 직업이라고 할 수 없는)의 급여에서 저축할 금액도 적어질 것이었다.

그런데도 나는 아파트를 사고 싶었다. 서른 살이 되기 전에 꼭 사야 한다고 느꼈다. 그래서 사고 싶은 아파트를 찾기 위해 보스턴 근교의 여러 집을 둘러보았다(몇몇 곳은 아예 처음 가본 지역이었다).

마침내 사우스 보스턴에 있는 방 두 개짜리 아파트가 눈에 들어왔다. 작은 마당과 주차 공간이 있고 보스턴 시내의 스카이라인이 살짝 보이는 곳이었다. 근처에 지하철역이 있어 편리하게 시내로 갈 수 있었고, 새 건축물인 만큼 내부가 널찍하고 옷장도 넓었다. 나는 사우스 보스턴에 대해 아무것도 몰랐고, 그곳에 아는 사람도 없었다. 하지만 시간이 촉박한 만큼 구매하고 싶다는 의사를 밝혔다.

서른 살 생일을 한 달 하고도 이틀 앞둔 시기에 나는 결국 그 아파트를 구매했다. 친구들은 아직 가구가 많지 않은 새 거실에서 내 생일 파티를 열어주었다. 그리고 얼마 뒤 주택 거품이 터지면서 '상승세'라고 하던 내 동네는 그 원대한 목표에서 상당히 멀어졌고, 새 아파트의 가치는 크게 하락했다. 비록 분별력은 없었지만 나는 개인적인 목표를 달성했다. 시간적 이정표에 자극받아 서른 살이 되기 전에 내 집을 마련한 것이다.

시간적 이정표를 활용해 학생 모집하기

버클리 음대 산하의 온라인 프로그램인 버클리 온라인은 학생 만족도가 97퍼센트에 달하는 세계에서 가장 큰 온라인 음악학교다. 이 온라인 학교에는 유명한 데이브 매튜스 밴드Dave Matthews Band, 나인 인치 네일스Nine Inch Nails, 피시Phish 멤버를 비롯해 164개국의 학생들이 다닌다. 7만 5,000명이 넘는 학생들이 이 성공적인 학교에서 온라인 수업과 강좌를 듣고 자격증과 학위를 땄다.

하지만 온라인 음악교육 시장의 경쟁이 과열되고, 등록률이 정체되기 시작하면 어떻게 해야 할까? 버클리의 온라인 학습 부문 수석 부사장이자 버클리 온라인의 CEO 겸 공동 설립자인 데비 카발리에Debbie Cavalier와 버클리 온라인의 CMO인 마이크 킹Mike King은 두 가지 접근 방식을 취했다. 그들은 학교 지원자와 학생들의 동기와 가치관을 깊이 이해하기 위해 고객 세분화 연구를 의뢰했다. 그리고 나를 고용해 마케팅팀이 행동과학에 기초한 마케팅 메시지를 만드는 법을 배우게 했다.

당연히 나는 이메일, 소셜 포스트, 랜딩 페이지, 웹사이트 문구, 광고 등의 효율성을 높이기 위해 메시지에 적용할 여러 행동과학 원칙을 추천했다. 이 책의 앞부분을 읽었다면 내가 추천한 원칙들에 익숙할 것이다. 나는 음악 학위를 받으려는 타깃의 감정을 계속 자극하고(1장), 반응을 유도하기 위해 손실 회피 심리(2장)를 활용하고, 버클리 온라인에서만 가능한 독점적인 기회(3장)를 부각하라고 권했다.

또한 점점 커지는 경쟁자의 위협을 막기 위해 학생들의 만족감을 강조하는 사회적 증거(5장)를 사용하고, 온라인 프로그램이 받은 수많은 상과 교수진의 뛰어난 자질을 언급해 권위 이론(10장)을 부추기고, 잠재적인 학생들이 버클리에서 온라인 학위를 취득해야 하는 이유(13장)를 제시하라고 전했다.

그리고 이 장의 주제로 미뤄 짐작했겠지만, 특정한 시간적 이정표도 캠페인에 고려해야 한다고 말했다. 이 개념을 소개한 후, 버클리 온라인의 마케팅팀은 자신들이 활용할 수 있는 세 가지 다른 유형의 시간적 이정표를 성공적으로 찾아냈다. 우선 년, 계절, 달, 주의 시작과 같이 보편적인 새로운 전환점이 있다. 다음으로 학업 일정표와 연계해 새 학기와 새로운 수업이 시작되는 시기를 분기점으로 삼을 수 있다. 세 번째는 반복되거나 그렇지 않을 수도 있는 주요 사건을 바탕으로 한 단편적 유형으로, 곧 있을 학비 인상과 새 온라인 석사 학위 프로그램의 시작과 같은 시간적 이정표였다.

몇 년 후 CEO인 데비를 통해 마케팅팀이 계속 좋은 성과를 내며 노력이 결실을 거두고 있다는 소식을 듣고 무척 기뻤다.

특히 마케팅팀이 메시지에 행동과학을 적용할 때마다 "낸시가 말한 대로"라고 덧붙인다는 데비의 이야기에는 미소가 지어졌다. 무엇보다 데비는 그러한 노력으로 캠페인을 더 '효과적이고 매력적'으로 구성해 '전반적으로 높은 성과'를 거뒀다고 전했다. 실제로 그녀는 이렇게 말했다. "낸시 하허트와 일하기 전보다 현재 버클리 온라인 프로그램의 등록자 수는 두 배 이상 증가했습니다. 여기에는 여러 요소가 작용했겠지만, 가장 확실한 요인은 행동과학의 마케팅 원칙을 채택한 것이지요." 정말 기분 좋은 캠페인 결과였다.

새로운 시작은 행동을 이끈다

New Semester Begins in One Week

Berklee Online

등록 마감까지 일주일

버클리 온라인은 이메일에서 새 학기의 시작을 강조하며 시간적 이정표를 활용했다.

즉각적인 보상과 시간적 할인

마케터들은 타깃이 과거의 자신과 미래의 자신을 구분해서 인식하도록 유도해 새출발 효과를 적용할 수 있다. 이 전략을 사용할 때 매우 중요한 요소다. 어제의 나와 오늘의 나는 다르고, 오늘의 나는 전환점에 도달한 만큼 더 많은 것을 성취할 수 있다고 느끼도록 해야 한다.

그러나 자신을 분리하려는 인간의 이런 성향이 마케터에게 불리할 때도 있다. 그럴 때는 고객이 미래의 자신을 현재의 자신과 같다고 상상하도록 도와야 한다. 이렇게 할 때 마케터는 시간적 할인Temporal discounting 심리를 극복할 수 있다. 시간적 할인은 먼 미래의 보상을 평가 절하하려는 인간의 성향이다.

행동과학자들에 따르면 사람들은 즉각적인 만족을 선호하며 현재에 크게 중점을 둔다. 선택권이 주어진다면 고객은 미래의 큰 보상보다 작더라도 즉각적인 보상을 택할 가능성이 높다.

이런 이유로 사람들은 자신에게 가장 이로운 행동을 하지 않을 때가 많다. 즉각적인 보상이 없는 행동은 미루는 성향을 보이는 것이다. 지금 당장 즐길 수 있는 저녁 식사와 외출에 150달러를 쓰는 것이 먼 미래를 위한 저축과 퇴직연금, 미래에 대한 보장과 불확실한 보상을 주는 보험과 같은 실용적인 용도에 사용하는 것보다 쉽다. 사람들은 월급을 저축하고, 은퇴자금을 마련하고, 보험에 가입해야 한다는 생각은 한다. 단지 미래의 자신이 이런 부분을 처리할 거라고 여기는 것이 더 쉽고 편리하므로 결정을 미룰 뿐이다.

마케터는 시간적 할인을 극복해야 한다

사람들은 종종 미래의 자신이 더 많은 절제력과 인내심, 추진력을 가질 거라고, 혹은 단순히 목표를 달성하기에 더 유리한 위치에 있을 거라고 가정한다. 그 결과, 현재를 즐기기 위해 일을 미룬다. 그러나 미래가 도래하면 과거의 결정을 후회하고 기회가 있을 때 더 빨리 행동했어야 한다고 느낄 때가 많다. 예를 들어 은퇴가 다가오면 일할 동안 체계적으로 돈을 저축할 걸 그랬다고 후회한다. 혹은 승진 가능성이 없는 직장에서 이도 저도 못 하는 자신을 보며 좀 더 젊을 때 경력 발전에 필요한 기술을 습득해야 했다고 후회한다. 그러나 인간은 그 순간에는 인내심이 없다. 금융 전문가인 카를로스 아바디Carlos Abadi는 2019년 《디시전 바운더리Decision Boundaries》에 기고한 "쌍곡선 할인Hyperbolic Discounting"이라는 글에서 이렇게 설명한다.

> **많은 사람이 하루 뒤 110달러를 받기보다 지금 100달러를 받길 원한다. 그러나 30일 후 100달러 받기와 31일 후 110달러 받기 중에 골라야 한다면 대부분 후자를 택한다. 사람들은 기다림이 한 달 후에 일어난다면 하루를 더 기다릴 의향이 있는 듯하다. 하지만 지금 당장 기다려야 한다면 그 반대를 선호한다. 일반적으로 사람들이 미래의 보상 가치를 폄하하는 정도는 지연 기간이 길어질수록 감소한다. 심리학자 리처드 헌스타인**Richard Herrnstein**은 이러한 현상을 '쌍곡선 할인'이라고 부른다.**

아바디는 이렇게 덧붙인다. "하지만 막상 한 달이 지나 결정을 내려야 하면 사람들은 의향을 바꿔 하루를 더 기다려 110달러를 받는 대신 지금 당장 100달러를 받겠다고 선택한다." 사람들은 일관성이 없고, 시간과 관련해 기이하고 비이성적인 행동을 보일 때가 많다.

사람들은 미래의 자신을 낯설게 여긴다

스탠퍼드 대학의 연구원 할 어스너-허쉬필드Hal Ersner-Hershfield, G. 엘리엇 위머G. Elliott Wimmer, 브라이언 넛슨Brian Knutson 역시 시간과 관련한 사람들의 기이한 행동을 보여주는 연구를 진행했다(Ersner-Hershfield et al., 2008). 이들은 fMRI를 통해 실험 참가자들의 뇌 활동을 관찰했다. 그런 다음 참가자들에게 '고귀한, 재미있는'과 같은 일련의 서술적 단어를 보여주면서 그 단어가 현재의 자신과 10년 후 미래의 자신, 현재의 타인(남성 참가자는 맷 데이먼, 여성 참가자는 나탈리 포트먼)과 미래의 타인과 얼마나 부합하는지 물었다.

참가자들은 자신의 현재 모습을 평가할 때 가장 활발한 뇌 활동을 보였다. 사람들은 타인보다 자기 자신에게 관심이 많은 만큼 이는 당연해 보인다. 하지만 흥미로운 점은 자신의 미래 모습을 생각할 때의 뇌 활동이 자신의 현재 모습을 생각할 때보다 타인의 현재 모습을 생각할 때의 뇌 활동과 비슷한 양상을 보였다는 것이다.

베키 케인Becky Kane은 "현재 편향: 당신은 왜 미래의 자신을 신경 쓰지 않는가Present Bias: Why you don't give your future self"라는 글에서 다음과 같이 말한다. "쉽게 말해서 한 달, 1년, 10년 후의 자기 모습을 생각할 때 당신의 뇌는 테일러 스위프트Taylor Swift나 집배원, 옆 차선에서 운전하는 여성을 보는 것과 비슷한 방식으로 인식한다." 사람들은 미래의 자신을 현재 자신의 연장선상이 아닌 낯선 존재로 바라봤다.

케인은 글에서 시간적 할인의 영향을 보여주는 또 다른 연구를 인용한다. 이 연구는 학생 참가자들에게 다른 학생들의 공부를 얼마나 도와줄 수 있는지 의향을 물었다(Pronin et al., 2008). 첫 번째 그룹의 학생들에게는 현재 중간고사 기간 중 공부를 도와달라고 요청하고, 두 번째 그룹에는 다음 중간고사 기간에 도움을 요청했으며, 세 번째 그룹의 참가자들에게는 다른 신입생(타인)이 얼마나 공부를 도와줄 수 있을지 추정해달라고 했다. 그러자 허쉬필드의 연구과 비슷한 결과가 나왔다. 케인은 다음과 같이 말한다.

"현재 중간고사 기간에 도움을 요청받은 학생들은 평균적으로 27분 정도만 쓸 수 있다고 답했지만, 다음 중간고사 기간에 도움을 요청받은 학생들은 85분 정도를 쓸 수 있다고 답했다. 더 놀라운 사실은, 이렇게 미래의 자신이 쓰겠다고 한 시간과 타인이 얼마나 할애할 수 있을지 추정한 시간 간에 수치상 별 차이가 없었다는 것이다."

즉, 사람들은 미래의 자신을 현재의 자신과 크게 연관 짓지 않는다. 하지만 이 실험의 네 번째 버전에서 연구자들은 일부 학생 참가자들에게 다음 중간고사 기간에도 지금처럼 시간이 부족할 것임을 상기시켰다. 그런 다음 이들에게 다음 중간고사 기간에 얼마나 많이 과외 도움을 줄 수 있을지 묻자, 추정한 시간은 훨씬 줄어들었다. 미래의 자신을 현재의 자신과 비슷하게 인식하도록 도와주자, 결과가 달라진 것이다.

⚠ 주의

적절한 정보와 감정적 자극을 제공하면 알아서 미래에 관한 좋은 결정을 내릴 거라고 단정하지 말자. 마케터들은 사람들이 현재의 자신과 미래의 자신을 보는 인식의 격차를 메우도록 도와야 한다.

미래의 나와 현재의 나의 격차를 줄이는 법

시간적 할인 효과를 극복하기 위해서는 고객이 현재의 자신을 보는 방식과 미래의 자신을 상상하는 방식 간의 격차를 줄일 수 있도록 해야 한다. 기본적으로 미래의 자신이 시간만 다를 뿐 현재의 자신과 동일하다는 걸 인식하도록 말이다. 시각 자료를 활용하는 것도 좋은 방법이다. 2012년, 금융회사 메릴 엣지Merrill Edge는 "미래의 나를 마주하다Face Retirement"라는 캠페인을 시작했다. 이 캠페인은 사람들이 자신의 사진을 업로드하면 10년, 20년, 30년 후 모습이 어떤지 볼 수 있는 소프트웨어를 제공했다. 2014년 《핀엑스트라Finextra》에 실린 기사에 따르면 100만 명에 가까운 사람들이 이 도구를 체험했으며, 그중 60퍼센트는 은퇴와 미래 계획을 위한 정보를 더 중요하게 여기기 시작했다. 매우 효과적으로 마케팅을 구현한 이 캠페인은 2014년 에피 어워드Effie Award를 수상하기도 했다.

메릴 엣지의 캠페인은 분명 강력했다. 하지만 당신이 이런 소프트웨어를 만들 마케팅 예산이 없다 해도 시간적 할인 효과를 극복할 방법은 있다. 단어를 잘 선택하면 타깃이 현재의 자신과 미래의 자신을 동일하게 생각하도록 도울 수 있다.

실제로 2015년 나와 동료들은 센티언트 디시전 사이언스Sentient Decision Science의 설립자이자 CEO인 아론 리드Aaron Reid 박사와 함께 시간적 할인 효과의 극복을 비롯해 몇 가지 주제에 관한 독자적인 연구를 수행했다. 연구는 여러 산업과 두 세대로 구성된 그룹을 대상으로 진행됐다. 한 연구에서 우리는 시간적 할인이 보험 가입에 미치는 구매 지연 효과를 상쇄하기 위해 마케팅 문구를 어떻게 사용할 수 있는지 살펴봤다. 연구에 정통한 독자들을 위해 덧붙이자면 이 연구는 암묵적 분석과 선택지를 기반으로 선호도를 분석하는 기법, 감정 가중치와 시선 추적 연구, 히트맵 분석을 포함했다. 즉, 진정한 반응을 측정하기 위해 정교하고 철저하게 설계된 조사였으며, 전통적인 기법보다 우수한 결과를 도출했다.

연구는 미래의 자신을 현재의 자신과 비슷하게 인식하도록 유도하는 표현을 사용하면 시간적 할인을 극복할 뿐 아니라 보험료가 더 높은 상품을 원하도록 이끌 수 있음을 발견했다. 그렇다면 이를 실제로 어떻게 적용할 수 있을까? 예를 들어 당신이 상해보험 마케터라고 해보자. 이 보험은 사고나 질병으로 일을 할 수 없게 되면 그 사람이 받던 소득 일부를 지급한다. 당신은 이런 식으로 문구를 쓸 수 있다.

현재 건강하고 재정 관리를 잘하는 당신과 같은 사람도 불운한 상황으로 인해 사고를 당하거나 병에 걸릴 수 있습니다. 만약 그런 사건이 일어나 일을 할 수 없게 되면 새로운 의료비 청구서를 비롯해 기존의 임대료와 신용카드, 공과금, 케이블, 인터넷 요금 등의 청구서가 쌓여갈 것입니다. 이제 이런 청구서를 내는 데 도움을 주는 보험을 갖고 있다고 상상해보세요. 그러면 지출을 줄일 필요도 없고, 빚을 질 위험도 없습니다. 현재와 마찬가지로 당신은 재정적인 안정감을 느낄 것입니다.

문구는 타깃의 현재 지출을 언급하고, 미래에 일을 하지 못하는 상황이 발생하더라도 그런 지출을 감당할 수 있어야 한다는 생각이 들게 한다. 또한 타깃을 재정 관리를 잘하는 사람으로 지칭하면서, 빚이라는 부정적인 개념과 대비되게 메시지를 전달한다.

리드 박사는 연구의 결론에서 "보험과 투자 결정과 관련된 상황과 위험, 혜택을 묘사하는 표현을 간단하면서도 정교하게 조정하면 반응과 구매 가능성을 크게 높일 수 있다"라고 말한다. 그는 이어서 "과학적인 방식으로 설계된 실험인 만큼, 행동경제학 원칙을 적용한 특정 문구의 조정이 실제로 결과를 이끌었다는 인과관계를 확인할 수 있다"라고 덧붙였다(Perkett, 2015).

시간적 할인을 극복해 노후 대비 설득하기

젊을 때는 노년을 준비해야 한다는 생각을 미루기 쉽다. 그리고 돈이 빠듯하면, 예산이 한정된 만큼 새롭게 생겨나는 지출은 자연히 미루게 된다. 이런 일들은 나중으로 밀려나기 쉽다. 그래서 HBT마케팅을 찾은 한 금융회사가 퇴직연금 계좌의 가입을 늘리도록 도와달라고 요청했을 때, 우리는 시간적 할인 효과를 극복해야 한다고 판단했다.

회사의 401(k) 퇴직연금 가입을 유도할 때 마케터가 활용할 수 있는 몇 가지 설득력 있는 주장이 있다. 우선 사람들에게 시간에 따라 쌓여가는 금액을 보여줄 수 있다. 적은 금액이어도 정기적으로 투자하면 꽤 많은 은퇴 자금이 모이기 때문이다. 특히 직원이 경력 초기부터 저축을 시작하면 더욱 그렇다. 그러나 시간적 할인의 영향 때문에 이러한 주장은 설득이 어려운 부분이 있다. 사람들은 먼 미래의 보상은 생각하지 않고 나중에 저축할 수 있다고 여기며 지금 있는 돈을 써버린다.

고용주가 직원의 납입액에 일부를 더해준다면 이러한 제도도 중요한 설득 포인트가 될 수 있다. 매칭 금액은 사실상 급여 인상 효과가 있는 무상 지원금으로 볼 수 있다. 그러나 문제는 직원들이 자부담액을 손실로 생각할 때가 많다는 것이다. 그들은 실제 집에 가져가는 돈이 준다는 사실에 너무 치우쳐, 퇴직연금 개설로 얻는 궁극적인 이익은 간과하는 경향을 보였다. 우리 팀은 과제를 검토하면서 시간적 할인을 해결하는 것이 효과적인 캠페인을 위한 핵심이라고 더욱 확신했다. 또한 이를 메시지에 꼭 반영해야 했다. 그래서 이런 생각을 바탕으로 이메일과 광고 우편물, 페이스북 광고에 등장하는 문구의 표현에 주의를 기울였다. 예를 들어 1차 캠페인에선 타깃에게 자신의 현재 상황을 생각해보도록 권하며, 그들이 많은 재정적 책임이 있지만 주도적으로 관리하고 돈을 언제 어떻게 쓸지 결정해왔다는 점을 강조했다. 그리고 "은퇴로 그러한 삶이 흔들리는 걸 원하십니까?"라고 물었다.

2차 캠페인에서는 "지금 많은 재정적 책임이 있다고 해도, 당신은 미래를 준비할 수 있습니다"라는 표현을 사용했다. 3차 캠페인에서는 돈이 불어나도록 지금 당장 준비를 시작하라고 촉구했다. "그러면 바로 지금처럼 당신 자신과 가족들을 위해 좋은 선택을 내렸음을 깨달을 것입니다"라는 메시지를 전하면서 말이다. 그 문구는 타깃이 현재와 같은 성향과 책임, 감정을 지닌 미래의 자신을 상상하게끔 다리를 놓아주었다. 결과는 성공적이었다. 클라이언트의 신규 계좌 개설은 12퍼센트나 증가했다.

시간적 할인 효과를 성공적으로 극복한 사례

마케팅 사례를 연구할 때 나는 행동과학의 좋은 예시를 보여주는 커뮤니케이션에 표시를 해둔다. 다음은 특히 강렬한 인상을 남긴 세 사례다.

- 한 온라인 은행은 이러한 예금 광고를 진행했다. 미래의 당신에게 더 많은 돈을 원하는지 묻자, 그렇다고 대답했다는 광고였다. 타깃은 이러한 메시지를 읽으며 수긍할 수밖에 없다. 대부분의 사람이 지금 많은 돈을 원하듯, 미래에도 돈을 더 원하리라는 생각은 자연히 이어진다. 그리고 그 결과 예금을 고려하기 시작한다.
- 한 대학은 "나는 미래의…"라는 문장으로 시작하는 메시지를 실었고, 그 문장을 완성하는 다양한 선택지를 제시했다. 잠재적인 학생들은 자신과 가장 잘 부합하는 문구(미래의 신입생, 미래의 대학원생 등)를 찾을 수 있었고, 이는 미래의 자신을 상상하게 해 주었다.
- 또 다른 대학은 최근 졸업식 영상을 보여주고 타깃에게 같은 무대에 서 있는 자기 모습을 그려볼 수 있는지 물었다. 졸업식

에 참가한 모습을 상상하게 유도함으로써 타깃이 현재와 미래의 자신을 연결해 생각하도록 다리를 놓아준 것이다.

시간적 이정표와 시간적 할인 활용법

- 상품의 특성을 고려해 한 주나 주말이 시작할 때 커뮤니케이션을 보내라.
- 연휴(16장 참고)는 시간적 이정표를 나타내므로 이를 활용하자.
- 소득세 신고일이나 개학일처럼 연휴는 아니지만 특별한 날을 활용하는 방법도 살펴보자. 예를 들어 비영리 단체는 소득세 신고가 끝난 후 잠재적 기부자들이 다음 해에 더 많은 공제를 받을 수 있도록 기부금을 매달 자동 이체하라고 장려할 수 있다.
- B2B 커뮤니케이션의 시기를 정할 때는 회계 연도의 시작과 분기 말, 회사의 성수기 시작과 같은 시간적 이정표를 고려하자.
- 주택 구입일이나 수상일, 애완동물을 입양한 기념일 같이 타깃의 개인적 이정표를 알고 있다면 이를 활용하라.
- 어떤 제품들은 마케팅을 위해 시간적 할인을 극복해야 할 때가 많음을 기억하자. 다이어트와 체중 감량 제품, 운동 장비, 금연 보조제, 건강보조제, 대학 등록, 보험 상품, 퇴직 연금 계좌, 서비스 업그레이드, 수리와 개조 등이 그렇다.
- 고객이 결제를 늦추는 것을 허용하자. 그렇게 하면 고객은 결제의 고통을 미루는 동시에 바로 소유하는 즐거움을 경험할 수 있다.
- 야간 배송, 즉시 다운로드, 회원 가입 없이 바로 보는 콘텐츠와

같이 즉각적인 만족을 제공하라.

- 구매 후 신청 환급 제도를 통해 제품을 할인해주자. 돈을 절약한다는 생각에 사람들은 바로 구매하지만, 어떤 이들은 환급을 요청하지 않을 수도 있다.
- 제품이나 서비스가 제공하는 궁극적인 이익은 미래에 발생하더라도 즉각적인 가치를 제공하는 방식을 강조하자. 예를 들어, 개인퇴직연금계좌IRA를 판매하는 기업은 투자 수익에 대한 세금은 은퇴 후 돈을 찾을 때까지 유예되므로 고객이 현재 세금 혜택을 누린다는 점을 강조할 수 있다.

결론

마케터는 사람들이 과거의 나에서 새로운 나로 인식을 전환하는 시기인 시간적 이정표를 활용할 수 있다. 이러한 전환기에 고객은 새로운 제품과 서비스를 시도할 가능성이 높다. 계절과 한 주의 시작이나 생일과 새로운 일자리 같은 인생의 사건들도 시간적 이정표가 될 수 있다.

하지만 미래에 혜택이 발생하는 특정 제품의 마케터들은 잠재 고객이 현재와 미래의 자신을 동일하게 보도록 도와야 한다. 잠재 고객이 미래에도 현재와 동일한 욕구와 성향을 지닌다는 것을 체감하게 해야 한다. 그래야 그들은 구매 결정을 미루지 않고 지금 바로 행동할 것이다.

요약

1. 시간적 이정표는 인생의 전환점이 될 수 있다. 이 시기에 사람들은 이전의 모든 실수는 버리고 새출발을 할 수 있다고 생각한다.
2. 시간적 이정표를 맞이한 사람들은 새로운 시도를 열린 마음으로 받아들인다. 그것을 성취할 가능성이 더 크다고 느끼기 때문이다.
3. 마케터는 시간적 이정표에 맞춰 메시지를 전달해 효과를 높일 수 있다.
4. 시간적 이정표는 연휴처럼 달력에 표시된 날이나 년, 계절, 달, 한 주의 시작일 수도 있다. 생일과 기념일, 결혼, 새집 구매, 승진과 은퇴처럼 개인에게 특별한 날도 가능하다.
5. 시간적 이정표는 타깃이 자신을 '예전의 나(이정표에 도달하기 전)'와 '새로운 나(이정표에 도달한 후)'로 구분해서 보도록 한다.
6. 사람들은 즉각적인 만족을 선호하고, 먼 미래의 보상은 낮게 평가하는 경향이 있다.
7. 고객들은 미래의 큰 보상보다 작지만 빠른 보상을 선호한다. 즉, 기다리기 싫어한다.
8. 어떤 제품을 마케팅할 때는 구매 결정을 미루게 만드는 시간적 할인을 극복해야 한다. 사람들은 미래에 혜택을 보는 제품이나 서비스에 돈을 쓰거나 투자하는 대신, 지금 당장 즐길 수 있는 구매를 선택하려 한다.
9. 마케터는 타깃이 현재의 자신과 미래의 자신을 동일하게 생각하게 도와 시간적 할인을 극복할 수 있다. 이런 도움이 없다면 당신의 고객은 미래의 자신이 어떤 생각을 하고 현재의 자신에게 어떤 행동을 바랄지 상상하기 힘들 것이다.
10. 마케터는 적절한 이미지나 표현을 사용해 타깃이 현재와 미래의 자신을 연결해서 생각하게 만들 수 있다. 핵심은 그들이 현재 자신의 모습으로 미래를 보도록 하는 것이다.

맺으며

자, 이제 당신은 책을 다 읽었다. 다음엔 어떻게 해야 할까? 고객과 잠재 고객의 행동에 영향을 미치는 원칙들을 배운 만큼 현명하게 사용하고 자주 테스트해봐야 한다.

사람들이 당신이 바라는 대로 행동하지 않는 이유와 방해 요인을 파악하고 고민해보라. 당신의 회사를 잘 모르는 걸까? 아니면 당신의 제품이나 서비스는 사용할 일이 없다고 생각하는가? 더 좋은 선택지를 기다리는 걸까? 혹시 다른 사람의 동의를 얻지 못할까 봐 주저하는 건 아닐까?

그 잠재적인 방해 요인을 정확히 파악한 후에는 새롭게 익힌 행동과학 원칙을 살펴보며 장애물을 없앨 가능성이 가장 높은 방법을 선택하라. 유력한 원칙들과 그 변형 안을 테스트해보고 가장 적합한 방법을 찾자. 결과가 당신의 생각과 다를지라도 각각의 테스트는 가치 있는 정보를 제공하며 궁극적인 목표에 가까이 다가가게 해준다는 사실을 기억하자.

당신이 선택한 마케팅 채널의 성공 사례들을 적용하는 것도 잊지 말자. 데이터를 활용해 의사결정을 하고, 행동과학을 통해 사람들이 이를 쉽게 받아들이도록 하자. 그 후엔 응답률이 얼마나 올랐는지 확인해보자. 앞서 보았듯이 어떤 마케팅은 한 번에 두세 자릿수의 증가율을 이끌기도 하고, 점진적으로 상승해 의미 있는 결과를 만들어낼 때도 있다. 당신은 적어도 하나 이상의 행동과학 원칙을 적용할 때 커뮤니케이션에서 최상의 결과를 달성할 수 있음을 깨달을 것이다.

과학적 증거와 마케터들의 검증 이제 당신이 실행할 차례

과학적으로 증명되고 다른 마케터들이 성공적으로 사용한 원칙인 만큼 확신을 갖고 행동과학을 적용하자. 그뿐만 아니라, 행동과학은 현재 건강, 교육, 공공 정책을 비롯한 다양한 분야에서 사용되고 있다. 행동과학을 마케팅 전략과 실행에 접목하는 것은 개인의 의견이 아닌 과학적 증거에 기초한 것이다. 그러니 그 자체만으로도 즉각적인 이점을 준다.

이러한 이점이 너무 강력해 공정하지 않을까 봐 우려된다면 애초에 마케팅 캠페인에 필요한 모든 결정은 이점을 극대화하도록 설계된다는 점을 기억하자. 당신은 반응률이 높을 것으로 예상되는 타깃과 매체를 선택하고, 잠재 고객이 끌릴 만한 가격을 광고하며, 매력적으로 보이도록 제품의 사진을 찍는다. 그리고 사람들이 이를 받아들일 수 있게 마케팅 메시지를 만든다.

마케터라면 4P(제품Product, 유통Place, 가격Price, 판촉Promotion)에 더할 다섯

번째 P로 '심리Psychology'를 떠올릴 것이다. 그리고 기존의 4P를 다룰 때도 비윤리적인 선택을 하지 않는 것처럼 행동과학도 책임감 있게 사용해야 한다. 그렇게 할 때 행동과학은 당신의 성공을 이끄는 또 하나의 강력한 도구가 될 것이다.

과학이 증명한 원칙을 통해 행동을 이끌자

결국, 마케터는 사람들의 행동을 이끌어야 한다. 행동과학자들은 사람들이 어떻게 결정을 내리는지 연구해왔다. 그리고 사람들이 취하는 의사결정의 지름길과 반응하는 자극, 그들이 고수하는 행동을 자료로 정리했다. 현명한 마케터들은 이렇게 과학이 증명한 인간 행동의 원칙을 활용해 행동에 영향을 줄 것이다. 그리고 사람들이 실제로 어떻게 선택을 내리는지 이해한다면 그들이 훨씬 더 주목하고, 기억하고, 반응하는 마케팅 메시지를 만들 수 있다. 약간의 행동과학만 더하면 된다.

이제 타깃의 본능적인 행동 양식을 고려한 효과적인 마케팅을 만들 준비를 마쳤다. 타깃의 반응을 염두에 두고 메시지를 만들면 자연히 경쟁력이 생긴다. 당신의 손에 쥔 그 경쟁력을 발휘해 원하는 대로 고객의 행동을 이끌어보자.

참고문헌

1장

- 디아즈, A-C(2021) 스포티파이, 프리토 레이를 비롯한 CVS의 CMO들에게 노래를 헌정하다, AdAge.com, 8월 26일, adage.com/article/marketing-news-strategy/spotify-makes-songs-cmos-cvs-frito-lay-intuit-kimberly-clark/2361101(perma.cc/5KLZ-SSWD에 위치)
- 라도바, K(2021) 사례연구: 행동과학을 통해 30퍼센트 더 많은 고객이 제휴 정비소를 사용하도록 이끈 보험사, insideBE.com, insidebe.com/articles/behavioral-science-brought-more-customers/ (perma.cc/G66Q-8M4P에 위치)
- 로버츠, K(2005), 사랑-가장 위대한 원칙–스타일, 3월 1일, SaatchiKevin.com/interview/love-highest-call-style-pdf (perma.cc/JS4R-MR6R에 위치)
- 애리얼리, D(2008) 《상식 밖의 경제학Predictably Irrational》, 하퍼콜린스, 뉴욕

2장

- 애리얼리, D(2008) 《상식 밖의 경제학》, 하퍼콜린스, 뉴욕
- 잘트먼, G(2003) 《소비자의 숨은 심리를 읽어라How Customers Think》, 하버드비즈니스스쿨 프레스, 보스턴
- 카너먼, D(2011) 《생각에 관한 생각Thinking, Fast and Slow》, 파라 스트라우스 앤드 지룩스, 뉴욕
- 카너먼, D, 크네치, J, 탈러, R(1991) 변칙: 소유효과, 손실 회피, 그리고 현상 유지 편향, Journal of Economic Perspectives, www.aeaweb.org/articles? id=10.1257/jep.5.1.193 (perma.cc/244P-NVAA에 위치)
- 클로츠, L(2021) 《빼기의 기술Subtract》, 플랫아이언 북스
- 펄스 매거진Pulse Magazine(2021) 아무도 광고를 읽지 않는다 [블로그] 10월 11일, www.pulsemagazine.co.uk/blogs-articles/nobody-reads-advertising%E2%80%A6/ (perma.cc/9X3U-H4FR에 위치)

3장

- 밀크먼, K, 더크워스, D, 파텔, M(2021) 백신 접종을 이끄는 메시지, Washington Post, www.washingtonpost.com/outlook/2021/05/24/nudges-vaccination-psychology-messaging/ (perma.cc/7SRM-PCSF에 위치)
- 스턴, C(2020) 저스틴 비버가 크록스를 멋지게 꾸미다! 피자와 무지개 장식이 달린 한정판 60달러짜리 노란색 크록스, 90분 만에 완판–열광한 팬들로 브랜드 웹사이트 마비, Daily Mail, 10월 14일 www.dailymail.co.uk/femail/article-8840583/Justin-Biebers-limited-edition-Crocs-selljust-90-minutes.html (perma.cc/N62L-B96X에 위치)
- 완싱크, B, 켄트, R, 호흐, S(1998) 구매 수량 결정에 관한 기준점 설정 및 조정 모델, Journal of Marketing Research, 35 (1), 71–81쪽
- 워첼 S, 이, J, 아데올레, A(1975) 수요와 공급이 물건의 가치 평가에 미치는 영향, Journal of Personality and Social Psychology, psycnet. apa.org/record/1976-03817-001 (perma.cc/XA44-QP7Z에 위치)
- 월드데이터(2020) "이메일로만 가능"이라고 제목에 표시하자 오픈율이 14퍼센트 증가하다, 6월 4일, www.instagram.com/worldata/ channel/?hl=en (perma.cc/CVT2-T6H7에 위치)
- 월드데이터(2021) 이메일에 카운트다운 시계를 표시해 임박한 기한을 알리자, 클릭률이 22퍼센트 상승하다, 3월 19일, www.instagram.com/worldata/channel/? hl=en (perma.cc/CVT2-T6H7에 위치)
- 치알디니, R(1984) 《설득의 심리학 Influence》, 퀼 윌리엄 모로우, 뉴욕

4장

- 골드스타인, N, 마틴, S, 치알디니, R(2008) 《설득의 심리학 2 Yes!》, 프리 프레스, 뉴욕
- 루나, T, 레닝거, L(2015) 《놀라움 Surprise》, 타처퍼리지
- 셰리든, M(2019) 《대답만 했을 뿐인데 회사가 살아났습니다 They Ask, You Answer》, 윌리
- 스테이플스, G B(2006) 자선단체의 주소 라벨이 고민하게 만든다, 시카고 트리뷴, 9월 24일, www.chicagotribune.com/news/ct-xpm-2006-0924-0609220424-story.html (perma.cc/K4R4-BWDL에 위치)
- 애쉬, T(2021) 《원시적 뇌를 깨워라 Unleash Your Primal Brain》, 모건 제임스, 뉴욕
- 치알디니, R(1984) 《설득의 심리학》, 퀼 윌리엄 모로우, 뉴욕
- 태넌바움, M(2015) 당신이 연말 카드를 먼저 보내야 나도 보낸다, 사이언티픽 아메리칸, 1월 2일, blogs.scientificamerican.com/psysociety/i-8217-ll-show-you-my-holiday-card-if-you-show-me-yours/# (perma.cc/UV3Z-9TW5에 위치)

5장

- 골드스타인, N, 마틴, S, 치알디니, R(2008) 《설득의 심리학 2》, 프리 프레스, 뉴욕
- 맥로드, S(2018) 솔로몬 애쉬–집단 순응 실험, Simply Psychology, 12월 28일
- 메논, S(2021) 마케터들은 개인화 전략을 어떻게 다듬는가, ANA, 7월 20일, www.ana.net/magazines/show/id/forward-2021-07-adobepersonalization-playbook (perma.cc/62H5-JFBS에 위치)
- 알터, A(2013) 《만들어진 생각, 만들어진 행동Drunk Tank Pink》, 펭귄북스, 뉴욕
- 조그비, J(2018) 2018 맞춤화 현황 조사, 액센츄어 인터액티브Accenture Interactive, www.accenture.com/_acnmedia/PDF-77/Accenture-Pulse-Survey.pdf (perma.cc/B7FV-3XP4에 위치)
- 치알디니, R(1984) 《설득의 심리학》, 퀼 윌리엄 모로우, 뉴욕
- 콜린저, T와 몰트하우스, E(2015) 리뷰에서 매출까지, 1권: 별점과 리뷰 내용이 구매에 미치는 영향, 노스웨스턴대학교 파워 리뷰스, www.powerreviews.com/wp-content/uploads/2019/02/ From-Reviews-to-Revenue-Northwestern-Report-Volume-1.pdf (perma.cc/GP6N-VYR5에 위치)
- 탈러, RH, 선스타인, CR(2008) 《넛지Nudge》, 펭귄북스, 뉴욕
- 토드, J(2009) 연구 결과 '가장 인기 있는'이란 표현은 메뉴 선택에 영향을 준다, Duke Today, 6월 2일, today.duke.edu/2009/06/dining_study.html (perma.cc/WX5P-RYJT에 위치)
- 툰츠겐, B, 제인, M, 수릭, J, 뉴슨, M, 자오, Y, 데제카슈, G , 드로이, O(2021) 사회적 영향은 중요하다: 가까운 이들이 코로나 지침을 잘 지킬 때 사람들은 이를 따른다, British Journal of Psychology, 1월 20일, bpspsychub.onlinelibrary.wiley.com/doi/10.1111/bjop.12491 (perma.cc/P2PU-WLWM에 위치)

6장

- 바르가바, R(2021) 《뻔하지 않은 효과적인 예산의 마케팅과 브랜딩을 위한 지침Nonobvious Guide to Marketing and Branding Without a Big Budget》, 아이디어 프레스 퍼블리싱, 버지니아
- 비테일, J(2007) 《꽂히는 글쓰기Hypnotic Writing》, 존 와일리 & 선즈, 뉴저지
- 스몰, DA, 로웬스타인, G, 슬로빅, P(2005) 통찰이 냉담함을 가져올까? 식별 가능한 피해자 효과에 대한 통찰이 동정심에 미치는 영향, 미출판 원고. scholar.google.com/scholar?q=identifiable+victim+effect+Sm all,+Loewenstein,+Slovic,+2005&hl=en&as_Vitalesdt=0&as_vis=1&oi=scholart (perma.cc/D9MQ-D7L9에 위치)
- 슬로빅, P(2007) "군중을 보고는 행동하기 힘들다": 심리적 둔감과 대량 학살, Judgement and Decision Making, 4월 19일, journal.sjdm.org/ 7303a/jdm7303a.htm (perma.cc/G94V-HJ34에 위치)
- 애쉬, T(2021) 《원시적 뇌를 깨워라》, 모건 제임스, 뉴욕
- 웰든, M(2014) 이야기에 사로잡힌 뇌: 왜 서사는 우리의 마음과 정신을 사로잡는가, 노스웨스턴 나우, 4월

24일, news.northwestern.edu/stories/2014/04/opinion-pacstandard-weldon-narrative/ (perma.cc/HZA76C7L에 위치)
- 웹스터, T(2021) 《아이디어가 팔리는 순간Finding Your Red Thread》, 페이지 투 북스, 밴쿠버
- 위드릭, L(2012) 스토리텔링의 과학: 이야기가 우리의 뇌를 활성화하는 가장 강력한 방법인 이유, 라이프해커, 12월 5일, lifehacker. com/the-science-of-storytelling-why-telling-a-story-is-the-5965703 (perma.cc/NE58-JCUZ에 위치)
- 잭, P(2013) 이야기는 뇌를 어떻게 변화시키는가, 그레이터 굿, 12월 17일, greatergood.berkeley.edu/article/item/how_stories_change_brain (perma.cc/8VJR-HNJL에 위치)
- 잭, P(2014) 당신의 뇌는 왜 좋은 이야기를 사랑하는가, 하버드 비즈니스 리뷰, 10월 28일, hbr.org/2014/10/why-your-brain-loves-good-storytelling (perma.cc/VM54-VXJ4에 위치)
- 중요한 물품과 이야기, significantobjects.com/ about/ (perma.cc/WCZ5-RLM7에 위치)
- 해리스, M(2012) 신경과학은 사실보다 이야기가 효과적임을 보여준다, 인사이트 디멘드, 11월 1일, insightdemand.com/neuroscience-stories-trump-facts/#_ edn1 (perma.cc/BEQ6-BEJW에 위치)
- 헤이븐, K(2007a) 《스토리 프루프Story Proof》, Libraries Unlimited
- 헤이븐, K(2007b) 《스토리 스마트Story Smart》, Libraries Unlimited

7장

- 기어츠, F(2017) 잼 실험: 선택의 과부하가 더 낮은 판매를 이끄는 이유 [블로그] Medium.com, 8월 17일, medium.com/@FlorentGeerts/the-jam-experiment-how-choice-overloads-makes-consumers-buy-lessd610f8c37b9b (perma.cc/2KT7-H3GZ에 위치)
- 둘리, R(nd) 두 배의 설득 효과를 주는 네 단어, 뉴로마케팅, 로저 둘리 [블로그] www.neuroscience marketing.com/blog/articles/byaf.htm (perma.cc/D4FX-Z5X8에 위치)
- 라베르지, L, 오툴레, C, 슈나이더, J, 스마제, K(2020) 코로나19가 기업의 기술 적용을 이끌고 비즈니스 방식을 영원히 바꾼 방식, 맥킨지, 10월 5일, www.mckinsey.com/business-functions/strategy-and-corporate-finance/our-insights/how-covid-19-has-pushed-companiesover-the-technology-tipping-point-and-transformed-business-forever (perma.cc/SU3L-5NDA에 위치)
- 러셀, D(2020) 자율성 편향 [블로그] 비비드 랩스, 4월 29일, teamvivid. com/neurotactics/autonomy-bias/ (perma.cc/EB5F-2JMG에 위치)
- 모촌, D(2013) 단일선택지 기피 현상, 소비자 연구 저널, web.missouri.edu/~segerti/capstone/SingleOptionAversion.pdf (perma.cc/7RXL-7F3Y에 위치)
- 프리스코, J(2018) 통제의 착각: 왜 세상은 작동하지 않는 버튼으로 가득한가, CNN, www.cnn.com/style/article/placebo-buttons-design/index. html (perma.cc/KQY6-2Z2A에 위치)

- 허쉬, R(2020) AT&T의 독점을 무너뜨린 해럴드 H. 그린 판사, 76세로 별세, 뉴욕타임스, 1월 30일, www.nytimes.com/2000/01/30/nyregion/harold-h-greene-judge-who-oversaw-the-breakup-ofthe-at-t-colossus-dies-at-76.html (perma.cc/6K2K-UUB5에 위치)

8장

- 눈즈, J, 드레즈, X(2006) 주어진 진전 효과: 인위적인 진전이 사람들의 노력을 이끄는 이유, Journal of Consumer Research, www.jstor. org/stable/10.1086/500480 (perma.cc/QW3D-NPBB에 위치)
- 더턴, V(2015) 전문가들은 일관성에 어떤 영향력을 미치는가 [블로그] Positive Change Guru, 10월 10일, positivechangeguru.com/how-expertsinfluence-commitment-and-consistency/ (perma.cc/DM8T-AD8D에 위치)
- 로젠스팬, A(2002) 《통제 괴물의 고백Confessions of a Control Freak》, CyberClassics, Inc., 캘리포니아주 애너하임
- 맥넛, S(2014) 프리드먼과 프레이저: 자발적인 승낙(The Billboard Experiment) [블로그] www.staceymacnaught.co.uk/freedmanand-fraser-compliance-without-pressure/ (perma.cc/ C3PG-LQG9에 위치)
- 시알, S, 애리얼리, D(2016) 과학이 투표를 이끄는 방법, Scientific American, 9월 1일, www.scientificamerican.com/article/how-sciencecan-help-get-out-the-vote/ (perma.cc/2BPY-BHZL에 위치)
- 치알디니, R(1984) 《설득의 심리학》, 퀼 윌리엄 모로우, 뉴욕

9장

- 강, MJ, 쉬, M, 크라이비흐, IM, 로웬스타인, GF, 맥클루어, SM, 왕, JT, 캐머러, CF (2008) 학습이라는 촛불의 심지: 지적 호기심이 뇌의 보상 회로를 활성화하고 기억력을 높인다, Psychological Science, 11월 27일, ssrn.com/abstract=1308286 (archived at perma.cc/ ML7Y-LFFX) or dx.doi.org/10.2139/ssrn.1308286 (perma.cc/7YJE-DUX3에 위치)
- 둘리, R(2012) 《그들도 모르는 그들의 생각을 읽어라Brainfluence》, 존 와일리&선즈, 뉴저지
- 딘, N(2019) 새로움의 중요성, BrainWorld Magazine, 9월 5일, brainworldmagazine.com/the-importance-of-novelty/ (perma.cc/8THJ-YU3S에 위치)
- 레이놀즈, E(2021) 아이들은 자신이 알고 싶은 정보의 격차가 있을 때 그 주제에 대해 배우고 싶어 한다, The British Psychological Society Research Digest, 8월 5일, digest.bps.org.uk/2021/08/05/preschoolchildren-choose-to-learn-about-topics-where-there-are-gaps-in-their-knowledgethey-want-to-fill/ (perma.cc/3F59-MCM8에 위치)
- 로웬스타인, G(1994) 호기심의 심리학: 검토와 재해석, Psychological Bulletin, 116 (1) www.cmu.edu/

dietrich/sds/docs/ loewenstein/PsychofCuriosity.pdf (perma.cc/S2PU-KYTA에 위치)

- 브롬버그-마틴, E, 히코사카, O (2009) 중뇌 도파민 뉴런의 신호는 다가올 보상에 대한 정보를 미리 얻고 싶어 한다는 것을 보여준다, 뉴런, 7월 16일, www.cell.com/neuron/fulltext/S0896-6273(09)00462-0?_returnURL=https%3A%2F%2Flinkinghub.elsevier.com%2Fretrieve%2Fpii%2FS0896627309004620%3Fshowall%3Dtrue (perma.cc/X78K-BFBS에 위치)
- 블라이, R(nd) 《절반의 비용으로 반응률을 두 배로 올리는 방법How to Double Your Response Rates at Half the Cost》, www.bly. com/Report.pdf (perma.cc/59NN-BX7W에 위치)
- 월드데이터(2022)...= 긴장감: 제목의 끝에 "..."을 붙이면 B2B 이메일 오픈율은 31퍼센트, BC2의 오픈율은 28퍼센트 끌어올릴 수 있다, www.instagram.com/worldata/ channel/?hl=en (perma.cc/2A6B-XYH5에 위치)
- 위브, J(2014) 호기심 격차를 이용해 방문자들의 클릭을 유도해야 할까? Copyhackers, copyhackers.com/2014/04/curiosity-gap/ (perma.cc/E9TY-QAF7에 위치)
- 이월드, C(nd) 미 해군—"대왕오징어 프로젝트", Adforum, www.adforum. com/creative-work/ad/player/34509511/project-architeuthis/us-navy (perma.cc/MRR5-5SC6에 위치)
- 폴드랙, R(2011) 멀티태스킹: 뇌는 새로움을 추구한다 [블로그] Huffpost, 11월 17일, www.huffpost.com/entry/multitasking-the-brain-se_b_334674 (perma.cc/4PYK-KH36에 위치)
- 프라딥, AK(2010) 《바잉 브레인The Buying Brain》, 존 와일리&선즈, 뉴저지

10장

- 그린우드, J(2018) 현대의 밀그램 실험에서 사람들은 어떻게 행동할까? Behavioral Scientist, 7월 24일, behavioralscientist.org/how-would-peoplebehave-in-milgrams-experiment-today/ (perma.cc/J9Q9-FZLF에 위치)
- 밀그램, S(1963) 권위에 관한 복종연구, The Journal of Abnormal and Social Psychology, 67 (4), 371–378쪽, doi.org/10.1037/h0040525 (perma.cc/456X-CTMZ에 위치)
- 밀스, KI(2009) 더 충격적인 결과: 새로운 실험, 밀그램의 연구 결과를 재현하다, American Psychological Association, www.apa.org/ monitor/2009/03/milgram#:~:text=More%20shocking%20results%3A%20New%20research%20replicates%20Milgram's%20findings,-March%202009%2C%20Vol&text=Burger%2C%20a%20professor%20at%20Santa,than%20those%20found%20by%20Milgram (perma.cc/W7ZX-E4CZ에 위치)
- 치알디니, R(1984) 《설득의 심리학》, 퀼 윌리엄 모로우, 뉴욕
- 카라코스타스, A, 지조, D(2016) 순응과 권위의 힘, Journal of Economic Behavior and Organization, www.sciencedirect. com/science/article/pii/S0167268115002590 (perma.cc/ BP2Z-ZFVM에 위치)

11장

- 마르카노-올리비에, M, 피어슨, R, 루파렐, A 그 외(2019) 저비용 행동 넛지와 선택 설계를 학교 급식에 적용해 아이들의 과일 섭취를 늘리기: 집단 무작위 연구, International Journal of Behavioural Nutrition and Physical Activity, 16 (20), doi.org/10.1186/ s12966-019-0773-x (perma.cc/F3CP-94KZ에 위치)
- 맨델, N, 존슨, E(2002) 웹페이지가 선택에 영향을 줄 때: 시각적 단서가 전문가와 비전문가에게 미치는 영향, Journal of Consumer Research, 29 (2), 235–45쪽
- 베이츠, C(2009) 새로운 방식으로 올라가기: 피아노 계단으로 통근자들이 에스컬레이터를 이용하지 않게 이끈 사례, Daily Mail, www.dailymail.co.uk/sciencetech/article-1218944/Scaling-new-heights-Piano-stairway-encourages-commutersditch-escalators.html (perma.cc/7YYE-BFCG에 위치)
- 사시, B, 팔린카스, A, 팔피, B, 솔로시, A, 아첼, B(2014) 선택 설계의 체계적인 조사: 넛지 기법의 언제 왜 작용하는지 이해하기, Journal of Behavioral Decision Making, onlinelibrary.wiley. com/doi/full/10.1002/bdm.2035 (perma.cc/H3AZ-G8H7에 위치)
- 새뮤얼슨, W, 제크하우저, R(1988), 결정에 작용하는 현상 유지 편향, Journal of Risk and Uncertainty, citeseerx.ist.psu.edu/viewdoc/download?doi=10.1.1.632.3193&rep=rep1&type=pdf (perma.cc/3BM5-6ET4에 위치)
- 에벨링, F, 로츠, S(2015) 옵트아웃 방식으로 재생 에너지 도입 이끌기, Nature Climate Change, 5, 868–871쪽
- 존슨, E, 골드스타인, D(2003) 기본 조건으로 생명을 살릴 수 있을까? Science, 11월 21일, www.science.org/doi/10.1126/science.1091721 (perma.cc/7ETQ-A3L7에 위치)
- 칠스, H(2021) 아델은 스포티파이에 앨범의 자동 랜덤 재생 버튼을 없애달라고 요구했고, 그들은 응했다 [블로그] NPR, 11월 22일, www.npr.org/ 2021/11/21/1057783216/adele-spotify-shuffle-30 (perma.cc/ K5WQ-695Q에 위치)
- 탈러, RH, 베나치, S(2004) 미래를 위한 저축: 행동경제학을 적용해 직원의 저축을 이끌기, Journal of Political Economy, www.journals.uchicago.edu/doi/full/10.1086/380085 (perma. cc/6RQJ-UEZP에 위치) [마지막 확인일: 2022년 1월 29일]
- 탈러, RH, 선스타인 CR(2009) 《넛지》, 펭귄 북스, 런던

12장

- 노이만, H, 티엘만, I, 패트하이커, S(2020) 라벨링, 우파 정당의 정치적 주장에 대한 지지에 영향을 주다, Plos One, journals.plos.org/plosone/article?id=10.1371/journal.pone.0239772 (perma.cc/2KB7-K9NE에 위치)

• 로버츠, D(2019) 라벨링 이론: 우리가 사용하는 라벨은 어떻게 현실에 영향을 주는가 [블로그] Media Psychology, 7월 7일, mediapsychology101.com/2019/10/07/labeling-theory-how-do-the-labels-we-use-change-our-reality/ (perma.cc/8H5U-BRC4에 위치)

• 로프터스, EF, 팔머, JC(1974) 자동차 사고의 재구성: 표현과 기억의 상호작용 사례, Journal of Verbal Learning & Verbal Behavior, 13 (5), 585–589쪽, doi.org/10.1016/ S0022-5371(74)80011-3 (perma.cc/WN84-2MXB에 위치)

• 릭, S, 크라이더, C, 로웬스타인, G(2008) 돈을 아끼는 이와 헤프게 쓰는 이, Journal of Consumer Research, academic.oup.com/jcr/article-abstract/34/ 6/767/1845388 (perma.cc/Z955-LZGM에 위치)

• 마케팅(2018) 새로운 생각 – 맥주로 세상을 구하며 사라져가는 문화 되살리기, 6월 27일, www.marketingmag.com.au/hubs-c/case-study-brewtroleum-db-exports/ (perma.cc/PX45-EXLE에 위치)

• 모길너, C, 아커, J(2009) "시간 vs. 돈의 효과": 개인적 유대감을 통해 제품에 관한 태도와 결정 바꾸기, Journal of Consumer Research, academic.oup.com/jcr/article-abstract/36/2/277/1942869?redirectedFrom=fulltext (perma.cc/CYB7-VLXY에 위치)

• 반 봄멜, T(2016) 간단한 기법으로 당신의 행동 유도 문구를 재구성하고, 전환율을 두 배로 높여라 [블로그] New Neuromarketing, 12월 2일, www.newneuromarketing.com/restructure-your-cta-with-this-simpletechnique-and-more-than-double-your-conversion-rate (perma.cc/7ABF-ACJR에 위치)

• 시오티, G(nd) 전환율을 높이기 위해 소비자 행동 이해하기 [블로그] HelpScout, www.helpscout.com/consumer-behavior/ (perma.cc/2UTM-CSF5에 위치)

• 아바디, M(2017) 흥미로운 이유로 공화당은 "사망세", 민주당은 "상속세"라고 주장한다, Business Insider, 10월 19일, www. businessinsider.com/death-tax-or-estate-tax-2017-10 (perma. cc/U6KL-KZ4Y에 위치)

• 완싱크, B 외(2002) 메뉴를 설명하는 라벨링은 인식과 재구매에 어떤 영향을 미치나, Advances in Consumer Research, 29, www.acrwebsite.org/ volumes/8588 (perma.cc/C7HW-3W7Y에 위치)

• 웹스터, T(nd) 1분 메시지: 사람들의 행동을 바꾸려면 그들의 관점을 바꿔라, tamsenwebster.com/change-how-people-see/ (perma.cc/A3ZK-E6E4에 위치)

• 이르막, C, 발렌, B, 로빈슨, SR(2011) 제품명이 다이어트 하는 사람과 그러지 않은 사람의 제품 평가와 섭취에 미치는 영향, Journal of Consumer Research, 38 (2), 390–405쪽, doi.org/10.1086/660044 (perma.cc/68F2-SXKS에 위치)

• 치알디니, R(2006) 《설득의 심리학》, 하퍼 비즈니스

• 카너먼, D(2011) 《생각에 관한 생각》, Farrar, Straus and Giroux, 뉴욕

• 타이바우트, AM, 옐치, RF(1980) 경험의 효과: 핵심은 현저성인가? Journal of Consumer Research, www.jstor.org/stable/2488741 (perma.cc/VSL2-GJWJ에 위치)

• 탈러, RH, 선스타인 CR(2009) 《넛지》, 펭귄 북스, 런던

13장

- 둘리, R(2012) 키스보다 좋은 쿠폰, 포브스, 12월 21일, www. forbes.com/sites/rogerdooley/2012/12/21/coupons-kissing/?sh=268a38005d38 (perma.cc/4J54-J32L에 위치)
- 랭어, E, 블랭크, A, 샤노위츠, B(1978) 표면상 신중해 보이는 행동의 무의식성: 상호작용에서 "의미 없는" 정보의 역할, Journal of Personality and Social Psychology, jamesclear.com/wp-content/uploads/2015/03/copy-machine-study-ellen-langer.pdf (perma.cc/JEA6-ZJ3G에 위치)
- 브레인사인스(2019) 데이비드 오길비는 "사람들은 느낀 대로 생각하지 않고, 생각한 대로 말하지 않으며, 말한 대로 행동하지 않는다"라고 했다. 사람들은 어떤 기준으로 결정을 내리는지 모른다. 뉴로마케팅이 어떤 도움을 줄 수 있는지 확인해보자, twitter.com/BrainSigns/ status/1090636075750572037 (perma.cc/4TXH-UNRR에 위치)
- 에릭손, K(2012) 말도 안 되는 수학의 효과, Judgement and Decision Making, journal.sjdm.org/12/12810/jdm12810.html (perma.cc/ PY7U-W5AL에 위치)
- 웨인쉔크, S(2019) 사람들은 어떻게 결정을 내리는가, Smashing Magazine, 2월 7일, www.smashingmagazine.com.com/2019/02/human-decisionmaking/ (perma.cc/Z7EW-PPFW에 위치)
- 자렛, C(2012) 의미 없는 사진이 주장에 설득력을 더하는 이유, British Psychological Society Research Digest, 9월 17일, digest.bps.org.uk/2012/09/17/how-the-presence-of-an-uninformativephoto-makes-a-statement-more-believable/ (perma.cc/ XK84-QXZ7에 위치)
- 채, B, 리, X, 주, R(2013) 공간적 거리로 제품 효과 판단하기, Journal of Consumer Research, 40 (2), 317–335쪽
- 치넨더, KR, 슈와이처, ME(2003) 투입 편향: 결과물의 판단에 작용하는 투입과 관련된 정보의 오용, Organizational Behavior and Human Decision Processes, 91 (2), 243–53쪽, doi.org/10.1016/S07495978(03)00025-6 (perma.cc/RS6H-F2B6에 위치)
- 치알디니, R(1984) 《설득의 심리학》, 퀼 윌리엄 모로우, 뉴욕
- 탈, A(2015) 차트의 진실성을 경계하자, Harvard Business Review, 11월 19일, hbr.org/2015/11/beware-the-truthiness-of-charts (perma.cc/289W-3QW3에 위치)

14장

- 노벰스키, N, 다르, R, 슈바르츠, N, 시몬손, I(2007) 선택에서 나타나는 유창성 선호, Journal of Marketing Research, www.researchgate.net/publication/235357162_Preference_Fluency_in_Choice (perma.cc/C7RU-ETPK에 위치)
- 도드, KS(2021). P&G 전 임원인 피트 카터, 소비재 광고에 대해 말하다, Contagious, 12월 6일, www.

contagious.com/news-andviews/pete-carter-comes-clean-on-brand-building (perma. cc/9E9K-77K7에 위치)

- 디시전 랩 [블로그] 왜 우리는 "bye"라는 단어를 보고 더 많이 소비하는가?, thedecisionlab.com/biases/bye-now-effect/ (perma.cc/W8A4-T8V3에 위치)
- 레버, R, 슈바르츠, N(1999) 지각의 유창성이 신뢰도에 미치는 영향, Consciousness and Cognition, www.sciencedirect.com/science/article/abs/pii/S1053810099903860#! (perma.cc/L48V-3XE9에 위치)
- 롤러, C(2011) 인지적 유창성은 의사결정에 어떻게 영향을 주는가, UX Matters, www.uxmatters.com/mt/archives/2011/07/how-cognitive-fluency-affectsdecision-making.php (perma.cc/8ZM2-368C에 위치)
- 리보위츠, S(2015) 유식해보이려 어려운 단어를 사용하면 오히려 그 반대의 효과를 준다고 과학을 말한다, Business Insider, 9월 17일, www.businessinsider.in/science/science-says-using-big-words-to-sound-sophisticated-makes-you-seemless-intelligent/articleshow/49003732.cms (perma.cc/ V4K8-KH25에 위치)
- 마르티네즈, A, 맘몰라, S(2021) 전문 용어의 사용으로 줄은 과학논문의 인용 횟수, Royal Society Publishing, royalsocietypublishing.org/doi/pdf/10.1098/rspb.2020.2581 (perma.cc/8ZKV-F7UR에 위치)
- 맥글론, MS, 토피바흐시, J(2000) 격언에서 확인하는 운율의 설득 효과, Psychological Science, www.scirp.org/(S(i43dyn45teexjx455qlt3d2q))/reference/ReferencesPapers.aspx?ReferenceID=757144 (perma.cc/F2QC-HE6Y에 위치)
- 바인더, M(2021) 애플, 팟캐스트의 문구를 유료라는 인식을 주는 '구독'에서 '팔로우'로 변경, Mashable, 3월 9일, mashable.com/article/apple-podcasts-follow-subscribe (perma.cc/WKN2- VK83에 위치)
- 부틴, C(2006) 연구: 회사 이름 발음의 용이성과 관련된 주식의 성과, Princeton University, 5월 29일, www.princeton.edu/news/2006/ 05/29/study-stock-performance-tied-ease-pronouncing-companys-name (perma.cc/S2ZF-SZNL에 위치)
- 브라이언, C, 월턴, G, 로저스, T, 드웨크, C(2011) 지칭으로 투표율 높이기 Psychological and Cognitive Sciences, www.pnas.org/doi/10.1073/pnas.1103343108 (perma.cc/3N37-73BU에 위치)
- 샤피로, T(2022) 《리드 생성을 재고하라Rethink Lead Generation》, Stratabeat, Massachusetts
- 송, H, 슈바르츠, N(2008) 읽기 어렵다면 실행하기도 어렵다: 처리 유창성은 예측과 동기부여에 영향을 준다, Psychological Science, dornsife.usc.edu/assets/sites/780/docs/08_ps_song___schwarz_effort.pdf (perma.cc/2L2P-DHYP에 위치)
- 슐먼, H 외(2020) 전문 용어의 사용이 과학과 정치에 관한 사람들의 관심을 꺾는다. 전문 용어에 관한 설명을 달아도 문제는 여전하다, ScienceDaily, www.sciencedaily.com/releases/2020/02/200212084357.htm (perma.cc/E7CX-H3N6에 위치)
- 애리얼리, D(2010) 《상식 밖의 경제학》, 하퍼 페레니얼

- 월드데이터(2020) 공짜와 서비스는 같지 않다! "서비스로 제공되는"보다 "공짜"라고 표현할 때 오픈율이 두 배가 된다 Instagram.com, 6월 26일, www.instagram.com/worldata/channel/?hl=en (perma.cc/M47Z-FEWL에 위치)
- 젠킨스, E, 벅, J(2020) NHS 최전방에서 건강을 유지하기, 오길비 컨설팅, The Annual 2019-2020, www.ogilvy.com/ideas/annual2020-ogilvys-yearly-behavioral-science-collection (perma.cc/8LKU-S9DJ에 위치)
- 트뤼도, C R(2012) 대중의 목소리: 법률 커뮤니케이션에 관한 경험적 연구, 14 Scribes J. Leg. Writing 121, Bowen Law Repository: Scholarship & Archives, lawrepository.ualr.edu/cgi/viewcontent.cgi?article=1254&context=faculty_ scholarship (perma.cc/2B5U-GM6D에 위치)
- 패커드, G, 버거, J(2020) 구체적인 언어는 어떻게 고객 만족도를 높이는가, Journal of Consumer Research, academic.oup.com/jcr/article/47/5/787/5873524 (perma.cc/SN5B-5ATU에 위치)
- 하우리, C(2017) 두운의 엄청난 힘: 마케팅에서 두운을 활용하는 방법, Medium, 5월 17일, medium.com/@writingcorissa/the-superpower-of-alliteration-c6bc6c98c4b9 (perma.cc/ E3MW-2T67에 위치)
- 핸들리, A(2014) 《마음을 빼앗는 글쓰기 전략Everybody Writes》, 와일리, 뉴저지

15장

- Farnam Street Mental Modes(nd) 가용성 휴리스틱에 대해 모두가 알아야 할 3가지 [블로그] fs.blog/mental-model-availability-bias/ (perma.cc/5TYE-YUER에 위치)
- NSC Injury Facts(2019) 평생 특정 원인에 의한 사망할 확률, 미국, 2019, injuryfacts.nsc.org/all-injuries/preventable-death-overview/odds-of-dying/ (perma.cc/2LNQ-5JP6에 위치)
- 맥콜, C(2021) 상어: 삶에서 더 위험한 18가지 [블로그] padi.com, 6월 5일, blog.padi.com/18-things-dangerous-sharks/ (perma.cc/J66D-8G82에 위치)
- 바르힐렐, M(2001) 가용성 휴리스틱, Science Direct, www.sciencedirect.com/topics/computer-science/availability-heuristic (perma.cc/ENK7-2QN7에 위치)
- 보이스, P(2022) 가용성 휴리스틱은 무엇인가, BoyceWire, 3월 18일, boycewire.com/availability-heuristic-definition-and-examples/ (perma.cc/W4GP-9SFG에 위치)
- 아이젠만, R(2013) 미국의 약물남용은 실제로는 줄고 있지만 사람들은 늘고 있다고 믿는다: 가용성 휴리스틱의 예, Bulletin of the Psychonomic Society, link.springer.com/article/10.3758/ BF03334920#citeas (perma.cc/MW8Y-PNAB에 위치)
- 안, S(2008) 항우울제의 직접 소비자 광고와 우울증 유병률에 대한 사회적 인식: 가용성 휴리스틱의 적용, Health Communication, pubmed.ncbi.nlm.nih.gov/19089697/ (perma.cc/2DEX-2JYK에 위치)
- 슈바르츠, N 외(1991) 정보의 검색 용이성: 가용성 휴리스틱의 또 다른 면, Journal of Personality and

Social Psychology, psycnet.apa.org/record/1991-33131-001 (perma.cc/2YU2XRZ8에 위치)
- 카너먼, D(2011) 《생각에 관한 생각》, 파라, 스트라우스, 지룩스, 뉴욕

16장

- Contagious Edit(2022) 컨테이저스가 전하는 주간 인사이트, 2월 16일, contagious-1725887.hs-sites.com/the-average-bowl (perma.cc/E2S4-2QLR에 위치)
- 니컬스, R(2019) 고립효과가 전환율을 높이는 방법 [블로그] AB Tasty, 2월 3일, www.abtasty.com/blog/isolation-effect/ (perma.cc/JHZ4-5ZRN에 위치)
- 션 L, 피쉬백, A, 시, C(2015) 불확실한 동기화 효과: 불확실성이 보상을 위해 더 노력하게 만든다, Journal of Consumer Research, academic.oup.com/jcr/articleabstract/41/5/1301/2962097?redirectedFrom=fulltext (perma.cc/ CN8X-RDB4에 위치)
- 쇼튼, R(2018) 《어떻게 팔지 답답할 때 읽는 마케팅 책The Choice Factory》, 해리만 하우스, 영국
- 후, JC(2021) 듀오링고는 왜 이상한 문장을 사용하는가? Slate, 11월 29일, slate.com/technology /2021/11/duolingo-weird-sentences-linguistics.html (perma.cc/NR26-ZVQ2에 위치)

17장

- 다이, H, 밀크맨, KL, 리스, J(2014), 새출발 효과: 시간적 이정표는 희망에 찬 행동을 이끈다, Management Science, 60 (10), 2563–82, doi.org/10.1287/mnsc.2014.1901 (perma.cc/U6ZK-PZGR에 위치)
- 메릴 엣지(2014) 3D로 구현하는 메릴 엣지의 '미래의 나를 마주하다' 애플리케이션, Finextra, 2월 26일, www.finextra.com/pressarticle/54111/merrill-edge-faceretirement-app-goes-3d (perma.cc/7LNF-5HUX에 위치)
- 아바디, C(2019) 쌍곡선 할인, Decision Boundaries, 12월 9일, decisionboundaries.com/hyperbolic-discounting-2/ (perma.cc/8XJQ-EBC2에 위치)
- 알터, A, 허시필드, H(2014) 사람들은 새로운 10년을 맞이할 때 의미를 찾는다, PNAS, www.pnas.org/doi/10.1073/ pnas.1415086111 (perma.cc/Y7J9-XLAV에 위치)
- 어스너-허쉬필드, H, 위머, GE, 넛슨, B(2009) 미래의 자신을 위한 저축: 뇌가 인식하는 미래의 나와의 연속성이 시간적 할인 효과를 보여준다, Social Cognitive and Affective Neuroscience, www.ncbi.nlm.nih.gov/pmc/articles/PMC2656877/ (perma.cc/F23C-ZYM2에 위치)
- 케인, B(nd) 현재 편향: 당신은 왜 미래의 자신을 신경 쓰지 않는가, 과학이 알려주는 장기 목표를 달성하기 위한 세 가지 전략 [블로그] Doist.com, blog.doist.com/present-bias/ (perma. cc/W4SN-RW3X에 위치)
- 퍼킷, C(2015) 와일드 에이전시, 행동경제학 연구 결과 발표, PR.com, 10월 8일, www.pr.com/press-

release/640927 (perma.cc/U8WJ-5KXR에 위치)

- 프라이드, C(2018) 특정 시점에 맞춰 행동을 유도하는 넛지는 효과적인 자극제다, UCLA Anderson Review, 6월 6일, anderson-review.ucla.edu/milestones/ (perma.cc/Z9RD-88XD에 위치)
- 핑크, DH(2018) 《언제 할 것인가When》, Riverhead Books, 뉴욕

★★★ 추천사 ★★★

이 책의 원고를 훔쳐 내가 썼다고 하고 싶을 만큼 훌륭한 책이다. 왜 마케팅이 제대로 된 비즈니스 효과를 달성하지 못하는지 세상은 답답해했고, 낸시는 이에 해답을 제시하러 왔다. 당신은 이 책을 단순히 읽는 것이 아니라 실행해야 한다.

- 크리스 브로건Chris Brogan, 작가이자 기조연설자

낸시의 책에는 검증된 원칙들이 들어 있다. 시간적 이정표와 즉각적 만족감, 현재와 미래의 자신을 보는 격차 줄이기 같은 행동 기법을 소개하는 이 실용적인 책은 행동과학을 이론이 아닌 실제 비즈니스에 적용하는 이 시점에서 특히 필수적이다.

- 루이즈 워드Louise Ward, 온라인 러닝 플랫폼 42 Courses와 행동과학 클럽 Behavioural Science Club의 공동 진행자

의사결정 과정을 이끄는 정신적 지름길을 활용한 유용한 지침서. 손에 꼽히는 마케팅 서적이 될 것이다!

- 케리 오셰이 고르곤Kerry O'Shea Gorgone, 앱파이어Appfire, 콘실리에어Consigliere의 수석 편집자 겸 작가, 크리스 브로건 미디어Chris Brogan Media의 총괄책임자

마케터라면 반드시 읽어야 할 책이다. 낸시는 소비자의 행동에 밀접히 다가가는 방법에 관한 자세한 연구와 통찰력을 제시한다.

- 케네스 '상어' 키니Kenneth 'Shark' Kinney, 마케터이자 상어 다이버, 팟 캐스트 '상업의 관점A Shark's Perspective' 진행자

명확하고, 간결하고, 무엇보다 흥미진진하다. 낸시에게 주목하지 않으면 후회할 것이다.

- 데이미언 프랜시스Damian Francis, 언메이드Unmade의 운영 대표, 멈브렐라Mumbrella의 전 콘텐츠 책임자

당신은 이 기법들을 다음 마케팅 캠페인뿐 아니라 마케팅 미팅에서 사용할 것이다. 그렇다. 이 책은 미팅에서도 당신의 주장에 힘을 실어줄 것이다. 낸시에게 배운 내용을 나 역시 마케팅과 영업, 경영에 적용한다.

- 앤디 크레스토디나Andy Crestodina, 오르빗 미디어 스튜디오Orbit Media Studio의 공동 창립자이자 최고 마케팅 책임자, 《콘텐츠의 화학작용Content Chemistry》의 저자

지속적인 실험으로 다이렉트 마케터들은 이미 시급성과 사회적 증거 같은 다양한 방법을 사용해 잠재 고객의 반응을 높일 수 있음을 잘 인지한다. 하지만 그들은 사람들이 그렇게 반응하는 이유에 대해선 전혀 모르고 있었다. 마침내 낸시 하허트는 현대 신경과학을 적용해 인간이 왜 그렇게 반응하는지 알려주며, 그러한 행동과학을 캠페인에 활용할 수 있도록 돕는다. 모든 마케터가 반드시 소장해야 할 책이다.

- 루스 P. 스티븐스Ruth P. Stevens, B2B 마케팅 컨설턴트이자 교육가, 《B2B 데이터가 이끄는 마케팅B2B DataDriven Marketing》의 저자, 뉴욕대학교 스턴경영대학원 겸임교수

냰시는 뛰어난 능력을 발휘해 사람들이 반응하는 이유와 그들의 관심을 사로잡는 법을 마케터들에게 전수한다. 참여와 판매, 성장을 이끌고 싶은 이들은 꼭 이 책에 주목하라.

- 제이 슈웨델슨Jay Schwedelson, SubjectLine.com의 창립자, 월드데이터 그룹Worldata Group의 사장이자 CEO

행동과학이란 무겁고 복잡한 주제를 누구나 실제 상황에 쉽게 적용할 수 있도록 근사하게 풀어냈다. 무엇보다 내용이 재밌고 빠져든다! 짧은 장마다 행동과학과 낸시의 경험이 깃든 조언이 조화롭게 녹아 있어 책이 술술 읽힌다. (이미 시작된) 행동과학의 시대에 경쟁력을 키우고 싶은 모든 마케터들의 필독서다.

- 멜리나 파머Melina Palmer, 《소비자의 마음What Your Customer Wants and Can't Tell You》의 저자, 팟캐스트 The Brainy Business의 진행자

당신이 읽어야지 마음만 먹었던 책들을 누군가 모두 대신 읽고, 중요한 부분을 추린 다음 실제로 업무에 적용할 수 있는 가장 좋은 방법을 알려준다면 얼마나 좋겠나? 바로 낸시 하허트는 우리에게 그런 엄청난 선물을 선사한다. 낸시는 성공하고 싶은 마케터들에게 꼭 필요한 매뉴얼을 만들어냈다.

- 탬슨 웹스터Tamsen Webster, 《아이디어가 팔리는 순간Find Your Red Thread》의 저자

경이로운 책! 낸시는 구매자의 행동을 역으로 분석해 행동과학을 바탕으로 고객과 연결하고 소통하는 방법을 명확히 알려준다.

- 톰 샤피로Tom Shapiro, 스트라타비트Stratabeat의 CEO, 《리드 생성을 재고하라Rethink Lead Generation》, 《당신의 마케팅을 재고하라Rethink Your marketing》의 저자

낸시 하허트는 단연코 마케팅의 소비자 심리 분야에서 가장 영리하고, 지식과 경험이 풍부한 전문가다. 그녀가 제시하는 데이터 과학 기반의 매우 효과적인 전략은 당신의 마케팅 캠페인에 즉각적인 결과를 발휘하고, 수익 면에서도 엄청난 영향을 줄 것이다.

- 제프리 필처Jeffry Pilcher, 파이낸셜 브랜드The Financial Brand의 CEO이자 사장

미디어는 넘쳐나고 사람들의 관심을 끌기 힘든 시대에 마케터들은 잠재 고객과 접하는 모든 순간을 최대한 활용해야 한다. 폭넓은 행동과학의 원칙을 다루는 낸시의 실용적인 혜안은 브랜드가 소중한 순간의 가치를 극대화할 수 있게 해준다. 탁월한 결과를 입증한 뛰어난 사례들이 책 속에 담겨 있어, 독자들이 더 현명하고 효율적으로 일하고 뛰어난 경쟁력을 갖추도록 돕는다.

- 조시 블랙스미스Josh Blacksmith, 킴벌리클락Kimberly-Clark의 글로벌 고객 관계 부문 수석 책임자

즉각적인 성과를 내야 하는 마케터들이 꼭 읽어야 할 책이다. 실용적이고 구체적이며, 고객의 반응을 높이는 실질적인 전략을 제시한다.

- 브라이언 위플Brian Whipple, 액센츄어 인터랙티브Accenture Interactive의 CEO, 2010–2021